AF360407

TRAITÉ COMPLET

DE

THEOLOGIE

SPECULATIVE ET PRATIQUE,

TIRÉ DES MEILLEURS ECRIVAINS, MAIS SURTOUT DES PLUS HABILES THEOLOGIENS ET PREDICATEURS ANGLOIS.

PAR

Mr. THOMAS STACKHOUSE,

TRADUIT DE L'ANGLOIS.

TOME SECOND.

Qui traite des Oeuvres de la Création & de la Providence.

A LAUSANNE,

Aux dépens de FRANÇOIS GRASSET

MDCCLIX.

dire quelque chofe de ces Décrets, que l'on regarde comme fes Opérations *interieures*, je dis *quelque chofe*, (a) parce que je croi qu'il y a beaucoup de folie à vouloir examiner de trop près ces *Deffeins* de Dieu, que nous apellons *cachés*, & que c'eft contredire ridiculement l'épithete que nous leur donnons, en prétendant les connoitre & les fonder.

Décrets de
Dieu ce
que c'eft.

Les Décrets de Dieu font donc, felon quelques uns (b) de ceux qui ont traité cette matiére, les Actes de fa Liberté, ou les deffeins fages & immuables, de fon Intelligence, touchant les chofes *à venir*, qui font du reffort de fa puiffance, & qu'il peut faire ou ne pas faire, felon qu'il le trouve à propos; C'eft pour cette raifon que ces deffeins font (c) apellés quelquefois la *Volonté*, & quelquefois (d) le *Confeil* de Dieu, terme qui n'eft jamais employé, quand il eft queftion d'agens *naturels* & *néceffaires*, mais feulement quand il s'agit des déterminations des Agens libres; ainfi ce nom leur eft donné, à caufe de leur Analogie, avec les deffeins & les réfolutions des hommes; Cependant avec cette différence, (e) qu'au lieu que les deffeins & les réfolutions des hommes font, à caufe de l'ignorance & des bornes de leur entendement précédées de longues & ennuyeufes délibérations, avant qu'ils en viennent à une conclufion finale, les Deffeins de Dieu viennent de fon Efprit en un feul acte, & font tous confiderés d'une feule vuë & conclus dans un inftant.

Il eft vrai, qu'il y en a qui prétendent, comme la plûpart des Scholaftiques, que les Décrets de Dieu font entiérement & *identiquement une feule & même chofe* avec fon Effence. Mais en cela ils détruifent fa liberté dans fes Décrets, & les font envifager comme les effets, non du choix de liberté, mais de la néceffité la plus abfolue qui fût jamais, puifque fi l'effence de Dieu eft néceffaire, comme tous ceux qui en ont des idées faines en doivent convenir, & que fes Décrets foient les mêmes que fon Effence, il s'enfuit que ceux-là auffi bien que celle-ci doivent abfolument avoir un feul & même fondement *néceffaire*; Il n'eft cependant pas difficile de diftinguer l'Effence de Dieu d'avec fes Décrets; puifque ceux-ci font les effets libres de fa divine volonté, qu'ils différent les uns des autres, & qu'ils n'ont plus lieu dès qu'une fois ils font exécutés; au lieu

(a) Caufes de la décadence de la pieté Chrètienne, par l'*Autheur de la pratique de pieté*. (b) Voiés *Curcelles*, *Limborch*, &c. (c) Act. XXI. 14. Eph. V. 5. (d) Luc. VII. 30. Eph. I. 11. (e) *Curcell. Inft.*

TRAITÉ COMPLET

DE

THEOLOGIE

SPECULATIVE ET PRATIQUE,

TIRÉ DES MEILLEURS ECRIVAINS, MAIS SURTOUT DES PLUS HABILES THEOLOGIENS ET PREDICATEURS ANGLOIS.

PAR

Mr. THOMAS STACKHOUSE,

TRADUIT DE L'ANGLOIS.

TOME SECOND.

Qui traite des Oeuvres de la Création & de la Providence.

A LAUSANNE,

Aux dépens de FRANÇOIS GRASSET

MDCCLIX.

dire quelque chofe de ces Décrets, que l'on regarde comme fes Opérations *interieures*, je dis *quelque chofe*, (a) parce que je croi qu'il y a beaucoup de folie à vouloir examiner de trop près ces *Deſſeins* de Dieu, que nous apellons *cachés*, & que c'eſt contredire ridiculement l'épithete que nous leur donnons, en prétendant les connoitre & les fonder.

Décrets de
Dieu ce
que c'eſt.
Les Décrets de Dieu font donc, felon quelques uns (b) de ceux qui ont traité cette matiére, les Actes de fa Liberté, ou les deſſeins fages & immuables, de fon Intelligence, touchant les chofes *à venir*, qui font du reſſort de fa puiſſance, & qu'il peut faire ou ne pas faire, felon qu'il le trouve à propos; C'eſt pour cette raifon que ces deſſeins font (c) apellés quelquefois la *Volonté*, & quelquefois (d) le *Confeil* de Dieu, terme qui n'eſt jamais employé, quand il eſt queſtion d'agens *naturels & néceſſaires*, mais feulement quand il s'agit des déterminations des Agens libres; ainfi ce nom leur eſt donné, à caufe de leur Analogie, avec les deſſeins & les réfolutions des hommes; Cependant avec cette différence, (e) qu'au lieu que les deſſeins & les réfolutions des hommes font, à caufe de l'ignorance & des bornes de leur entendement précédées de longues & ennuyeufes délibérations, avant qu'ils en viennent à une conclufion finale, les Deſſeins de Dieu viennent de fon Efprit en un feul acte, & font tous confiderés d'une feule vuë & conclus dans un inſtant.

Il eſt vrai, qu'il y en a qui prétendent, comme la plûpart des Scholaſtiques, que les Décrets de Dieu font entiérement & *identiquement une feule & même chofe* avec fon Eſſence. Mais en cela ils détruifent fa liberté dans fes Décrets, & les font envifager comme les effets, non du choix de liberté, mais de la néceſſité la plus abfolue qui fût jamais, puifque fi l'eſſence de Dieu eſt néceſſaire, comme tous ceux qui en ont des idées faines en doivent convenir, & que fes Décrets foient les mêmes que fon Eſſence, il s'enfuit que ceux-là auſſi bien que celle-ci doivent abfolument avoir un feul & même fondement *néceſſaire*; Il n'eſt cependant pas difficile de diſtinguer l'Eſſence de Dieu d'avec fes Décrets; puifque ceux-ci font les effets libres de fa divine volonté, qu'ils différent les uns des autres, & qu'ils n'ont plus lieu dès qu'une fois ils font exécutés; au
                                                                          lieu

(a) Cauſes de la décadence de la pieté Chrètienne, par l'*Autheur de la pratique de pieté.* (b) Voiés *Curcelles, Limborch*, &c. (c) Act. XXI. 14. Eph. V. 5. (d) Luc. VII. 30. Eph. I. 11. (e) *Curcell. Inſt.*

lieu que l'Effence divine n'eft pas feulement *feule & unique* de la maniére la plus fimple , mais qu'elle eft encore éternellement *la même* fans le moindre changement , ou la moindre contrarieté.

Cette même raifon a porté quelques perfonnes à s'imaginer, que les Décrets de Dieu n'étoient pas *Eternels*, dans le même fens que l'eft fon Effence, parce qu'étant les effets de la Volonté Divine , ils devoient être *poftérieurs* à leur caufe : Quoi qu'elles conviennent donc que Dieu, avant la fondation du monde, réfolut de le créer, de le conferver & de le gouverner de la maniére que nous voyons qu'il le fait à préfent; qu'il réfolut de toute éternité d'envoyer JESUS-CHRIST fur la terre pour faire la propitiation des péchés du genre humain; de préfcrire aux hommes des Loix pour la conduite de leur vie , & d'accompagner ces Loix de la Sanction des recompenfes & des peines, ce que ces perfonnes apellent Décrets *généraux* ; Cependant elles ne fauroient s'empécher de croire, que Dieu, en qualité de Sage Gouverneur de l'Univers, ne fe foit refervé le droit de déterminer certaines chofes, d'une maniére *fpéciale*, fuivant que les occafions fe préfenteroient ; Auffi difent elles, que depuis la Création, Dieu a fait des Décrets conformément à la maniére dont il voit que les hommes fe conduifent, ou pour parler autrement, qu'il aplique fes Décrets *généraux* à des vuës *particuliéres* ; Car fi tout étoit déterminé *de toute éternité*, fans qu'il fût poffible qu'il y arrivât jamais la moindre variation , *quel profit* difent elles , *nous reviendroit-il de le prier* en quelque circonftance que ce foit ? puis qu'il feroit lui même, comme le Jupiter des Poëtes , malheureufement lié à une néceffité invincible.

Les Théologiens ont beaucoup difputé , pour favoir fi les Décrets de Dieu font tous abfolus, ou fi ceux qui fe raportent à fa conduite envers les hommes, ont une condition qui leur foit annexée, & fur l'accompliffement ou fur l'omiffion de laquelle leur exécution demeure fufpendue. Les *Luthériens* & autres , qui admettent les Décrets *conditionnels*, nous difent que l'Ecriture Sainte abonde en Exemples qui font pour eux , & qui favorifent leur fentiment. Que ce que Dieu dit à *Caïn*; (a) *Si tu fais bien ne fera-t-il pas reçû ? Mais fi tu ne fais pas bien, le péché eft à la porte* ; Que les paroles qu'il adreffe au peuple d'*Ifraël*; (b) *Si vous voulés réellement écouter ma voix & garder mon alliance , vous ferés mon plus précieux joyau, par deffus tous les peuples*; & que la déclaration qu'il fait à ce même

a 2

Peuple,

(a) Gen. IV. 7. (b) Exod. XIX. 5.

Peuple, par la bouche de son Prophéte ; (a) *Si vous êtes portés de bonne volonté , & que vous soiés obéïssans, vous mangerés le meilleur du païs ; mais si vous vous rebellés , & que vous refusiés d'obéir , vous serés devorés par l'Epée* ; que toutes ces déclarations, dis - je , signifient pour le moins , que les intentions de Dieu, par rapport à l'amour ou à la haine qu'il a pour les hommes, dépendent de leur bonne ou de leur mauvaise conduite. Lors qu'*Heli*, par sa trop grande indulgence pour ses Enfans, se rend coupable de péché , voyons comment Dieu s'exprime à cette occasion ; (b) *J'avois dit certainement , que ta maison & la maison de ton Pére marcheroient devant moi éternellement ; mais maintenant l'Eternel dit, ainsi n'avienne que je fasse cela, car j'honorerai ceux qui m'honorent, & ceux qui me méprisent, seront traités avec le dernier mépris.* Et quand *Saül* se mit à sacrifier, contre le commandement de Dieu, (c) *Tu as fait follement*, lui dit *Samuël, car Dieu auroit établi ton règne à jamais, sur Israël*, c'est-à-dire, par un Décret antécédent, *mais maintenant ton règne ne sera point affermi.* Il est visible, disent-ils, que dans ces deux cas , le Décret étoit conditionnel, & que Dieu l'annulla, à cause de la désobéïssance & de la mauvaise conduite de ceux qui en étoient les objets ; (d) *Si le méchant vient à se detourner de toutes ses méchancetés qu'il aura commises , il ne sera fait aucune mention de toutes ses transgressions, il vivra pour la Justice qu'il aura pratiquée.* Et d'un autre côté, *Si le Juste vient à se détourner de sa Justice, toutes ses Justices précédentes ne lui seront point imputées, il mourra pour le péché qu'il aura commis.* C'est là, disent ils , la condition ferme & stable de la prédestination de l'homme, tant dans le Vieux que dans le Nouveau Testament; (e) *Si vous vivés selon la chair, vous mourrés; mais si par l'Esprit vous mortifiés les faits du corps, vous vivrés.* (f) *Si tu confesses de ta bouche le Seigneur* Jesus, *& que tu croyes en ton cœur, que Dieu l'a ressuscité des Morts, tu seras sauvé.* (g) *Si nous mourons avec Christ , nous vivrons aussi avec lui. Si nous souffrons avec lui, nous régnerons aussi avec lui : Si nous le renions , il nous reniera aussi.* Les conditions sont à peu près les mêmes, en sorte que les Décrets de Dieu par rapport à l'homme, dépendent toûjours d'une certaine condition qu'il faut accomplir, afin qu'ils puissent s'exécuter. Les *Calvinistes* au contraire grands partisans

---

(a) *Esaïe* I. 19. 20. &c. (b) I. Sam. II. 30. (c) I. Sam. XIII. 13. 14. (d) Ezech. XVIII. 21. &c. (e) Rom. VIII. 13. (f) Rom. X. 9. (g) I Tim. II. 11. 12.

fans & zélés défenfeurs des Décrets *abfolus* de Dieu, difent pour répondre à cela ; (a)   Que ces paffages de l'Ecriture Sainte qu'ils
avouënt renfermer une *condition*, ne regardent pas les Décrets de Dieu,
mais feulement fes promeffes & fes menaces, qui font des chofes tout
à fait différentes ; Et de là ils prennent occafion de blâmer le fentiment oppofé, comme s'il deshonoroit les attributs Divins, en laiffant, pour ainfi dire, Dieu en fufpens, & en le faifant attendre, pour
voir ce que fera l'homme, avant que de former un Décret ferme &
irrévocable ; Ce qui, felon eux, emporte un manque de Puiffance &
de Préfcience en Dieu, & donne de dangereufes atteintes à quelques
autres de fes perfections.

A cela les partifans des Décrets *Conditionnels* repliquent ; (b) Qu'il
y a très-peu de différence entre foutenir, que les paffages allegués ci-
deffus regardent les Décrets, & dire qu'ils fe rapportent fimplement
aux promeffes & aux menaces.   La différence, difent ils, qu'il y a
entre les menaces & les promeffes de Dieu, & ce que nous apellons fes Décrets, confifte principalement, en ce que ceux ci font,
pour la plus part, fecrets & inconnus, au lieu que celles-là font
publiques & revelées à tous ceux qui connoiffent la parole de Dieu.
Une promeffe, difent ils encore, n'eft autre chofe, que la déclaration, que fait une perfonne, de la *volonté* qu'elle a de faire du bien,
& une menace n'eft par confequent auffi que la déclaration de la
volonté qu'elle a d'infliger quelque mal à une autre perfonne.   Or
en Dieu la *vo'onté* & le *Décret* font en quelque forte, une feule
& même chofe ; Si donc, fes promeffes & fes menaces, qui nous
manifeftent fa volonté, ne nous donnent pas une véritable intelligence de la teneur de fes Décrets, & de ce qu'ils nous annoncent,
nous n'avons abfolument point d'autre moyen de les connoitre ; (c)
*Car qui eft ce qui a connu l'intention de Dieu? ou qui eft ce qui a
été fon Confeiller ?* Mais fi fes promeffes & fes menaces, jointes à fes
préceptes, font de bonnes marques & de fûrs indices de fes Décrets,
il s'enfuit néceffairement que des menaces & des promeffes condi-
tionnelles font entiérement incompatibles avec un Décret *abfolu* ; puifque dans la fuppofition qu'elles le font, il faut néceffairement, que
Dieu offre le falut fous la condition de la foi, à des perfonnes
qu'il auroit pourtant reprouvées par fon décret abfolu, & qu'il en
menace d'autres de mort & de damnation, quoique par le même Dé-

a 3

cret

(a) Vide *Van Maftricht Théolog.* (b) Vide *Curcel.* & *Limborch.* (c) Rom.
XI. 34.

cret il les eût éluës pour le Salut. Or ni l'une ni l'autre de ces affertions ne nous donnent bonne Opinion de la vérité & de la fincérité de Dieu , outre qu'elles nous font regarder comme vaines &
inutiles toutes les Sanctions Solemnelles de fa volonté. Ils avouënt
donc, que, quand Dieu préfente aux hommes une Loi fous la Sanction de recompenfes qu'il leur promet , & des chatimens dont il les
menace, il fe met, pour ainfi dire, lui même en fufpens, attendant
que l'homme obéïffe à fa Loi ou qu'il la transgreffe, avant que de
décreter la recompenfe ou le chatiment; Mais ils prétendent pouvoir fe couvrir de l'authorité de l'Ecriture, & fonder leur Opinion
fur la voix de Dieu même, qui dit de fa Vigne, c'eft-à-dire, de
fon Peuple, (a) *Je m'attendois qu'elle produiroit des raifins ; & voici elle n'a produit que des grappes fauvages.* (b) *Je me tiens à la
porte*, dit le Seigneur, *& je frappe, fi quelqu'un entend ma voix
&c.* & encore (c) *O s'ils avoient toûjours ce même cœur pour me
craindre, & pour garder tous mes commandemens, afin qu'ils profpe-
raffent eux & leurs enfans à jamais.* Car quoi qu'il ne faille pas entendre ces paffages, d'une *attente* proprement ainfi nommée, qui renferme toûjours quelque *incertitude* dans l'événement, ils prouvent du-
moins qu'il y a en Dieu quelque chofe d'Analogue à une pareille attente ; ce qui ne pourroit avoir lieu , à moins qu'on ne fuppofât
qu'il fufpend fon Décret irrevocable touchant la perfonne dont il attendoit l'obéïffance : Et ils s'imaginent, que cette maniére de concevoir les Décrets de Dieu, outre qu'elle s'accorde parfaitement avec
les idées que nous avons de fa Puiffance , de fa Prefcience & de fa
Majefté, nous manifefte fa bonté, fa longue attente & fes autres attributs miféricordieux , d'une manière affés glorieufe pour mériter
qu'ils en faffent la matiére de leur hypothêfe.

Leur Or-
dre.   Nous aurons occafion de déterminer dans la fuite, laquelle de
ces deux opinions nous paroit la plus vrai-femblable. La feule remarque qui nous refte préfentement à faire , touchant les Décrets
de Dieu par rapport au Genre-humain, regarde l'ordre dans lequel
quelques Théologiens ont trouvé à propos de les ranger. (d) Ils
fuppofent donc, que, quand Dieu fût fur le point de créer le Monde, il rélléchit avec attention fur les idées de tous les Mondes *poffibles*, & qu'enfin il fe détermina en faveur du Sifthême préfent, le regardant, pris en fon tout, comme le plus parfait; & dans cette fuppofition

(a) Efaïe V. 2. &c.   (b) Apoc. III. 20. (c) Deut. V. 29. (d) Vide
Leibnitz. Théodicée & Curcellæi Inftitut.

pofition, ils avancent que le *prém er* Décret de Dieu eut pour Objet la Création du Monde , & plus particuliérement celle de l'homme, comme Chef & Gouverneur de toutes les autres Créatures. Le *Second*, la Confervation & le Gouvernement du Monde, & particuliérement de l'homme, avec la Loi qu'il convenoit de lui prefcrire pour éprouver fon obéïffance. Le *Troifiéme* , la permiffion de la chûte de l'homme , ou le deffein de ne pas la prévenir par fa Toute Puiffance. Le *Quatriéme*, l'Envoi de JESUS-CHRIST dans le Monde , au cas qu'Adam ou quelqu'un de fes defcendans vint à transgreffer la Loi qui lui feroit préfcrite. Le *Cinquiéme* , Les différentes difpenfations de la grace. Divine depuis *Adam*, jufqu'à *Moïfe* , & depuis *Moïfe*, jufqu'à JESUS-CHRIST. Le *Sixiéme*, la vocation du Genre-humain au *falut* par JESUS-CHRIST, par fes Apôtres, & par les autres Prédicateurs de l'Evangile, par la *foi* , & l'affiftance d'une grace fuffifante pour cet effet. Le *feptiéme*, l'Election, la Juftification, l'Adoption, & la Glorification des Fidèles en cas qu'ils perfévèrent, &, au contraire , la réprobation des Incrédules, leur abandon dans l'aveuglement & dans l'ignorance, enfin leur perdition éternelle, s'ils demeurent dans l'impénitence. Quant aux Décrets particuliers, compris fous ce Décret général , il n'y a point de raifon de croire, felon quelques Théologiens, qu'ils ayent été faits avant la Création du Monde, parce qu'il eft beaucoup plus équitable de fuppofer, que Dieu différe de faire quelque Décret fixe, fur de fimples individus, jufqu'à-ce qu'il voye leur train de vie jufqu'à la fin, foit par rapport à l'obéïffance, ou par rapport à la défobéïffance.

Sur le tout, il eft bon de remarquer, qu'il n'y a ni *premier*, ni *dernier*, dans l'Intelligence Divine : Ainfi cet ordre, qu'on fuppofe dans les Décrets de Dieu, n'eft fimplement que pour s'accommoder à nôtre maniére de les concevoir. (a) Et l'opinion de ceux qui penfent, que Dieu, après avoir examiné tous les fyfthêmes poffibles, approuva enfin celui qui exifte préfentement, & que là deffus il fit, *une fois pour toutes* , un Décret de créer un Monde tel que celui qu'il avoit alors dans l'Efprit ; cette opinion, dis-je , n'eft pas tout à fait à rejetter ; parce que ce Décret général renferme également tous les Décrets particuliers , & enlève cet ordre imaginaire , au fujet duquel certaines perfonnes difputent avec tant de zèle.

SEC-

_____
(a) *Leibnitz Théodicée.*

SECTION I.

De la Doctrine de la Prédéstination , avec une Histoire abregée des disputes agitées à ce sujet.

„ **L**A Prédéftination , fuivant le fentiment de l'Eglife *Anglicane* , eft
„ le deffein Eternel de Dieu, par lequel il a conftamment décre-
„ te, avant la Fondation du Monde , par fon Confeil, qui nous eft
„ *caché*, de delivrer de la malédiction & de la condamnation ceux du
„ Genre-humain, qu'il a *choifis* en JESUS-CHRIST, & de les ame-
„ ner par JESUS-CHRIST au falut éternel, comme des *vafes faits*
„ *pour l'honneur.* " Nôtre Eglife, par le principe d'une grande tendreffe
pour l'humanité, ne fait aucune mention des *vafes préparés pour le*
deshonneur ; Mais d'autres Societés Chrétienne ont pouffé la chofe
plus loin, & difent, qu'outre la Prédéftination à la vie, il y a une
Prédéftination d'une grande partie des hommes à une mifère éternelle, avant leur naiffance, & fans aucun égard à leurs actions, quoi
qu'il s'en trouve, qui prétendent que leur élection, auffi bien que leur
reprobation, dépend de la prefcience que Dieu a de la conduite que
chaque perfonne tiendroit dans ce monde.

Les *Supralapfaires*, (apellés, je penfe, de ce nom, parce qu'ils
placent la perte & la damnation d'une grande partie des hommes, dans
le Décret de Dieu, antérieur à celui de la chûte d'*Adam*,) croyent,
que Dieu dans tout ce qu'il fait, ne fait attention qu'à fa gloire ; (a)
Que dans cette vuë, & felon cette intention, il a créé le monde;
qu'il y a placé le Genre-humain, & qu'il l'a conftitué fous *Adam*
comme fous fon chef & fa couche; qu'il a décreté & réfolu le péché
d'*Adam*, la chûte de fa poftérité, & la mort de JESUS-CHRIST,
avec le falut ou la damnation de ceux dont le bonheur ou la mifère contribueroient le plus à fa gloire ; qu'à ceux qui font deftinés au falut, il a réfolu de donner une affiftance fi efficace, qu'elle
les mettroit certainement dans le chemin du falut ; mais qu'à ceux
qu'il a rejettés, il a réfolu de leur donner fimplement des fecours
& des moyens, qui ne ferviroient qu'à les rendre inexcufables ; Et
que

(a) *Burnet* fur les 39. articles, & *Curcel.* Inftit. Lib. **6.**

que tous les hommes perfeverent dans un état de grace ou de péché, & feront fauvés ou damnés, fuivant ce premier Décret, fans qu'il foit fait aucune attention à leur Obéïffance, ou à leur defobéïffance ; & que Dieu en ufera de cette maniere uniquement pour manifefter fa grace & fa mifericorde, en ceux qui feron fauvés, & fon pouvoir & fa Juftice abfoluë, en ceux qui feront condamnés.

Les *Infralapfaires* croyent, *qu'Adam* ayant péché de fon pur mouvement, & fon péché ayant été imputé à toute la pofterité, Dieu regarda d'un œil de compaffion le Genre-humain qui étoit perdu ; & qu'ayant réfolu de tirer un grand nombre d'Hommes de cet état de perdition, il décreta en même tems d'envoyer fon Fils pour mourir pour eux, d'accepter la mort qu'il fouffriroit pour leur compte, & de leur donner des fecours affés *efficaces*, pour les convertir à lui, & de les faire perfeverer jufques à la fin ; Mais que quant aux autres, foit enfans ou adultes, Payens ou Chrétiens, il ne determinera rien par rapport à eux, les laiffant fimplement dans l'état où leur chûte les avoit mis, fans avoir intention, ni qu'ils fuffent participans des avantages de la Mort de Jesus-Christ, ni d'une affiftance *efficace* qui *les préfervât* de la perdition.

Les *Arminiens* ou *Remo..trans* croyent, que Dieu réfolut de créer les hommes & de les traiter felon l'ufage qu'ils feroient de leur liberté ; Que prévoyant de quelle maniere chacun en uferoit, il décreta parlà-même tout ce qui les regardoit dans cette vie, avec leur falut ou leur damnation, dans celle qui eft à venir ; Que Chrift eft mort pour tous les hommes ; Que chacun d'eux reçoit des fecours fuffifans, mais que comme chacun d'eux eft abandonné à lui-même, pour fe déterminer fur l'ufage ou fur l'abus qu'il fera de ces fecours, fon falut ou fa perdition ne peuvent-être imputés qu'à lui-même.

Les *Sociniens* nient la préfcience certaine des *futurs contingens*, ce qui les porte à croire que les décrets que Dieu a fait de toute éternité, ne font que des décrets *généraux*, tels que ceux ci : Ceux qui croiront & qui Obéïront à l'Evangile feront Sauvés ; Mais ceux qui vivront & qui mourront dans le péché feront condamnés ; Qu'il n'y a point eû dabord de décrets particuliers faits touchant chaque individu ; Mais qu'ils font feulement arrêtés d'un tems à autre, à mefure que les hommes viennent au Monde & que Dieu remarque le rôle qu'ils y jouënt : Que l'homme n'eft pas naturellement auffi corrompu que quelques uns l'ont prétendu, & qu'il n'a pas

b

befoin

befoin d'une fi grande affiftance Spirituelle; Mais que par fes propres forces il peut fe rendre lui-même Vertueux, travailler avec fuccès à fon falut, & fe le procurer, pourvû qu'il ne veuille pas fe manquer à lui-même.

Voilà les principales Opinions qui ont eu cours dans l'Eglife fur cette matiere, en tout tems & fous divers noms. Il ne fera peut-être pas hors de propos de rechercher ici en peu de mots l'Origine & les divers degrés de ces Opinions.

Hiftoire de cette difpute dans les premiers fiécles.

Dans les premiers Siecles de l'Eglife Chrétienne, les *Gnoftiques* s'imaginoient que les Ames des hommes étoient de differens Ordres, & qu'elles venoient de differens principes ou Dieux, qui les avoient créées. Il y en avoit de *Charnelles* & dévouées à la perdition ; de *Spirituelles*, qui parviendroient certainement au falut, & d'*Animales*, ou d'un Ordre mitoyen, qui étoient capables de bonheur ou de mifere. *Origene* combatant ce Sifthème, foutenoit que toutes les Ames étoient également capables de devenir bonnes ou mauvaifes, & que cette différence que l'on remarquoit parmi les hommes, venoit uniquement de la liberté de leur volonté, & des différens ufages qu'ils en faifoient; ce qui les rendoit capables de recompenfe, ou de chatiment de la part de Dieu.

Pélage, Moine *Ecoffois*, fort eftimé à *Rome*, tant pour fon favoir, que pour la régularité de fes mœurs, fut difciple d'*Origene* & pouffa ces Dogmes plus loin que n'avoient fait les Eglifes *Grecques*; car il foutenoit l'entiére liberté de la volonté, & en même tems, il nioit qu'elle eut fouffert quoi que ce foit de la chûte d'*Adam*, & que nous euffions aucun befoin d'une grace & d'une affiftance interieure. Saint *Anguftin*, dans les difputes qu'il avoit eu avec les *Manichéens*, avoit avancé plufieurs chofes en faveur de la liberté de l'homme; Mais croyant que la Doctrine de *Pélage* tendoit à établir une liberté Sacrilège, il ne pouvoit la fouffrir. Il penfa donc à la décrier, & à foutenir la néceffité d'un fecours *Surnaturel*, ce qu'il fit avec beaucoup de vivacité. *Caffien*, difciple de Saint *Jerôme*, mais qui, dans le tems que la difpute étoit fort échauffée, avoit paffé de *Conftantinople* à *Marfeille*, voulut concilier les deux fentimens en prenant un milieu: Il foutenoit, que toutes chofes avoient été décretées & faites felon la préfcience de Dieu qui prévoyoit toutes les contingences futures. Il admettoit une grace interieure; mais foumife au Franc-arbitre, enforte que la premiere converfion de l'Ame, étoit felon lui, purement l'effet de la liberté de fon choix, & par confequent il rejettoit tou-

te

te grace *prévenante.* Ces fentimens le firent mettre dans une Claffe particuliere, & ceux qui penférent comme lui, furent dans la fuite appellés *Demi-Pelagiens.* Saint *Auguftin,* informé de cette Opinion de *Caffien,* écrivit contre lui; *Caffien* eut *Fauftus Vincentius* & d'autres pour défenfeurs de fa caufe, pendant que *Profper Fulgence,* & d'autres, fedéclarérent pour Saint *Auguftin.* La difpute étoit dans cet état, lorfque la ruïne de *l'Empire-Romain,* & les malheurs affreux qu'eurent à fouffrir les Provinces *Occidentales,* de la barbarie & de la cruauté de leurs nouveaux Maitres, furent caufe que dans ces fiecles là, la Science alla toûjours en diminuant, & comme il n'y eût prefque point depuis lors, d'Ecrivain un peu remarquable, les ouvrages & la pieté de Saint *Auguftin* auffi bien que la multitude de Livres qu'il laiffa après lui, lui acquirent un fi grand nom, que perfonne n'ofa revoquer en doute (a) ce qu'il avoit défendu avec tant de Zèle, & d'étenduë, quoi qu'on remarquât dans les *Conferences de Caffien* tant de bon fens, de jugement & de pieté, que tous ceux qui le lifoient, en étoient charmés.

Quand les Lettres commencérent à refleurir, comme la Theologie Scolaftique étoit en grand crédit parmi les Savans, *Thomas d'Aquin,* qu'on regardoit comme le principal ornement de l'Ordre des *Dominicains,* embraffa tous les dogmes de Saint *Auguftin,* en entreprit la défenfe, & y ajoûta encore cette propofition; Que comme la Providence de Dieu s'étendoit à tout, elle concouroit immédiatement à la production de nos penfées, de nos mouvemens & de nos actions, & que, par une influence *Phyfique,* elle prédeterminoit nôtre volonté à toutes chofes, bonnes ou mauvaifes; Mais fans être pour cela autheur du péché, comme il s'étend fort au long à le faire voir. *Scot* qui ne faifoit pas moins d'honneur à l'ordre des *Francifcains* dont il étoit membre, nioit cette *prédetermination,* foutenannt le franc-Arbitre; & *Durand* nioit auffi ce concours immediat de Dieu dans toutes les actions humaines, mais il ne fut pas beaucoup fuivi en cela.

b 2   Quand

Dans l'Eglife Romaine.

(a) La Doctrine de Saint *Auguftin* & celle des *Infralapfaires* differ.rent principalement, en ce que Saint *Auguftin* fuppofant, que le Sacrement du Batême étoit accompagné d'une Régéneration interieure, diftinguoit entre les *Régénerés,* & les *Prédeftinés;* Ce que les *Infralapfaires* ne font pas. Il fuppofoit de plus, que les Perfonnes ainfi régénerées pouvoient avoir toutes les graces, excepté celle de la perfeverance; Mais que comme elles n'étoient pas prédeftinées, elles devoient tomber infailliblement à la fin, & déchoir de la grace de la *régéneration.* Quant aux autres points, comme par exemple fi les Décrets font abfolus? Qu'elle eft l'étenduë de la mort de Chrift, l'efficace de la grace, & la certitude de la perfeverance, il n'y a pas entr'eux grande difference.

Quand *Luther* commença à ranger ſes ſentimens en corps de Theologie, il vit clairement, qu'il n'y avoit rien de plus fort & de plus exprès, pour renverſer la Doctrine du mérite des œuvres & de la Juſtification par les bonnes œuvres, que les dogmes de Saint *Auguſtin*. Il trouva auſſi, dans les œuvres de ce Pére, pluſieurs Paſſages formels, contre la plûpart des corruptions de l'Egliſe *Romaine*. Et comme il étoit d'un Ordre qui portoit le nom de Saint *Auguſtin*, & qui étoit en poſſeſſion de lire & de reſpecter ſes œuvres, il ne faut pas être ſurpris, ſi ſans examiner la choſe de près, il épouſa tous ſes ſentimens. La plûpart de ceux de la Communion de *Rome* qui écrivirent contre *Luther*, paroiſſent avoir été dans des idées toutes différentes; Et quoi que les dogmes de Saint *Auguſtin* euſſent d'abord été reçûs par tout l'Ordre des *Jeſuites*, & que *Bellarmin* même les eût adoptez, cependant fort peu de tems après ils embraſſerent tous une autre Hypothèſe, qui ne differe de celle des *Demi-Pelagiens*, qu'en ce qu'elle admet une grace *prévenante*, mais ſoumiſe au franc-arbitre de l'homme. On ſe plaignit fort de ce qu'ils avoient abandonné le ſentiment reçu, & on tint à *Rome* pluſieurs Conferences, pour ſavoir qu'elle avoit été la Doctrine & la tradition de l'Egliſe ſur cette matière. Mais dans le tems que chacun s'attendoit à une déciſion finale, on ordonna à tous les partis de garder le ſilence & de ne plus diſputer ſur ces articles.

Environ quarante Ans après, *Janſenius* Docteur de Louvain, grand partiſan de Saint *Auguſtin*, voyant les progrès étonnans que faiſoient les ſentimens contraires, publia un gros Volume où étoit renfermé tout le ſyſthéme de ce que Saint *Auguſtin* avoit enſeigné ſur les différentes parties de la queſtion; & il ne ſe contenta pas de peindre des plus noires couleurs les *Pélagiens* & les *demi - Pélagiens*; il alla encore juſqu'à comparer leurs dogmes avec ceux de quelques Novateurs de ce tems-là. Ce Livre fût reçu par tout le parti avec de grands aplaudiſſemens; Mais il fût d'abord défendu comme une contravention au ſilence que le Pape avoit ordonné. Dans la ſuite on en tira quelques propoſitions, ſur leſquelles il fût condamné, & on exigea que tout le Clergé de *France* ſignât cette condamnation. Il s'éleva là-deſſus une queſtion fort extraordinaire, Savoir, *Si le Pape étoit infaillible dans les matières de fait?* Les uns ſoutenoient que le Pape ayant condamné ces propoſitions comme de *Janſenius*, la croyance de ſon infaillibilité ne leur permettoit pas de douter qu'elles ne fuſſent effectivement dans ſon livre; d'autres prétendoient au

con-

contraire avec beaucoup de raifon , qu'on n'avoit encore jamais regardé ni les Papes ni les Conciles commes infaillibles . dans les matières de fait. On convint enfin d'une efpèce de trève, fur les points
en queftion : Mais l'animofité fubfifte , & la Guerre fe fait toûjours,
quoi qu'avec un peu moins de bruit qu'elle ne fe faifoit auparavant.

Les mêmes difputes ont auffi été agitées dans les Eglifes Refor- *Et dans les Eglifes Refor-mees.*
mées : Nous avons dit que *Luther* parut d'abord entiérement attaché
aux dogmes de faint *Auguftin*. Mais bientôt après on répandit
qu'il avoit changé de fentiment; & depuis ce tems là les *Lutheriens*
fe font tellement entêtez de l'hypothèfe des *demi-Pélagiens* , qu'ils
ne veulent ni tolerer aucun de ceux qui penfent autrement, ni avoir
communion avec eux. *Calvin* ne s'en tint pas feulement aux dogmes de Saint-*Auguftin*, mais il parut encore admettre le Syfthéme des
Supralapfaires, que *Béze* embraffa plus ouvertement , & ce Syfthéme
eft généralement fuivi par la plùpart des Eglifes Reformées (†) des
autres Nations.

Les premiers Réformateurs *d'Angleterre* étoient généralement dans
les idées des *Infralapfaires*; mais *Perkins* & d'autres s'étant déclarés
pour le Syfthéme, des *Supralapfaires* , *Arminius* , dequi les Arminiens
ont pris leur nom, Profeffeur dans l'Univerfité de *Leide* , écrivit contr'eux *Gomar* prit leur parti, & eut plufieurs difputes fur ce fujet avec *Arminius* fon Collègue. La diverfité de leurs fentimens cau-
fa de grandes divifions dans toutes les *Provinces Unies* , jufqu'à-ce
qu'enfin on trouva à propos d'affembler un grand S'ynode à *Dordrecht*, ou *l'Angleterre* envoya des Theologiens , auffi bien que diverfes autres Eglifes. Ce Synode condamna les fentimens *d'Arminius* ,
fans toucher à la difpute agitée contre les *Supralapfaires* & les *Infralapfaires*.   Ce qui contribua le plus à faire condamner la Doctrine
des *Arminiens* , fut une queftion de *Politique* , qu'on agitoit affés
chaudement depuis quelque tems . & fur laquelle les Efprits étoient
fort partagés. Il s'agiffoit de favoir, *fi l'on devoit continuer de faire
la guerre à l'Efpagne , ou fi l'on devoit entendre à des propofitions de
paix?* Le parti *d'Arminius* vouloit la paix. Ses Antagoniftes, à la tête defquels étoit le Prince *d'Orange* , ne parloient que de faire la guerre. On prit de là occafion de repréfenter les *Arminiens*, comme des
gens mal intentionnés pour la Patrie , & dont les fentimens étoient
favorables au Papifme; Il n'eft donc pas furprenant qu'ils ayent été
con-

b 3

(†) *Outre Mer* par rapoet aux Anglois.

condamnés par un Synode, aſſemblé dans un Païs, où l'on avoit ſe-
mé à deſſein de pareils faux bruits ſur leur compte.

Quand ces diſputes paſſérent la Mer, & commencérent à s'agiter parmi nous, ce fût d'abord avec tant de chaleur, que le Roi fit
publiquement défendre aux *Prédicateurs*, de ne plus toucher à ces
matiéres ; Mais l'Archevêque *Laud* s'étant montré favorable aux ſentimens d'*Arminius*, l'*Arminianiſme* prit le deſſus, & ſe maintint juſqu'aux mal'heureuſes diſputes qui s'élevérent alors, touchant l'étenduë de l'authorité Royale. Les *Arminiens* s'étant déclarés en faveur
de la Puiſſance abſoluë du Roi, eurent la faveur de la Cour, mais
le Parlement cenſura leur Doctrine avec tant de vivacité, que cela la
mit en mauvaiſe odeur dans tout le Royaume. Le Renverſement du
Gouvernement qui arriva quelque tems après, fût pour elle le coup
de mort ; car la plûpart des Sectaires qui avoient le pouvoir en
main dans ce tems-là, embraſſérent les ſentimens de Calvin touchant la prédeſtination, & témoignérent de l'horreur pour toute autre
opinion. Mais après le rétabliſſement de l'ancienne forme de nôtre
Gouvernement, on vit revivre les dogmes qui avoient été rejettez, &
ceux qui en faiſoient profeſſion, furent d'autant mieux reçus, & traités plus favorablement, qu'ils avoient beaucoup ſouffert pendant les
troubles. Aujourd'hui ces dogmes ſont generalement ceux que pro-
feſſe preſque tout le Clergé de l'Egliſe *Anglicane*, au lieu que les ſentimens oppoſez ſont les plus ſuivis de la plus part des *Non-Con-
formiſtes*. Nous éxaminerons dans la ſection ſuivante, les raiſons ſur
leſquelles les uns & les autres fondent leurs différens ſentimens.

SECTION II.

Veritable Etat de la Diſpute des deux Côtés

LesCalvi-
niſtes fon-
dent leur
ſentiment
ſur la Na-
ture.

LEs Sectateurs de *Calvin*, qui, comme nous l'avons dit ci-deſſus,
différent très-peu des *Supralapſaires*, ſi même ils en différent
en quelque ſorte (a) poſent pour fondement de leur Syſthême, que
Dieu

(a) La Différence qu'il y a entre les *Supralapſaires* & les *Infralapſaires*
conſiſte, comme je l'ai dit ci-devant, en ce que le premiers aſſurent que
Dieu a *deſtiné* certaines perſonnes à la damnation, au lieu que ceux ci diſent ſimplement, *qu'il les laiſſe*, dans leur état naturel, *ſans faire attention à*

Dieu eſt eſſentiellement parfait & indépendant dans tous ſes Actes,
en ſorte qu'il ne ſauroit faire attention qu'à lui-même & à ſa propre gloire ; qu'il eſt lui-méme le ſeul but auquel puiſſent ſe rapporter tous ſes deſſeins, & qu'ainſi il ne peut ſe propoſer d'autre fin
dans tout ce qu'il fait, que la manifeſtation de ſes propres perfections; que les Créatures ne ſont rien devant ſes yeux; que par une
façon de parler *hyperbolique* il eſt dit, qu'elles ſont * *moins que rien*
devant Dieu : Et ſi nous mémes diſent ils, ne faiſons, dans les vûës
que nous nous propoſons, aucun compte des fourmis ou d'autres Inſectes, des brins de paille, ou des grains de ſable; combien moins
Dieu auroit il égard à nous dans tout ce qu'il a réſolu de faire &
qu'il fait actuellement.   Voilà la grande baſe de leur *Doctrine*, après
quoi ils continuent de cette manière.

La Pré-
ſcience.

Il ne peut point, diſent ils, y avoir de Préſcience certaine des
futurs contingens, parce qu'on ne ſauroit *prévoir certainement* des
choſes qui ne doivent pas exiſter *certainement*; car s'il y a certitude dans la préviſion, il faut qu'il y en ait auſſi dans l'événement.   Il
ſemble donc qu'il implique contradiction, qu'une choſe puiſſe exiſter
ou ne pas exiſter, & que cependant elle puiſſe être *ſûrement* prévuë de Dieu.   Dieu ne ſauroit prévoir les choſes, que ſuivant qu'il
les décrete, & que par là il leur donne une *futurition* qu'elles n'auroient pas euë ſans cela; c'eſt pourquoy ils rejettent comme impoſſible une preſcience antérieure à ſon Décret.

Les Dé-
crets.

De la préſcience de Dieu, ils paſſent à ſes décrets, & diſent que
des *Décrets conditionnels* ſont imparfaits de leur nature, entant qu'ils
aſſujettiſſent la volonté & les actions de Dieu à la Créature; que ce
ſont des actes ſuſpendus entre l'être & le non-Etre, qui par conſe-
quent ſont incompatibles avec l'infinie perfection de Dieu, & qu'en
diſant que Dieu ſouhaite en général que tous les hommes ſoyent ſau-
vés, il ſemble qu'on lui attribue un ſouhait qu'il ne ſauroit accomplir, & qu'on donne à entendre, que ſa Bonté a plus d'étendue que
ſa

elles, mais c'eſt-là ſeulement dire la même choſe en d'autres termes, & s'exprimer d'une manière plus douce.   En effet, que Dieu *deſtine* une perſonne à la
damnation, ou qu'il agiſſe de façon que la damnation de cette perſonne s'en-
ſuive inévitablement, n'eſt ce pas au fonds la même choſe ?   Car toute perſonne que Dieu n'élit pas, ſoit que nous diſions qu'elle eſt *réprouvée*, ou que
nous nous contentions de dire qu'elle eſt *omiſe*, elt certainement excluë de la
grace de Dieu, & cette excluſion entraine néceſſairement ſa damnation, parce
que ſans la grace de Dieu, il n'y a point de Salut. *Sermons de Fiddes.*

* C'eſt la propre expreſſion d'Eſaie, qui dit cela de *toutes les Nations*
enſemble Ch XL. 17 Note du Traducteur.

sa Puissance. Ainsi quoique le Décret de la *Reprobation* paroisse un peu rude, nous ne devons pas, pour cela, disent-ils, mesurer la peine du péché sur les idées que nous avons de la Justice, car Dieu afflige dans cette vie plusieurs gens de bien avec beaucoup de sévérité, & pendant plusieurs années consecutives, uniquement pour manifester sa gloire, sans qu'aucun de nous s'avise de l'accuser d'injustice. Or s'il peut, pour un peu de tems, faire ce qui est incompatible avec nos idées & avec les régles que nous nous formons de la Justice, il peut certainement le faire pour une plus longue durée, puisqu'il lui est aussi impossible d'être injuste pendant un jour, que pendant toute l'Eternité.

Des Décrets de Dieu, ils remontent à sa Providence, nous faisant remarquer que le Monde a été pendant une longue suite de Siécles abandonné à l'Idolatrie, & que même depuis la prédication de l'Evangile, il y a encore de vastes contrées qui croupissent dans cette même situation; Que la *Chrêtienté* se trouve en *Orient*, plongée dans une ignorance si grossiére. & une grande partie de *l'Occident* tellement corrompue, qu'on est obligé d'avouër, que la *plus grande* partie du Genre-Humain a été de tout tems destituée des moyens de la grace. Or si Dieu laisse des Nations entiéres dans une ignorance si crasse, dans une corruption si grande, pendant qn'il en choisit d'autres pour leur communiquer sa connoissance, devons-nous étre surpris qu'il tienne à l'égard des *individus* la même conduite qu'il tient à l'égard des *Societés* entiéres ? N'est-il pas beaucoup plus difficile de rendre raison de la rejection en gros de plusieurs Nations entiéres, pendant tant de Siécles, que du choix qu'il a fait d'un petit nombre, & de ce qu'il a laissé les autres dans un état d'ignorance & de Stupidité ?

Ce raisonnement, pris de ce qu'on remarque communément, acquiert, disent ils, un nouveau degré de force, quand on fait attention à ce que l'Apôtre assûre dans ses Epitres aux *Romains* & aux *Ephesiens*, à prendre même ces passages dans le sens que leur donnent ceux du parti contraire. Car si Dieu selon le propos arrêté de son Election (a) a *aimé Jacob* jusqu'au point de choisir sa postérité pour être son Peuple, & *a haï* ou rejetté *Esaü* & sa postérité, & si, par le même propos arrêté, les *Gentils* devoient être *entés sur ce même tronc*, dont les Juifs devoient alors *être retranchés*; il s'enfuit manifestement, qu'il y a une élection de Nations antérieure à toute autre

con-

(a) Rom. I. & XI.

confidération.   Enfin fi Dieu , comme le dit nôtre Sauveur , (a) *ca-che certaines chofes aux Sages & aux Entendus , qu'il révèle aux petits Enfans*, par la raifon que *tel eft fon bon plaifir*, il s'enfuit que la même faveur diftinguée peut également s'appliquer aux particuliers.

. Ils concluent donc, que quoique la mort de JESUS - CHRIST foit offerte à tous les Chrétiens, JESUS-CHRIST n'eft cependant mort *intentionellement & actuellement* , que pour ceux que le Pére avoit élûs de toute éternité : Ils ne fauroient fe figurer que Chrift eût pû *mourir en vain*, puifque Saint *Paul* parle de l'inutilité de la mort de JESUS-CHRIST , (b) comme d'une grande abfurdité ; & ce-pendant, s'il étoit mort pour tous les hommes , il faudroit qu'il fût *mort en vain* par raport à la plus grande partie du Genre-humain que cette mort ne fauvera pas ; d'où il s'enfuit, felon eux, qu'il n'eft mort précifement que pour les Elûs, & que tous ceux pour lefquels il eft mort, font certainement fauvez.   Ils penfent que c'eft là ce que nôtre Sauveur veut nous donner à entendre par cette limitation qu'il met à fon interceffion ; (c) *C'eft pour eux que je prie ; je ne prie point pour le Monde , mais pour ceux que tu m'as donné , parce qu'ils font à toi, tout ce qui m'appartient eft à toi, & tout ce qui t'appar-tient eft à moi.*

Ils avouent qu'il eft parlé de la mort de Chrift en termes géné-raux , & qu'il eft dit que les mérites de fon fang font *une obligation fuffifante pour les péchés de tout le monde ;* mais ils croyent auffi que ces expreffions doivent être entendues avec une reftriction convenable, Savoir pour nous faire comprendre qu'aucune Nation ou qu'aucune efpèce d'hommes n'eft exclue du bénéfice de la mort de JESUS-CHRIST , & que dans toutes les efpèces il y aura quelques individus qui feront fauvés par lui.   Mais on ne fauroit étendre d'avantage le fens de ces expreffions fans donner atteinte à la *Juftice* de Dieu ; car fi Dieu a reçû une Oblation fuffifante pour les péchés de tout le Monde , pourquoi *Tous* les Hommes ne font ils pas fauvés par elle ? Ou du moins pourquoi la grace n'eft elle pas offerte *à tous* ? Pour-quoi Dieu ne la fait il pas publier pour éprouver par ce moyen, fi *Tous* les hommes voudroient l'accepter ou non ?

Ils difent la même chofe des moyens du Salut ; Puifque Dieu, Et la grace felon le fentiment de leurs adverfaires, a prévû fûrement quel fe- éfficace. cours feroit fuffifant , & quel ne le feroit pas , c'eft une chofe qui paroit incompatible avec fa *Sainteté* & fa *Vérité*, d'accorder quelques

c   moyens,

(a) Math. XI. 25. 26. (b) Gal. II. 21. (c) Jean. XVII.

moyens, qui vinſſent enſuite à ſe trouver inéfficaces parce que ſa Sainteté le porte néceſſairement à faire de la maniére la plus efficace, tout ce qu'il fait pour rendre les hommes vertueux & heureux ; & s'il deſiroit ſincèrement le Salut de tous, ſans aucune reſerve, ſa Vérité auroit certainement fait intervenir ſa Toute Puiſſance pour l'effectuer. La grace donc, diſent ils, que Dieu ſelon nous accorde à ſes *élus* eſt déſignée dans l'Ecriture Sainte par des figures & des expreſſions telles, qu'elles marquent évidemment ſon éfficace, & qu'il ne dépend pas de nous d'en faire à nôtre gré, un bon ou un mauvais uſage. (a) Elle eſt apellée une *Création*, (b) une *Régéneration*, ou une nouvelle naiſſance, (c) une *Vivification* & une Reſurrection. Il eſt dit, (d) que *Dieu opére en nous le vouloir & le parfaire*, (e) que *nous ſommes conduits par l'Eſprit*, *gardés par la grace pour le Salut* ; & nous ſommes comparés à une maſſe d'Argile entre les mains d'un potier, qui de *la même Maſſe fait* comme il le trouve à propos, (f) *des vaſes pour l'honneur & des vaſes pour le deshonneur*. Quoique nous ne puiſſions pas parfaitement concilier l'efficace de la grace de Dieu avec la liberté de l'homme, cependant quand ces deux choſes ſe trouvent avoir le même deſſein chacune à part, & qu'elles ſont, pour ainſi dire, Rivales, c'eſt du côté de l'homme qu'il convient de faire du rabais, & non pas de celui de Dieu.

Compatible avec la volonté libre.

Mais il n'eſt pas néceſſaire d'en venir là. Un homme agit librement, diſent ils, quand il acquieſce à une Verité évidente par elle même ; & ſi ſon ame étoit aſſés illuminée pour voir auſſi clairement le *bien* des choſes *morales*, qu'il apperçoit la *verité* de certaines propoſitions purement *ſpéculatives*, enſorte qu'il ſe trouvât auſſi peu capable de réſiſter aux unes qu'aux autres, feroit il moins pour cela une Créature libre & raiſonnable ; parce que ſa liberté eſt plus éclairée ? Quoique les Anges & les Saints glorifiés ſoient rendus parfaits en gloire, & qu'ils ne ſoient pas capables d'une recompenſe plus grande, on ne ſauroit pourtant nier qu'ils n'agiſſent avec d'autant plus de liberté, qu'ils voyent toutes choſes dans leur veritable point de vuë. De même ceux qui ſont prédeſtinés à la vie, agiſſent avec autant & plus de liberté que les autres hommes, quoi qu'ils ſentent en eux-mêmes une inclination ſecrete répandue dans leurs cœurs, & une certaine conviction gravée dans leurs Ames, dont la force les détermine à faire ce qui

eſt

(a) Eph. II. 22. (b) 2. Cor. V. 17. (c) Pſ. CX. 13. (d) Phil. II. 13. (e) Rom. VIII. 14. (f) Rom. IX. 29.

eſt agréable à Dieu, & à perſeverer dans ſon amour juſques à la fin de leur vie. Car puiſque Dieu eſt parfaitement indépendant, & *qu'il nous a* (a) *engendrés de ſa pure volonté ; que par devers lui il n'y a point de variation ni d'ombre de changement , que* (b) *ceux qu'il aime, il les aime juſques à la fin,* (c) *& qu'il ne laiſſera ni n'aban-donnera jamais ceux dont il veut être le Dieu;* ils en concluent que le *propos arrêté & la vocation de Dieu* doivent *être ſans répentance,* c d. irrévocables, & que , quoique les gens de biens puiſſent tomber dans de grands péchés , cependant de tous *ceux que le Pére a donné au Fils,* afin qu'il fut leur Sauveur, *il n'en périra pas un ſeul.*

La Concluſion, qu'ils tirent de tout ce que nous venons de dire, eſt, que Dieu a *préconnu* en lui-même & pour ſa propre gloire, un certain nombre d'hommes, qu'il a determiné , leſquels il a *choiſis,* pour être les ſujets dans leſquels il vouloit être tout enſemble *ſanctifié & glorifié,* (d) que les ayant ainſi *préconnus,* il les a *prédéſtinés à être rendus conformes* par la ſainteté *à l'image de ſon Fils ;* qui les a apellés par une vocation particuliére , ſecourus par une grace irréſiſtible , *juſtifiés* à cauſe de leur obéïſſance , & qu'enfin *il les introduira dans ſa gloire:* au lieu que pour le reſte du Genre-humain, il l'a prédéſtiné à un jugement tout oppoſé   Ils croyent avoir l'autorité de l'Ecriture pour apuyer tout cela, car outre le fameux paſſage, auquel il a deja été fait alluſion, quand il dit (e) *d'enfan; qui n'étoient pas encore nés, & qui n'avoient fait ni bien ni mal, qu'afin que le propos arrêté de Dieu ſelon l'election demeurât ferme,* Jacob *fut aimé* & Eſaü *fut baï;* quand tous les hommes ſont repréſentés dans les mains de Dieu comme (f) de l'argile dans celles d'un *Potier, qui de la même maſſe peut faire un vaſe pour l'honneur & un autre pour le deshonneur ;* quand pour fermer la bouche à quiconque voudroit murmurer contre un procedé ſi arbitraire, on s'écrie, (g) *Qui és tu , ô homme , qui conteſtes contre Dieu? la choſe formée dira-t-elle à celui qui l'a formée, pourquoi m's tu fait ainſi ?* Quand il eſt dit expreſſément (h) *Que Dieu aura compaſſion de celui de qui il aura compaſſion,* & qu'il *endurcit celui qu'il veut;* Quand d'un côté on lit (i) que *tout autant qu'il y en avoit de prédéſtinés pour la vie éternelle crurent,* & que (k) le Saint Eſprit nous parle de gens, *qui n'ont pas été écrits dès la fondation du monde dans le Livre de vie de l'agneau,* ſelon le pro-

Toute leur hypothéſe prouvée par l'Ecriture.

c 2   pos

(a) Jaques I. 17. 18. (b) Jean XIII. 1. (c) Heb. XIII. 15. (d) Rom. VIII. 29 30. (e) Rom. IX 11. 13. (f) Vers 21. (g) Vers 20. (h) Vers 18. (i) Act. XIII. 48. (k) Apoc. XIII. 8. & III. 5.

pos arrêté de Dieu ; & que d'un autre côté il eſt dit (a) que *Dieu a fait le méchant pour le jour du mal* , & que les Gentils impies, dans les anciens tems , étoient (b) *livrés à des paſſions honteuſes, à un ſens reprouvé avoient leur eſprit deſtitué d'intelligence & rempli de ténèbres , & étoient dès longtems deſtinés à la condamnation.* Quand enfin , pour prévenir tout ce qu'on pourroit objecter contre cette conduite de Dieu , on conclud tout par cette queſtion ſi preſſante ; (c) *Qu'a-t-on à dire ſi Dieu voulant montrer ſa colére & faire connoitre ſa Puiſſance , a ſuporté avec beaucoup de patience les vaiſſeaux de colére deſtinés à la deſtruction?* Quand, dis-je , ces paſſages & un grand nombre d'autres qui ſignifient la même choſe , ſe préſentent à eux dans l'Ecriture Sainte , ils ne ſauroient s'empêcher d'en conclure que la *Reprobation* eſt un acte de Dieu libre & abſolu, auſſi bien que *l'Election*, que dans l'une Dieu ſe propoſe de faire éclater ſa Sainteté & ſa Juſtice, comme il a pour but dans l'autre de manifeſter ſa Charité & ſa Miſéricorde. Que ce dogme a de plus cet avantage, c'eſt qu'il eſt très propre à produire en nous une crainte religieuſe toutes les fois que nous penſons à Dieu , & une profonde humilité , un entier anéantiſſement toutes les fois que nous tournons nos regards ſur nous mêmes.

Voilà quelle eſt la force des Argumens dont ſe ſervent les partiſans de *Calvin*, pour ſoutenir leur Syſthême ſur cette matiére. Nous allons préſentement raporter avec la même impartialité , ce que les Arminiens alléguent pour la défenſe de leurs ſentimens.

Les *Arminiens* commencent par dire (d) Que Dieu eſt juſte , Saint & Miſéricordieux, Sage dans tous ſes deſſeins, & Véritable dans toutes les déclarations qu'il fait aux fils des hommes. C'eſt à quoi il en apelle ſouvent ; ce ſont, diſent ils, ces mêmes attributs qu'il nous propoſe, comme des modèles à imiter; Il faut donc que la nature de ces attributs réponde aux idées que nous en avons communément, autrement, c'eſt en vain qu'on nous ordonne de les examiner , & de les imiter ; Et ſi cela eſt, que pouvons nous penſer d'une *Juſtice* qui nous condamne pour une action que nous n'avons jamais commiſe, & même qui a été commiſe pluſieurs Siécles avant nôtre naiſſance ? d'une Juſtice qui fait de nôtre miſère éternelle le premier but de ſa gloire, & qui nous détermine au péché uniquement pour juſtifier le décret de nôtre Reprobation, qu'elle avoit

déja

En marge : Les Arminiens tirent des argumens des attributs de Dieu.

____

(a) Prov. XVI. 4.   (b) Rom. I. 26. 28.   (c) Rom. IX. 2?.   (d)
Voi. P. ... article 39 Articles, & *Wörley* ſur l'Election & la Reprobation.

déja prononcé ? Que pouvons-nous penfer d'une *Sainteté* , à l'occafion de laquelle l'Ecriture nous dit de Dieu , qu'il a *les yeux trop purs pour voir le mal*, & qui cependant par un décret *anterieur* fixe & determine le nombre infini des péchés que nous commettons , & qui le fait de telle maniére, qu'il ne nous eſt pas poſſible de les éviter? à qui pourra-t-on perfuader, difent ils, que celui là a un véritable amour pour la Sainteté, qui ne veut rien faire de ce qui eſt en ſon pouvoir, pour porter les autres à la pratiquer ? Comment donc nous ſera-t-il poſſible de croire, que Dieu, qui aime fouverainement la Sainteté . & qui l'aime plus que l'homme le plus juſte ne ſauroit l'aimer, ait formé de toute éternité un décret qui rende le *défaut de Sainteté* , dans la plûpart des hommes , un malheur *inévitable*, & qui cependant faſſe de ce défaut le ſujet de leur condamnation éternelle ? Dieu ſe repréſente toujours ſous d'autres traits dans les Livres Sacrés; (a) *L'Eternel* eſt *pitoyable* , *miſericordieux*, *lent à la colère & abondant en gratüité & en vérité*. Il y eſt fouvent dit, & fouvent méme avec la folemnité d'un ſerment, (b) *Qu'il ne veut pas qu'aucun homme périſſe* , & que comme (c) *il eſt vivant , il ne prend point plaiſir à la mort du pécheur*. Quel ſens donnerons-nous, difent ils, à ces paroles, ſi nous ſommes obligés de croire, que par un décret abfolu Dieu a reprouvé un ſi grand nombre de perſonnes ? Si tout ce qui arrive, arrive enfuite d'un Decret de Dieu, comme de ſa premiére caufe, il faut donc croire que Dieu prend plaiſir tant à ſes propres Décrets qu'à leur éxécution, & que par conféquent il prend plaiſir *à la mort du pécheur*, contre les déclarations les plus formelles de l'Ecriture. De plus que pouvons nous penſer de la *Sageſſe* & de la *Vérité* de Dieu, de la Sincérité des offres qu'il nous fait de ſa grace & de ſa Miféricorde, auſſi bien que des ſommations, des exhortations & des plaintes dont il les accompagne, & auxquelles il revient ſi fouvent dans les Livres Sacrés, ſi nous pouvons nous imaginer que, par un Décret *anterieur* il a déterminé que toutes ces chofes ne feroient d'aucune efficace ? Convient-il à ſa fageſſe de reprocher aux enfans d'Iſraël ce qu'ils difoient, (d) que *les Péres avoient mangés les raiſins verds, & que les dents des enfans en avoient été agacées*, dans le tems que, en vertu de ſon Décret, non feulement eux, mais encore la plus grande partie du Genre-humain, étoit condamnée à une mort éternelle pour le péché

c 3

d'*Adam*

· (a) Exod. XXXV. 6. (b) 2. Pierre III. 9. (c) Ezech. XXXIII. 11. (d) Ezech. XVIII. 2.

d'*Adam* nôtre premier Pére; & qu'en conséquence de ce même Décret, la Pomme qu'il avoit mangée il y avoit si longtems, avoit aga-
cé les dents de toute sa postérité ? Ou convient-il à sa sincérité de
paroitre si empressé à les exhorter à la répentance, & de leur demander avec cet air d'une personne qui s'interesse pour eux (a) *Pourquoi voulés* vous mourir ? *Pourquoi* (b) *ne voulés vo·s pas vous
convertir & vivre* ? dans le tems qu'il a passé lui même contr'eux
un acte de *Reprobation*, qui les met dans l'impossibilité de se répentir, de se détourner de leurs mauvais train, & par conséquent d'a-
voir la vie ? Mais à supposer même que Dieu agisse sincèrement dans
cette occasion , il faut alors nécessairement qu'il y ait en lui *deux
volontés* opposées, *l'une* qui nous prescrit nôtre devoir, & qui employe les sommations les plus pressantes pour nous porter à le remplir, *l'autre*, qui met un obstacle invincible en nôtre chemin, en dé-
cretant, que nous ferons le contraire; il y a, dans cette supposition,
quelque chose de bien flétrissant, pour plusieurs des perfections de
Dieu, sur tout si l'on fait attention, que la *volonté*, qui a le *bien* pour
objet, est *inefficace*, tandis que *celle* qui nous fait pécher, est *infaillible.*

De la Li-
berté de
la volonté
de l'hom-
me.

 De la Nature de Dieu, ils passent à celle de l'homme, & ils le
supposent doüé d'une liberté, qui le met en état d'agir comme bon
lui semble , & qui lui est si essentielle , que, sans elle , ses actions
ne feroient ni bonnes ni mauvaises, & ne le rendroient digne ni de
recompense, ni de chatiment. Toute Vertu, disent ils, & toute religion , toute discipline & toute industrie viennent , comme d'un
premier principe , de ce que nous avons le pouvoir de gouverner
nos pensées & nos actions, & de mettre en mouvement, & de perfectionner nos facultés. Toute la teneur des Saintes Ecritures nous
confirme dans cette opinion, puisqu'elles sont pleines d'exhortations,
d'invitations, de censures, de reproches, de promesses & de menaces;
toutes choses qui feroient vaines & chimeriques, s'il n'y avoit en
nous quelque faculté libre, à qui elles s'adressent. Nous savons qu'il
est inutile de parler à des morts, d'exhorter un aveugle à voir, &
un impotent à marcher. Mais si , jusqu'à ce que la grace irresistible
de Dieu vienne à nôtre secours, nous nous trouvons dans une im-
puissance toute semblable, à quoi bon tous ces discours pressants ,
qui ne sauroient produire en nous le moindre effet ? Ils ne sauroient
nous rendre inexcusables, à moins qu'il ne soit en nôtre pouvoir de
devenir

(a) Ezech. XVIII. ;1. (b) Vers 23.

devenir meilleurs par leur moyen. Et s'imaginer que Dieu illumine & bénit des perfonnes, (qu'il a toujours eu intention de damner) pour les rendre inexcufables, dans le tems que ces graces qu'il leur accorde ne pouvoient produire aucun fruit, & uniquement pour aggraver leur condamnation; c'eft nous donner de Dieu une idée fi étrange, que le refpect que nous avons pour fa **Très Sainte Majefté**, ne nous permet pas de la nommer par fon nom.

Quoi qu'il ne foit donc pas aifé de faire voir, comment les futurs contingens, qui dépendent du libre choix de la volonté de l'homme, peuvent être certains & infaillibles par rapport à Dieu; cependant ils croyent qu'on doit chercher la folution de cette difficulté dans l'infinie perfection de l'intelligence Divine, & ils penfent, qu'il vaut mieux rejetter ce qui leur paroit contraire à la Nature de Dieu, que ce qui eft fimplement au deffus de leur comprehenfion. Ils conçoivent au refte, que la préfcience de Dieu ne change pas la nature des objets, & qu'elle ne rend pas les effets certains, parce qu'ils font prévûs, mais qu'ils font prévus parce qu'ils doivent arriver; en forte que la certitude de la préfcience Divine n'eft pas *antecedente & caufale*, mais *fubfequente & effectuëlle*. Ainfi la Préfcience n'étant en Dieu, que la connoiffance de tout ce qui doit arriver, n'emporte avec elle aucune néceffité, car autrement il s'enfuivroit que toutes les actions des hommes feroient néceffaires, leur liberté détruite, toutes les récompenfes d'une vie à venir anéanties, & la *Vertu* & le *Vice* des noms vuides de fens, puifqu'il n'y auroit ni blâme ni chatimens dûs à qui auroit fait ce qu'il ne pouvoit s'empécher de faire, & que celui qui auroit rempli une tâche, qu'il ne pouvoit manquer de remplir, ne méritoit ni louange ni recompenfe.

Ils avouënt, qu'il eft, à la vérité, bien difficile d'expliquer la manière dont la grace eft difpenfée aux hommes, & qu'ils ne conçoivent pas pour quelle raifon Dieu n'a pas donné à toutes les Nations une égale mefure de Lumiere, & pourquoi il n'a pas placé tous les hommes dans des circonftances également favorables; Mais ils prétendent pourtant juftifier la Juftice & la Bonté de Dieu par cette confidération, c'eft qu'il donne à tous les hommes ce qui eft neceffaire à l'état dans lequel il les a placés, & qui eft proportionné à leurs obligations, & que cette Lumiere & cette Grace commune fuffifent pour les mener fi loin, que Dieu ou acceptera leurs éfforts, ou leur donnera de plus grands degrés d'illumination. Dela vient que tous les hommes font inexcufables devant Dieu, & qu'il eft toujours

Et la fuffifance de la Grace.

jours (a) *juste & pur quand il juge*, puisque chaque homme a eû ce qui étoit suffisant, sinon pour le sauver du moins pour le mettre en état de salut.

Comment il faut entendre l'Election dans l'Ecriture Sainte.

Tous les Passages qui se trouvent dans le Nouveau Testament, touchant le propos arrêté, l'Election, la Prescience, & la Prédestination, regardent donc, selon eux, non le sort des particuliers, mais l'intention de Dieu, par raport à la vocation du Monde Payen à la connoissance du Méssie. C'étoit là un Mystère, que quelques Prophêtes avoient à la verité donné à entendre, mais qui ne fût pleinement revélé, que quand nôtre Sauveur donna à ses Apôtres la commission *d'aller & de prêcher à toutes les Nations*, & par conséquent d'annoncer l'Evangile aux *Gentils*. Ce fût pour les *Juifs* une *Pierre d'acchopement*, & devint, dans le premiers tems du Christianisme, le sujet d'une si grande dispute entr'eux & les Apôtres. Il ne faut donc pas s'étonner que Saint Paul, qui se donne à lui-même le titre d'Apôtre des *Gentils*, insiste si fort & si souvent sur cette matière, au lieu qu'il n'étoit pas fort nécessaire, que dans l'enfance même de l'Eglise Chrétienne, il amusât les Peuples à des Speculations profondes & impénétrables sur les Décrets de Dieu. Ils concluent de là (b) que tous les Passages, qu'on cite du IX. Chap. de l'Epitre aux *Romains*, ne font rien au sujet, parce que leur fin n'est pas de déterminer quoi que ce soit touchant les Décrets absolus de Dieu, ni de nous apprendre les intentions à l'égard des hommes soit en *général* soit à l'égard des *des particuliers*, par raport à leur état final & éternel ; mais seulement de justifier son procedé envers les *Juifs* incrédules, à cause de leur obstination, & de la dureté de leur cœur, & envers les *Gentils*, qu'il a admis dans son Eglise, & qu'il a fait être la postérité d'Abraham *selon l'Esprit* à cause de leur foi, & de leur soumission aux conditions qu'il avoit proposées pour leur justification, & par l'accomplissement desquelles ils pouvoient lui devenir agréables. Tout cela, disent-ils, paroit clairement par la recapitulation que l'Apôtre fait à la fin de ce Chapitre, [c] *Que dirons-nous donc*? ou, quel est le précis de ce que je me suis proposé d'établir dans tout ce discours? Le voici en deux mots ; C'est que les *Gentils*, qui avant la prédication de l'Evangile, *ne suivoient point la justice*, sont *cependant* par la foi, *parvenus à la justice*, au *lieu que les Juifs qui cherchoient la Loi de la Justice*, ou, à être justifiés par la loi, *ne sont pas parvenus à la*

(a) Ps. LI. 6. (b) Whitby sur l'Election & la Reprobation. (c) Rom. IX. 30 &c.

la juſtice, parce qu'ils ne l'ont pas cherchée par la foi en JESUS-CHRIST.

En ſuivant la même méthode, ils font voir que ce fameux Paſſage du Chap. VIII. de la même Epitre, ne prouve aucune Prédétermination dans la volonté de Dieu, touchant le ſalut des particuliers ; (a) *Nous ſavons que toutes choſes contribuent au bien de ceux qui aiment Dieu, leſquels il a apellés, ſelon ſon propos arrêté,* (b) ſuivant ſon propos manifeſté dans l'Evangile. c. d. aux veritables Chrétiens ; *Car ceux qu'il a proconnus,* (c) Ceux que Dieu de toute éternité a prévû devoir obéïr, *dans le tems,* à ſa vocation céleſte, *il les a auſſi prédeſtinés,* il a déterminé, ſur ce qu'il a prévû leur Obéïſſance, qu'ils ſeroient rendus conformes à l'image de ſon Fils, ou qu'ils ſeroient ſemblables à JESUS-CHRIST, dans l'Etat de ſouffrance par le-quel Dieu avoit jugé à propos de le faire paſſer, *afin qu'il fût le premier né entre pluſieurs freres,* ou qu'en ſouffrant le premier (d) *il leur laiſſât un Exemple afin qu'ils ſuiviſſent ſes traces.* De plus *ceux qu'il a prédeſtinés, il les a auſſi apellés;* Ceux qu'il deſtinoit de cette manière à ſuivre l'exemple de Chriſt, il les a actuellement apel-lés à profeſſer la Doctrine de la Croix, & par cela même, à un état de Souffrance ; *& ceux qu'il a apel'és, il les a auſſi juſtifiés* à cau-ſe de la patience qu'ils ont fait paroitre dans ces afflictions, il les a aprouvés comme *ſincères* (car ſelon eux, le terme de juſtifier, dans l'Ecriture ne marque rien de plus, que l'approbation que l'on don-ne à une choſe) *& ceux qu'il a juſtifiés, il les a auſſi glorifiés,* ou, il les glorifiera, car les deux partis conviennent, qu'il y a ici un *tems* mis pour un autre, le *paſſé* pour *l'avenir* ; ce qui ſert à mar-quer la certitude de l'événement. Après ces éclairciſſemens , voici, à quoi, ſelon eux, revient le ſens de ce Paſſage, „ La Volonté de „ Dieu eſt que ceux qui l'aiment, & qui ont été admis dans ſon „ Alliance, par JESUS-CHRIST, endurent pluſieurs afflictions, & „ ſoient expoſés à beaucoup de perſécutions dans ce Monde. Il a „ donc choiſi ceux qu'il a prévus devoir être dûement qualifiés, „ pour un état de ſouffrances, comme les plus propres à ſuivre l'exem-„ ple de ſon Fils JESUS-CHRIST, qui a été *conſommé par les af-* „ *flictions.* C'eſt dans cette vuë, qu'il les a effectivement & en tems „ convenable, apeliés à ſouffrir, & ces perſonnes s'étant conduites „ dans leurs ſouffrances, comme elles doivent ſe conduire, ont été

d

aprou-

(a) Verſ. 28. (b) Vide *Curcell. Inſtit.* (c) Sermons de *Fiddes &* *Whitby* ſur l'Election & la Reprobation, (d) I. Pierre II. 21.

„ aprouvées & aplaudies de Dieu, qui couronnera un jour leur pa-
„ tience & leur fidélité d'une gloire ineffable. „ Pour confirmer
cette explication, ils remarquent, que le but de tout ce Chapitre
eſt, de conſoler les Chrétiens, dans les maux auxquels les expoſoit
la profeſſion du Chriſtianiſme ; que pour cet effet l'Apôtre leur repréſente, que l'Eſprit qu'ils avoient reçû, n'étoit pas (a) *un Eſprit de crainte* (de la crainte de la Mort,) de laquelle ils (b) avoient été
délivrés par la mort de Chriſt, mais un Eſprit *d'adoption*, qui les dé-
claroit *Héritiers de Dieu*, & tels qu'ils ſeroient glorifiés en J E S U S-
C H R I S t après leurs ſouffrances ; Que cette gloire à venir étoit une
raiſon ſuffiſante pour les engager à ſouffrir patiemment toutes leurs
afflictions, puiſqu'il (c) *n'y avoit point de proportion entre les ſouffrances de cette vie & la gloire à venir qui devoit êt e revélée en
eux* , & que pendant qu'ils perſévéroient dans cet état d'affliction pour
Dieu, attendant patiemment cette gloire, ils avoient l'Eſprit de Dieu,
pour *les ſoulager dans leurs* infirmités, & ſa promeſſe qui les aſ-
ſuroit, que toutes ces ſouffrances contribueroient (d) *au bien de ceux
qui aimoient Dieu.*

Nous ne finirions point ſi nous voulions diſcuter tous les Paſſages,
qui ſemblent favoriſer l'opinion des décrets abſolus & irreſiſtibles de
Dieu, & que les *Arminiens* expliquent & interpretent de cette manière. Ils diſent que *l'Amour* de Dieu pour *Jacob* & ſa *haine* pour
Eſaü, ne doivent s'entendre que de leur poſtérité reſpective, laquelle il pouvoit plus ou moins favoriſer, ſans qu'on pût trouver à redire à ſa Juſtice, puiſque cette faveur ne regardoit que les avantages
temporels. Il faut expliquer de la même manière la comparaiſon de
la Puiſſance qu'a le Potier ſur l'argile, comme ne marquant, que
quelque ſingulière diſtinction que Dieu met entre les hommes, par
raport à ſes faveurs temporelles, accordant aux uns ces faveurs, qu'il
a certainement droit d'accorder, ſuivant qu'il lui plait, & refu-
ſant à d'autres la participation de ces avantages. Ils diſent, que le terme *Elû* a une Signification générale, qui marque dans le Vieux Teſtament,
toute la Nation des *Juifs*, & dans le Nouveau, le Corps entier des
Chrétiens. Cette expreſſion, *ordonnés pour la vie éternelle*, ne ſignifie autre choſe, ſi ce n'eſt, que ceux dont il s'agit dans cet endroit, y étoient *préparés & diſpoſés par avance*, plútót par leur inclination, que par aucun acte de Dieu. [e] Et cette façon de parler,

(a) Heb. II. 15. (b) Verſ. 15. 17. (c) Verſ. 18. (d) Verſ. 18.
(e) Heb. II. 28.

ler , *être écrit dans le Livre de vie* , eſt du ſtyle des *Juifs* & ne ſignifie pas l'élection abſolue de quelque perſonne , pour la vie éternelle , mais ſeulement le droit préſent qu'a un homme juſte , s'il perſévére dans cet état , de jouïr d'un bonheur éternel , après la mort.

Ils remarquent encore que le mot ἀδόκιμος , que nous rendons par celui de *reprouvé* , mais qui pourroit auſſi bien être traduit par celui de *desaprouvé* , ne ſe raporte dans l'Ecriture Sainte à aucun décret abſolu touchant la damnation de l'homme , mais ſeulement aux actions des perſonnes , dont la foi & les mœurs ſont corrompues ; actions qui ne peuvent qu'être desaprouvées de Dieu & des hommes ; C'eſt pour cela , ſelon eux , qu'il eſt dit de ces *Gentils* (a) *qui avoient changé la vérité en menſonge* , *adorant* la créature au lieu du Créateur , *qu'ils ont été livrés à un eſprit reprouvé* , c'eſt à dire , qui bien loin d'être approuvé , ne pouvoit manquer de les rendre des objets d'horreur aux yeux de Dieu & des hommes , puiſqu'il les portoit à faire τὶ μὴ καθήκοντα , des choſes , qui ne ſont conformes , ni à la nature ni à la raiſon.

Par cet *aveuglement* des yeux des hommes , & par *l'endurciſſement de leurs cœurs* , il ne faut donc point entendre d'acte *poſitif* de Dieu , mais ſeulement ce qui arrive , lors que Dieu *permet* que les hommes , abuſant de la liberté , qu'il leur a donnée , & de la Clemence , dont il uſe à leur égard , perſévérent à tenir une conduite qui tend viſiblement à obſcurcir leur entendement , & à plonger leur conſcience dans un ſommeil l'éthargique. Ce ſont les hommes eux-mémes qui s'aveuglent , & qui s'endurciſſent ; mais , par une façon de parler ordinaire , l'acte en eſt imputé à Dieu , (b) parce que , de ſa Clemence à leur égard , & de la douceur de ſes chatimens , ils en prennent occaſion d'agir de la ſorte , quoi que ce n'ait jamais été l'intention de Dieu , que les marques de ſa bonté produiſiſſent un pareil effet ; Tout comme quand un enfant déſobéïſſant abuſe de l'indulgence de ſes parens , ceux-ci ſont portés à s'accuſer eux-mêmes de l'avoir gâté & perdu , quoique çait été la choſe du monde la plus éloignée de leurs penſées.

Dieu n'a pas beſoin du méchant , diſent-ils , & il *ne l'a pas fait pour lui même* , *pour le jour de la colère* , dans le ſens que l'entendent ceux qui ſuppoſent , qu'il a fait certaines perſonnes , dans la vuë directe de glorifier ſa Juſtice , dans le chatiment de leur méchanceté.

d 2   Les

(a) *Whitby* ſur l'Election & la reprobation , (b) Romains 1. 25. &c.

Les paroles de *Salomon* ont un but bien différent de celui qu'on leur prête, elles se raportent aux dispensations de la Providence dans cette vie, & on doit les expliquer dans cette vuë, savoir, „ Que „ Dieu peut se servir des méchans pour faire réüssir les desseins de „ sa Providence, sans être pour cela l'autheur de leur méchanceté, „ sa Justice peut s'en servir comme d'instrumens pour punir d'autres „ méchans. D'autres fois ils sont, dans ses mains Paternelles, *au* „ *jour du mal*, c'est à dire, au tems de l'adversité, les Verges, dont „ il se sert, pour chatier ses enfans, pour exercer la foi & les Ver- „ tus des gens de bien. „

Le reste de leur Hypo-thèse prouvée par l'Ecri-ture.

    Ayant ainsi répondu à toutes les objections, que leurs Adversaires tirent de l'Ecriture, ils établissent ensuite leur propre Systhéme, qui renferme les propositions suivantes. Que Christ est mort pour tous les hommes; Que Dieu désire le salut de tous; Qu'il ne détermine personne à commettre le péché, mais qu'il laisse à chacun sa liberté, sans lui accorder une grace *irresistible*, qui le fasse nécessairement per-severer jusques à la fin; & ils croient pouvoir alleguer en leur faveur le témoignage de l'Ecriture Sainte; Car quand ils lisent ce qui est dit de JESUS-CHRIST, (a) qu'il *est la propitiation pour nos péchez, & non seulement pour les notres; mais aussi pour ceux de tout le Mon-de*; (b) *Qu'il est venu au monde, pour sauver les pécheurs*; (c) Que *par la grace de Dieu, il a gouté la mort pour tous*, & que (d) sa mort, par rapport à l'étendue de son objet, est mise en opposi-tion avec le péché d'*Adam*; *car comme par l'offense d'un seul*, la coulpe est venuë *sur tous les hommes en condamnation*, de *même par la Justice d'un seul*, le don est venu *sur tous les hommes en justi-fication de vie*; ils ne peuvent s'empêcher d'en conclure, que la mort de JESUS-CHRIST, n'ait eu *pour but*, l'avantage de *tous les hommes*; Qu'en faisant attention à la manière dont Dieu se conduit envers le Genre-Humain, ils considèrent (e) *Qu'il est patient en-vers nous, & qu'il ne veut pas qu'aucun périsse, mais que tous viennent à la repentance*, & qu'ils l'entendent lui-même faire cette déclaration solemnelle. (f) *Je suis vivant, dit l'Eternel, que je ne prends point plaisir à la mort du méchant, mais que le méchant se détourne de son mauvais train, & qu'il vive; détournés vous, détournés vous, de vos méchantes voyes; car pourquoi mourriés vous, ô Maison d'Israël?* ils sont obligés de supposer, à moins que d'ac-

cuser

    (a) I. Jean. II. 2.   (b) I. Tim. I. 15.   (c) Heb. II. 9.   (d) Rom. V. 18.   (e) 2. Pierre III. 9.   (f) Ezech. XXXIII. 11.

cuſer Dieu de tromperie, que le déſir qu'il a de ſauver l'homme eſt auſſi *ſincère* qu'il eſt *illimité*; Quand ils entendent nôtre Sauveur ſe plaindre des *Juifs* en ces termes (a) *vous réſiſtes touiours au Saint Eſprit, vous faites comme vos Péres ont fait* ; (b) *Combien de fois ai-je voulu vous r'aſſembler comme la poule r'aſſemble ſes petits ſous ſes ailes? Mais vous ne l'avés point voulu.* Et Dieu ſon Pére faire la même déclaration par la bouche de ſon Prophéte. (c) *Qu'y avoit-il plus à faire à ma vigne, que je ne lui aye fait? & cependant elle n'a produit que des grappes ſauvages.* Ils ne peuvent s'empécher de remarquer dans ces paſſages, des indices clairs d'une faculté dans l'homme, par laquelle, non ſeulement il peut réſiſter, mais encore il ne réſiſte que trop ſouvent en effet aux mouvemens de la grace. Enfin quand ils voyent, que Dieu, par la bouche de ſon Serviteur Moïſe, exhorte ſi fortement les *Iſraëlites* à faire un bon *choix*, & qu'il leur dit, (d) *J'apelle aujourd'hui à témoin, contre vous, le Ciel & la Terre, que j'ai mis devant vous la vie & la mort, la bénédiction & la malédiction; choiſiſſés donc la vie*; & quand ils entendent ſon Prophéte les avertir ſi charitablement de ſa part, *Que quand le juſte ſe détourne de ſa Juſtice, & qu'il commet l'iniquité,* toutes *ſes juſtices précédentes ne lui ſeront point miſes en compte, il mourra pour le péché qu'il aura commis*; Quand, dis je, ils trouvent de telles déclarations, & beaucoup d'autres de la même force, dans ces Livres Sacrés, dont Dieu eſt l'autheur, ils ne ſauroient s'empécher de croire, qu'une grande partie de l'ouvrage de leur ſanctification dépend de la liberté de leur volónté ; que leur miſère ou leur félicité dans la vie à venir, doit principalement leur être imputée à eux mêmes; & que, dans l'état d'épreuve où ils ſe trouvent ici bas, il n'y a rien qui puiſſe influer ſi puiſſamment ſur eux que cette conſidération; que comme le méchant peut changer de conduite, & devenir meilleur, un homme de bien peut auſſi quelquefois s'engager dans les ſentiers du vice, ce qui leur fait regarder cet avis de l'Apotre; (e) *Que celui qui penſe être debout, prenne garde qu'il ne tombe*, comme un avis très important, & qui eſt toujours de Saiſon.

De tout ce que nous avons rapporté ci deſſus, les *Arminiens* concluent, que ſi ce qu'ils avancent eſt vrai, & a ſon fondement dans l'Ecriture Sainte, il s'enſuit que la Doctrine contraire touchant

d 3

une

(a) Actes VII. 51.' (b) Matth. XXIII. 37. (c) Eſaïe V. 4. (d) Deut. XXX. 19. (e) I. Cor. X. 12.

une Prédéſtination *abſoluë* , ſoit à la vie ou à la mort, ſans aucun égard aux bonnes ou aux mauvaiſes œuvres de ceux qui ſont prédeſtinés de cette maniére , n'a aucun fondement ſolide ; outre que cette Doctrine peut encore produire des effets pernicieux, comme de rendre les hommes négligens à pratiquer les devoirs de la religion , & entr'autres celui de la Priére ; Qu'enfin elle peut, en très peu de tems, les endormir dans la ſécurité, ou les plonger dans le deſeſpoir.

SECTION III.
Quelques Reflexions ſur ces différentes Opinions.

NOus avons juſques ici propoſé les preuves des deux partis avec une juſte étendue, & dans toute leur force ; il s'agit préſentement de faire quelques réflexions ſur les deux ſyſthêmes, afin de nous déterminer enſuite pour celui qui nous paroitra préferable à l'autre , & de nous y tenir.   Mais avant que d'en venir là , il eſt à propos de voir en peu de mots en quoi les deux ſyſthêmes s'accordent & en quoi ils diffèrent.

Ce en quoi ils s'accordent & différent.
    Les deux partis s'accordent à dire que Dieu a fait certains décrets touchant la dernière fin de l'homme, par la raiſon qu'il n'eſt pas à préſumer, qu'une Sageſſe infinie faſſe rien ſans une déliberation antérieure ; mais au lieu que les Partiſans de *Calvin*, ou les *Prédeſtinatiens*, diſent que ces Décrets ſont *antérieurs* à la Préſcience de Dieu , *abſolus*, & ne dépendant que de ſa ſeule volonté ; Les *Remontrans* ſoutiennent qu'ils ſont *poſtérieurs* à la Préſcience Divine, *conditionnels* & ſe raportant à la conduite des hommes.

Les uns & les autres conviennent que ces décrets ſont la volonté ſecrette de Dieu ; mais cette volonté *ſecrette*, ſelon le *Prédéſtinatien* pour ce qui regarde l'élection & la reprobation, eſt quelquefois contraire à ſa volonté revelée, ce que le *Remontrant* nie abſolument. Ils s'accordent à chercher la baſe de ces Décrets dans la nature & les attributs de Dieu ; mais au lieu que le *Prédéſtinatien* veut que l'*Indépendance* & la *Souveraineté abſolue* de Dieu en ſoit l'unique fondement, le *Remontrant* aime mieux les croire fondés ſur la *Juſtice*, la *Bonté*, & la *Sainteté* de Dieu.

Le *Prédéſtinatien* & le *Remontrant* conviennent qu'il eſt parié dans l'Ecriture de l'Election de quelques uns ;   & l'un & l'autre concluent que l'Election des uns emporte la rejection des autres. Or cette Election , au dire du prémier, regarde les individus pendant que ce

lui-

'ui-ci foutient qu'elle n'a pour objet que des Eglifes & des Nations entiéres. Le prémier dit qu'elle eft abfolue & fans aucune condition, quelle quelle foit ; au lieu que celui-ci prétend qu'elle n'a lieu que fous la condition de la foi, de la Sainteté & de la perféverance.

L'un & l'autre conviennent que le nombre des *Elus* fera petit en comparaifon de celui des *Reprouvés* ; Mais l'un, favoir le *Prédéftina-tien*, attribue cela au décret de Dieu qui le veut ainfi ; l'autre, favoir le *Remontrant*, en trouve la caufe dans le péché & dans la corruption du Genre - humain.

Les deux partis conviennent de la réalité de la *tranfgreffion d'A-dam*, mais ils différent quant aux effets de cette tranfgreffion, & à la manière dont elle nous eft imputée. Le Sectateur de *Calvin* la regarde comme un crime qui doit être *imputé* à toute la poftérité de celui qui l'a commis, & qui mérite la damnation de plufieurs millions d'Ames. Celui d'*Arminius* croit au contraire, que toute faute eft *perfonnelle*, à moins qu'il n'y ait un contract particulier qui en décide autrement, & qu'ainfi les defcendans d'Adam ne font pas coupables fans leur confentement particulier. Ils font d'accord fur le mérite de la mort de JESUS-CHRIST, & fur l'acceptation que Dieu en a faite comme d'un Sacrifice propitiatoire offert pour les péchés du Genre-humain ; mais le *Prédéftinatien* limite le but de cette mort à ceux là feuls qui font prédéftinés à la vie ; au lieu que le *Remontrant* fuppofe, que Dieu avoit pour but que les fruits de cette mort s'étendiffent à tous les hommes

Ils conviennent que Dieu difpenfe à l'homme certaines graces & des moyens de Salut, pour lui aider à fortir de la corruption de fa Nature ; mais le *Prédéftinatien* n'aplique *éfficacément* ces moyens qu'aux feuls *Elus* ; felon lui cette grace eft *irréfiftible* & *inamiffible* en ceux qui font apellés ; au lieu que le *Remontrant* croit qu'il convient à la Juftice de Dieu d'être plus impartiale dans la diftribution de fes graces, lors qu'il eft queftion du Salut éternel ; d'en donner à chaque perfonne une mefure, qui fut pour le moins fuffifante, (quoi qu'elle demeurât fans éfficace, fans la co - opération de celui à qui elle feroit donnée,) & enfuite de laiffer cette perfonne à fon propre choix, & dans la liberté de fe determiner à *travailler à fon propre Salut*, ou à négliger cet ouvrage.

Enfin les deux partis conviennent qu'à la fin du monde la Gloire de Dieu fe découvrira aifément & que fon honneur fera clairement reconnu ; mais le *Prédéftinatien* place cette Gloire de Dieu, principalement dans la manifeftation de fa Puiffance & de l'empire *abfolu* qu'il

a fur

a fur fes Créatures ; au lieu que le *Remontrant* la place dans la manifeſtation de fa Miféricorde, de fa Bonté, & de fes autres perfections, qui nous paroiſſent dignes de nôtre Amour. En un mot, les deux Syſthémes ont leurs *difficultés* & leurs *avantages*. Leur choix dépend, en quelque façon, du tour d'Eſprit de celui à qui on les propoſe.

(a) Une perſonne qui depuis longtems s'eſt accoutumée à lier les idées qu'elle a des perfections infinies de Dieu, avec celles qu'elle a des décrets abſolus & immuables, que Dieu a formés de conduire tout par une volonté poſitive, & de faire tout pour fa propre gloire, ne ſauroit, fans en être choquée, entendre parler de Décrets dépendans des déterminations du franc-Arbitre, leſquelles ont été prévuës ; d'une grace ſoumiſe à ce franc-Arbitre, du mérite de la mort de JESUS-CHRIST qui ſoit fans fruit, & d'un amour de Dieu pour l'homme, qui, après avoir duré pendant quelque tems, vienne enfin à ſe changer en haine. D'un autre côté, un eſprit accoûtumé à refléchir ſouvent fur cette infinie Bonté, cette Miféricorde, cette Patience, cette longue attente, & cette lenteur à la colère qui paroiſſent en Dieu, il ne ſauroit ſe familiariſer avec l'idée d'une Réprobation abſolue, & il reſſent la même horreur à penfer que Dieu détermine les hommes au péché, ou qu'il ne leur donne pas la grace néceſſaire pour les empécher d'y tomber & de ſe damner, dont un autre ſe fent frappé à la vuë du Syſthême oppoſé.

Voulons nous donc nous mettre en état de bien examiner une queſtion auffi épineuſe & embarraſſante que celle-ci, dépouillons nous avant toutes chofes de tous ces préjugés & de toute cette partialité, que l'éducation que nous avons reçuë, les Livres que nous avons lûs, & les compagnies que nous fréquentons, peuvent nous avoir inſpirée ; après quoi, voyons avant que de nous déterminer, laquelle des deux Opinions a un fondement plus ſolide & eſt ſujette à moins de difficultés.

Laquelle des deux Opinions eſt la mieux fondée.

Nous avons dit ci-deſſus que les *Prédéſtinatiens* fondent leur hypothèſe fur ce principe ; *Que Dieu, dans tout ſon procedé envers les hommes, ne ſoit aucune attention qu'à lui-même & à ſa propre gloire*, au lieu que les *Remontrans* ſuppoſent, *qu'il a toujours en vuë le bonheur de l'homme*. Examinons donc lequel de ces deux fentímens s'accorde le mieux avec la Nature de l'Etre ſuprême.

Nous ſavons que Dieu, confideré comme Etre infiniment parfait, doit jouïr en lui-même d'une félicité fans bornes ; qu'il ne peut ſe propoſer aucun autre But que lui-même, & que par conſéquent le but, pour lequel il exige de nous certaines chofes, ou en décrete d'autres à nôtre égard, n'eſt & ne ſauroit être aucun avantage, qu'il

(a) *Burnet* fur les 3. Articles.

eſpère

espère d'en retirer , (parce que de toute éternité il a été aussi parfaitement heureux , qu'il puisse l'être Eternellement dans la suite ,) mais
uniquement de nous faire du bien. (a) Si l'on dit que Dieu peut agir
dans la vuë de manifelter sa gloire, Savoir la gloire de sa Miséricorde, de sa Justice, de sa Sainteté , & de sa Vérité , il n'y a rien là
qu'on ne puisse admettre. Mais alors il faut considérer , qu'il manifeste
ces Attributs simplement pour les manifester & sans avoir *aucun bien*
en vuë, ou qu'il les manifeste pour *son* propre *avantage* , ou bien
enfin que le but, qu'il se propose dans cette manifestation , c'est *nôtre bonheur.* Dire qu'il n'a *aucun bien* en vuë , c'est l'accuser de
manquer de Sagesse ; prétendre qu'il se propose son *propre avantage* ,
c'est blesser la perfection de la Nature ; il reste donc , que la fin de
cette manifestation de la gloire c'est *nôtre bonheur* ; ce qui est le sujet de la question. Il y auroit donc de la vanité à s'imaginer , que le
grand but que Dieu se propose dans tout ce qu'il fait , soit de s'attirer l'admiration & les applaudissemens de chétives Créatures , & de
se mettre en estime & en réputation auprès de tels Vermisseaux que
nous. *Nous nous éstimons trop*, si nous nous imaginons qu'un Dieu
tout Sage puisse se mettre en peine , que des Créatures, aussi aveu-
gles que nous le sommes , aprouvent ou désaprouvent ce qu'il fait ;
ou que sa gloire puisse souffrir quelque diminution réelle quand nous
désaprouvons ses actions, ou qu'il soit fort honoré, quand nous aprou-
vons ses dispensations. Nous dérogeons à cette Majesté *suffisante à
elle même.* Si nous nous imaginons qu'il puisse être agréablement
flatté par nos aplaudissemens , ou que dans ses desseins glorieux , il
cherche à se mettre en reputation auprès de nous.   Que donc de chétives Créatures comme nous pensent de lui en bien ; ou que nous ayons
de justes idées de ses attributs, & que nous l'en *glorifiions* comme il
est dit que nous le *glorifions*, quand nous en faisons l'aveu & la re-
connoissance ; cela ne peut l'intéresser qu'autant qu'il sert aux nobles
desseins que sa grande bonté se propose à nôtre égard ; savoir que ces
idées nous engagent à l'imiter & à avoir pour lui cette affection & cette obéïssance qui tendent à avancer nôtre bonheur.

Puis donc que cette Hypothèse a un fondement si ruïneux , il
n'est pas surprenant qu'on trouve tant de difficultés à la soûtenir; &
qu'au lieu que l'autre Opinion n'a qu'un côté embarrassant, *savoir*
de rendre raison de la Préscience certaine de Dieu par raport aux futurs contingens, qui dépendent de la liberté de l'homme, (difficulté
qu'on peut pourtant résoudre par la considération de l'infinie perfection de l'Intelligence Divine,) les Partisans de la Prédéstination *abso-*

e

lue

luë font contrains de fuppofer dans les Décrets Divins une volonté *fe-crette*, qu'ils ne fauroient avec toute leur habileté, concilier avec fa volonté *revélée*, telle qu'elle nous eft propofée dans fa parole. (a) Ils font forcés de forger un certain contract paffé entre Dieu & *Adam*, (dont l'Ecriture ne parle point,) pour juftifier l'imputation de fon péché à toute fa poftérité ; forcés d'aggraver extraordinairement la tranfgreffion d' *dam* pour défendre & juftifier les décrets qui fuivent cette imputation, laquelle plonge tout le Genre-humain dans la perdition, & cela uniquement, parce que Dieu le *veut* ainfi. Ils font embarraffés à nous dire pourquoi le péché perfonnel d'*Adam* eft devenu le péché de chacun de fes defcendans, & comment la volonté de chaque homme a confenti à ce péché avant qu'aucun homme, fi ce n'eft *Adam* eût encore ni volonté ni exiftence. Ils font embarraffés à nous dire, pourquoi tous les hommes doivent être chargés de fa prémière tranfgreffion plutôt que de celles qu'il a commifes dans la fuite, & pourquoi fa faute nous feroit imputée plutôt que fa repentance. Ils font embarraffés à trouver dequoi répondre à ceux qui leur demandent, pourquoi Dieu, qui eft le Pére commun de tous les hommes, auroit, contre les déclarations les plus expreffes qu'il fait dans fa parole, fi fort égard à l'aparence des perfonnes, que de rendre les uns *éternellement heureux*, & les autres *éternellement miférables*, fans autre raifon que pour faire voir l'empire abfolu qu'il a fur fes Créatures. Enfin, pour n'en pas dire d'avantage, ils font embaraffés à dire, pourquoi tant de promeffes & de menaces, tant d'avertiffemens & d'exhortations, tant de tendres follicitations à la répentance, de cenfures & de reproches dans la parole de Dieu, fi le fort des hommes eft fixé avant leur naiffance, & fi tous les motifs qu'on peut employer, tous les efforts qu'on peut faire pour les porter à fe convertir, font parfaitement inutiles ?

Laquelle des deux Opinions eft la plus conforme aux idées que nous devons avoir de Dieu.

2°. Une autre recherche, qu'il eft à propos de faire fur ce fujet, eft d'examiner laquelle des deux opinions nous repréfente Dieu d'une manière plus conforme aux idées que nous avons de lui. On a déja remarqué que les Partifans d'une Prédéftination abfoluë s'entêtent d'idées magnifiques fur la Souveraineté de Dieu, fur fa volonté abfoluë, & fur fa Puiffance irrefiftible. Les *Remontrans* au contraire s'attachent à des idées plus douces, qu'ils fe forment de fa Juftice, de fa Bonté & de fes autres perfections morales, de là vient, que plus on pouffe l'une de ces hypothéfes, plus on s'éloigne de l'autre. Voyons donc, de ces deux idées de Dieu, qui font incontefable.

(a) *Whitby* touchant les Décrets.

teftablement vrayes l'une & l'autre, laquelle eft la plus digne de lui, par rapport à la queftion que nous examinons préfentement ; (a) Nons favons. que Dieu, qui eft infiniment élevé au deffus de tous les autres Etres, ne peut être fujet à d'autres loix, qu'à celles de fes propres perfections. Or les perfections de Dieu, qui lui tiennent lieu de règles, font celles que nous apellons *morales*, pour les diftinguer des autres; fa Sageffe & fa Juftice, fa Bonté & fa Vérité, qui lui étant *effentielles*, fervent auffi bien de Loi à fa volonté & à fa Puiffance, que les loix *morales* fervent à regler l'ufage que nous devons faire, de nos forces & de nôtre liberté. Pour nous garder donc de toute idée injurieufe, que nous pourrions nous former de la Divinité, nous pouvons pofer comme une régle très neceffaire, que Dieu eft un Etre, qui ne peut ni vouloir, ni faire, quoique ce foit, que la Sageffe, la Bonté, & la Juftice, qui lui font effentielles, ne l'ayent approuvé ; Que dans tous fes décrets, dans tous fes plans, dans tout ce qu'il fait, il confulte fes perfections morales, & qu'il fe régle par elles, & que par conféquent il ne choifit ni ne rejette, il n'élit ni ne reprouve, il ne fauve ni ne condamne qui que ce foit, fans leur entier confentement, & fans leur approbation.

Cette règle une fois admife, il s'agira alors de favoir, lequel penfe d'une manière plus digne de Dieu, ou celui (b) qui fachant que tous les enfans d'*Ad m* tombés dans la défobéïffance, étoient également des objets de pitié & de compaffion, également des objets de miféricorde, également *de la race de Dieu*, croit, que les décrets que Dieu a faits de les gouverner & de les diriger, n'ont d'autre fondement qu'une volonté abfoluë, & telle qu'aucune perfonne fage n'agiroit de cette manière ; en forte qu'il décide abfolument du fort éternel de ces Ames qu'il crée tous les jours, & cela fans avoir égard au bien ou au mal qu'elles auront fait, & par conféquent fans aucune raifon de la prodigieufe différence qu'il met entr'elles ; Que cependant dans toutes les révélations qu'il leur a faites de fa volonté, pour régler leur conduite, ce même Dieu fait dépendre l'arrét de leur falut éternel de certaines conditions, ou bien que Dieu a foumis la plus grande partie des hommes à un décret abfolu de reprobation, qui leur ferme entiérement la porte du falut & qu'enfuite non feulement il leur commande de *fe fauver eux mêmes*; mais que de plus il les invite, les exhorte, les follicite tendrement à fe convertir à lui, pendant qu'il a arrété & decreté qu'ils n'en feront rien ; enfin qu'après cela il les tourmente éternellement

e 2

pour

(a) Vie Chrètienne de *Scot.* Part. 2. (b) *Whitby*, touchant les Décrets.

pour avoir négligé un falut, auquel il favoit bien, qu'ils ne pourroient jamais atteindre, fans cette grace, qu'il avoit abfolument réfolu de leur refufer toujours. Il s'agit, dis je, de favoir lequel penfe d'une manière plus digne de Dieu, ou celui qui en a cette idée,
ou celui, qui le confidérant comme un Etre qui aime en général tous
les hommes, qui par conféquent voudroit que tous les hommes fuffent fauvés, & qui leur donne toutes les chofes *néceffaires à la vie,
& à la pieté*, qui les tire à lui *par des cordages d'humanité*, par des
liens d'amour & de charité, par les promeffes les plus attrayantes,
& par les impulfions de fon Saint Efprit; qui les affûre avec ferment, qu'il ne veut pas qu'ils périffent, qui les avertit, & qui les
conjure d'éviter ce qui pourroit les conduire à une perdition éternelle, qui leur enfeigne les moyens par lefquels ils peuvent très
certainement s'en garantir; qui *fe réjouït plus de la converfion d'un
pécheur, que de la Juftice de quatre vingt dix & neuf perfonnes;
qui n'ont pas befoin de repentance*; & qui, quand toutes les difpenfations
de fa grace envers les pécheurs ont été fans fruit & fans effet, éclat-
te en regrets pleins de compaffion & de tendreffe, déplorant l'endur-
ciffement qui les a empéché de *connoitre les chofes qui appartenoient
à leur paix* éternelle.

Arrêtons-nous encore un moment à éxaminer, quel eft celui
qui a de Dieu des idées plus juftes, plus vrayes, plus honorables?
Ou celui qui croit que Dieu choifit fes favoris fans raifon, & qui
les recompenfe, fans qu'ils ayent d'autres bonnes qualités, que celles,
qu'il opére en eux d'une manière irrefiftible? ou celui qui le regarde comme un Etre, qui traite les hommes non pas felon *fes* œuvres, mais felon *leurs* œuvres, fuivant qu'ils font portés de bonne
volonté, qu'ils lui obéiffent, & qu'ils travaillent à fe rendre les objets de fon Amour, & qui les recompenfe, à proportion du bon ufage qu'ils ont fait, des talens qu'il leur avoit confiés, ou qui les punit pour les avoir *enfouïs*? Enfin éxaminons fi celui là fait jouër
à Dieu un perfonnage digne de lui, qui croit, que par fa volonté
revélée, il a déclaré, qu'il veut *que tous les hommes foyent fauvés*, &
que cependant par une volonté *fecrette* & antecedente il veut, que
la plus grande partie des hommes *périffe*; qu'il leur a impofé une
loi, à laquelle, il les oblige d'obéir fous peine de fa difgrace éternelle, quoi qu'il fache bien qu'ils ne fauroient le faire fans fa grace irrefiftible, dont il veut pourtant abfolument les priver, & les
punir enfuite éternellement pour n'avoir pas fait ce qu'ils ne pouvoient faire fans elle & qu'après tout cela, il ne laiffe pas de leur

deman-

demander ; *Pourquoi mourriés vous ? Quand serés vous purifiés ? Quand est ce que ce peuple m'obéïra ?* Ou celui, qui croit, qu'il est plus conforme à la vérité & à la sincérité de la Nature Divine d'en user rondement avec ses Créatures, & qu'il faut prendre au pied de la lettre ce qu'il leur dit, quand il leur propose des devoirs à remplir, qu'il leur en montre l'importance & la possibilité, qu'il les encourage à entreprendre cet ouvrage, qu'il leur promet des secours suffisans pour s'en bien acquitter, & que, s'ils persévérent jusqu'à la fin, il couronnera leurs efforts d'un repos Eternel.

3°. Une autre recherche qu'il est à propos de faire sur ce sujet, c'est de voir laquelle de ces deux opinions paroit la plus conforme au véritable sens de la parole de Dieu. Il est d'autant plus difficile de décider cette question, que les deux partis réclament également l'authorité des Saintes Ecritures, & croient que leur Systhême y est expressément contenu. Les Partisans des décrets absolus instent fort & ferme sur le IX°. Chapitre de l'Epitre aux Romains : selon eux, ces expressions (a) *Dieu a aimé* Jacob *& a haï* Esaü, (b) *Il endurcit le cœur de Pharao* (c) Il traite les hommes comme un potier son argile, (d) Il dispense sa miséricorde d'une manière arbitraire; (e) Il manifeste sa justice dans les *vaisseaux de colère*, & les (f) richesses de sa gloire, dans les *vaisseaux de Miséricorde*, avec quelques autres passages, qui paroissent insinuër (g) que les efforts de l'homme, de quelque nature qu'ils soient, ne servent de rien, à moins que la grace efficace n'y intervienne, se rapportent à des personnes particuliéres, & établissent tout le Systhême de la *Reprobation*. (h) Ils croient avoir trouvé, dans un autre passage de la même Epitre, ce qu'ils apellent la *chaine du salut*, ou la chaine d'Or de la Prédéstination à la vie, les décrets & les moiens de salut, y sont, disent ils, si inséparablement liés entr'eux, que quiconque a obtenu l'un, doit necessairement avoir part à l'autre.

D'un autre côté leurs adversaires font une longue liste des passages de l'Ecriture Sainte, qui étalent à nos yeux la conduite juste & impartiale de Dieu, sa Charité envers ses Créatures, & l'interêt general & universel qu'il prend à ce qui regarde leurs ames, le désir qu'il a que *tous soient sauvés*, l'envoi qu'il a fait de son Fils pour mourir pour tous. On y voit que Dieu accorde à chacun, des moyens suffisans, qu'il travaille auprès des pécheurs pour leur conversion,

e 3
qu'il

(a) Vers. 15. (b) 17. (c) 21. (d) 15. (e) 22. (f) 23. (g) ibid. (h) Car ceux qu'il a préconnus, il les a aussi prédéstinés à être rendus conformes à l'image de son fils, afin qu'il soit le premier né entres plusieurs frères ; De plus ceux qu'il a prédéstinés, il les a aussi apellés; & ceux qu'il a apellés, il les a aussi justinés, & ceux qu'il a justifiés il les a aussi glorifiés. Rom. VIII. 29. 30.

qu'il en apelle à leurs fens, à leur raifon, à leur choix, & qu'il va même jufqu'à les prier, & à les conjurer tendremeut de rentrer dans le droit chemin. Et delà, ils concluënt que puifqu'il ne fauroit y avoir de contradiction dans la parole de Dieu, que les textes qu'il allégueut font clairs, & que ceux dont fe fervent leurs adverfaires font obfcurs, il faut abfolument fauver l'honneur des perfections de Dieu, & donner par conféquent un autre fens aux paffages que les *Prédeftinatiens* emploient pour prouver leur hypothèfe.

Or les principales régles qu'il faut obferver pour bien interpreter l'Ecriture Sainte, je parle de celles qui font d'ufage pour le fujet en queition, font à peu près celles-ci [a] 1. On doit juger du fens d'un paffage par le but que s'eft propofé l'Ecrivain, 2. Confiderer fi ce paffage, expliqué dans un tel fens, a ou n'a point de liaifon avec ce qui precéde, ou avec ce qui fuit. 3. Confronter un paffage avec un autre, & remarquer par le moyen de cette confrontation, quel en eft le véritable fens, enfin examiner fi un paffage pris dans un tel fens, eit conforme à l'analogie de la foi, c'eft à dire, s'il n'eft pas contraire, foit en lui-même, foit par les conféquences qu'on en peut tirer, aux attributs de Dieu que nous connoiffons, ou à quelque article de foi établi dans d'autres endroits de l'Ecriture Sainte.

Si donc Saint *Paul* fe propofoit dans ce Chapitre IX. de fon Epitre aux *Romains*, non de traiter le Dogme de la Prédeftination, mais feulement de défendre la Juftice de Dieu, de l'imputation dont on auroit pú la charger, d'avoir en quelque façon violé l'alliance faite avec *Abraham*, en rejettant les *Juifs* à caufe de leur incrédulité, & en recevant dans cette alliance, les Gentils qui croient en JESUS-CHRIST, comme il femble que le marquent le commencerent & la fin du difcours de l'Apótre, (b) & plufieurs autres endroits de fes écrits; Et fi dans ce fameux paffage qu'on a raporté ci deffus, le but de l'Apótre n'étoit pas de rediger par écrit le plan de *l'Election finale* des hommes, mais feulement d'encourager les fidèles au milieu des afflictions, auxquelles la profeffion du Chriftianifme les alloit bientôt expofer, en leur faifant remarquer qu'ils étoient fous la conduite d'un Dieu Tout-puiffant, de l'aprobation & de la protection duquel ils étoient affurés, & qui recompenferoit un jour leur conftance, (car c'eft-là précifément ce que nous fait entendre la conclufion qui fuit immédiatement, *fi Dieu eft pour nous, qui eft-ce qui fera contre nous?*) Si dis-je, on peut raifonnablement donner ce fens à ces paroles, ce dont chacun peut décider lui-même, il s'enfuit que nous devons le leur donner pour les raifons fuivantes,

(a) Sa-

(a) Du Pin Canon de l'Ecriture, (b) Vide Rom. XI. *paffim.*

(a) *Savoir* 1. Que l'interpretation oppofée combat *la Sageffe* de Dieu, en lui faifant prédeftiner les hommes à la vie éternelle, fans faire aucune attentioh à leur foi ni à leur Obéïffance. 2. Qu'elle eft injurieufe à la *Sainteté* de Dieu, qui laiffe la plûpart des hommes dans un état qui les met dans la néceffité de pécher, & cela fans qu'il y ait aucunement de leur faute. 3. Qu'elle eft injurieufe à la *Juftice* de Dieu, qui détermine dès l'éternité de punir des pécheurs, pour avoir violé des Loix qu'ils n'ont jamais été en état d'obferver ; & qu'au lieu de leur rendre recommandables fa *Miféricorde* & fa *Bonté*, elle remplit leurs cœurs de troubles & d'inquiétudes, en les faifant penfer aux deffeins cruëls qu'il a contr'eux, & par là le fait devenir pour eux un objet continuël de frayeur.

4. Après ce que nous venons de dire touchant les paffages de l'Ecriture Sainte, qui regardent cette matière, voyons à préfent, Quel étoit *le fentiment des anciens Péres* fur ce fujet. Or les *Anti-Prédeftinatiens*, ont vifiblement l'avantage en cette rencontre ; puifque, de l'aveu de *Calvin*. (b) Tous les premiers Péres de l'Eglife s'accordent à dire (c) *Que Dieu a laiffé au pouvoir de l'homme de fe tourner du côté de la Vertu ou du Vice; de croire ou de ne pas croire; de choifir ou de refufer la foi & l'Obéiffance*; que nôtre bonheur ou nôtre mifère dépend de nôtre propre choix; *Que par la Vertu nous pouvons être les enfans de Dieu, & par le vice les enfans du Diable*; & que *chacun donne à fon Créateur occafion de le faire Vaiffeau pour l'honneur, ou Vaiffeau pour le dés-honneur*. Il y a plus, s'il en faut (d) croire *Voffius*, tous les Péres, avant Saint *Auguftin* croyent que Dieu prédeftinoit les hommes à la vie, parce qu'il favoit par avance, qu'ils vivroient dans la Vertu, & qu'ils y perfévéreroient jufqu'à la fin; Auffi *Profper*, dans la lettre à Saint *Auguftin* (e) conteffe que ceux-même qui condamnoient *Pélage*, rejettoient comme une pure nouveauté la Doctrine de l'Evéque *d'Hypone* touchant le Décret abfolu par raport au falut. ,, Plufieurs des ,, Serviteurs de Chrift, qui font dans la Ville de *Marfeille*, croyent, ;, dit-il, que ce que vous avancés, touchant la vocation des *Elûs* ,, fuivant le propos arrété, eft contraire à l'Opinion des Péres, & au ,, fentiment de l'Eglife. Ils affirment conftamment, que ce que vous ,, tirés de l'Epitre de Saint *Paul* aux *Romains*, n'a jamais été pris en ,, ce fens par aucun Docteur de l'Eglife. ,, Et il reconnoit lui-même, qu'ayant fait la revuë des Opinions de ceux, qui avoient écrit avant lui fur cette matière, il a trouvé qu'ils étoient prefque tous
d'un

(a) Voiés les Sermons de *Fildes*. (b) Inftit.Lib. 3.6.23. (c) *Withy* Touchant les Décrets p 95. ou plufieurs Péres font cités. (d) Hift.Lib. 5. (e) Vide p. 88.&c.

d'un ſeul & même ſentiment, & qu'ils s'accordoient à dire, que le *propos arrêté* & la *Prédeſtination* de Dieu étoit ſelon ſa *préſcience*, & que par conſéquent il avoit fait quelques *Vaiſſeaux d'honneur* & d'autres de *déshonneur*, parce qu'il prévoyoit la fin d'un chacun, & qu'elles ſeroient leurs volontés & leurs actions, ſous l'aſſiſtance Divine.

La Doctrine de l'Egliſe Anciane.

5°. Il faut avouër que l'Egliſe *Anglicane* pour l'authorité de laquelle on doit avoir quelque égard, a fondé [a] ſon article, touchant cette matière, ſur la Doctrine de Saint *Auguſtin*. Elle ſuppoſe l'homme *ſous une malédiction, & ſous une condamnation*, antecedemment à la Prédeſtination qui l'en délivre; Elle parle fort avantageuſement de l'éfficace de la Grace, qu'elle fait le principal agent dans tout ce qui regarde nôtre condition ſpirituelle. [b] Dans les autres articles, elle impute beaucoup au péché Originel, qu'elle dit *mériter la colère & l'indignation de Dieu*; & elle croit que le franc-Arbitre de l'homme a été ſi fort diminué & dérangé par ſa *chûte*, qu'il ne ſauroit ſe tourner vers Dieu. Mais quant au principal nœud de la difficulté ſur cette matière, qui eſt de ſavoir, ſi le décret éternel de Dieu a été fait ſuivant ce qu'il a prévû que ſes créatures agiroient, ou uniquement par une volonté abſoluë, & dans la vuë de manifeſter ſa propre gloire, elle ne prétend nulle part le décider, pour n'exclure de ſa Communion [c] comme l'aſſurent quelques Autheurs, aucun de ceux dont les ſentimens pauvent varier, dans l'explication de cette matière.

En un mot, le ſentiment des *Remontrans* paroit mieux fondé; & dans l'explication, qu'ils nous donnent de leur hypothèſe, ils nous répréſentent la Divinité ſous une face plus agréable, & plus conforme à ſa nature. Les partiſans des *Décrets abſolus* prétendent avoir de fortes preuves dans l'Ecriture Sainte; Mais peut-être ſe trompent ils dans l'explication qu'ils en donnent. L'avantage eſt viſiblement du côté des *Remontrans*, ſi l'on s'en tient au témoignage de l'Egliſe primitive; Mais il faut avouër, que la Doctrine des *Prédeſtinatiens* a beaucoup plus de raport avec celle de nôtre Egliſe. Je penſe que dans des matières ſi abſtraites, on doit laiſſer à chacun la liberté de penſer ce qu'il trouvera convenable; car je ſuis aſſuré, qu'aucune Societé Chrétienne n'eſt revetuë d'une authorité aſſés grande, pour obliger les hommes (d) *à croire & à tenir autre choſe que ce qui eſt conforme à la Doctrine du Vieux & du Nouveau Teſtament, & à ce que les Péres de l'Egliſe & les Anciens Evêques ont puiſé dans cette même Doctrine.*

[a] Vide artic. 17. [b] Art. 9. 10. [c] Vide *Burnet*. Sur les 39. articles (d) *Sparrow*. Collect. Can.

N O T E S
Sur le Chapitre précédent.

COmme il paroit vifiblement, que Monfieur Stackhoufe eft extrêmement prévenu fur la matiére des Décrets de Dieu, & de la Prédéftination en faveur du Syfthème Arminien; on a trouvé néceffaire de mettre ici quelques petites remarques fur ce fujet, laiffant au Lecteur d'examiner lequel des deux Syfthèmes eft le plus conforme à l'Ecriture Sainte, & de confulter là deffus nos Théologiens; l'on préfume de la probité & de la politeffe de l'Autheur, qu'il n'interprètera pas mal la liberté que l'on prend.

Page 111. après ligne 15. Comment pourroit-on dire, que Dieu fe foit refervé le Droit de determiner certaines chofes, fuivant que les occafions fe préfenteroient; car ou Dieu n'a pas prévû ces circonftances & ces occafions &c. ou il les a prévuës; dire qu'il ne les a pas prévuës, c'eft nier fa préfcience, fentiment, qui eft très injurieux à la Divinité; s'il les a prévuës, pourquoi auroit-il été en fufpens de fe determiner? L'homme fufpend fes determinations, parce que fa prévoiance eft très bornée, ce que l'on ne peut pas dire de Dieu, qui eft un Etre qui poffède toutes les perfections dans le plus haut & le plus éminent degré.

Du refte, mon deffein n'eft pas proprement d'entrer en lice avec Monfieur Stachoufe, & de le fuivre Article après Article; je prie le Lecteur avant que de prendre parti, & d'adopter aveuglément un fentiment, de confulter les Théologiens de part & d'autre qui ont écrit fur cette matière.

Page X I I I. ligne 6. Plufieurs d'entre les Lutheriens n'approuveront certainement pas ce que l'Autheur dit ici fur leur conte, puifqu'il paroit leur attribuer de reçevoir le Syfthème des Semi-Pélagiens.

Page X I V. Il faut confulter ici l'Hiftoire de ce tems-là; l'Autheur paroit favorifer manifeftement le parti oppofé au Synode de *Dordrecht*.

Page X X. ligne 32. *Si cela eft*, &c. Nôtre Autheur en rapportant ici le fentiment des Arminiens, préfente en même tems le Syfthème des Reformés fous une face tout à fait revoltante, & j'aurois fouhaité qu'il eût cité quelque Autheur qui s'exprima de cette façon. Les affertions qu'il prète ici aux Reformés, font plutôt des conféquences forcées, que les Adverfaires tirent de leur Syfthème; Auffi je préfume de la pénétration & de l'équité du Lecteur, qu'en lifant cet Article il fufpendra fon jugement, & fe défiera d'abord de la manière dont l'Autheur raporte ce Syfthème. En effet, quel Théologien a jamais dit, que le *premier but de Dieu a été nôtre mifère éternelle, pour manifefter fa gloire: qu'il a fixé & determiné le nombre infini des péchés que nous commettrions*, &c. en un mot, *qu'il a crée un nombre infini d'hom-*

f

mes

mes uniquement pour les damner. Pourquoi Monfieur Stackhoufe ne cite-t-il pas les Autheurs qui parlent ainfi ?

S'il s'agit de tirer des conféquences , combien n'en pourroit - on pas tirer du Syfthème des Arminiens ? A combien de difficultés n'eft-il pas fujet ? j'ofe dire hardiment, qu'il eft fujet aux mêmes difficultés, & même à un beaucoup plus grand nombre que celui des Calviniftes, comme il feroit très facile à demontrer ; Par exemple, les Arminiens avouént que Dieu a prévû la Chûte d'Adam, & toutes les fuites funeftes qui en découlent , par conféquent la damnation de plufieurs millions d'hommes ; je leur repliquerois donc , pourquoi Dieu a-t-il permis cette chûte fatale , pourquoi felon fa bonté infinie ne l'a t-il pas prévenue ? Où eft cette bonté , cette Sageffe &c. fi on vouloit raifonner fur les voyes de Dieu, comme fur celles des hommes ?

Les Arminiens repondent , que Dieu a donné à l'homme le franc-Arbitre.

Mais Dieu a toujours également prévû, que l'homme en feroit un mauvais ufage, & qu'il tomberoit infailliblement, ce qui eft inconteftable ,/à moins que l'on ne veuille adopter le Syfthème des Sociniens. Or pour parler avec un grand Philofophe , *lorfque l'on prend le franc - Arbitre pour une fi grande marque de la bonté de Dieu, on s'expofe à être comparé à ceux , qui voudroient prouver , que l'on a témoigné fon amitié à Mevius en lui donnant un très beau cordon de foye , dont on fçauroit qu'il s'étrangleroit au premier jour.* Du refte, les Théologiens ont mille fois répondu aux raifonnemens des Arminiens , que nôtre Autheur etâle ici , & ont demontré folidement , combien ces raifonnemens font captieux. Mais comme je ne me propofe pas d'entrer dans un grand détail, ou de traiter ici cette matière fyfthèmatiquement , je renvoye le Lecteur à nos Théologiens, comme Meffieurs Turretin, Heidegger , Pictet, & une infinité d'autres.

Page XXIV. ligne 20. Les Lecteurs impartiaux s'appercevront d'abord, que les Arminiens font obligés de donner des explications forcées fur le mot d'*Election*. Un homme qui lit avec attention le Chapitre 8. & 9. de l'Epitre aux Romains verra d'abord, qu'il s'agit là de l'Election des Individus & non pas feulement de celle des Nations entiéres ; & c'eft vouloir s'aveugler volontairement, de dire, que dans le IX°. aux Romains il ne s'agit que des bénédictions temporelles.

Page XXVII. Les Théologiens Reformés aportent une quantité d'exceptions très fortes , fur tout ce que nôtre Auteur avance dans cette page & dans les fuivantes.

Il paroit clairement, comme on l'a déja infinué, par la manière dont l'Autheur traite toute cette matière, qu'il eft extrèmement prévenu en faveur du Syfthème Arminien ? Il ne propofe pas les raifons des Reformés dans toute leur force, il en omet plufieurs tirées des attributs de Dieu , & il cache les exceptions les plus folides, que ceux - ci aportent contre celui des Arminiens. J'aurois fouhaité qu'il eût traité cette matière avec autant d'impartialité que l'a fait l'Illuftre Docteur Burnet dans fon Traité fur le 17. Article de la Confeff. Anglic. quoique cet Illuftre Prélat ait auffi été un zêlé Partifan des Arminiens.

Sur

Sur la Troisiéme Section.

Il ſe trouve ici un grand nombre d'expreſſions peu juſtes & peu préci-
ſes, que je pourrois relever. L'Autheur tire auſſi du Syſthème des Prédéſtinatiens des conſéquences fauſſes, par exemple quand il dit, que, ſelon les Prédéſtinatiens, la volonté ſecrette de Dieu eſt quelquefois contraire à ſa volonté revelée &c. Mais comme mon deſſein n'eſt pas de diſcuter toutes ces choſes, ce qui me mèneroit extrêmement loin, je laiſſe cela à la pénétration du
Lecteur éclairé, qui entend nôtre Syſthème.

Page XXXI. ligne 5. *L'un & l'autre*, &c. Il n'y a point de Théologien
Reformé, qui ne mette la cauſe de la condamnation de l'homme dans ſes péchés:
je ne ſaurois deviner quel Syſthème Reformé Monſieur Stackhouſe pourroit avoir
conſulté.

Page XXXII. ligne 19. Je ſouhaiterois que nôtre Autheur me montrât
cette expreſſion, *que les hommes ſont néceſſairement determinés au péché*, dans
quelque Syſthème de nos Théologiens.

Page XXXII. ligne 33. Ces termes, *que Dieu a toujours en vuë le bonheur
de l'homme*, ont quelque choſe d'équivoque. Si on les prend dans un ſens
abſolu, comme font les Arminiens; pourquoi Dieu infiniment bon n'empê-
che-t-il pas, qu'aucun homme ne tombe dans la damnation ? En donnant
à tous une meſure plus forte de la Grace, il préviendroit les péchés, &
par conſéquent le malheur de pluſieurs millions d'Ames.

Page XXXIII. ligne 35. *Fondement ſi ruineux*, &c. Monſieur Burnet ne
penſe pas ainſi, il trouve quoiqu'Arminien, les raiſons de part & d'autre ſi
fortes, qu'il croit, que ceux qui les examinent de près, ſont embarraſſés
ſur le choix qu'ils en doivent faire, & prend de là occaſion d'exhorter les
deux partis à une tolerance mutuëlle. Monſieur Stackhouſe avance ici, qu'il y
a tant de difficultés à ſoutenir le Syſthème des Prédéſtinatiens. Je poſe en
fait, que dans celui des Arminiens, il y en a pour le moins autant, ce que,
les Savans ont demontré mille fois avec la dernière évidence. Je dis, *pour le
moins*, car tout conté & rabattu, s'il y a une difficulté dans le nôtre, ce que
perſonne ne conteſte, il y en a trois dans celui des Arminiens. Je ſuis donc
extrèmement ſurpris, que nôtre Autheur oſe dire, qu'il n'y a qu'un côté embarraſſant dans celui-ci.

Mais voyons prémiérement ce côté embarraſſant, il regarde la Préſcience de Dieu. Nôtre Autheur a raiſon ici. car la matière de la Préſcience de
Dieu doit extrêmement embaraſſer les Arminiens, comme nous avons déjà vû
ci-deſſus; elle renverſe même entiérement leur Syſthème, & il eſt conſtamment vrai, que les Arminiens ne pourront jamais concilier leur Syſthème
avec cette Préſcience. Si Dieu a prévû la chûte d'Adam & toutes ſes ſuites
facheuſes, il faloit que cette chûte arrivât infailliblement, (car Dieu ne peut
pas ſe tromper dans ſes vuës,) & par conſéquent la condamnation de tant de
millions d'hommes, qui ſuccomberoient à la tentation du péché. Dieu ayant
donc prévû la miſére de tant de gens, pourquoi ſa bonté infinie ne l'a-t-elle
pas determiné à prévenir cette chûte qui entraineroit l'état déplorable de
tant de perſonnes?

f 2

Puſ-

Puis donc que Dieu a prevû cette chûte, & quelle est également arrivée, il s'ensuit, que Dieu a determiné, (puisque rien ne peut arriver sans sa volonté) de permettre le péché, & qu'il devoit arriver infailliblement, ou que Dieu auroit pu se tromper. Il faut donc ou nier la *préscience* avec les Stociniens, ou il faut avouër que le Systhème des Arminiens est sujet aux mêmes difficultés que le nôtre.

Mais examinons un peu les difficultés qui embarrassent les Prédéstinatiens selon Monsieur Stackhouse, chaque Lecteur impartial s'apercevra d'abord qu'elles ne sont pas aussi grandes, que les Arminiens le prétendent.

Les partisans de la Prédéstination sont obligés &c. Voiés l'Autheur. Je ne sai pas, si l'Autheur a lû nos Théologiens sur cet article, je me persuade qu'il auroit été satisfait de la manière qu'ils concilient la volonté Secrette de Dieu, c'est à-dire ce qu'il a déterminé dans ses decrets éternels, avec ce qu'il a revelé aux hommes.

Page xxxiv. ligne 8. *Ils sont forcés &c.* sans m'arrêter au terme de contract & d'alliance, je ne comprens pas, pourquoi Monsieur Stackhouse parle ici d'une invention d'homme, puisque cette alliance est fondée en quelque manière dans la nature de Dieu, & de l'homme· Dieu comme Créateur & Maitre absolu pouvoit sans doute exiger de sa créature raisonnable une obéïssance parfaite; l'idée de sa Bonté infinie fournissoit par contre à l'homme quelque espérance d'une félicité plus grande ou d'une recompense, quoique gratuite. Dieu veut être le remunerateur du fidèle quoique pécheur, dans l'alliance de grace, pourquoi ne l'auroit-il pas été envers l'homme dans l'Etat d'innocence? L'homme comme Créature de Dieu a sans doute consenti, trouvé & senti en lui même l'équité de cette obéïssance, que Dieu exigeoit de lui, & pouvoit, vû la grande Bonté du Créateur envers lui, esperer une recompense. Voilà ce que l'Autheur ttouve chimérique. Outre cela il y en a des traces si visibles dans l'Ecriture, que je suis surpris, que Monsieur Stackhouse trouve ici la moindre difficulté.

Nôtre Autheur parle après cela de l'imputation du péché &c. Mais que prétend-il faire, veut il la nier ? Je réponds par le Canon des Jurisconsultes, *ubi rerum adsunt testimonia, non opus est verbis.* Veut il nier la Misère & la corruption de l'homme ? Chacun la sent & en est convaincû. D'où vient cette corruption ? de la chûte & du péché d'Adam, parce que nous sommes ses enfans, par conséquent son péché nous est imputé, puisque Dieu auroit pû faire naître le genre-humain d'une autre race. Voilà des vérités incontestables. Mais si l'Autheur nous demande, si Dieu veut condamner à cause de ce péché les enfans qui meurent dans l'enfance? Nous repondons simplement, que nous n'en decidons rien, que nous remettons cela à Dieu, qui justifiera affés ses voyes. Je renvoye Monsieur Stackhouse à l'excellent livre de Monsieur de *Jarissoles*, qui y expose tout ce qui a été dit sur ce sujet dans le Synode de Charenton, ou cette matiére a été discutée par des personnes également savantes & pieuses; Voiés aussi les ouvrages de Monsieur Rivet où il donne un Catalogue de tous les Théologiens, qui ont adopté ce sentiment.

D'ailleurs je prie le Lecteur d'éxaminer ce que Saint Paul dit de cette imputation sur tout dans le Chap. 5. de son Epitre aux Romains· Le Systhème

thème des Arminiens eſt du reſte ſujet aux mèmes difficultés, à peu de choſes près, à moins qu'ils ne veuillent adopter celui des Pélagiens, contre quoi
ils ſe recrient cependant beaucoup.

Page XXXIV. ligne 14. Nôtre Autheur indique encore un autre coté
embarraſſant pour les Calviniſtes, ſçavoir *pourquoi tous les hommes* &c. & qu'il
paroit, qu'il y auroit égard à l'apparence des perſonnes, ſi le Décret de la
Prédéſtination avoit lieu. Mais ces objections ne ſont que des minuties auxquelles nos Theologiens ont répondu d'une manière très ſatisfaiſante; Voiés
entr'autres Meſſieurs Turretin & Pictet. Saint Auguſtin a déja répondu au long
à la derniére objection que l'Autheur etâle ici. On ajoute encore, que de
cette manière les exhortations ſeroient inutiles, ſi le ſort des hommes étoit
fixé &c. je remarque ſeulement ici, que cette objection eſt nulle en elle
mème, comme l'ont cent fois démontré nos Théologiens. Mais ſuppoſons
pour un moment, qu'elle fût embarraſſante, elle l'eſt ſûrement autant pour les
Arminiens que pour nous, puiſque Dieu a prevu dans ſes Décrets, quel uſage les hommes feroient de ſes promeſſes & de ſes menaces, en un mot quel
ſeroit le ſort des hommes en général, & de chacun d'eux en particulier.

Page XXXIV. ligne. 32. *Plus conforme aux idées que nous avons* &c.
l'Autheur devroit dire, aux idés que nous en devrions avoir; conformément
à l'Ecriture Sainte. Nous ne devons pas nous former de Dieu d'autres idées
que celles que l'Ecriture Sainte nous en donne, qui ſont auſſi celles que la
Saine raiſon nous dicte. Mais l'homme, ordinairement, ne conſulte pas ces
deux guides, au contraire il ſe fait de la Divinité des idées conformes à la nature humaine. *Or Dieu ne penſe pas comme les hommes, ſes voies ne ſont pas comme les nôtres, & ſes penſées ne ſont pas nos penſées.* C'eſt ſur tout dans cette
matiére des Décrets de Dieu, qu'il faut faire attention à cela.

Du reſte dans le raiſonnement de l'Autheur, contre notre Syſthème,
tiré des perfections de Dieu, il n'y a qu'une pure ſophiſtiquerie. Les adverſaires devroient ſe faire conſcience de propoſer nos ſentimens ſous une forme
ſi hideuſe, par où ils en impoſent à un Lecteur peu éclairé, & qui n'a,
ni le tems ni peut-être les talens pour aprofondir les choſes. Ne diroit-on pas
en liſant notre Autheur, que les Calviniſtes comme il nous apelle, ne ſont
point d'attention dans cette matiére aux perfections de Dieu, telles que ſont ſa
juſtice, ſa *ſainteté*, ſa *bonté* &c. & qu'ils ſe contentent d'avoir en vue ſon pouvoir abſolu, ſans s'embarraſſer, ſi ce pouvoir eſt conforme ou contraire aux
autres perfections de Dieu. Or nos Théologiens ont démontrés avec la derniére évidence, que dans notre Syſthème toutes les perfections de Dieu brillent
dans tout leur eclat, par exemple, *ſa Sageſſe*, dans toute la conduite qu'il
tient à l'égard de l'homme, & ſur tout dans le grand ouvrage de la Redem-
tion par JESUS CHRIST.

Sa Bonté & ſa Miſéricorde, en ce que, touché de compaſſion envers
l'homme, il a décreté d'envoyer ſon propre fils à ſon ſecours pour faire
l'expiation de ſes péchés.

Sa Juſtice & ſa Sainteté, dans la punition ſévère du péché, ſoit dans la
perſonne de notre Redempteur; ſoit dans le pécheur impénitent. En ſorte que
nous pouvons dire avec juſtice & avec autant de raiſon que les Arminiens,
que Dieu n'a rien fait dans ſes Decrets Eternels, que ſa Sageſſe, ſa Bonté,

&.

& fa Juſtice n'ayent approuvé. D'ailleurs il faut remarquer, que, fuppofé pour un moment, que nous ne puiſſions pas toujours bien concilier les voyes de Dieu avec fes perfections, il ne s'enſuit pas de là que la chofe ne foit pas poſſible, ou que les voyes de Dieu ne foient pas juſtes. Nous ne devons pas rejetter une chofe, qui nous eſt clairement revelée, parce que nous ne la comprenons pas. Nons ne ſçaurions peut être jamais parfaitement concilier la permiſſion du mal, fur tout du mal moral, avec la Sageſſe, la Bonté &c de Dieu ; il reſte cependant éternellement vrai, que Dieu eſt Sage, Bon & Saint dans le plus eminent degré.

Le Lecteur voit donc avec quelle mauvaife foi les Arminiens agiſſent, quand ils nous imputent que nous poſtpofons ces Vertus eminentes en Dieu, & que nous ne le contemplons que fous l'idée d'un Etre abfolu.

Nôtre Autheur paroit adopter leur Syſthème, & nous prête d'établir une telle volonté abfolue en Dieu, qui a arreté le fort éternel des Ames des hommes fans avoir égard au bien ou au mal, &c. Mais il eſt furprenant, que les Arminiens nous prêtent ces fortes de fentimens ; n'ont ils donc jamais lû nos Confeſſions de foi ? je pourrois me difpenfer de mettre ici nôtre fentiment puifque je préfume des lumiéres du Lecteur, qu'il eſt mieux inſtruit que tout cela ; je me borne donc fimplement à dire, que, pource qui regarde la Divine Election nous foutenons quelle a été faite par pure grace ; l'Ecriture Sainte nous enfeigne cette vérité par tout. L'Arminien prétend, quelle a été faite parce que Dieu a prévû que l'homme feroit un bon ufage du franc arbitre &c. en forte que l'obéiſſance ou les efforts de l'homme font entré en ligne de conte, & ont déterminé Dieu, de toute éternité, à aſſigner à l'homme l'héritage Célelte. L'Arminien trouve donc en lui mème & en fa propre juſtice, du moins en partie, la caufe de fon falut. Le Reformé eſt plus timide, quand mème il trouveroit en lui des difpofitions fi heureufes, & le témoignage de fa confcience, d'avoir acompli toute la Loi de Dieu, il fe croiroit cependant toujours *un ferviteur inutile*, *qui n'auroit fait que ce que la condition de créature raifonnable exige de lui.* Mais par raport au falut eternel il attribue tout à la grace qui opère mème en lui *& le vouloir & le parfaire.* A l'égard de la condamnation éternelle, nous foutenons conſtamment, que Dieu ne condamne perfonne qu'à caufe du péché Si Dieu dans fes Decrets éternels a arrêté de refufer aux uns & aux autres fon fecours ou fes graces falutaires, c'étoit parce qu'il les a regardé comme étant dans un état de Mifère, de corruption & de péché, qui fépare toujours la créature de Dieu, qui eſt la fainteté mème ; & on peut ajouter, qu'il a prévû l'ufage criminel qu'ils feroient eux mèmes de leurs facultés naturelles ; Pourquoi Dieu devroit. il accorder fa grace fanctifiante à ceux qui feroient *un abus* criminel de fa grace refrénante ? En un mot nous foutenons, que c'eſt purement le péché , qui eſt la caufe de la condamnation de l'homme.

Mais fi on nous demande, pourquoi Dieu a-t-il donc decreté d'accorder fa grace à Jean & non pas à Pierre, qui font pourtant également criminels C'eſt dans ce cas que nous attribuons cette difpenfation au feul bon plaifir de Dieu, & ce fentiment a-t-il quelque chofe de revoltant ? Dieu n'eſt-il pas entiérement libre dans la diſtribution de fes faveurs, n'eſt-il pas le libre difpenfateur de fes graces ? Peut on pour cela l'accufer de partialité ? Je crois que tout homme raifonnable conviendra du contraire ?   Il

Il paroit donc clairement que les Arminiens en préfentant notre Syfthê-
me, comme nôtre Autheur le fait, n'agiffent pas tant de bonne foi.

Du refte tous les raifonnemens de l'Autheur, qu'il propofe dans la fuite
ne font que des fophifmes captieux, auquels nos Theologiens ont répondu
folidement ; *Dieu* dit il, par exemple, *invite, exhorte & folicite les hommes
à fe convertir &c.* Je replique en peu de mots, que ces paroles ne veulent
pas dire, que l'homme ait des forces fuffifantes pour accomplir cette grande œuvre, fans cela l'Ecriture Sainte n'attribueroit pas dans mille endroits la
converfion de l'homme purement à la Grace, mais Dieu veut repréfenter fimplement à l'homme quel eft fon devoir, & lui faire fentir famifère naturelle,
afin qu'il ait fon recours à la Grace ; qu'il implore ardemment le fecours de celui qui feul peut fauver l'homme ; qu'il emploie comme il faut fes facultés naturelles ; qu'il fente vivement fon déplorable état, & fe profterne devant
Dieu dans des fentimens de confufion : Auffi l'homme, qui a fon falut fincèrement à cœur, s'apercevra d'abord, qu'avec fes forces naturelles, il ne
fera pas de grands progrès vers l'heureufe Eternité. C'eft pourquoi quand
Dieu lui dit, Converti-toi, il lui répondra avec une véritable contrition de
cœur ; Seigneur Grand Dieu, je ne fuis que ténébres, mes paffions me ca-
ptivent, je vis dans le miférable efclavage du péché, ma chair eft rebelle contre ta fainte loi, mes éfforts font infructueux, je transgreffe ta loi fans ceffe, je t'offenfe à tous momens, mes bonnes œuvres font très défectueufes ;
Vien ô Dieu à mon fecours, je ne puis rien de moi-même, comme par
moi-même, illumine mon entendement, fléchi mon cœur converti moi Seigneur, & je ferai converti ?

D'ailleurs fi le pécheur veut avouër fincèrement la vérité, il n'atribue-
ra jamais fa damnation à cet arret des Décrets de Dieu, il fent trop bien,
qu'il ne le force pas à pécher, & que toutes les tranfgreffions qu'il commet,
il les commet volontairement, très librement, & avec plaifir, & que quand
il péche, il ne le fait pas pour accomplir le Décret de Dieu, mais purement pour faitsfaire les convoitifes de la chair, & combien d'autres réponfes ne pourrions nous pas aporter à ces frivoles objections.

Il faut auffi remarquer, que quand Dieu dit & affûre par ferment,
qu'il ne veut pas la mort du pécheur, ou qu'il périffe, il faut de toute néceffité donner à ces paroles un fens limité, comme nos Theologiens les expliquent fort
bien. Car fi on leur donne un fens illimité, combien d'abfurdités n'en re-
fu'teroit-il pas ? En effet fi Dieu veut abfolument, que touthomme foit fau-
vé, je demande, pourquoi ne lui donne t-il pas cette grace victorieufe de
fon Saint Efprit, qui l'illumine & le convertiffe tout entier à lui ; le Monde, le Diable, la chair, font-ils donc plus forts que Dieu ? Celui qui a
dit dans la prémiere Création, que la Lumiere exifte, & la Lumiere fût,
ne pourroit-il pas également illuminer mon entendement & en diffiper toutes
les ténébres ? Celui qui apelle les chofes qui n'exift t point comme fi elles exiftoient, ne pouroit-il pas fléchir ma volonr pour la captiver fous fon
Obéiffance ? Pourquoi ne me donne t-il pas une plus grande portion de fa
grace, & de fon Divin fecours.

Outre cela les Arminiens devroient penfer qu'il y a des chofes impénétrables dans les voyes de Dieu. Saint Paul s'eft écrié fur cette matière. *O*
pro-

profondeur ! & l'Arminien veut tout aplanir, qu'elle témérité! Si Dieu veut
dans un fens illimité le bonheur fouverain de l'homme, pourquoi a t-il permis
la chûte d'Adam? Il l'a fans doute prévuë, aufli bien que tout le défordre
qui en réfulteroit. Si l'Arminien veut examiner fincèrement cette matière, il
ne trouvera plus tant de côtés embarraffans dans nôtre Syfthème, il adore-
ra avec nous les voyes de cet Etre infini, il s'humiliera avec nous devant
lui, & avouéra ingénument, qu'il a voulu trop raifonner fur ces profon-
deurs. Il fentira & avouéra même bientòt que fon Sythème eft fujet aux
même difficultés qu'il nous objecte. Il fe tiendra avec nous purement &
fimplement à la Révélation. Un habile Philofophe a fort bien remarqué,
que l'Arminien, par pure préfomption, veut aplanir toutes les difficultés,
qu'il fe vante de pouvoir les enlever, & de parer les coups de fes adverfaires, mais que fentant d'abord fa foibleffe, il eft bien aife de fe retirer auffi derrière le retranchement de la foi.

    Un Arminien dira, qu'il m'accorde que Dieu eft Souverainement
libre dans la diftribution de fes graces, & qu'il ne fait point de tort au pécheur de le laiffer dans fa mifere, mais qu'ayant cependant prévû, que cela
le jetteroit dans la damnation éternelle, comme il connoit tous les poffibles,
il auroit mieux fait de ne pas lui donner l'exiftence.

    Mais qui és tu, ô homme! pour vouloir raifonner avec Dieu, dont
les voyes font impénétrables? faurois-tu répondre, pourquoi Dieu a voulu, permettre le mal, qu'il auroit pourtant pû empêcher? La permiffion du
péché doit mettre dans une confufion extrème tous les raifonneurs du Monde, puifqu'il n'y a abfolument perfonne, qui puiffe réfoudre ou expliquer
cette queftion.

    Les Arminiens difent, que Dieu a donné à l'homme la liberté. Mais
qu'elle miférable échapatoire pour fauver la bonté de Dieu comme nous
avons déja vû ci deffus? J'ajoûterai feulement les paroles d'un Autheur moderne. *Ceux qui donnent*, dit-il *le plus d'étendue au libre Arbitre, fi on les
ferre de près, & fi on les pourfuit de conféquence en conféquence doivent s'enve-
loper neceffairement dans les mêmes difficultés, qui leur donnent tant d'horreur
pour le Dogme de la Prédeflination.* Cette feule queftion, quelle eft la caufe
du mal moral? doit abbatre la fierté de tous les raifonneurs, qui prétendent de pouvoir aplanir toutes les difficultés fur cette matière.

    Page XXXVII. ligne 16. Dans la troifiéme remarque l'Autheur exa-
mine lequel des deux Syfthèmes eft le plus conforme à l'Ecriture Sainte. Or
par raport à cet article, je crois pouvoir dire en toute vérité, fans aucune prévenfion pour celui des Prédiftinations, que le nôtre a vifiblement le
deffus fur tous les autres. Chaque Lecteur impartial qui lit l'Ecriture Sainte avec attention fe convaincra aifément de cette vérité, & s'apercevra en
même tems, que les adverfaires font obligés de donner mille entorfes aux paffages les plus clairs, & les plus formels; il eft même trifte de voir, quand on
lit leurs Commentaires, combien de raifonnemens fophiftiques ils font obligés de faire pour donner à l'Ecriture le fens qui convient le mieux à leur Syfthème, je renvoye fur ce fujet le Lecteur à nos Theologiens. Seulement
ajoûterai-je qu'un Autheur moderne Compatriote de Monfieur Stakhoufe ne fe

fait

fait aucune peine d'avouër naturellement, *que l'Ecriture Sainte enseigne la Pré-*
destination absolue d'une manière claire.

Nôtre autheur replique que les passages que les Arminiens alleguent en
leur faveur sont fort clairs, que par contre ceux des Prédestinatiens sont ob-
scurs , ensorte que pour éviter ?toute contradiction , il faut expliquer
ceux-ci par les plus clairs. Mais je prie le Lecteur de faite attention aux
réflexions suivantes.

1º. Il est incontestablement vrai que la Prédestination est enseignée dans
l'Ecriture Sainte , en termes très forts, très exprès, & très propres à en faire naitre les idées, & même les passages qui l'établissent sont de la derniére évidence, en sorte que si un homme prenoit à tâche de l'enseigner , il ne sauroit jamais s'exprimer plus clairement. Je ne veux pas alleguer tous les passages qui font à ce sujet, puisque cela me méneroit trop loin , prenons en
quelques uns pour échantillons.

L'Apôtre dit aux *Ephesiens.* Chapitre I. *Que Dieu nous a élû en Christ,*
avant la fondation du Monde , & qu'il nous a prédestinés pour nous adopter à soi
par Jesus-Christ , selon le bon plaisir de sa volonté. N'avons nous pas dans ces
paroles la cause de nôtre Prédestination dans des termes formels ? Les Cha-
pitres VIII. & IX. de Saint *Paul* aux *Romains* n'enseignent-ils pas la même Doctrine avec la même clarté? Il faut que l'on veuille s'aveugler volontairement,
pour ne pas être convaincu , de ce que nous venons d'avancer. Au lieu d'une
plus ample demonstration je me contenterai de mettre ici les propres paroles,
d'un Autheur Anglois sur cette matiére. Après avoir dit , que nous devons
suivre l'éxemple des Apôtres, qui font les meilleurs guides, que nous puissions
prendres, il ajoute, *Saint Paul établit la Prédestination de la manière du Monde la*
plus précise & la plus claire : Dieu dit-il a donc compassion de celui qu'il veut , &
il endurcit celui qu'il veut. Là dessus cet Apôtre qui sentoit parfaitement bien l'ob-
jection qu'on pouvoit faire naturellement contre ce Dogme la propose lui même. Or
tu me diras pourquoi se plaint il encore ? Car qui est celui qui peut resister à sa vo-
lonté ? jamais le plus fin Moliniste , ni le Philosophe Socinien le plus subtil n'ont
mis cette objection dans un plus grand jour, & jamais Saint Augustin, Luther ,
Calvin les Thomistes & les Jansenistes n'ont rien avancé dans leurs Ecrits qui
fût plus propre que les paroles de Saint Paul , à s'attirer une objection de cette
force.

L'Apôtre n'avoit pas la moindre envie de biaiser & de gauchir à la difficul-
té , en ménageant ses expressions. Après avoir ainsi proposé l'objection dans toute
sa force il ne prétend la résoudre qu'en alleguant le Souverain Pouvoir de la Di-
vinité, c'est le droit absolu, quelle a de disposer de ses créatures , comme elle le
trouve à propos , mais plûtôt, ô homme , qui es tu toi qui contestes contre Dieu ? La
chose formée dira-t-elle à celui qui la formée, pourquoi m'as tu ainsi faite ? Il insiste
là dessus, & dans le verset suivant il place le sens de ces paroles dans une com-
paraison très propre à inspirer de la resignation & de l'humilité.

Cet Apôtre , quelque inspiré qu'il fût ، ne prétendoit pas être en état de ré-
soudre la difficulté d'une autre manière ، il se perdoit lui-même dans cet abime :
Ce grand Apôtre des Gentils , en qui un scavoir profond étoit joint aux Lumiéres
du Saint Esprit , bien loin de trancher ici mal a propos du Philosophe , s'écrie.
O Profondeur des Richesses & de Sapience de la Connoissance de Dieu : Que ses

g

Juge-

Jugemens font incomprehenfibles & fes voyes impoffibles à trouver? Voila ce qui devroit finir toutes nos difputes & impofer un profond filence à nôtre raifon.

Voilà felon moi un jugement impartial & folide. Nos adverfaires ont affurément grand tort de nous infulter tant fur cette matiére, puifque nôtre Syfthème eft fans contredit le même que celui de Saint *Paul*, & ce qui fait infiniment en notre faveur, il eft fujet précifément aux mêmes objections que celui de cet Apotre. Auffi nous nous contentons de donner les mêmes réponfes que Saint *Paul*, ne prétendant pas être ni plus fages n'y plus favans que ce grand Apotre; Si les Arminiens le font, ils ont fujet de s'en féliciter.

2°. Notre Autheur pofe en fecond lieu, que les paffages que les Arminiens citent en faveur de leur Syfthème étant plus clairs que ceux que nous alléguons; il faut de toute néceffité expliquer les obfcurs par ceux qui font plus clairs, & que par conféquent la Prédéftination abfolue ne peut pas avoir lieu, mais qu'elle eft conditionnelle, dependante du bon ufage que l'homme pécheur feroit de fes facultés, telles que font la liberté, le franc Arbitre &c.

Mais il eft très aifé de répondre à cette pofition, qui paroit d'abord fpecieufe; Je remarque 1°. que les paffages qui établiffent la Prédéftination font pour le moins auffi clairs que ceux que les Arminiens allèguent, le Lecteur s'en convaincra aifément en les comparant les uns avec les autres. Il paroit même que les Autheurs Sacrès ont choifi tout exprés des termes très forts & tres energiques pour enfeigner la Prédéftination, pour ne point donner lieu au Lecteur de les tordre ou de les expliquer autrement.

Je remarque 2°., que les paffages que les Arminiens citent renferment des invitations, des follicitations, pour engager le pécheur à fe convertir, à travailler à fon falut &c.

Or je pofe en fait & je fuis pleinement perfuadé, qu'il faut donner à ces paroles le fens que les Reformés leur donnent, comme nous l'avons vu ci deffus, & que par conféquent ces paroles ne détruifent abfolument pas la Doctrine de la Prédéftination; ce qui me confirme entiérement dans ce fentiment, c'eft, que dans l'Ecriture Sainte la Divine Election eft purement attribuée *à la feule grace de Dieu & à fon bon plaifir*, ce qui ne pourroit pas avoir lieu, fi l'Election que Dieu a faite avoit été fondée fur la prévifion du bon ufage que nous ferions de nos forces, de nos bonnes œuvres, de nôtre Pieté, de nôtre obéiffance, comme les Arminiens le prétendent. Outre cela les Prophètes & les Apotres attribuënt la converfion de l'homme, la régéneration, la foi les bonnes œuvres &c. & le falut éternel purement à la grace de Dieu, à l'exclufion des bonnes œuvres; car combien de fois Saint *Paul* ne dit-il pas, *que nous fommes juftifiés par la foi fans les œuvres.* Voiés *Rom: C.* 3. 22. *que nulle chair ne fera juftifiée devant lui par les œuvres de la loi*, V. 23. *que nous fommes juftifiés gratuïtement par fa grace, par la rédemtion qui eft en Jéfus-Chrift;* V. 27. *Nous concluons donc, que l'homme eft juftifié par la foi fans les œuvres de la loi;* & dans combien d'autres endroits Saint *Paul* n'enfeigne t-il pas la même Doctrine? C'eft pour cette raifon qu'il écrit aux *Corinthiens, que celui qui fe glorifie, fe glorifie au Seigneur.* Et ne nous donne-t-il pas une règle fixe, dans quel fens il faut entendre toutes les exhortations de Dieu dans les Prophètes & dans l'Evangile, quand il dit aux *Philip. C.* 2. 12. *Travaillés à vôtre falut avec crainte & tremblement.* Mais
afin

afin que perſonne ne s'attribue rien à ſoi-même, & ne ſe faſſe illuſion ſur ſes propres forces, il ajoute d'abord, *c'eſt Dieu qui produit en vous & le vouloir & le parfaire ſelon ſon bon plaiſir*; Et dans combien d'endroits notre converſion n'eſt elle pas appellée *nouvelle Création, régéneration, reſſuſcitation &c.* combien de fois les Apotres & JESUS CHRIST même, ne parlent ils pas de l'impuiſſance de l'homme, de ſa corruption, de ſa miſère naturelle, comme 1. Cor. 2. 14. *L'homme animal ne comprend point les choſes qui ſont de l'eſprit de Dieu, car elles lui ſont une folie, & il ne les peut entendre, parce quelles ſe diſcernent ſpirituellement.* N'eſt-il pas dit encore *Que nous ne ſçaurions produire de nous mêmes une bonne penſée. Que la penſée de la chair eſt inimitié contre Dieu &c.* Si l'homme étoit juſtifié par les œuvres, Saint *Paul* auroit eu grand tort de dire, 1. Cor. IV. 4. *Je ne me ſens coupable de rien, mais pour cela je ne ſuis pas juſtifié.* Je n'aurois jamais fait, ſi je voulois alleguer tous les paſſages qui font pour nous. Je conclus donc, de tout ce que je viens de dire, que la Prédeſtination au ſalut, a pour cauſe purement & ſimplement le bon plaiſir de Dieu, & que le ſens que les Reformés donnent aux paſſages ſuſmentionnés, que les Arminiens allèguent en leur faveur, eſt le ſeul véritable & le ſeul conforme à l'analogie de la foi.

Je remarque 3º. qu'à l'égard des paſſages qui nous parlent des Droits de la Majeſté Divine, & de ſes voyes qui nous ſont impénétrables, nous devons toujours ètre extrèmement ſur nos gardes, de ne pas leur donner la moindre entorſe; & que nous devons d'abord nous dire que ce n'eſt pas ſans raiſon que les Autheurs ſacrés, divinement inſpirés, ſe ſont exprimés d'une telle & telle manière. Il n'y a rien de plus vrai, que ce que le célèbre Monſieur Bernard a déja remarqué fort judicieuſement dans les paroles ſuivantes; *Qui eſt ce qui déterminera mieux les Droits de Dieu, ou Dieu lui même, ou l'homme pécheur?* Traité de l'excellence de la Relig. 1. 2. c. 10. p. 2)5. L'homme doit ſur tout faire cette reflexion, lors qu'il ſubſtituë à une Doctrine telle qu'eſt celle de la Prédéſtination, une autre qui flatte la chair, comme celle des Arminiens, ce qui ſeroit très facile à prouver, & dont chacun qui examine avec attention le cœur de l'homme s'aperçoit facilement.

D'ailleurs, s'il faut donner à ce grand nombre de paſſages de l'Ecriture, qui paroiſſent établir la Prédéſtination, un autre ſens, & ne pas les expliquer à la lettre; comme font les Arminiens, ne pourroit-on pas dire que les Autheurs ſacrés ſe ſont exprimés d'une manière peu préciſe & peu juſte, par où on donneroit une forte atteinte à l'inſpiration Divine; & qui eſt ce qui pourroit s'imaginer que Dieu eût voulu ſe ſervir de ces ſortes d'Ecrivains ſi peu propres à nous revèler ſa volonté, & même qui auro'ent pû nous induire dans l'erreur; ce qui eſt entiérement contraire à la Sageſſe & à la Bonté de cet Etre Suprème.

Page XXXVIII ligne 9. L'Autheur propoſe ici de certaines regles pour expliquer l'Ecriture Sainte. Je ne veux pas diſcuter cette matière, je renvoye le Lecteur aux ouvrages qui nous donnent les véritables régles *hermeneutiques*; je remarque ſeulement, que les régles propoſées dans cet endroit font pour le moins autant pour nous que pour les Arminiens.

Page XXXVIII. ligne 21. *Si donc Saint Paul, &c* Je renvoye ici le Lecteur à l'excellent Traité de Monſr. *Driſſen,* dans lequel il prouve avec la

derniédernière évidence, qu'il faut abfolument entendre ce Châpitre de la Prédéſtination des Individus ; j'ajouterai feulement, que ſi Saint *Paul* n'avoit eû en vuë que ce que les Arminiens lui prètent, il ne feroit pas probable qu'il ſe fut fervi des expreſſions que l'on trouve dans ce Chapitre ; & ſi le but de l'Apôtre n'avoit été que d'encourager les Fidèles au milieu des afflictions, j'en apelle à la confcience de chaque Lecteur raifonnable, pour qu'il diſe, s'il trouve que Saint *Paul* ſe ſoit bien pris en traitant cette matière ; il fera du moins très difficile de trouver le Nexe du raifonnement de cet Apôtre, mais aparemment qu'il n'a point fait de cours de Logique fous Gamaliel.

Fage XXXIX. ligne 2. L'Autheur revient ici à la charge, en difant que notre Syfthème eſt contraire aux perfections de Dieu, & prémiérement à ſa Sageffe en ce &c.

Mais c'eſt ici, felon notre Syfthème, que brille, fur tout la Sageffe de Dieu, en ce qu'il emploie des moiens ſi falutaires & ſi conformes à la nature humaine, pour renouveller l'image de Dieu dans l'homme. Si Dieu ne veut pas accorder ces faveurs à tous les hommes, il agit en libre difpenfateur de ſes graces, par des raifons trés Sages & des vues très Saintes.

Il dit, que cela eſt contraire à la Sainteté de Dieu ; Mais le Pécheur peut il dire en bonne confcience, qu'il fente en lui-mème une néceſſité de pécher, & qu'il n'y entre lui même pour rien. Combien de péchés ne pourroit-il pas éviter, s'il vouloit feulement faire un bon ufage de ſes facultés naturelles ? Nous pourrions encore ajouter, que felon le raifonnement de l'Autheur, la Préfcience de Dieu mettroit l'homme auſſi dans la néceſſité de pécher, ce qui eſt cependant abfolument faux. Nôtre Syfthème n'eſt pas non plus contraire à la Juftice de Dieu ; Car Dieu n'a-t-il pas le droit de punir le péché que l'homme commet très volontairement ; cette Juftice ne lui eſt-elle pas effentielle ? & ſi Dieu ne condamnoit les pécheurs qu'à caufe des péchés qu'ils auroient pû éviter, ou ne pas commettre, leur condamnation ne feroit-elle pas également juſte.

Venons à la miféricorde de Dieu ; felon le raifonnement de nôtre Autheur. Dieu n'auroit donc jamais dû permettre le péché ou la chûte d'Adam. C'eſt ainſi que la Créature veut préfcrire des Loix au Créateur ; Mais je prie encore le Lecteur de confulter fur cela nos Théologiens.

Nôtre Autheur ajoute en quatriéme lieu le confentement des Péres Grecs. Voyés l'*Auth.* il cite Calvin. Mais je prie le Lecteur de lire luimème Calvin Inftitut. L. 2. c. 2. ſ. 9. & il verra que Mr. Stackhoufe ne cite de Calvin que les lambeaux qui font pour le Syfthème qu'il paroit favorifer. Il faut dire outre cela, que les Péres qui ont vécu avant *Pélage*, n'ont pas eû foin de bien méfurer leurs termes fur la Grace, comme l'ont fait ceux qui ont vécu après que ces difputes fe font élevées dans l'Eglife. Les prémiers ont quelquefois exalté l'homme, & fe font fervi d'expreſſions figurées pour l'encourager à la piété, dans d'autres endroits ils ont parlé comme nous, voyés ce que dit S. *Cyprien* de *nullo gloriandum, quia nihil noſtrum eſt, niſi ut homo prorſus apud ſe exinanitus à Deo totus pendere diſcat* ; & Saint *Chryſoſtome*, Homelie I. fur la Genef. dit *que l'homme n'eſt pas feulement tout entier pécheur, mais qu'il eſt tout entier péché.* Voyés *Calvin* loc citat.

Mais je prie fur tout le Lecteur de confulter l'excellent Livre de Monſieur fieur *Hottinger* de *Prédéſtinat. & grat.* où cette matière eſt diſcutée à fonds, & il verra que le triomphe de nos adverſaires eſt purement chimérique.

Après avoir fait quelques remarques ſur les objections que l'Autheur a propoſées contre nôtre Syſthème, & me rappellant, qu'il a dit ci-deſſus, qu'il n'y a qu'un ſeul côté embarraſſant dans le Syſthème des Arminiens, il veut bien me permettre, que j'en indigne à mon tour pluſieurs, qui doivent néceſſairement embarraſſer ceux qui adoptent ce Syſthème.

1°. Outre ce qui a été dit de la Préſcience de Dieu, difficulté qui doit faire une peine extrème aux Arminiens, *ils ſont embarraſſés* de répondre ſur la difficulté tirée de la Nature de Dieu. Dieu eſt un Eſprit infiniment parfait, ſon Entendement eſt infini ; il connoit toutes les choſes poſſibles ; il connoit toutes les choſes qui ſont les plus propres à manifeſter ſes perfections ; Il ne les connoit pas ſeulement, il peut ſelon ſon pouvoir infini les produire.

Rien ne peut outre cela arriver dans ce monde que Dieu ne connoiſſe & qu'il n'ait prévû ; Quelle témerité n'eſt ce donc pas de repréſenter Dieu comme flottant à l'égard du Salut de l'homme, & n'ayant fait que des Décrets généraux conditionnels ; & de repréſenter l'homme comme en état de déterminer la volonté de Dieu, ſentiment qui eſt injurieux à cet Etre infini, dont la volonté eſt immuable, & duquel l'Apôtre dit, *qu'il n'y a pas une ombre de variation en lui*

2°. *Ils ſeront embarraſſés* beaucoup plus que nous, de concilier les Notions de la Bonté de Dieu avec la permiſſion du mal.

3°. Si Dieu a élû l'homme, parce qu'il a prévû en lui toutes les diſpoſitions néceſſaires pour le Salut, ils *doivent être extrêmement embarraſſés* d'expliquer ce grand nombre de paſſages qui nous parlent de l'entiére impuiſſance de l'homme à faire ſon Salut ; combien d'explications forcées ne ſont-ils pas obligés de donner à ce grand nombre de paſſages, qui nous repréſentent l'homme *comme mort dans le péché, incapable par lui même d'avoir une bonne penſée ; & de faire la volonté de Dieu ; ayant un cœur de pierre, incirconcis. Dans l'impuiſſance de comprendre les choſes de l'Eſprit de Dieu ; Aveugle ; dans une profonde léthargie ; mortellement malade ; qui ne peut pas venir à Chriſt, ſans que le Pére ne le tire ; Ayant beſoin d'être de nouveau créé, régnéré, reſſuſcité ; qu'il n'y a perſonne qui faſſe bien non pas même un ſeul.* A quoi aboutiſſent toutes ces expreſſions, ſi l'homme n'eſt pas tant corrompu, comme nos adverſaires le prétendent ?

4°. *Ils ſeront embarraſſés* de répondre ſur cette difficulté, que ſelon leur Syſthème l'homme ſeroit en partie l'Autheur de ſon Salut ; & ils ſont obligés de lui attribuer une propre juſtice, ce que l'Ecriture nie formellement.

5°. *Ils ſont embarraſſés* d'expliquer les paſſages qui attribuent la Divine Election purement & ſimplement *au bon plaiſir de Dieu.*

6°. *Ils ſont embarraſſés* d'expliquer les paſſages qui attribuent le Salut de l'homme purement *à la Grace de Dieu à l'excluſion des Oeuvres,* ce que Saint *Paul* fait dans plus de cent endroits, & qu'il repète à tout bout de champ. Un Arminien auroit été plus prudent que Saint Paul, & auroit craint en parlant ainſi de jetter l'homme dans une eſpèce de ſécurité.

7°. *Ils ſont embarraſſés* d'expliquer les paſſages qui établiſſent la Prédéſti-

 nation,

nation, comme fur tout ceux qui font contenus dans le Chapitre VIII. & IX. de l'Epitre aux *Romains*.

8°. *Ils font embarraffés* de répondre à la difficulté, que, felon leur Syfthème il auroit pû arriver que perfonne n'auroit crû en JESUS-CHRIST, & que perfonne ne fe feroit répenti, & par conféquent que la mort de nôtre Seigneur auroit été fans fruit & fans utilité.

9°. Et à combien de difficultés n'eft pas fujet leur Syfthème touchant la Liberté, fentiment qui a été refuté par mille Autheurs; felon leurs idées il s'en fuivroit que Dieu ne feroit pas libre puis qu'il ne peut pas pécher. JESUS-CHRIST n'étoit pas libre; Les Anges & les Bienheureux dans le Ciel ne font pas libres; & plus l'homme devient vertueux & pieux, moins il feroit libre, puis qu'il s'éloigneroit toujours plus de fon Etat d'indifference.

Les Arminiens fentent eux-mêmes cette difficulté, c'eft pourquoi un de leurs Autheurs n'a pas rougi de dire, que JESUS-CHRIST auroit pû pécher, ce que le pieux Monfieur *Oftervald* avec bien d'autres regardent comme un blafphème.

Combien encore d'autres côtés embarraffans ne pourroit-on pas indiquer aux Arminiens. J'en appelle donc à la confcience de chaque Lecteur judicieux & équitable, fi nôtre Autheur a bonne grace de dire que le Syfthème Arminien n'a qu'un côté embarraffant.

Page dernière. L'Autheur avance ici une thèfe que je ne faurois jamais admettre. Il accorde que le Syfthème de la Prédeftination abfoluë convient beaucoup mieux avec la Confeffion de l'Eglife Anglicane, que celui des Arminiens; il ajoute en même tems, que l'on devroit avoir quelque égard pour la Confeffion de cette Eglife.

J'avouë ingenûment que je ne comprends pas l'Autheur dans cet endroit; fi le Syfthème de la Prédeftination abfoluë eft contraire aux perfections de Dieu, & s'il a tant de côtés embarraffants, comme nôtre Autheur l'a infinué ci-deffus, pourquoi devrions nous avoir quelques égards pour les Confeffions qui l'enfeignent. Nous ne devons rien admettre que ce qui eft parfaitement conforme à l'Ecriture Sainte, principe fur lequel ont bâti nos Bienheureux Reformateurs.

Au refte je fai fort bien que fur ces fortes de matières nous devons avoir du fupport, & exercer une Tolerance charitable envers ceux qui font dans des idées différentes. Il feroit à fouhaiter qu'au lieu de difputer fur ces matières avec un zéle indifcret, chacun tachât foigneufement de trouver les vrais charactères de la Divine Election dans fon Cœur.

TRAITÉ COMPLET

D E
THÉOLOGIE SPÉCULATIVE
ET PRATIQUE.
SECONDE PARTIE.

CHAPITRE PREMIER.

De la Création en général.

APRE'S avoir examiné les DECRETS de Dieu, nous en devons préſentement conſidérer les effets viſibles, dans les Ouvrages admirables de la *Création* & de la *Providence*. Le mot de *Création*, ſelon ſa propre ſignification, déſigne la production d'une choſe, qui, avant cette production, n'avoit aucune exiſtence, ſoit dans ſon Tout, ou dans ſes parties, ſoit dans ſa forme, ou dans ſa matière, mais qui, à tous ces égards, étoit un pur néant; Et quelque peine que nous aions à concevoir & à comprendre cela, il n'y a cependant, dans une telle production, rien d'impoſſible au Dieu Tout-

Ce que c'eſt que la Création, & pourquoi nous la concevons impoſſible

A   Puiſ-

Puiſſant. Il eſt vrai, que ne connoiſſant que les Ouvrages de la na- ture & de l'art, nous ne pouvons facilement nous imaginer comment une choſe peut ſe faire ſans matériaux. (a) Quand nous diſ- courons de la manière dont Dieu fit le Monde, nous avons un peu trop de diſpoſition à demander comme cet *Epicurien*, de *Ciceron* : (b) *Quels ont été les Matériaux, les Outils, les Leviers, les Ma- chines, les Ouvriers, que l'entrepreneur d'un ſi grand Ouvrage a emploiés à ſa Conſtruction ?* Nous ne conſiderons Dieu que comme un Architecte ordinaire, qui, après avoir dreſſé le Plan d'un Edifice, ſe ſert enſuite d'inſtrumens pour l'élever, & nous lui ſuppoſons, par conſéquent encore, de la matière toute prête à mettre en œuvre. [c) Nous voions qu'un Charpentier ne ſauroit bâtir une Maiſon, ou conſtruire un Vaiſſeau, ſans matériaux préexiſtans, & de là nous ſom- mes diſpoſés à conclurre, que Dieu lui-même n'en peut pas faire davantage, parce que nous ne pouvons pas concevoir la manière dont il s'y prendroit pour le faire, ou parce que, pour cela, il faut qu'il mette en uſage d'autres voies & d'autres méthodes que celles que nous connoiſſons. [d] *Tant nous avons de peine à perdre de vuë ce Monde viſible, quand il eſt queſtion de nous former une idée de la manière dont la Divinité opère.*

Une pa- reille pen- ſée eſt dé- raiſonna- ble.

Mais (e) y a-t-il rien de plus déraiſonnable, que d'inférer de la foibleſſe de la *Créature*, que le Créateur ſoit foible de même, & de meſurer le bras du *Tout-Puiſſant* ſur le doigt de l'homme *impuiſ- ſant* ? On peut lui attribuër tout ce qui marque quelque perfection dans l'Ouvrier ; mais il faut retrancher de l'idée de Dieu, tout ce qui marqueroit en lui quelque infirmité. Cette Sageſſe, cette habile- té, cette netteté & cette étenduë de conception à dreſſer un plan, cette régularité, & cette beauté dans l'exécution, qui ſont requiſes dans un Architecte, ſe trouvent réünies & concentrées dans le dégré le plus éminent, en celui, *qui a agencé toutes choſes, avec nombre, poids, & meſure ;* Mais de ce qu'il ne ſuffit pas à un Architecte de s'être formé un plan exquis de l'édifice qu'il veut élever, s'il n'a en- core des mains pour y travailler, & des matériaux à mettre en œu- vre,

(a) *Stillingfleet, Origines Sacræ.*
[b]   *Quæ molitio ? Quæ ferramenta ?*
         Qui vectes ? Quæ Machinæ ?
         Qui Miniſtri tanti operis fuerunt ?   Cicero de Nat· Deor.
Lib. I. Cap. 8.   (c) Conférence de *Nichols* Vol. I.   [d] *Cicer.* ibidem
L. 2.   (e) *Pearſon* ſur le Symbole.

vre, il ne s'enfuivra pas de là, que Dieu foit obligé, dans fes Productions, de fe fervir d'une matière préexiftente ; & on ne fera non
plus en droit de tirer cette conféquence, qu'on ne le feroit de conclurre, de ce que les mains font néceffaires à un Ouvrier, que Dieu
eft compofé de parties matérielles.

La difficulté que nous trouvons en ceci, ne vient donc, que de
ce que nous ne connoiffons pas les *prémières* Productions de Dieu,
& que nous jugeons de fa Puiffance par l'ordre qui règne préfentement dans l'Univers. La manière, dont nous voions, que les agens
naturels opèrent, eft caufe que nous donnons téte baiffée dans des
vaines imaginations, en jugeant des Ouvrages de la Divinité, parce
qui fe paffe fous nos yeux ; mais fuivant la même règle, fi nous igno-
rions la manière dont la Nature opère dans fes Productions les plus
ordinaires, tout comme nous ignorons le *comment* d'une Création de
rien, nous aurions du panchant à conclurre, que de telles Productions font auffi impoffibles, que nous le paroit celle d'un Monde créé
fans matériaux ; Et pour éclaircir notre penfée, fervons-nous de l'excellente comparaifon, que le fameux [a] *Maimonides* a mis en ufage fur cette matière.

„ Suppofés, dit-il, qu'une Perfonne douée de beaucoup d'efprit
„ & de pénétration, aiant perdu de bonne heure ceux qui lui ont don-
„ né le jour, fût élevée dans une Isle déferte, fans jamais voir de fe-
„ melle, de quelque efpèce qu'elle foit, ni converfer avec aucun hom-
„ me, jufqu'à ce que, parvenuë à l'âge de raifon, & en état de ju-
„ ger fainement des chofes, cette perfonne s'informât du prémier qu'elle
„ trouveroit, *de la manière dont les hommes naiffent, & comment ils*
„ *viennent au Monde ?* Suppofés encore qu'on répondît à ces quef-
„ tions, que châque individu eft conçû dans la matrice d'une Créa-
„ ture de la même efpèce que lui, & qu'il y eft formé de telle &
„ telle manière ; que, tant que l'homme eft dans le fein de fa Mére,
„ fon corps, d'abord très petit, y prend nourriture, s'y meut, y croit
„ peu à peu, parvient à une certaine grandeur, vient au Monde, &
„ continuë de croitre jufqu'à-ce qu'il ait atteint la taille ordinaire que
„ nous lui voions. Ici le jeune Solitaire arréte celui qui l'inftruit, &
„ lui demande : Quand nous étions petits, comme vous venés de le
„ dire, dans le fein de nos Méres, que nous y vivions, que nous
„ nous y mouvions, & que nous y croiffions ; ne mangions nous pas ?
„ ne beuvions-nous pas ? & ne refpirions-nous pas, comme nous

Montrée
par une
comparai-
fon bien
affortie.

A 2 le

[a] *Maimonid. More Nevoch.* Lib. 2. Cap. 17.

„ le faifons à préfent , par la bouche & par les narrines ? Si on lui
„ répond que non ; Cela l'étonnera ; & difpofé à foutenir le contrai-
„ re , voici comment il raifonnera. Quoi ! *dira - t - il* , fi l'un de nous
„ venoit à ceffer de refpirer, pendant une heure feulement, il cefferoit
„ bientôt de fe mouvoir & de vivre ; Comment donc, fe peut-il faire,
„ qu'un homme , quelque petit qu'on le fuppofe, vive & fe meuve, pen-
„ dant plufieurs mois , fi étroitement renfermé , comme il l'eft , dans le
„ fein de fa Mére ? Si quelqu'un de nous venoit à avaler un infecte vo-
„ lant , cet Infecte mourroit d'abord qu'il feroit entré dans fon Eftomach,
„ combien plus mourroit-il quand il fe feroit logé dans fon ventre ?
„ Si nous demeurions feulement quelques jours fans manger ni boire,
„ la mort ne tarderoit pas à nous coucher dans le tombeau , puifque
„ notre vie ne fe foutient que par la nourriture que nous prenons,
„ d'où vient donc qu'un enfant peut paffer tant de tems fans manger
„ ni boire, & ne pas mourir ? On aura beau lui repliquer, qu'il y a
„ a , dans le ventre de l'enfant , un canal ouvert , par lequel il reçoit fa
„ nourriture ; cette fuppofition lui paroitra auffi *Romanefque* que l'au-
„ tre ; car fi nos ventres, dira - t - il , étoient ouverts , comme vous
„ voudriés me le perfuader, nous ne pourrions pas fubfifter longtems ;
„ & de ce raifonnement il ne manquera pas de conclurre , [a] Qu'il eft
„ impoffible que le genre-humain foit jamais né de cette manière. C'eft
ainfi , felon cet excellent Auteur , que raifonnent certaines gens, qui re-
fufent de croire que le Monde ait été fait de rien , parce que cette
Création eft au deffus de leur compréhenfion, & n'a aucun rapport
au cours ordinaire de la Nature ; Mais elles ne confidèrent pas [b]
que la Création eft une Production fur - naturelle, *antécedente* à toutes
les Loix de la Nature, qui ne devoient avoir lieu qu'après cette prémière Production, & qui ne pouvoient même l'avoir auparavant.

Nous avouons fans peine, que les mots de *Création* & de *créer*
ne fignifient pas originairement & dans un fens propre, dans aucune
langue que ce foit, la Production de quelque chofe de rien , c'eft-à-
dire, d'une matière, qui n'exiftât pas auparavant. Ces termes marquent à la vérité toute forte de Productions , ou de configurations ,
tantôt [c] la Production d'une Subftance, qu'on tire d'une autre ; (d)
quelquefois le rétabliffement d'une chofe dans fa prémière perfection,
& [e] quelquefois la Production d'une œuvre étrange & admirable ;
Cependant , quand , malgré tout cela, (f) nous faifons reflexion, que

la

(a) *Stillingfleet, Origines Sacræ.*   (b) Conférence de *Nichols* Vol. **I.**
(c) Gen. I. 21. (d) Efaïe LXV. 12. (e) Nombre XVI. 30. [f] *Stillingfleet , Origines Sacræ.*

la *Langue Hébraïque n'a point d'autre terme pour signifier faire une chose de rien, que le mot de* ברא *Bara* , & que cette signification se trouve appuiée par d'autres Passages de l'Ecriture Sainte ; Quand, par les expressions, qu'emploie (a) la pieuse Mére des sept Fréres, en parlant à son plus jeune Fils, nous sommes invités *à regarder le Ciel, la Terre, & toutes les choses qui y sont, & à considérer, que Dieu les a faites de choses, qui n'existoient pas* ; *Quand par la Foi nous concevons*, (b) selon le raisonnement de l'Apôtre, *que les siécles ont été créés par la Parole de Dieu, ensorte que les choses, que l'on voit, n'ont pas été faites de choses, qui parussent* ; Et que pour peu que nous y pensions sérieusement, nous pouvons comprendre, que rien ne sauroit être Co-éternel avec Dieu ; que si la matière est incréée, il faut qu'elle existe par elle-même, qu'elle soit immense , indépendante , en un mot la même chose que Dieu , d'où il s'ensuivra nécessairement, que Dieu prend toute sorte de formes ; qu'il souffre les mêmes changemens que la matière ; qu'il est ceci & cela, qu'il a telles & telles qualités différentes & même contraires, qu'il est froid & chaud, humide & sec, homme & cheval, arbre & poisson, ce qui en feroit un Etre tout-à-fait ridicule ; Quand, dis-je, nous faisons toutes ces reflexions, nous ne saurions nous empêcher de croire, qu'il faut prendre le mot de *Création*, dans le sens le plus resserré & le plus littéral, pour la Production du Monde de rien : Et puisqu'on est d'accord de la *chose*, pourquoi se feroit-on un scrupule de donner à ce *mot* une signification nouvelle, & qui en étende le sens ? Surtout (c) puisque, par un passage de *Gallien* (d) qui , comparant le recit de *Moïse* avec le Systême d'*Epicure*, avouë ingénument, que l'opinion du prémier, *qui attribuoit à Dieu la Production de toutes choses*, étoit beaucoup plus raisonnable. que l'hypothèse de celui-ci, qui l'attribuoit à un concours d'Atomes, purement fortuït , il paroit clairement, que non-seulement les *Juifs* & les *Chrêtiens*, mais aussi les *Païens* eux-mêmes entendoient *Moïse* en ce sens.

Il est vrai, que s'il y avoit, dans la chose même , quelque impossibilité , le grand nombre d'authorités ne feroit d'aucun secours, pour nous porter à la croire ; tous les témoignages, dont on prétendroit l'appuyer, quelque respectables qu'ils fussent, seroient parfaitement inutiles : mais quand nous faisons intervenir, dans l'ouvrage dont il s'agit, la Toute Puissance de Dieu ; Je ne pense pas, qu'on

A 3

puisse

(a) 2. Maccab. VII. 28. (b) Heb. XI. 3. (c) *Stillingfleet Origines Sacræ.* (d) *Galen. de usu Part.* Lib. II.

puiſſe dire, qu'il y ait rien d'impoſſible, que ce qui implique viſiblement contradiction. Or qu'y a-t-il, je vous prie, de contradictoire, dans cette propoſition, *Dieu donne l'exiſtence à ce qui ne l'avoit pas auparavant* ? Car c'eſt là tout ce que nous entendons par le terme de *Création.* (a) *Etre* & ne *pas Etre* en *même* tems , eſt, à la verité, une contradiction manifeſte; mais il n'y en a point à dire qu'une choſe eſt & n'eſt pas en *differents* tems : & la raiſon en ſaute aux yenx, c'eſt que l'exiſtence d'une choſe, en quelque inſtant qu'on la prenne, exclut parfaitement toute poſſibilité de non-exiſtence, pour ce même inſtant, mais que le non-être d'une choſe, en quelque inſtant, qu'on la conſidère, n'exclut pas toute poſſibilité d'exiſtence pour l'avenir, & quand il plaira au Dieu Tout-Puiſſant. (b) On ne nous perſuadera jamais, qu'il repugne au ſens commun, qu'une Puiſſance infinie faſſe exiſter un Inſecte , ſans avoir aucune matiere paſſive, ſur laquelle elle puiſſe agir; Et ſi l'on peut ſuppoſer, qu'une Puiſſance infinie peut faire un Inſecte, il peut également bien produire un monde de rien; (c) avouër donc que la Puiſſance de Dieu eſt infinie, & dire en même tems, qu'il a beſoin pour la faire éclatter, d'un principe préexiſtant & paſſif, ſur lequel il puiſſe operer ; c'eſt confondre les idées du *fini* & de *l'infini*, & dépouiller réellement l'Etre ſuprême de cette puiſſance dans le tems même que nous paroiſſons vouloir la lui attribuër ; Car, ſi quelque ſubſtance actuellement exiſtante, eſt neceſſairement *prèrequiſe* afin qu'il puiſſe agir, il s'enfuit que ſa puiſſance n'eſt pas *infinie*, mais *limitée*, entant que l'exercice en dépend d'une telle Subſtance.

Prouvée par les agents naturels.
Il s'enſuit donc, que la ſimple idée d'un Dieu, emporte le pouvoir de créer ; & quoique nous ne puiſſions pas concevoir parfaitement, de quelle maniere s'effectuë ce grand ouvrage, nous trouvons pourtant en nous quelque choſe, qui peut nous en donner une foible idée, & le monde nous fournit aſſés d'indices de la poſſibilité d'une telle Création. (d) L'ame produit la penſée, le feu la chaleur, & le ſoleil la Lumiere : cette penſée, cette chaleur & cette lumiére ſont diſtinctes des cauſes qui les ont produites, cependant elles exiſtent réellement & proprement, quoiqu'elles ne ſoient formées dequoi que ce ſoit qui exiſtât auparavant, comme de leur matière : il faut donc qu'elles ſoient formées de rien, ſoit par la puiſſance immédiate de Dieu, qui agit continuëllement, ce qui eſt le ſen iment

(a) Conférence de *Nichols.* Vol. I. (b) *Stillingfleet*, ibidem. (c) *Fiddes* Théologie, Vol. I. (d) *Nichols* ibidem.

fentiment le plus raifonnable, ou par une puiffance fubordonnée, qui aura été communiquée à la Créature au moment qu'elle a reçeu l'exiftence. Or pourquoi ne feroit-il pas auffi facile à la Divinité de produire par fa Toute-Puiffance une Subftance de rien, qu'il l'eft à la Créature, dont la puiffance eft bornée, de produire des accidens? Et pourquoi n'auroit-il pas pû produire dès le commencement toutes chofes de rien, auffi bien qu'il peut former à chaque inftant ces accidens & ces modes? Ce Philofophe qui bâtit fon Syftéme d'un concours fortuït d'Atomes, ou en difpofant plus régulierement la matiere, & en lui donnant du mouvement, fe fait à lui-même un Monde *imaginaire*, & par une efpece de Création mentale, oblige châque chofe à fe produire à mefure qu'il l'appelle, la fait mouvoir, felon qu'il la dirige, & lui fait prendre dans fon Syftéme, la place qu'il lui affigne. Et s'il fe fent capable de telles chofes, ne devroit il pas humblement reconnoitre, que Dieu peut, auffi bien que lui, dreffer un plan, auffi bien que lui trouver & inventer les moiens & les inftrumens propres à l'éxecuter, & que, quand cela eft fait, il peut par la Parole de fa Puiffance le *réalifer*, dès qu'il le trouve à propos? Car pourquoi Dieu ne feroit il pas auffi capable de créer un Monde *réel*, qu'un Philofophe l'eft d'en faire un *imaginaire*?

C'eft donc à tort (a) que (b) *Lucrèce* & d'autres fe font fervis de ce fameux axiome fi fort en ufage parmi les Anciens, *Ex nibilo nil fit*, (de rien, rien ne fe fait,) comme d'une raifon pour rejetter toute Création de rien, operée par la Divinité, & pour nier par conféquent l'exiftence même de la Divinité. Ils en ont étendu le fens au dela de l'intention des premiers défenfeurs de l'hypothèfe des *Atomes*; (c) Car les Anciens ne faifoient l'application de cet axiome qu'aux productions naturelles, & felon eux il ne fignifioit autre chofe fi ce n'eft, que tout ce qui venoit à exifter, n'ayant pas exifté auparavant, devoit neceffairement avoir quelque caufe de fon exiftence, & une caufe douée d'une puiffance & d'une perfection fuffifante pour la produire. (d) Les Philofophes *corpufculaires* s'en

fervi-

Comment on aplique *ex nibilo, nihil fit*.

(a) Syftème intellectuël de *Cudworth*. (b) *Nullam rem ex nibilo gigni Divinitùs unquam*, Lucret. (c) Conférence de *Nichols*.

(d) Les Vers d'*Empedocles*, cités par *Ariftote* & par *Plutarque*, font le plus ancien Morceau, que nous aions de la Philofophie *Grecque*, où l'on infifte fur cet Axiome, mais il n'en fait ufage lui-même, que pour prouver, qu'il y a toujours dans le Monde la même quantité de matiére, & que,

comme

fervirent, dans la fuite à décrier l'hypothefe *d'Ariftote* & de fes Sectateurs, touchant les *formes & les qualités Subftantielles*, en avançant & foutenant que ces formes n'étoient rien par elles mêmes, & que tout changement dans les corps dépendoit du mouvement & de la figure de leurs parties: mais jufqu'au tems que parurent ceux, qui nioient l'éxiftence d'un Dieu, ils ne l'appliquérent jamais à la prémière production des chofes, ne le regardant pas comme un principe dont on pût fe fervir contre le pouvoir, que Dieu avoit de créer le Monde.

En un mot, une des idées qui naiffent naturellement de la confideration d'un Etre Suprême, c'eft celle de fa *Toute-Puiffance*, & il eft tres raifonnable de penfer que les bornes de nôtre entendement ne nous permettent pas d'en comprendre toute l'étenduë. Ainfi quoi qu'une Puiffance, qui *produit quelque chofe de rien*, foit inconcevable pour nous; cependant puifqu'il n'y a rien en cela, qui implique contradiction, & que nous remarquons en nous mêmes quelque chofe d'approchant, qui femble nous rendre croyable cette Toute-Puiffance de Dieu, nous devons y acquiefcer fans difputer à la Divinité un pouvoir, que nous ne faurions certainement pas comprendre.

Création dans un fens impropre. Voila ce que nous apellons une *Création* proprement ainfi nommée, & nous pouvons fuppofer que le *Chaos* ou la matière premiere, toutes les Subftances immaterielles, & les corps fimples ou élémentaires furent produits de cette maniere. Outre cette Création, il y en a une autre, qu'on apelle ordinairement *impropre*, parce qu'elle n'eft que la production des chofes tirées d'une matière préexiftante, mais d'une matière fi peu propre à recevoir la forme & l'impreffion que le Créateur lui a donnée, qu'on peut, en quelque forte, la regarder comme fi elle n'étoit abfolument point matière, & que la forme qu'elle a reçu, peut être apellée une *Création*, quoique dans un fens *impropre*, parce qu'il y a eu un *milieu*. C'eft ainfi que nous concevons, qu'ont été compofés les Etres corporels, dont les differentes efpeces rempliffent le Monde, & lui donnent tant de luftre

comme la génération des chofes n'en produit point de nouvelles, leur corruption n'en anéantit point non plus. Conférence de *Nichols* Vol. I. Nᵘᵐᵐ₁₀₁ &c.

Que l'on eft fimple, fi l'on penfe,
Que rien de ce qui prend naiffance,
Soit forti du fein du néant,

Ni que d'un corps diffous la plus mince
    fubftance,
Quoique détruite, en apparence,
Puiffe périr entièrement.

luftre & de varieté, & nous aurons occafion de le faire voir, quand nous viendrons à traiter, d'après le recit de *Moïfe*, de la manière dont, à la voix & à l'ordre de Dieu, châque chofe fortit de la maffe primordiale de la matière.

SECTION I.

*L'Hypothèfe d'*ARISTOTE *rejettée.*

» MAIS fi le Monde eft éternel, dira d'abord un ARISTO-
» TELICIEN, que deviendra alors la Création ? Si de
» tout tems ce qui exifte a toujours continué de fubfifter, dans l'état,
» où nous le voions aujourd'hui : S'il y a eu de toute éternité une fuc-
» ceffion continuée d'hommes & d'autres Créatures, (a) fans aucune *pré-*
» *miere caufe* de leur Etre. *L'Hiftorien Juif* qui débute par une bévuë
» auffi groffière, que celle de la Création de l'Univers, ne fait pas une
» trop belle figure. Or nous avons, pour nous convaincre de l'Eter-
» nité du Monde, plufieurs bonnes raifons, avec le témoignage de
» plufieurs Anciens Philofophes.

Voila ce qu'on apelle l'Hypothèfe d'*Ariftote* : Et pour nous inf- Origine de l'Hypothè-
truire un peu, de la manière, dont cette Hypothèfe s'eft introduite fe Arifto-
dans le Monde, après que le genre-humain avoit été, durant plu- telicienne.
fieurs fiécles, en poffeffion de l'opinion contraire, il faut favoir qu'a-
près la mort de THALES, qui, le prémier des *Grecs*, s'avifa de phi-
lofopher fur la Nature, (& qui difoit [b] que *Dieu eft le plus an-*
cien des Etres, parce qu'il n'a pas été engendré; Que le Monde
eft le plus beau des Etres, parce qu'il eft l'Ouvrage de Dieu, &
que l'Eau eft le feul principe élémentaire, d'où il a été tiré;] Il faut,

B   dis

(a) Quoique les Philofophes, dont nous parlons préfentement, foutinf-
fent qu'il y avoit une Divinité, qui, dans un certain fens, pouvoit être apellée la caufe du Monde; cependant, ils foûtenoient en même tems, que le Monde étoit co-égal à Dieu lui-même; & ainfi, quoi qu'il pût y avoir quelque priorité dans *l'ordre des caufes* entr'eux, cependant il n'y en avoit point
dans *l'ordre du tems & de la durée*, tout comme il en eft de la Lumiére;
Quoi qu'elle vienne du Soleil, le Soleil n'eft cependant jamais fans Lumière.
Stillingfleet, *Origines Sacræ*, pag. 275.
(b) Diog. Laërt. Vit. Thal.

dis - je, favoir qu'après fa mort, (a) fes Succeffeurs commencérent à fe divifer, & que châcun d'eux fe faifant une gloire de s'ouvrir des routes nouvelles & différentes de celle que fon Maitre avoit fuivie ; Les uns prétendirent, que l'*Air* étoit le principe de toutes chofes ; Les autres foutinrent que c'étoit le *Feu*. Ce qui produifit d'abord un grand nombre de fectes différentes, & changèa cette Philofophie, qui, dans fes commencemens, fe fondoit beaucoup fur l'ancienne Tradition de l'Origine du Monde, en difputes & en chicanes, qui, (comme quelqu'un l'a dit,) fervoient autant à découvrir la vérité, que l'animofité de deux cocqs, qui fe battent fur un fumier, ferviroit à nous faire trouver une Pierre Précieufe, qui y feroit cachée.

Ce fut à la faveur de cette décadence & de cette corruption de l'ancienne Philofophie, que s'éleva l'opinion de l'Eternité du Monde ; car la Tradition certaine de fon Origine étant devenuë douteufe, & s'étant enfin perduë, parmi cette foule de Philofophes, qui affectoient d'amufer le genre-humain d'idées nouvelles, & de belles fpéculations, en forte qu'il ne fût plus poffible de prouver d'une manière autentique, *que les chofes euffent jamais été autrement qu'elles n'étoient* ; On fe perfuada finalement, que l'Hypothèfe la plus aifée à défendre étoit de foutenir, que le Monde n'a jamais eu de commencement, & n'auroit auffi point de fin, & qu'aiant de tout tems fubfifté dans l'état où on le voioit, il continueroit auffi toujours d'être de la même manière. Quoi qu'il femble qu'*Ariftote* fe donne lui - même pour l'Auteur de ce fentiment ; celui qui le propofa le prémier fût [b] *Ocellus Lucanus*, à qui le *Stagyrite* avoit de grandes obligations, mais l'ingrat difciple n'avoit pas affés de fincérité pour en faire honneur à fon Maitre.

Quoi qu'il en foit, le feul raifonnement, fur lequel les admirateurs de cette Hypothèfe puiffent fe fonder avec quelque apparence de raifon, eft tiré de la Nature & des Attributs de Dieu. De cette

belle

(a) *Stillingfleet*, Origines Sacræ.

(b) Cet *Ocellus Lucanus* eft le feul Auteur, de quelque Antiquité, qu'aient les *Eternaliftes* & dont ils puiffent fe vanter ; & cependant il vivoit peu de tems avant *Platon*, & écrivoit environ l'an du Monde 3580. onze cens ans plus tard que Moïfe, & prefque quarante Ans après le dernier des Prophètes, outre qu'il y a grande raifon de foupçonner fon Livre *De la Nature de l'Univers*, dont on parle tant, d'être d'une datte beaucoup plus fraiche que celle qu'on lui donne ; c'eft peut - être l'Ouvrage de quelque Philofophe *Ariftotelicien* qui n'eft pas plus ancien de beaucoup que *Simplicius*, ou *Philoponus*.

belle & excellente maxime de P L A T O N ; (a) *Que la Bonté de Dieu étoit la cauſe de la production du Monde* : Certains *Platoniciens* modernes en ont inferé, *que le Monde étoit néceſſairement éternel* ; „ Car „ ſi Dieu, diſent-ils, a toujours été bon, il faut qu'il ait toujours eu „ un objet, ſur lequel il pût exercer ſa bonté, de même que le So- „ leil répand ſa Lumiére, auſſi-tôt qu'il exiſte lui-même.

[b] Il eſt vrai, que ſi Dieu étoit de la Nature du Soleil, il en feroit de lui comme du Soleil: Mais il y a entr'eux cette différence immenſe, que quoi que Dieu ſoit eſſentiellement & néceſſairement bon, cependant les biens qu'il communique aux Créatures ſont l'effet de ſa volonté & non ſimplement de ſa Nature. Ainſi quoique rien ne ſoit plus juſte, que d'attribuër à Dieu, une Bonté telle qu'on n'en ſauroit concevoir de plus grande, & de ſoutenir que la communication de cette Bonté eſt la cauſe de l'exiſtence du Monde ; cependant, il faut auſſi reconnoitre que Dieu eſt un Agent infiniment ſage, & libre, qui auroit pû ne pas créer le Monde, ou le créer autrement. Ceux donc, qui pour établir leur Syſtème de l'Eternité du Monde, & qui ont prétexté de fournir matière d'exercice à la Bonté Divine, impoſent à l'Etre Suprême la néceſſité de produire hors de lui-même des marques de cette perfection, retranchent, par ce moien, de ſa ſuffiſance à ſoi-même, ce qu'ils paroiſſent vouloir flateuſement attribuër à ſa bonté : Car Dieu ne pouvant être ſans Bonté, ni ſa Bonté ſans quelque Créature, ſur laquelle elle puiſſe ſe déploier, & ſe manifeſter, il s'enſuivra que Dieu ne ſauroit être parfait ou heureux ſans ſes Créatures ; parce qu'étant les productions néceſſaires de ſa Bonté, leur exiſtence devient néceſſaire à celle de leur Créateur ; ce qui déroge, autant qu'il ſoit poſſible de le faire, à la perfection abſoluë de la Nature Divine.

Nous n'avons fait que paſſer légèrement là-deſſus & par forme de préliminaire ; Nous allons préſentement examiner la grande queſtion, ſavoir, *ſi le Monde a été créé, & s'il a eu un commencement, ou s'il a toujours été ?* Et parce que c'eſt ici une Queſtion, qui regarde une *matière de fait*, & d'un fait *ancien*, & qu'on ne peut la décider que par *des témoignages*, ou par des *raiſonnemens probables* : Voions en prémier lieu, juſqu'où le témoignage, (j'entens le témoignage *bumain*, car pour le *Divin* on ne manqueroit pas de nous le conteſter, en cette occaſion,) peut nous ſervir à prouver que le Monde a été créé.

Réponſe à un argument pour l'Eternité du Monde.

B 2

Qu'il

(a) *Platonis Timæus.* (b) *Stillingfleet, Origines Sacræ.*

Preuves de témoignage en faveur de la Création du Monde.

(a) Qu'il y eut une Tradition générale touchant le commencement du Monde & fa Création par la Puiffance de Dieu. C'eft furquoi s'accordent les Nations les plus Anciennes, telles que (b) les *Egyptiens*, les *Chaldéens*, & (c) les *Phéniciens*, chés qui les *Grecs* avoient puifé leur Science. Les Peuples les plus barbares, tels que (d) les *Indiens*, qui croioient que le Monde avoit eu un commencement, & qu'il prendroit fin; & les Habitans du *Perou*, [e] lorsque les *Efpagnols* abordérent, pour la prémière fois, en *Amérique*, fe trouvérent n'adorer, qu'un feul Dieu Suprême, fous le titre de *Créateur de l'Univers*.

Et pour prouver que ce n'étoit point là une Tradition aveugle; mais le jufte refultat de la Raifon & de l'examen: Nous avons les fentimens réünis des plus anciens Philofophes, tels que *Thales*, *Anaxagore*, *Pythagore*, & d'autres, qui furent chefs de différentes Sectes: Nous avons la déclaration, qu'ont faite hautement fur ce fujet les Ecrivains les plus illuftres, qui font venus après eux, tels qu'un *Socrate*, un *Platon*, un *Ciceron*, un *Seneque* &c. (f) *Ciceron* nous dit en particulier de *Thales*, qu'il fut le prémier, qui étudia ces matières, & que felon lui, *l'Eau étoit le principe de toutes chofes*, & la matière que Dieu emploia à la production du Monde. [g] *Strabon* nous apprend que les *Brachmanes*, la principale Secte des Philofophes, parmi les *Indiens*, prétendoient auffi bien que les *Grecs*, que le *Monde avoit été fait d'eau*; en quoi les uns & les autres s'accordoient avec l'Ecriture Sainte; car *Moïfe* nous dit, que *l'Efprit de Dieu fe mouvoit fur les Eaux*, ce que (h) Saint *Pierre* exprime de cette manière: Que *par la Parole de Dieu, les Cieux & la Terre*, [c'eft ainfi que les Hébreux appellent le Monde,] *ont été anciennement* ἐξ ὕδατος συνεϛῶσα, *faits* ou *compofés d'eau*, & non *fortis de l'eau*, comme porte notre Verfion. Je dis plus; *Ariftote* lui-mêmie, le grand défenfeur de l'Eternité du Monde, voulant nous apprendre pourquoi les Païens repréfentoient leurs Dieux jurant par le *Styx*, dit, (i) que c'étoit *parce qu'on regardoit l'eau comme le principe de toutes*

(a) Sermons de *Tillotfon*, Vol. I.   (b) *Wilkins* des principes de la Religion Naturelle.   Il paroit par *Diogène Laërce*, que les *Egyptiens* croioient conftamment que le Monde avoit eu un commencement, qu'il étoit corruptible, de figure fphérique, que les Etoiles étoient de la nature du feu, &, que l'Ame étoit d'une nature immortelle &c. *Stillingfleet Origines Sacræ.* (c) *Grotius de Veritute Relig. Chrift.* Lib. I.   (d) *Strabo Geog.* I. 17. (e) Hift. d'*Acofta.*   (f] *De Natura Deorum* Lib. I.   (g) *Geog.* Lib. 15. (h) 2. Pier. III. 15.   [i] Lib. I. Cap. 3.

tes chofes : Et dans fon Livre (a) *Du Monde* , il reconnoit que c'é-
toit une maxime fort ancienne & une Tradition générale, parmi les
hommes, que *toutes chofes font de Dieu , & ont été faites par lui.*
Nous pouvons donc conclurre cet Article des témoignages , par celui
de *Maxime* de *Tyr* fur le même fujet.   „ Quelque grande, dit - il ,
„ [b] que foit la différence qu'il y a entre les hommes à d'autres
„ égards; Ils s'accordent cependant tous à dire qu'il y a un Dieu, Roi
„ & Pére de toutes chofes &c.   C'eft ce que difent les *Grecs* ; c'eft
„ ce qu'affurent les *Babares* ; Ceux qui demeurent dans le Continent ,
„ & les Infulaires; Les Savans & les Ignorans tiennent tous le même
„ langage.

Nous avons encore une Hiftoire , (c) qui eft généralement
reconnuë pour le plus Ancien Livre qu'il y ait au Monde; & dont
L'authorité à toujours été d'un grand poids , même parmi les Payens,
qui ne la regardoient pas comme divinément infpirée : Je veux parler
de l'Hiftoire de *Moïfe*, à laquelle il n'eft point d'homme de Lettres ,
qui veuille refufer tout au moins la même créance, qu'il a pour les
autres monumens de L'antiquité.   Or *Moïfe* nous fait un recit fi
clair, fi Simple & fi naïf , de l'origine du Monde & des événemens
les plus remarquables des premiers Siecles , & en particulier de la
manière d'ont la Terre fut peuplée par la difperfion des defcendants
de *Noé* : Ce recit eft fi conforme aux plus Anciens fragmens des
Autheurs *Payens*, que cela même doit porter toute perfonne impartiale à y ajouter foi.   Il eft vrai, que (d) par rapport au calcul
des Anciens tems, les Hiftoriens profanes diffèrent beaucoup de *Moïfe.* Les *Chaldéens*, par exemple, comptoient quarante trois mille ans,

B 3

de-

(a) Cap. 4.   [b] Differt. I. (c) Wilkins Religion. Natur.
(d) Quand *Alexandre* le Grand entra en *Egypte* avec fon armée Victorieufe , les Prètres, qui prétendoient avoir une Chronologie exacte des autres Nations, auffi bien que de la leur, depuis plufieurs milliers d'Années,
lui préfentérent une Hiftoire de l'Empire de *Perfe* qu'il avoit conquis par fes
armes, & du Royaume de *Macedoine* , qu'il avoit eu par fa naiffance, cha-
cunes de 8000 Ans ; Aulieu que ce qu'il y a de plus certain ; C'eft que l'Empire de *Perfe* , foit que nous fuppofions qu'il ait commencé par *Cyrus* ou
par *Darius* le *Mede*, n'avoit pas alors 300. ans, & celui de *Macedoine* qui
avoit commencé par *Coranus* n'en avoit pas 500. Ceux donc, qui faifoient
de fi grandes additions pour augmenter l'Antiquité des autres nations, peuvent très bien, fans que pour cela on péche contre la Charité, être foup-
çonnés d'avoir reculé leur propre origine pour faire honneur à leur Nations
Pearfon fur le Symbole.

depuis le commencement du Monde juſqu'au tems *d'Alexandre* le-grand; mais *Diodore de Sicile & Plutarque*, dont le témoignage ne doit point être Sufpeĉt fur cette matiére, & qui s'étoient fort appli-qués à la recherche & à l'examen des Anciens Livres, reconnoiſſent, que ce calcul ſe meſuroit par le cours de la Lune, & que ces années n'étoient que des mois, qui, reduits en années *Solaires*, marqueront à peu près le tems auquel *Moïſe* place le commencement du Monde.

Il paroit donc delà, qu'autant que le Témoignage peut être de quelque poids ſur cette matiére; Nous avons, pour prouver que le Monde à reçu de Dieu ſon commencement, la tradition de tous les peuples tant civiliſés que barbares, le ſentiment unanime des plus Anciens Philoſophes, & le conſentement général des plus célèbres Ecrivains.

II. Par la Raiſon. 1. l'Indépen-dance des Corps les uns des autres.

Voions à preſent, en ſecond lieu, qu'elles preuves nous fournira la raiſon, pour confirmer ce que nous venons d'établir par l'Autho-rité. (a) Nous ſavons que l'univers eſt un compoſé prodigieux d'un nombre infini de choſes toutes differentes les unes des autres, & dont l'exiſtence de l'une n'a aucune liaiſon eſſentielle avec l'éxiſtence de l'autre. Les Cieux peuvent exiſter ſans les Etoiles, & châque étoile exiſte independamment l'une de l'autre. L'air pourroit être ſans les Cieux, ſans les étoiles, ſans le firmament, ſans la Terre, & ſans la Mer. L'Exiſtence de la Terre ne dépend pas de celle de l'air, ni l'e-xiſtence de la Mer, de celle de la Terre, de l'air ou des étoiles. Bien plus, une partie de la Terre, peut exiſter ſans l'autre; & châque choſe, juſqu'au plus petit Atome, a ſon exiſtence propre & indépen-dante de celle du reſte du Monde. Pour prouver donc, que le Monde a été de toute éternité, tel qu'il eſt à preſent, il faut que nous diſions, qu'il a ſon exiſtence de lui même, & que, puiſqu'il n'a jamais été fait, il ne pouvoit la recevoir d'aucun autre. Or com-me il ne ſauroit avoir ſon *exiſtence par lui-même*, ſans l'avoir dans toutes ſes *parties*, même juſqu'au plus petit *Atome*, il faut que nous reconnoiſſions & que nous avouïons, qu'il y a autant d'Etres exiſ-tans par eux mêmes & éternels, qu'il y a non ſeulement de parties viſibles, mais même d'Atomes dans L'univers. Ainſi dès le premier pas que nous faiſons, lorſque nous voulons ſoutenir l'éternité du Monde, nous nous plongeons dans un goufre d'Abſurdités, dont nous ne ſaurions nous tirer, ſans avouër que le Monde, dans ſon *Tout*, auſſi bien que dans ſes *parties*, a eu un commencement.

Deplus

(a) Mr. Martin, Diſcours de la Religion Naturelle.

(a) Deplus, il eſt naturel à l'eſprit de l'Homme, de conſide- rer un objet *compoſé* quel qu'il ſoit, comme ayant été plus *ſimple* dans un tems, ſoit que ſa compoſition ſoit un *mélange de pluſieurs parties*, comme dans la plus part des corps terreſtres, ou qu'elle ſoit *Organique*, mais ſur tout quand elle eſt de cette dernière eſpece ; car nous ne pouvons nous empêcher de concevoir qu'une choſe, qui conſiſte en une multitude de piéces appliquées les unes aux au- tres, n'a eu cet arrangement que depuis un certain tems. Il nous ſeroit difficile de nous imaginer une montre éternelle, dont les pie- ces n'euſſent jamais été ſéparées, & qui n'auroit jamais eu d'autre for- me, que celle que nous lui voions ; ou une Maiſon éternelle, dont les Matériaux n'auroient jamais été détachés les uns des autres, & qui auroit toujours eu la forme d'une Maiſon. Combien plus nous ſe- roit-il difficile de concevoir éternel un Monde, qui eſt compoſé de plus de parties, & de Subſtances, plus variées, ſur tout ſi nous con- ſiderons que les êtres vivans qui entrent dans la compoſition de l'u- nivers, en font un compoſé plus varié, & d'une conſtruction tout autrement diverſifiée, que ne le pourroit être une Maiſon, ou quel- que autre machine artificielle que ce fût. De ſorte que la nature, & la néceſſité paroiſſent nous guider à concevoir qu'il a été un tems, où cette grande fabrique de l'Univers étoit moins compoſée qu'elle ne l'eſt à preſent, autant qu'elles nous conduiſent à conclurre la même choſe d'une montre, d'une Maiſon, ou de quelqu'autre ou- vrage de l'Art, qu'elles nous font conſiderer comme ayant été une fois compoſé de matériaux détachés les uns des autres.

2. Par leur
compoſi-
tion.

Il eſt encore naturel de concevoir que tout ce que nous voyons de *fini* & de ſujet à la corruption, (comme il ſemble que le font les différentes parties du Monde que nous connoiſſons,) (b) ne

3. Par leur
corrupti-
bilité.

peut

(a) Théorie de la Terre par *Burnet*.   (b) C'eſt ſurquoi *Lucrèce* in- ſiſte comme ſur une preuve convaincante de la Non - Eternité du Monde.

On eſt forcé de reconnoitre,	*Quare etiam nativa neceſſe eſt confi-*
Qu'une choſe, qui peut finir,	*teare.*
Par là même a commencé d'être ;	*Hæc eadem, neque enim, mortali cor-*
Car tout ce qu'on voit dépérir,	*pore quæ ſunt,*
Déja depuis longtems auroit dû diſpa-	*Ex infinito jam tempore adhuc potuiſ-*
roitre,	*ſent,*
Et n'eût pû, juſqu'ici, les efforts ſoutenir,	*Immenſi validas ævi contemnere vires.*
Du Tems, qui de tout ſe rend maitre.	
Lucr. Liv. V.	

peut pas avoir éxiſté de toute éternite : Car tout ce qui eſt fini, &
periſſable , a eu un commencement : Tout ce qui eſt corruptible à
receu de la main qui l'a formé, une Nature ainſi Limitée , & ce
qui n'eſt pas immortel n'eſt pas non plus éternel.

4. La ſur-
face de la
Terre.

Si donc nous promenons nos regards ſur la ſurface de la Terre , nous y découvrirons des coteaux, des Montagnes, & des pro-
montoires ; Nul deſquels ne ſeroit viſible ni n'exiſteroit aujourd'hui ,
ſi le Monde étoit de toute éternité. Il y auroit un Million de Siecles, que toutes ces éminences, quelque conſiderables qu'elles ſoient,
qui rendent inégale la ſurface de nôtre globe, ſe ſeroient enfoncées
dans les vallées , ou perduës dans le fonds de la mer. Car on peut
aiſément s'appercevoir que les Montagnes & les parties les plus hau-
tes de la Terre, continuëllement rongées *au debors* par les pluyes &
par les vents, & minées *dans leur interieur* par des couraus & par
des petits ruiſſeaux , s'affaiſſent & rempliſſent leurs veines & leurs
crevaſſes ; & que les parties de la Terre les plus fortes & les plus
ſolides, comme les Rochers, ſont quelques fois affoiblies par des
Feux Souterrains , ou emportées & renverſées par des tempêtes , &
par des tremblemens de terre , & par là même enſevelies dans les
Cavernes, qui ſe trouvent ſous elles. Si donc le Monde étoit éternel, il y auroit longtems que les hauteurs les plus conſiderables ſeroient applanies & Submergées ; Car tout ce qui s'en détache, ou qui
en eſt emporté par des Orages , ou d'une autre manière , s'en va
dans les vallées & dans la Mer, ſans que jamais aucune circulation
lui rende ſa prémière place : Deſorte que tandis que les éminences
s'abaiſſent & diminuënt , & que les fonds gagnent continuëllement,
la Terre qui s'affaiſſe ne manquera pas, avec le tems, de ſe trouver
de Niveau avec la Mer & d'en boucher les canaux, & alors les eaux
s'élevant de toutes parts au deſſus de la ſurface de la Terre , la chan-
geront, en un Océan confus, ou du moins en un Marais mal ſain
& inhabitable.

Je ne dis pas que la choſe arrivera, dans dix mille ans. Mais
prenés en vingt Mille ſi vous voulés, ajoutés y en Cent mille, allés
juſqu'à un Million, c'eſt tout un ; Car vous pouvés retrancher d'une
durée éternelle ce dernier nombre, & même un beaucoup plus grand,
auſſi aiſément que le premier, & qu'un moindre encore ; Il n'importe guéres à qu'elle petite quantité vous réduiſiés ce que les Montagnes perdent de leur élevation, vous n'avés qu'à prendre plus de
tems , & le même effet s'enſuivra : Supoſés qu'elles ne diminuent

châque

châque jour que de la groſſeur d'un grain de ſémence de moutarde , cependant, dans quelques milliers de ſiécles , ce qui n'eſt rien en comparaiſon de l'Eternité , il faut qu'elles prennent fin. L'air ſeul & quelques gouttes de pluie ont défiguré & détruit les monumens les plus ſolides & les plus ſuperbes des *Grecs* & des *Romains*. Donnés ſeulement à ce même air & à cette pluie un tems ſuffiſant, & les Rochers ſe précipiteront dans la Mer , les Montagnes iront combler les Vallées ; Et ſi nous y ajoutons les autres Cauſes , dont nous avons parlé , & qui travaillent avec plus de violence , il faudra moins de tems, & l'effet qu'elles produiront en ſera tout à la fois plus prompt & plus aſſuré.

Si nous fouillons, dans les entrailles de la Terre, nous y trouverons des Pierres , & d'autres Subſtances dures , qui en auroient depuis longtems couvert la ſurface & l'auroient renduë inhabitable, s'il étoit vrai , que le Monde fût éternel. (a) Châcun ſait que les Pierres croiſſent , & les Philoſophes ont en quelque façon çlairement démontré , que leur accroiſſement ſe fait par la concrétion des particules ſalines , qui , ſelon qu'elles ſe trouvent liées avec plus ou moins de matière terreſtre , les rendent *belles & fines* , comme les Diamans , ou *groſſières & ſans éclat* comme les cailloux & la pierre mollaſſe. L'Expérience nous prouve auſſi, que ces concrétions ſont d'une telle durée, qu'à peine le tems, qui dévore tout , peut - il venir à bout de les diſſoudre & de les diſſiper : Car les marbres , qui ſont dans l'intérieur de la grande Pyramide d'*Egypte* , & qui ne ſont expoſés ni à être lavés par la pluie , ni à être frottés & écorchés par l'air nitreux, ſubſiſtent encore dans leur entier, ſans être gâtés ni uſés en aucune manière ; quoi qu'il y ait pluſieurs milliers d'années , qu'ils ſe trouvent dans cet état. Or ſi les Pierres croiſſent continuellement, ſans déchoir d'une manière ſenſible : ſuppoſé que le Monde fût de toute éternité, la Terre ſeroit, à l'heure qu'il eſt, changée par cette pétrification, en un gros Rocher, & le Laboureur ſe verroit obligé d'emploier au lieu de charruë, des bêches & des hoïaux , pour le cultiver. Je ne dis pourtant pas que cet accroiſſement de matière pierreuſe ſoit un grand inconvénient pour la Terre. Je le regarde ſeulement comme une preuve qu'elle a été créée depuis quelques milliers d'années ; & je ne ſaurois me perſuader que ce ſoit là une imperfection dans ce grand Ouvrage de la Divinité : le deſſein en eſt beau , & ce Monde eſt très bien conſtruit pour *durer* , non une *Eternité* , mais *quelques*

5. La Pétrification.

C

milliers

(a) Conférence de *Nichols* & Théorie de *Burnet*.

milliers d'années, feulement. J'ai donc du panchant à croire, que la *Puiſſance* infinie du Créateur l'a fait de cette manière ; pour nous donner une preuve *Phyſique* de ſa décadence journalière, & des pas qu'il fait vers ſa diſſolution. Je penſe auſſi que la Souveraine *Sageſſe* ne iuge pas à propos de remédier à ces depériſſemens de la Terre ; Tout comme quand nous ne devons demeurer dans une Maiſon, qu'un court eſpace de tems, nous ne nous ſoucions pas beaucoup d'y faire des reparations ; il nous ſuffit qu'elle dure juſqu'au terme, qui nous eſt marqué pour en ſortir.

Si nous faiſons attention aux différens Païs de la Terre, & que nous conſiderions, qu'ils ont été découverts il n'y a pas fort longtems ; Qu'auparavant ils n'avoient pas été cultivés ; De quelle manière ils ont été peuplés, & comment leurs Habitans ſe ſont multipliés peu à peu ; nous trouverons encore, que le Monde, bien loin d'être éternel, n'a qu'une exiſtence toute *recente*. (a) Il paroit clairement, par des Auteurs d'auſſi fraiche datte qu'*Homère* & *Héſiode*, que, dans les prémiers Siécles du Monde, les hommes menoient en général une eſpèce de vie *paſtorale* ; & qu'ils changeoient d'habitation, ſe transportant d'une Contrée dans l'autre ; ce qui n'auroit pû ſe faire, ſi le Monde eût été auſſi peuplé, qu'il l'eſt aujourd'hui : car alors châque morceau de Terre auroit eu ſon propre Poſſeſſeur, qui n'auroit pas voulu abandonner ſon droit à de nouveau-venus, quels qu'ils euſſent été. Mais dans ces tems-là, la Terre étoit ſi peu habitée, que non ſeulement de ſimples particuliers, mais même des Colonies nombreuſes trouvoient aſſés de place pour s'y établir. Les lieux où ſe faiſoient de ſemblables établiſſemens étoient ouverts à tout le monde, & la bienſéance étoit un titre ſuffiſant pour le prémier qui vouloit s'en emparer. Rien de plus fameux dans l'Hiſtoire Ancienne, que ces tranſmigrations des habitans d'un Païs dans un autre, ni de plus commun que de les voir laiſſer, derrière eux, des Terres incultes, & des deſerts prodigieux. Rien n'eſt plus certain que l'ignorance dans laquelle les Nations vivoient les unes par rapport aux autres ; & rien n'eſt plus inconteſtable, que la découverte, qu'on a faite depuis peu de Païs fort éloignés. Tout cela peut & doit être imputé, non tant au défaut de génie, qu'au défaut d'hommes & d'inſtrumens propres à cet effet, le tems ne les avoit pas encore produits & découverts. Nous trouvons, comme le dit *Tertullien*, [b] dans les Ecrits de ceux, qui ont

fouillé.

[a] Voiés *Nichols* ibidem. *Wilkins* Religion Naturelle; *Pearſon* ſur le Symbole & Théorie de *Burnet*. (b) *Tertul.* de *Aima.*

fouïllé dans les monumens de l'Antiquité, „ Que le Genre - humain
„ s'eſt accrû & multiplié peu à peu, que les *Aborigenes, c'eſt le nom,*
„ *qu'on donnoit à ceux dont on ignoroit l'Origine,* allérent s'habituër
„ les uns dans un Païs, les autres dans un autre ; --- Qu'enſuite étant de-
„ venus plus nombreux, ils ſe répandirent par Colonies dans d'autres
„ endroits ; de cette manière le Monde devint de jour en jour plus peu-
„ plé, & mieux cultivé --- Ce qui auparavant n'étoit que deſerts af-
„ freux fût changé en Païs fertiles & agréables ; Les Forets cédérent
„ à l'Agriculture, & les Bétes ſauvages furent remplacées par des trou-
„ peaux de Moutons ; on applanit les Rochers ; on deſſécha les Ma-
„ rais ; & on vint enſuite à bâtir des Villes, dont les édifices ſurpaſ-
„ ſoient en nombre les cabanes & les huttes champétres, que l'on y
„ voioit auparavant.

Il n'y a pas encore deux mille ans, que des Peuples, qui ne ſont
ſéparés de nous, que par un Canal, qui n'eſt pas fort large, découvrirent que notre Isle étoit habitée. Il n'y a gueres plus de deux cens
Ans, que cet hémiſphere, qui nous eſt préſentement connu, & où
nous navigeons ſi ſouvent, étoit encore à découvrir ; & il eſt très
probable, qu'une partie très conſidérable du nouveau Monde nous eſt
inconnuë à l'heure qu'il eſt : Au lieu que ſi la Terre eût été de toute
éternité, il n'en reſteroit rien à découvrir, tout en ſeroit défriché,
& on n'y trouveroit plus tant de Forets, elle fourmilleroit d'habitans,
qui depuis très longtems y ſeroient en plus grand nombre que le ſable qui eſt ſur les bords de la Mer ; au lieu que nous voions qu'elle
n'eſt pas encore aſſés peuplée, & que quoique ſes habitans ſe multi-
plient cháque jour, il y reſte encore aſſés de place pour pluſieurs millions d'hommes.

[a] Jettons les yeux, je ne dis pas, ſur les regîtres de l'Hiſtoire
Ancienne ; mais méme ſur les fictions des Poëtes, nous n'y trouverons
pas la moindre trace d'aucun évênement que ce ſoit, qui remonte au
de là du tems, auquel on aſſigne communément le commencement du
Monde. Or ſi le Monde étoit éternel, il ſeroit fort étonnant, que
nous n'euſſions aucune Hiſtoire, au deſſus de trois mille ans ; que la
Grèce même durant tant de milliers de ſiécles, eut gardé un profond
ſilence à cet égard, juſqu'au tems d'*Hérodote* & de *Thucydide* ; & que
l'*Egypte*, qui fût l'échole de la *Grèce*, n'eut quelque tems auparavant,
pour toute connoiſſance, qu'un peu de Chronologie fabuleuſe, & quel-

C 2

que

[a] *Vide Pearſon, Nichols, Wilkins ibid.* & Sermons de *Tillotſon,* Vol.I.

quelques Hieroglyphes Myftiques. (a) Si les hommes avoient été de toute éternité , ou même feulement d'auffi vieille datte , que les *Chaldéens* & les *Egyptiens* le prétendoient; d'où vient que l'invention ou l'imagination des Poëtes , ne trouve avant la Guerre de *Thèbes* , le Siége de *Troye* , & la fameufe expédition des *Argonautes* , aucune action digne de fes vers héroïques ? Car tout ce que les Mufes , ces filles de mémoire , nous ont conté , avant ces tems - là , fe réduit à la Création du Monde , & à la naiffance des Dieux. Ne s'eft - il donc rien paffé de mémorable pendant toute l'Eternité , jufqu'environ le tems d'*Hérodote* ? Ou les hommes ne fe font ils avifés que depuis quelques fiécles feulement de tranfmettre à la poftérité les évenemens remarquables ? N'avoient - ils auparavant aucun moien pour cela ? C'eft avancer beaucoup que de foutenir , que quoique les hommes euffent exifté de toute éternité , ils n'ont pû durant ce long efpace de tems inventer l'Art d'Ecrire. Il faut avouër , que l'Ecriture n'étoit pas facile à inventer , (b) il s'agiffoit de peindre une image invifible ; (car comme les lettres fervent à repréfenter les paroles , les paroles à leur tour font des repréfentations de la penfée ;) il falloit donc avoir beaucoup de pénétration pour trouver le moien d'y réüffir , mais auffi ne feroit-
il

(a) Cet Argument eft d'autant plus fort pour moi , qu'il vient d'*Epicure* , qu'on ne fauroit regarder comme un fauteur de la Religion. *Lucrèce* exprime fon fentiment de cette manière :

Si la Terre & le Ciel n'ont jamais reçu l'être, (paroitre ;	*Prætereà fi nulla fuit genitalis origo Terrarum , & Cœli , femperque æterna fuere*
S'ils ont été toujours tels qu'on les voit	
Pourquoi des prémiers tems les lugubres Auteurs ,	*Cur fupra bellum Thebanum & funera Trojæ*
N'ont ils pas dans leurs Vers peint d'antiques malheurs ? (*Troye* ,	*Non alias alii quoque Res cecinêre Pœta*
Jamais Cité n'a-t-elle , avant *Thebes* &	*Quò tot fata virûm toties cecidere nec ufquam*
D'un Vainqueur furieux été la trifte proie	
Et de tant de héros nul n'a - t - il mérité ?	*Æternis famæ monumentis infita florent ?*
Que l'on tranfmit fon nom à la poftérité.	Lucre L. 5.

* C'eft - à-dire de la *Phénicie* d'où *Cadmus* aporta les lettres en *Gréce*.

Quis dubitet , quin mundus recens ac novus fit , cum Hiftoria Græca bis mille annorum Hiftoriam vix contineat ? Macrob. Saturn. L. I.

(b) C'eft de là * que nous vient cet Art ingénieux ,
De peindre la Parole , & de parler aux yeux ,
Qui par les traits divers de figures tracées ,
Donne de la couleur & du corps aux penfées. *Breb. Pharf.*

il point furprenant, que parmi tant de millions d'hommes ingénieux, pendant tant de millions de Siécles, il fe fût trouvé quelqu'un capable d'inventer quelque chofe de plus difficile encore, & de perfectionner ce qu'il auroit inventé.

Examinons les arts, tant méchaniques que libéraux, tant ceux qui font utiles & néceffaires, que ceux qui fervent feulement à l'agrément & aux commodités de la vie ; leur invention nous paroitra de trop fraiche datte, pour prouver quoique ce foit en faveur de l'Eternité du Monde. (a) Que la Geographie des Anciens étoit imparfaite ! Qu'ils connoiffoient peu la Terre & la Navigation ! S'il y eût eu de toute éternité comme il y a aujourd'hui, des hommes, une Mer, & des matériaux propres à la conftruction des Navires, pourrions nous concevoir, qu'on eût ignoré au point qu'on l'a fait jufqu'à ces derniers fiecles l'étenduë de la Terre & de la Mer ? Les Anciens s'imaginoient que la Terre avoit une toute autre figure que celle, que nous favons qu'elle a ; Ils ne connoiffoient rien au delà du continent où ils habitoient, encore ne le connoiffoient ils, que fort imparfaitement ; puifqu'ils croyoient, que la *Zone torride* étoit deferte & inhabitable. Cependant ils avoient le même génie, les mêmes paffions, les mêmes motifs & les mêmes encouragements que nous, pour faire de pareilles découvertes. Comment donc s'eft-il pû, faire que ni l'ambition dans les Princes, ni l'efpoir du gain dans les fimples particuliers, ni le defir de la gloire & de la Science dans les ames nobles, ni aucune autre paffion ou confideration n'ont jamais pû, pendant une infinité de fiecles, engager qui que ce foit à tenter fortune fur Mer, & à tâcher de connoitre un peu mieux le Monde, qu'il habitoit. Dira-t-on, que les hommes qui nous ont precedé *étoient généralement ftupides* ? Mais il eft furprenant que pendant le cours d'une multitude infinie de generations, il ne fe foit trouvé aucun grand Genie, ni perfonne, qui eût affés d'efprit & de courage pour former des entreprifes hardies. On ne connoiffoit pas, il eft vrai, l'ufage de l'aiman, on n'avoit pas le Secret de (b) la Bouffole ; mais c'eft auffi là un fujet d'étonnement, que, fi le Monde avoit exifté de toute éternité, on ne fe fût avifé, pour ainfi di-

C 3

re

(a) Voiés *Burnet*, *Wilkins* & *Nichols*, ibid. (b) Quelques uns font remonter jufqu'à *Amalpes*, *Arabe* de Nation, l'ufage de la Bouffole, l'an de Notre Seigneur 1360. D'autres l'attribuënt aux *Chinois* qui le découvrirent à *Paul Venitien*. D'autres enfin le font auffi ancien que le Roi *David*. *Hales* origine primitive du Genre-humain.

8. Des Arts & des Sciences.

re que hier, de mettre au jour cette invention ou quelqu'autre, qui
fe rapportât à la *pratique* : Je dis, une invention de *pratique* ; Car
dès qu'une fois de telles chofes font inventées & connuës, elles ne
tombent pas aifément dans l'oubli, parce qu'on s'en fert tous les
jours.

Mais pour venir au fait, *Seneque* dit, que de fon tems il n'y
avoit pas plus de mille ans, que les arts & les Siences avoient commencé ; En effet leur origine eft fi recente, qu'il n'y en a prefque
point dont l'Hiftoire ne nous apprenne la naiffance, & jufqu'au nom
de celui qui en fût le premier inventeur. Comment donc le Monde, ou tout au moins la *Grèce* auroit elle pû être de toute éternité, fans avoir la moindre idée des outils communs de la charpen-
terie, tels que la fcie, le rabot, la tariere, & le Niveau, jufqu'à ce
que *Dèdale* eut le bonheur de les inventer ? Les hommes ont-ils
toujours vécu d'herbes, de plantes, & de glands, jufqu'à ce que
Cérès, ou fi l'on veut, jufqu'à ce qu'*Ifis l'Egyptienne* eut trouvé la
manière de femer le Froment ? Comment a-t-on pû ignorer l'ufage
qu'on pouvoit faire de chofes auffi faciles à inventer que le vin & le
miel, jufqu'à ce que *Bacchus* le montra au Monde ? Perfonne ne
connoiffoit-il la manière de tailler & de polir la Pierre, jufqu'à-ce
que *Cadmus* l'eut enfeignée aux hommes ? Et pour ne pas groffir le
nombre des exemples que je pourrois alleguer, pour ne parler ni des
horloges, & des montres, ni de l'invention des Canons & d'autres
machines de guerre, ni de la monnoye & d'autres chofes femblables,
d'où vient que l'ufage des Cadrans eft venu fi tard ? Les Romains,
jufqu'à-la feconde Guerre *Punique*, n'eurent pas un feul *Cadran folai-
re*, & le premier qu'ils eurent, ils le placérent dans le *Forum* ; &
quoique ce *Cadran* ne fut pas jufte, *Pline* nous dit (a) que pendant un Siecle ils furent obligés de s'en contenter. (b) Or qui
pourroit s'imaginer qu'une Creature auffi curieufe & auffi inventive
que l'Homme ait pû vivre, une infinité de Siecles, deftituée de ces
arts, qui font d'une fi grande utilité pour rendre la vie aifée & commode, fans que les tentatives qu'elle auroit faites, pour fuppléer à
ce qui lui manquoit de ce côté là, lui euffent jamais reüffi ?

Si les hommes ont été fi lents à inventer les Arts *méchaniques*,
fi neceffaires & fi utiles à la vie, nous n'aurons pas lieu d'être furpris du peu de progrés, qu'ils ont faits, dans la Phyfique, dans
l'Aftronomie, dans la Chymie, & dans les autres Sciences fpeculati-
ves.

(a) Hift. Nat. L. 7. C. 60.   [b] *Wilkins*, Religion Natur.

ves; Que les découvertes qu'on avoit faites, tant fur la conftitution de nos corps qne fur celle de la Terre; & fur les Operations de la nature, dans l'une & dans l'autre de ces deux Subftances, étoient peu de chofe, jufques prefque à nôtre tems.

Qui ne croiroit que la circulation du fang eft un *phénomeme* qui faute aux yeux? Qu'eft-ce qui peut plus exilter nôtre curiolité que le flux & le reflux de la Mer? que la nature des métaux & des minéraux. Cependant tout cela nous eft encore inconnu, ou (a) l'étoit du moins jufqu'au dernier fiecle, qui a été plus fécond en découvertes de cette nature, que tous ceux, qui l'avoient précédé, Et la fomme totale de la Science qu'on peut acquerir ici bas, ne paroit pas fi confiderable, qu'avec quelques Siecles de plus, & quelques génies heureux, on ne puiffe enfin venir à bout de découvrir tout ce que l'homme mortel eft en état de comprendie.

Je pourrois aller plus loin, & démontrer la nouveauté du Monde, (b) par la premiere fondation des Royaumes & des Empires; Par le prémier établiffement d'un culte religieux parmi les Payens, Par les Colonies, qui fe font répanduës dans les divers païs du Monde, & qui ont peuplé les Isles, par l'Hiftoire des familles, & par le détail de nos propres fucceffions, qui nous fera voir, que, depuis *Adam* jufques à nous, felon (c) le calcul le plus moderé, il n'y a pas encore 132. générations; mais j'ai affés infifté fur cette preuve, & je m'y fuis arrété d'autant plus longtems, que l'Hypothefe de l'Eternité du Monde eft devenuë depuis peu l'afile de ceux, qui ne veulent point reconnoitre l'exiftence d'un Dieu, & qu'on la regarde comme un retranchement plus aifé à défendre, que ne l'eft ce *fantôme ridicule*, que nous allons examiner à préfent.

(a) La Circulation *du fang, qui eft pour nous une découverte nouvelle, & attribuée au Dr. Harvey, a été connuë dans la* Chine, fuivant Voffius, depuis environ 4000. ans, *ce qui femble être une erreur*; quoi qu'il foit certain, que ces peuples ont beaucoup d'addreffe, à fentir le pouls, *Baker* Reflexions fur les Sciences, (b) Hales ibid. III. (c) *Pearfon* ibidem, pag. 68.

S E C-

SECTION II.

Le ridicule de l'Hypothèse Epicurienne de-montré.

VOici à quoi se reduit l'opinion des *Epicuriens*, sur l'origine, du Monde ; (a) Ils suppofent , que la matière dont l'Univers eft compofé eft éternelle , & exifte par elle même, qu'avant qu'elle fût mife dans l'ordre , & qu'elle eut pris la forme , où nous la voions à prefent ; il y avoit un efpace infini & vuide dans lequel une in-finité de parties de cette matière de differentes , figures mais éga-lement pefantes & folides , & qui pour cette raifon ont été apellées *Atomes* fe mouvoit & fe joüoit perpétuëllement; qu'enfin après une infinité de chocs & d'effais , fans néanmoins qu'il y eut en elles ni vuë ni deffein, & fans qu'aucun être fage & intelligent s'en mêlat, ces particules s'acrochérent heureufement les unes les autres, & fe mi-rent d'elles mêmes & par hazard dans cette belle difpofition & cette régularité merveilleufe, que nous voions dans le Monde, car ils fup-pofent que non feulement la Terre & les Etres vivants qu'elle fou-tient , mais même que les grands Syftèmes des Corps Celeftes & élementaires font, auffi bien que les ames & les corps des hommes, l'effet du hazard ou du concours fortuït des Atomes.

(b) Telle eft leur Hypothefe, ce qui l'occafiona, ce fût le dé-gout,

---

[a] Voiés *Stillingfleet* Orig. Sacr. *Hale* ibid. *Tillotfon* , Sermons Vol. I. & *Ray* fur la Création. (b) Quelque abfurde que foit l'Hypothèfe *Epi-curienne* , fur l'Origine du Monde , *Lucrece* l'a très élégamment exprimée dans les Vers fuivant, que l'on a tâché de traduire en cette forte.

Je vai; dit-il, vous expliquer comment,
Cette matiére en fe réuniffant,
Produifit Ciel , & Sec , & Mer pro-
    fonde ,
Lune & Soleil, pour éclairer le mon-
    de ,
Sans nul deffein, ces principes de Tout,
[Car penfer n'cft le fait de la matiè-
    re ,]

Sed quibus ille modis conjectus materiæ ,
Fundarit Cœlum , ac Terram , Pontique
    Profunda
Solifque & Lunæ Curfus ex ordine ponant,
Nam certe neque confilii primordia rerum,
Ordine fe quæque , atque Sagaci mente
    curarunt ,
Nec quos quæque darent motus pepigere
    profecto .

gout, que l'on prit pour la Doctrine *des formes , & des qualités sub-*
stantielles , par le moien desquelles *Aristote ,* & quelques autres avant
lui , avoient accoûtumé d'expliquer les Phénomènes de la Nature. Si
une Chambre se trouvoit éclairée quand on y apportoit une chandel-
le allumée , le *Péripateticien* disoit ordinairement , que cela se faisoit
par *la génération de la forme de la lumière.* Si on éteignoit le feu
en jettant de l'eau dessus , le même Philosophe expliquoit cela par *la*
corruption de la forme du feu ; & voilà de quelle manière les disciples
d'*Aristote* rendoient raison de la plûpart des choses.   (a) *Democrite*
fut le prémier que ces solutions ne satisfirent point , & remarquant
que la force de la *matière* & du *mouvement* étoit la cause des changemens qui se faisoient dans le Monde , il introduisit l'Hypothèse des
Atomes.   Son Livre étant tombé *par hazard* dans les mains d'*Epicure* ,
celui-ci prit du gout pour cette nouvelle Philosophie , & donna tête
baissée dans les sentimens de son Auteur.   Il est fort probable , qu'on
n'introduisit d'abord les *Atomes* , que pour s'en servir à mieux expliquer les Phénomènes de la Nature , qu'on n'avoit pû le faire jusqu'a-
D   lors

De se ranger vinrent pourtant à bout,	*Sed quod multa modis multis primordia*
Nul pacte entr'eux , ni plan , sur la	*rerum ,*
maniere ,	*Ex infinito jam tempore percita pla-*
Dont se mouvroient ; de toute éternité ,	*gis ,*
Leur mouvement rapide & réciproque,	*Ponderibusque suis consûerunt concita*
Joint à leurs poids , avec vivacité ,	*ferri ,*
Fait , que souvent , l'un contre l'au-	*Omnimodisque coïre , atque omnia per-*
tre , choque ,	*tentare ,*
Aussi souvent, en cent & cent façons ,	*Quæcunque inter se possent congressa*
Ces petits corps, s'accrochent , & s'u-	*creare ,*
nissent ,	*Propterea fit , uti magnum vulgata per*
Toujours actifs & par sauts & par bonds,	*ævum ,*
A mille éssais, entr'eux, se divertissent,	*Omnigenos cætus , & motus experien-*
A force enfin de courir çà & là ,	*do ,*
De s'assembler & d'une & d'autre sorte,	*Tandem ea conveniant , quæ ut conve-*
Mûs dans le vuide , ou le hazard les	*nére , repenté*
porte ,	*Magnatum Rerum , fiant exordia sæ-*
Tantôt ainsi , tantôt comme cela ,	*pé ,*
Plus d'une fois un subit assemblage ,	*Terrai , Maris , & Cœli , Generisque*
De vastes corps jette les fondemens.	*animantum ,*
D'où sort ensuite un magnifique Ou-	
vrage ,	Lucre. Lib. V.
Mer, Terre, Ciel , & des Etres vivans.	

(a) Voiés parmi les Vies de Philosophes , celle de *Démocrite.*

lors par l'hypothèse des *formes & des qualités réelles*. Les Epicuriens foutenoient donc, & avec raifon, que la *Génération* & la *Corruption* n'étoit que le refultat de l'union & de la diffolution des parties, dont un corps étoit compofé ; & que les différentes qualités des Etres matériels étoient l'effet de leurs différentes figures, de l'arrangement, & de la fituation de leurs parties. Charmez du fuccès de leur *invention*, ils fe donnérent carrière, & vinrent à la fin à affirmer qu'il n'y avoit, dans le Monde, que *matière* & que *mouvement*, & que l'Univers ne devoit fon Origine à aucun principe plus fage que le hazard, ou que le concours fortuït de leurs Atomes. Par là ils donnerent au genre-humain un trifte exemple de la difpofition & de l'inclination fecrette que nous avons, à nous laiffer infatuër des opinions, en faveur defquelles nous fommes une fois prévenus : Car autrement on ne pourroit guères s'imaginer, que des gens d'Efprit & de bon fens embraffaffent jamais un Syftème, qui n'a d'autre fondement qu'une fuite de fuppofitions, fi précaires & fi abfurdes, que des Philofophes devroient avoir honte de s'en fervir ?

Refutation.

(a) Le principe des *Epicuriens*, ce nombre infini d'Atomes flottans dans un vuide infini, eft une pure fiction, dans laquelle il n'y a ni vérité ni évidence, ni probabilité. (b) La pefanteur de ces Atomes, dans un femblable efpace vuide, où il ne peut y avoir ni impulfion de la part d'aucun autre corps, ni attraction caufée par aucune vertu *Magnétique*, (ce que quelques Philofophes regardent comme la caufe de la gravitation,) cette pefanteur eft abfurde. (c) Le mouvement de ces Atomes, dans ce grand vuide, s'il n'eft excité par quelque principe intelligent & actif, eft tout à fait chimérique & impoffible. (d) La *déclinaifon* de ce mouvement eft une fiction puérile : Car ou les Atomes déclinent tous, & alors ils ne fe rencontreront non plus, que s'ils defcendoient perpendiculairement ; ou quelquesuns déclinent pendant que d'autres fuivent la perpendiculaire ; mais c'eft là une imagination que (e) *Ciceron* tourne en ridicule de cette manière ; (f) Quelle eft la caufe naturelle qui les détourne de leur chemin ? Ont'-ils tiré au fort entr'eux, pour favoir lefquels déclineroient & lefquels ne le feroient pas ? ou pourquoi déclinent-ils

le

(a) *Hale* ibid. (b) *Stillingfleet*, Orig. Sacræ. (c) Voiés *Cudworth*, Syftyème intellectuel. (d) *Ray* Sageffe de Dieu, dans la Création. (e) *Cicero*, de fato. (f) Voici de quelle manière *Lucrèce* rend raifon de ce mouvement de déclinaifon :

Quod

le moins qu'ils peuvent, & ne déclinent-ils pas d'avantage ? Il est ridicule d'assigner des tâches & des fonctions différentes à des corps qui ont tous la même nature & la même solidité.

Mais supposons, qu'on leur accordât cette diversité de mouvemens, & qu'on passât par dessus leurs autres suppositions ; Ils ne pourront pourtant jamais nous faire voir comment un concours turbulent, & un amas confus d'*Atomes* auroient pû produire ce que nous voions dans l'Univers. (a) Il est vrai, que, si le Monde n'étoit pas mieux arrangé que le Chaos d'*Hésiode*, nous pourrions peut-être croire, qu'une agitation de particules, (encore faudroit-il supposer que la matière fût créée,) pourroit lui donner cet air de confusion. Mais que la seule impétuosité d'un hazard aveugle ait pû produire ces grands & réguliers mouvemens des corps Célestes ; prescrire au Soleil la route qu'il devoit tenir, afin que la nature en tirât un si grand nombre d'avantages, & que les Saisons se succédassent les unes aux autres ; mettre des digues à l'Océan, & empêcher que cette prodigieuse masse d'eaux, dont la surface est plus haute que celle de la Terre, ne la couvrit & ne l'inondât ; imprégner cette même Terre de Sucs *Séminaux* & prolifiques, au point qu'elle fût en état de produire ce qui sert à nourrir les Animaux dont elle est remplie, & de fournir tout ce qui est nécessaire à l'homme ; pour vivre d'une manière commode, douce & agréable ; je dis plus : faire l'homme lui-même, sortant avec toutes ses facultés, ses sens, sa mémoire, son entendement & sa volonté, (b) de certains petits sacs, dont un grand Philosophe nous a laissé

D 2

la

Quod nisi declinare solerent, omnia deorsum,
Imbris uti guttæ caderent per inane profundum,
Nec foret offensus natus, neque plaga creata.
Principiis, ita nil unquam natura creasset. Lib. 2.

(a) *Stillingfleet* Orig. Sacr.
(b) *Crescebant uteri Terræ radicibus apti,*
Quôs ubi tempore maturo patefecerat ætas
Infantum, sugens humorem aurasque petiscens,
Convertebat ibi natura foramina terræ.
Et succum venis cogebat fundere apertis.

Sans ce mouvement de traverse,
Que l'on nomme Déclinaison,
Tout comme quand il pleut à verse,
Tous les corps tomberoient, sans choc
  ni liaison,
Dans le vuide où leur poids suffit pour
  les conduire,   [re.
Et nature jamais n'auroit pû rien prod..i-

Sous une tendre enveloppe caché,
Par sa racine à la terre attaché,
L'homme croissoit ; lors au terme ordinaire,
De sa coquille, il savoit se défaire,
Où le hazard avoit sû le musser,
Prenoit l'essort, & cherchoit à succer,
    Con.

la defcription, & dont la Terre notre bonne Mére accoucha heureufement, en les pouffant extérieurement fur fa furface ; Croire, dis-je, que toutes ces chofes foient l'Ouvrage d'un hazard aveugle & fans intelligence, c'eft la plus grande extravagance, qui puiffe jamais entrer dans l'efprit de l'homme, & c'eft porter la crédulité auffi loin qu'elle puiffe aller.

(a) Un Auteur Savant & judicieux nous démontre & nous fait fentir la folie de cette Hypothèfe, & fe fert, pour cet effet, d'une comparaifon fort convenable. „ Comment vous y prendriés-vous, „ dit-il, avec un homme, qui fe donneroit pour un grand Philofo-„ phe, & qui, entrant dans uue Maifon trés-magnifique, foutien-„ droit qu'elle a toute été faite par le hazard, & que l'Art n'a point „ eu de part à fa conftruction? A coup sûr vous prendriés cet hom-„ me, vous le conduiriés par toute la Maifon, vous lui en mon-„ treriés les differentes parties, & voici à peu près comment vous „ lui parleriés. Voyés-vous cette grande porte cochere? Elle eft plus „ grande que toutes les autres portes, afin que les Carroffes puiffent „ entrer par là dans la Cour. L'Efcalier eft compofé de marches un „ peu baffes, afin qu'on puiffe monter plus aifément, & va en tour-„ nant, fuivant la difpofition des appartemens & des étages, auxquels „ ils doit fervir. Les fenêtres, placées à une certaine diftance les unes „ des autres, éclairent tout l'édifice; elles font vitrées pour empêcher

que

Confimilem Lactis, ...

❧❧❧❧

Terra cibum Pueris, veftem vapor, herba cubile
Præbebat, multa & molli Lanugine abondans.

Nous croions que le corps de l'homme a été formé de la poudre de la Terre, parce que nous avons des raifons pour le croire ; mais que la terre ait pouffé de femblables bourfettes, ou *folicules*, comme s'exprime le Poëte. & qu'enfuite les hommes aient été élevés de la maniére qu'il le decrit, c'eft une chofe qui mérite d'occuper une place parmi les Fables les plus incroiables. *Stillingfleet Orig. Sac.* p 293.

Puis la nature, en reffources fertile,
Prête au befoin, comme nourrice habile,
Aux fucs terriens donnoit forme de lait,
Et les verfoit dans fa gorge à fouhait,

❧❧❧❧

Bref le terroir fourniffoit la pâture,
A cet enfant ja fort & grandelet,
Chaude Vapeur lui fervoit de fourrure,
Sa couche étoit gazon frais & mollet;
Lucr. Liv. V.

(a) Mr. Fenelon, Archevêque de Cambray, de l'Exiftence de Dieu.

„ que le vent n'entre avec la lumière ; mais on peut les ouvrir, quand
„ on veut, afin de recevoir l'air doux dans la belle faifon.   Le toit
„ eft fait pour mettre la maifon entière à couvert des injures du tems.
„ La Charpente eft pofée de façon, que, finiffant en pointe, elle donne
„ à la pluie & à la neige plus de facilité pour gliffer en bas de côté
„ & d'autre, & les tuiles portent les unes fur les autres pour couvrir
„ cette charpente.   Les différens planchers fervent à faire différens éta-
„ ges, afin de multiplier les logemens dans un petit efpace.   Les che-
„ minées font faites pour y allumer du feu, & pour donner paffage à
„ la fumée, de peur qu'elle n'incommode ceux qui fe chauffent.   Les
„ appartemens font difpofés de telle manière , qu'on y peut recevoir
„ une nombreufe famille , fans que ceux qui les occupent foient obli-
„ gés de paffer par les chambres les uns des autres.   L'Appartement
„ du Maitre eft le principal.   Il y a de plus, dans cette maifon, Cui-
„ fines, Offices, Remifes, Ecuries & autres Appartenances, toutes adap-
„ tées à leurs ufages refpectifs.   Sans doute, diroit-on à ce Philofo-
„ phe, il faut que ce bâtiment ait été conftruit fous la direction d'un
„ habile Architecte; car tout y eft agréable, tout y réjouït la vuë,
„ tout y eft uniforme, proportionné & commode, outre que les Ou-
„ vriers, qui y ont travaillé, doivent avoir eu une certaine habileté,
„ pour exécuter le plan, qu'on leur avoit tracé.   Point du tout, ré-
„ pondroit ce Philofophe, vous aimés à vous tromper vous-mêmes,
„ cette maifon eft uniforme, agréable & commode, cela eft vrai; ce-
„ pendant elle s'eft faite elle-même avec toutes fes proportions : Le
„ hazard a raffemblé toutes ces pierres, & les a placées dans cet or-
„ dre admirable; c'eft lui qui a élevé les Murs, arrangé la charpen-
„ te, fait les ouvertures des fenétres, conftruit & difpofé l'efcalier;
„ la main de l'homme n'y eft entrée pour quoi que ce foit.

Quand nous lifons la fable d'*Amphion*, qui, par *l'harmonie* de fon
lut, attira les Pierres, & fit qu'elles fe placérent les unes fur les autres
dans une jufte Symetrie , pour former les murailles de *Thebes*;
nous nous en divertiffons comme d'une fiction Poëtique : Et cependant, ajoute l'excellent autheur, que j'ai déja cité, l'extravagance
d'un Philofophe, qui fuppoferoit, qu'une Maifon fe feroit faite fans
main, & qu'un Monde auroit été créé fans agent, feroit dix mille
fois plus grande, que celle du Poëte.   L'Orateur Romain refute cette hypothefe d'une maniere qui approche affés de celle-là , & qui
merite nôtre attention.   Si ce concours d'Atomes, dit-il, à pû faire un

D 3   „Mon-

„ Monde entier, pourquoi ne pourroit-il pas faire quelques fois, (a)
„ & pourquoi n'auroit-il pas deja fait un Temple, un Portique, une
„ Maifon, ou une Ville? Cependant, bien loin qu'il ait déjà produit
„ quelque chofe de femblable, ni que qui que ce foit ait du pan-
„ chant à le croire, que fi, par exemple, quelqu'un de nous étoit
„ jetté par un naufrage, dans une Isle déferte, & qu'il y trouvât
„ un Palais Magnifique, bâti felon toutes les règles de l'architecture,
„ orné & meublé d'une manière convenable, jamais il ne lui vien-
„ droit dans l'Efprit, que ce Palais fût l'ouvrage de quelque trem-
„ blement de Terre, ou de l'arrangement fortuït des matériaux, dont
„ il eft conftruit; Mais il en conclurroit auffi tôt, qu'il y a eu dans
„ cette Isle, quelque Architecte excellent, de l'art & de l'habileté
„ duquel cet édifice eft l'effet. Ou s'il y trouvoit feulement une
„ feuille de papier, fur laquelle on eût écrit une lettre, ou un dif-
„ cours plein de fens, exprimé dans les termes les plus propres &
„ les plus convenables, & orné de phrafes élégantes; pourroit on
„ jamais lui faire croire, que cela fe fût fait *à coups de plumes don-
„ nés au hazard*, en jettant à *l'avanture* de l'encre fur le papier;
„ ou par *l'heureufe* combinaifon de plufieurs lettres, qui fe feroient
„ fortuïtement rencontrées: Mais la chofe lui paroitroit fi évidente,
„ que dès la première vuë il feroit convaincu, que c'eft là l'ouvra-
„ ge non-feulemeut d'un homme, mais encore d'un homme favant
„ & habile. Il eft aifé de faire l'application de cette comparaifon à
nôtre fujet, & je ne croi pas qu'il foit neceffaire de s'arrêter plus
long-tems à refuter une hypothèfe, qui eft moins une production
de la Raifon, & de la Philofophie, qu'une Rêverie extravagante d'u-
ne imagination qui a trop bonne opinion de foi-même.

(a) Cur Porticum? Cur Templum? Cur Domum? Cur Urbem non po-
teft? Cicer. de Nat. Deor. Lib. 2.

SECTION III.

L'Hypothèse de Descartes censurée.

Descartes s'accorde avec *Epicure*, à regarder la *matiére* & le *mouvement*, comme les principes de la Nature. (a) Mais il suppose pourtant l'exiſtence d'un Dieu, qui a créé cette matiére, & qui lui a imprimé le prémier mouvement. Ce mouvement une fois imprimé, les rouës tournent, & toutes choſes, tant celeſtes, que terreſtres, s'effectuënt, ſelon lui, dans cette prodigieuſe machine, par les ſeules loix du *méchaniſme*, & ſans que le premier moteur y intervienne en aucune façon : (b) Là deſſus il bâtit ſon hypothèſe de la manière ſuivante : Il ſuppoſe comme un principe inconteſtable, que toute la matiére, dont le Monde eſt compoſé, étoit d'abord *homogene*, *uniforme*, *diviſible* à l'infini, & *diviſée* en pluſieurs parties, qui toutes étoient en mouvement. Enſuite il ſuppoſe, 1. que toute cette matière fut d'abord diviſée en particules égales, de moienne grandeur, & qui avoient toutes enſemble la même quantité de mouvement, qu'il y a encore préſentement dans le Monde, 2. Que toutes ces particules ne furent pas d'abord Spheriques, parce que pluſieurs petits globes joints enſemble ne ſauroient remplir un eſpace *ſans interruption;* mais que, quelle que fut d'abord leur figure, elle s'arrondit inſenſiblement, par le mouvement continuël dont elles étoient agitées, & qui les faiſant ſouvent heurter les unes contre les autres, rompit leurs angles & les émouſſa. Il ſoutient 3. qu'il ne reſtoit point d'eſpace vuide, parce qu'il ſuppoſoit les petits intervalles, que ces globules laiſſoient entr'eux, remplis par d'autres moindres particules, qui procedoient de ces retranchements faits aux angles, & qui, par la force & par la viteſſe de leur mouvement, ſubdiviſées en une infinité de fragmens, encore plus petits, devinrent propres par là à remplir tous les interſtices. Il ſuppoſe 4. enfin que quelques uns de ces fragmens, pris des Angles des particules Spheriques, eurent néceſſairement des figures fort angulaires, qui les rendant

dant

Abrege de l'Hypotheſe de DesCartes.

(a) *Baker*, reflexions ſur la Science. [b] *Stillingfleet*, Origines Sacræ, *Ray* ſur la Création, & *Carteſii*, Princip.

dant moins propres à se mouvoir, les disposérent à s'accrocher les uns aux autres, & à communiquer une grande partie de leur mouvement à ces particules, qui, avec moins de Masse, avoient ainsi plus de vitesse. Cela posé, il entreprend de nous donner une relation exacte de la formation du Monde, & des trois especes de *particules*, dont nous avons parlé, il en fait ses *trois élemens*. La matiére *subtile*, retranchée des angles des particules plus grandes, est celle, qui compose le Soleil & les étoiles fixes. Le *Second* élément est composé des particules *Spheriques* mêmes, qui constituént l'essence du Ciel ; Et son *troisieme* élement, ou ses particules *angulaires*, lui sert, à l'aide des qualités communes à la matiere, (qui sont, grandeur, figure, & mouvement,) à nous faire une description d'étaillée de la formation de la Terre, des Planètes, des Comètes, & des autres phénomenes de la Nature : Dieu demeurant cependant, ainsi que s'exprime le Docteur *Cudworth*. (a) Spectateur oisif & indolent, de ce jeu *d'Atomes* & de ses différens effets.

Refutée.

Nôtre Philosophe *Méchaniste*, selon la remarque judicieuse du savant Autheur, que nous venóns de citer, s'est pourtant rendu plus ridicule qu'aucun des Anciens partisans des Atomes, en ce que le plus hardi d'entr'eux n'a jamais osé affirmer que la regularité qui règne dans l'Univers fût le resultat du premier coup d'essai des Atomes. Ils disoient au contraire, que les choses ne s'étoient trouvées dans l'ordre où nous les voyons, qu'après une infinité de combinaisons *ineptes*, entre les differens corps, & Systémes absurdes du *Tout*. Au lieu que nôtre Philosophe prétend, que ses Atomes ne se font-pas mépris une seule fois dans leur mouvement, mais que, dès la premiere tentative, ils ont pris la place, qui leur convenoit, & se sont rangés avec autant d'ordre & de Méthode, qu'ils auroient pû le faire s'ils eussent été dirigés par la Sagesse la plus parfaite. Aureste, quand *Descartes* a soutenu la réalité du *plein*, & inventé cette matiére *Subtile*, pour remplir les vuides, qui restoient entre les globules, il l'a fait, pour s'accommoder au gout des gens de lettres de son tems. (b) Et si le Pére *Mersenne*, son ami, lui eût dit, que le *vuide* étoit alors autant à la mode que le *plein*, nous aurions une Hypothèse fondée sur le *vuide*, qui n'auroit pas manqué d'être aussi plausible & aussi spécieuse, que celle que nous avons maintenant. (c) On a démontré avec beaucoup d'évidence, que ses loix du mouvement

(a) *Cudworth*, Système Intellectuel. (b) *Rapin*, Reflexions sur la Physique. (c) *Baker*, Reflexions sur la Science.

ment font fauffes, & que les idées, qu'il avoit de la matière, étoient abfolument incompatibles avec quel mouvement que ce fût : Car, dans la fuppofition, qu'il n'y a point de vuide dans la nature, l'*efpace* & la *matière* n'étant, felon lui, qu'une même chofe, il ne fauroit y avoir aucun mouvement ; puifque le mouvement n'eft que le *progrès* *fucceſſif* des corps, d'un lieu vers un autre.   Or un tel *progrès* ne peut avoir lieu, & un corps ne peut quitter fa place pour s'aller mettre dans la fuivante, fi tout eft *plein*, & s'il n'y a point d'endroit pour le recevoir.

(a) Que tout le mouvement, qu'il y a préfentement dans le Monde, fut d'abord créé avec la matière ; Qu'il ne s'en produit point de nouveau ; Que tout celui qui fe fait n'eft qu'une communication de celui qui exifte déja, lequel fe tranfmet d'un corps à un autre ; Que l'*impulſion* de la matière *fubtile* eft la caufe de la pefanteur ou de la legereté des corps ; Que leur gravitation vers le Centre eft l'effet de la même impulfion ; Que la *chaleur* n'eft autre chofe, que le mouvement des particules de l'air, agitées par cette matière *fubtile* ; Que la *Végétation* des plantes & la *génération* des Animaux n'étoient caufées que par un mouvement fortuït de certaines *particules*, comme fi, en fautant au hazard, les pierres fe rangeoient d'elles-mêmes pour former un Palais régulier ; Que les Brutes font entièrement deftituées de fentiment ; Que les fignes de joie ou de trifteffe, de plaifir ou de douleur, qu'il leur arrive de donner, ne font que l'effet de certains refforts, qui joüent dans la *machine*, fuivant que la matière eft difpofée ; Que la chaleur n'eft pas dans le feu, non plus que la dureté dans le marbre, ni l'humidité dans l'eau ; mais que tout cela eft dans l'ame, qui, par penfée & par reflexion, trouve que le feu eft chaud, que le marbre eft dur, & que l'eau eft humide ; Voilà quelques-uns des paradoxes de notre Philofophe, qui font contredits par les fens, & refutés par l'expérience.   Et pour le dire en paffant, l'explication qu'il donne de la nature des corps n'eft pas trop fatisfaifante ; Son Hypothèfe de la Pierre d'Aiman, avec tous ces petits corps *crochus*, qui l'accompagnent, eft arbitraire & fans fondement.   La raifon, qu'il donne du flux & du reflux de la Mer, tirée de la preffion de la Lune fur l'Athmofphère, fe trouve fauffe ; (b) Son explication du battement du cœur qu'il attribuë à une *ébullition* & à une extenfion fubite du fang caufée par le moien d'un ferment *Nitro-Sulphureux* dans

E

fes

(a) *Rapin*, ibid.   [b] *Ray*, de la Sageffe de Dieu dans la Création.

fes ventricules, eft contraire à l'expérience ; & ce qu'il dit des différentes paffions qui s'élevent dans l'ame, par le moien de la glande
pinéale, où fe reüniffent & où aboutiffent les nerfs & les fibres, eft
une pure chimère. Ce fut donc en lui un acte de prudence, que d'in-
terrompre & de finir fon Syftème, précifément à l'endroit où il s'agiffoit de la formation des Animaux. Il fentit fort bien, que, malgré
tout ce quil avoit avancé, par rapport aux Cieux & à la Terre, il
lui feroit impoffible de former les corps de l'homme & des autres créatures vivantes par le mouvement néceffaire de la matière, fans la direction ni la furveillance d'un agent *Tout Sage & Tout-Puiffant.* (a) La
vérité eft que, de toutes les hypothèfes, dont nous avons parlé jufques
ici, il n'y en a point, qui puiffe fatisfaire un efprit qui veut examiner. Elles femblent avoir été propofées & mifes par écrit, plus
pour faire paroitre le génie de leur Auteur que pour l'éclair-
ciffement & la confirmation de la vérité ; auffi n'ont - elles prefque d'autre fondement, que celui qu'une imagination féconde leur prête. En effet, comment pourroit-il en être autrement ? La manière particulière dont tout a été créé, eft une matière de fait, de telle nature que l'efprit humain n'en fauroit faire la découverte, cela paffe fa
capacité ; & les hommes fe trouvent dans la néceffité de l'ignorer,
ou d'en avoir des idées auffi confufes, que celles qu'un aveugle a des
couleurs ; à moins que la chofe ne vienne à leur être revelée par quelqu'un qui en ait une connoiffance certaine.

[b] Suppofés, que, dans un Païs où il y auroit nombre de Savans, qui n'auroient aucune connoiffance de la *méchanique*, un habile Ouvrier, pour mettre leurs fpéculations à l'épreuve, laiffât dans
un pré, ou dans une forêt, une horloge, ou une Montre, qui marqueroit exactement, outre les heures du jour, les différentes phafes de la
Lune, le mouvement du Soleil, les points qu'il parcourt dans l'Ecliptique, & plufieurs autres chofes concernant les Corps Céleftes ; Suppofés
encore, que quelques Savans de toutes les Sectes Philofophiques vinf-
fent

(a) On donne à la vérité à Defcarte, un ouvrage pofthume, qui a
pour titre, *de la formation du fœtus*, où on prétend réfoudre le tout par un
méchanifme fortuit ; mais comme toute la Theorie de ce traité eft entierement fondée fur une fauffe fuppofition, amplement refutée par le Dr. *Harvey*, dans fon Livre *de la génération*, elle eft auffi abfolument précaire &
fujette à quantité d'objections & de difficultés, outre qu'elle ne s'étend du
tout point aux differences qu'il y a dans les animaux, & qu'elle n'offre aucune raifon pourquoi un animal d'une efpèce ne pourroit pas être formé
de la femence d'un autre, *Cudworth* Syftème Intellectuël.
(b) *Hale* Origine du Genre - humain.

fent à trouver cette Montre, en fe promenant; dans quel galimathias pitoiable ne donneroient-ils pas, en voulant rendre raifon de ce Phénomène? L'*Epicurien*, felon fon hypothèfe, nous diroit, que cette Montre n'eft autre chofe, qu'un affemblage accidentel d'Atomes, qui, s'étant heureufement rencontrés, ont, par un petit mouvement *inné* & par un heureux hazard, formé l'aiguille, les rouës, le balancier, & toutes les autres piéces de cette machine. Le *Cartefien* d'accord avec lui quant à l'effentiel de la fuppofition, mais croiant qu'il n'a pas affés bien expliqué comment il eft arrivé que la Montre a été d'abord mife en mouvement, nous parleroit beaucoup d'une *matièrc* fubtile, qui, paffant au travers, donne à fes parties mobiles, le mouvement auquel les rend propres leur compofition de certains Atomes *globulaires*. Un *Troifième*, peu fatisfait de ce que ces deux ont avancé, dit auffitòt, qu'il a une folution plus claire à leur propofer fur le Phénomène en queftion, favoir, que l'ame univerfelle du Monde, qui a formé tant d'infectes de tant de fortes, avec tant d'Organes & de facultés afforties à leur conftitution, a auffi fait ce merveilleux *Automate* avec tous fes mouvemens, & tout ce qu'il indique par rapport aux Corps Céleftes. Là deffus un *Ariftotelicien* s'avançant & fe fourrant au milieu d'eux, après avoir marqué, combien il eft peu contcnt des explications précédentes, leur dit: „ Meffieurs! Vous étes tous „ dans l'erreur, toutes vos hypothèfes font ridicules, elles ne font „ rien au fait, & ne font que de foibles productions de votre cerveau; „ je vous dis, moi, que cette *machine* eft éternelle, & tous fes mou- „ vemens auffi; car comme un mouvement circulaire, n'a ni commen- „ cement ni fin, ce mouvement, que vous appercevés dans l'aiguille, „ auffi bien que dans les rouës, eft *cternel*; il n'a point eu de com- „ mencement, & il n'aura point de fin; Voila le feul moien de ré- „ foudre le probléme qui vous embarraffe.

Pendant que tous ces Philofophes difputent touchant cette Montre, l'habile Ouvrier qui l'a faite, & qui a tout entendu, fe préfente & leur dit, „ Meffieurs! vous avés fait de beaux raifonnements fur cette piece d'Horlogerie, mais vous n'avés pas déviné jufte; C'eft „ moi-même, qui l'ai faite, & qui l'ai apportée ici. Et fi vous vou- „ lés bien me le permettre, je vous dirai comment je l'ai faite. J'ai „ d'abord fait le reffort, la fufée, le balancier, les rouës, l'étuy & „ le Cadran; enfuite j'ai difpofé toutes ces pieces de façon, qu'elles „ fuffent l'une pour l'autre, & j'ai placé ces differents Axes, dont „ l'ufage eft de diriger les mouvements de l'aiguille, qui marque les

E 2

„ heures

„ heures, & de faire mouvoir la figure, qui montre les phafes de
„ la Lune, & les autres pieces que vous voyés ; Enfin j'ai agencé le
„ tout, & monté le reffort, qui met toute la machine en mouve-
„ ment. Voila comment je m'y fuis pris pour la faire, & pour
„ vous convaincre parfaitement de la vérité de ce que je vous dis,
„ je vous expliquerai l'ordre & la méthode que j'ai fuivie dans cet
„ ouvrage ; je vous apprendrai dequels différens matériaux, il eft
„ compofé, comment châcune de fes parties, a été formée, & com-
„ bien j'ai emploié de tems à la finir. L'Ouvrier ne s'eft pas plûtót
decouvert lui - méme, que fa narration, fimple & fans déguifement, rend
vaines & ridicules toutes les belles fuppofitions de ces Philofophes,
qui croioient bien entendre la chofe.   Il en eft de méme du recit que
Moïfe nous a laiffé par écrit, touchant l'origine du Monde ; il eft fimple & fans affectation ; mais on y découvre tant de bon fens, de convenance, & de conformité avec la raifon méme, comme nous le ferons voir dans la fuite, qu'il nous découvre clairement ce grand Myf-
tère, en méme tems qu'il nous fait voir, que les tentatives, que les
Philofophes ont fait pour l'expliquer, ne font autre chofe, **que des**
fpéculations *creufes*, des *productions* de la fantaifie & de l'imagination.

(a) Il y a non feulement de la *vanité* à faire de pareils effais ;
mais on fe rend encore *criminel* à certain égard. Car puifque Dieu
nous repréfente dans fa Parole la ftructure du Monde & de fes diffé
rentes parties, comme l'effet immédiat de fa *volonté*, & cela pour
imprimer dans nos Ames un fentiment plus vif & plus refpectueux de fa Puiffance infinie ; Ce fentiment s'affoiblit, quand nous
voions que l'on ne cherche la caufe de cet ordre, qui règne dans l'Univers, que dans les Loix d'un pur *Méchanifme* : La crainte que nous
devrions avoir de la redoutable Majefté de Dieu, n'eft pas à beaucoup
près fi grande, quand nous entendons dire gravement à un Philofophe, que Dieu aiant mis en mouvement certaines particules de matière, elles fe rangérent elles - mémes peu à peu dans l'ordre & dans
la fituation où elles fe trouvent préfentement ; que lors qu'on nous dit,
(b) Qu'il *parla, & la chofe fut faite*, qu'il *commanda & la chofe
comparut* ; Ce qui n'eft pas feulement conforme à la vérité de l'Hiftoire, mais encore au fentiment général des hommes, qui ont toûjours
regardé Dieu comme un Etre, qui n'avoit qu'à commander pour donner l'exiftence à tout ce qu'il juge à propos de créer, & *en qui le Com-*
mande-

(a) Théologie de Fiddes Vol. I.   [b] Pf. XXXIII. 9.

mandement & l'exécution font une feule & même chofe. (a) Ce fut
dans la defcription, que *Moïfe* nous fait de la Création du Monde,
que *Longin* remarqua tant de fublimité dans le ftyle. Si donc l'admiration, que ce Rhéteur célèbre fit paroitre pour un fimple recit,
eft bien fondée, la Création même telle qu'on la rapporte étoit beaucoup plus admirable : Mais qu'eût dit *Longin*, fi l'Hiftorien avoit parlé de cette Création, non comme de l'effet immédiat du Commandement de l'Etre Suprême, mais comme d'un mouvement lent &
ennuieux de caufes purement Méchaniques ? Et fi l'Hypothèfe de notre Philofophe Méchanifte fe trouve vraie, quel fujet avons-nous d'admirer la grandeur de la Puiffance Divine ? Quelle preuve fenfible de
fa Majefté trouvons-nous dans la Création, plus que dans certaines
operations de Chymie ? Il eft donc difficile de décider, laquelle eft
réellement plus grande, de la vanité ou de l'impiété de ceux, qui
prétendent nous tracer un plan méthodique de la manière, dont fe
font formées les différentes parties de cet Univers, fans l'intervention
de Dieu ; & c'eft pour cenfurer ces effais hardis & impies de l'efprit
humain, (car après [b] l'attentat d'effaier de créer un Monde, je
ne connois point d'entreprife plus téméraire, que celle de ces perfonnes, qui prétendent découvrir comment il a été fait ;) C'eft, fans
doute, dis-je, pour cenfurer ces effais hardis & impies de l'efprit
humain, que Dieu nous eft repréfenté dans l'Ecriture, comme défi-
ant l'homme de pouvoir répondre aux queftions, qu'il lui propofe fur
l'origine & la formation des Créatures. (c) *Cein maintenant tes*
reins comme un vaillant homme, & je t'interrogerai, & tu me feras
voir quelle eft la Science. Où étois-tu, quand je fondois la terre ?
di-le moi, fi tu as de l'intelligence ? Qui eft-ce qui en a règlé
les mefures ? le fais-tu ? Ou qui eft-ce qui a appliqué le niveau fur
elle ? Surquoi font plantés fes pilotis, ou qui eft celui qui a pofé la
pierre Angulaire pour la foutenir ? Salomon, qui avoit des *caufes*
naturelles la connoiffance la plus confommée & la plus étenduë, qu'aucun homme en eût jamais pû acquerir, déclare auffi à tous ceux, qui
viendroient après lui, qu'une connoiffance parfaite des œuvres de Dieu
étoit entièrement hors de la portée de l'efprit humain. (d) *J'ai,*
dit-il, *confideré toute l'œuvre de Dieu, & que l'homme ne peut trou-*
ver l'œuvre qui fe fait fous le Soleil, pour laquelle l'homme fe travaille

E 3

en

[a] *Jenkins*, Chriftianifme raifonnable, Vol. 2.   [b] *Jenkins*, ibidem.
(c) Job XXXVIII. 3. 4. 5. &c.   (d) Ecclef. VIII. 17.

en la cherchant, & il ne la trouve point, & même si le Sage se pro-
pose de la savoir, il ne la peut trouver.

(a) On peut donc estimer le savoir, admirer la pénétration, & louër les bonnes intentions de ces Auteurs, qui font des œuvres de la Création le sujet de leur étude & de leurs recherches; mais il me paroit que cet une revêrie, tout à fait contraire aux sentimens du *Roi Philosophe*, dont je viens de citer les paroles, que d'avancer sur cette matière une hypothèse, qui contredit toutes les autres; de la propofer non comme probable, mais comme très certaine & véritable, & de ne pas se contenter de dire, que les chofes pouvoient aller ainsi, si Dieu l'eût trouvé à propos, mais de foutenir positivement qu'elles se font pallées de la forte, & qu'elles ne pouvoient s'être faites d'une autre manière.   Ce qu'il y a de sûr, c'est que nous ne favons rien de la manière dont Dieu a fait tout ce qu'il a trouvé à propos de faire, que par sa propre revélation; d'où il suit que quand même *châque* hypothèse prise à part feroit *possible*, on ne feroit pourtant pas, pour cela, en droit d'affirmer qu'*aucune* d'elles fût véritable & juste; parce que Dieu a pû emploier des moiens tout différens de ceux que l'esprit humain pourroit jamais imaginer.   Mais puifque ces différentes hypothéfes se détruifent réciproquement; que châcun prétend établir *la sienne* sur les ruïnes de celles des autres, & qu'aucune d'elles ne peut conferver son terrein, que jufqu'à ce qu'on en produife une autre, qui la renverfe; ce feroit une chofe bien étrange que les hommes vouluffent se paier de ces *incertitudes*, pendant qu'ils ont la parole de Dieu simple & claire, sur laquelle ils peuvent compter, & qui les inftruit fuffifamment là-deflus.

Cette parole nous affûre, que (a) *les chofes invifibles de Dieu, favoir tant fa Puiffance éternelle que fa Divinité se voient comme à l'œil par la Création du Monde, étant confiderées dans fes Ouvrages. Sa Puiffance*, en ce qu'il a pû, avec tant de promptitude & de facilité, élever & foutenir une Fabrique si prodigieufe : Sa *Sageffe*, en ce qu'il a inventé & agencé un si bel affemblage d'objets, & qu'il les a placés si à propos, liés si fortement entr'eux, & mis dans un ordre si harmonieux; Et fa *Divinité*, en ce qu'il eft l'Auteur de toutes ces beautés, & de toutes ces perfections, de toute cette Splendeur & de toute cette Magnificence, que nous contemplons avec tant de plaifir & d'étonnement.   Cette contemplation ravilloit les Païens hors d'eux-mémes, leurs tranfports en étoient si vifs, que dans un Enthou-
fiafme

(a) *Jenkins*, ibid.   [b] Rom. I. 20.

fiafme *Poëtique*, dont ils étoient faifis à la vuë de tant de merveilles, ils ont compofé des *Hymnes* & des *Cantiques* à l'honneur du *Créateur de cet Univers*. *Bénit foit donc* (a) *ô Dieu le Nom de ta Gloire, & qu'il foit élevé au deffus de toute bénédiction & loüange; Toi feul és l'Eternel; Tu as fait les Cieux, les Cieux des Cieux & toute leur armée, la Terre & tout ce qui y eft, les Mers & toutes les chofes qui y font, & tu les conferves toutes.*

CHAPITRE II.

De la Création du CIEL

ET

Des ANGES.

L E *Monde* ou *l'Univers* peut fe divifer en deux parties, l'une *invifible* & inacceffible pour nous, c'eft le Ciel *Suprême*, avec les Anges, dont il eft le féjour; l'autre *vifible*, qui comprend le firmament, où brillent les Etoiles, les différentes Planetes, que nous y découvrons, & ce Globe *Terraquée*, que nous habitons, Ce Ciel *Suprême*, c'eft celui que Saint Paul appelle (b) le *Troifieme Ciel*, eu égard à la diftance qu'il y a de lui à nous. Cela étant; le *prémier* Ciel, c'eft l'air, ou l'Athmofphère de la Terre, dans lequel volent les Oifeaux, & fe forment les Météores; le *Second* eft *l'Ether* ou la region des Etoiles & des autres corps lumineux; & le *Troifiéme* le Ciel *Empyrée*, où Dieu lui-même refide, & où il donne des marques plus éclatantes, & plus fenfibles, de fa *Majefté* & de fa préfence.

La divifi-on des Cieux.

Créés par Dieu.

Celui qui confiderera, avec tant foit peu d'attention, la Maffe prodigieufe & l'étenduë de l'Univers, & combien de milliers de lieuës doit avoir la Circonférence de cette partie du Monde, qui frappe

pe

[a] Néhémie IX. 5. 6.   (b) 2. Corinth. XII. 2.

pe nos yeux, se trouvera, dès la premiére reflexion, forcé de re-connoitre; (a) Que *les Cieux racontent la gloire du Dieu fort, & que l'étenduë fait connoitre l'œuvre de ses mains.* Le Soleil, suivant le calcul le plus ordinaire & le plus bas, est 166 fois plus grand que la Terre. (b) La distance de la Terre aux Etoiles fixes, (c) selon les calculs les plus exacts, est de Six Cents quarante huit mille millions de milles *Anglois*, & si cela est, de quelle prodigieuse étenduë ne doit pas être le tout ? Outre cela, que devons nous penser de ce Monde *invisible* & Superieur, dont la Circonference doit être plus grande à proportion de sa distance ? Je ne suis donc point surpris, qu'à une telle contemplation quelques Anciens Philosophes ayent été tentez de croire que le Monde étoit *infini* : & je ne doute nullement, qu'ils ne l'eussent crû ainsi, si la Raison ne fût venue à leur secours, & ne leur eût montré, que tout ce qui est composé de nombres & de parties, devoit necessairement avoir ses bornes, & ne pouvoit avoir tout au plus qu'une étendue *indéfinie*, c'est à dire, si grande qu'on ne pût ni la concevoir, ni lui assigner des limites. Or falloit-il moins qu'une Intelligence *infinie* pour former un projet si immense ? & qu'une main *Toute-Puissante*, pour l'exécuter avec tant de succés ? C'est avec grande raison, que nous admirons l'enceinte des Cieux, leur éloignement prodigieux de nôtre globe, & la régularité de leurs mouvemens : Quand nous contemplons le firmament, émaillé d'Etoiles brillantes, & paré de toute sa gloire, nous ne saurions nous empêcher de magnifier la grandeur de celui qui la créé; Mais si nous pouvions pénétrer *au de là du voile*, & regarder dans le *Sanctuaire*; si nous pouvions nous élancer au dessus de cette belle voute azurée, qui n'est, pour ainsi dire, que les dehors de la *nouvelle Jerusalem*, (d) dont le Saint Esprit, pour proportionner son éclat à la foiblesse de nôtre entendement, dit que les murs sont d'Or pur, & les fondemens même de ses murailles, de Pierres précieuses, & que Dieu a préparées pour son habitation, nous oublierions bientôt nos Loix d'un mouvement méchanique, si fameuses & si vantées; & couverts de confusion, humblement prosternés au pied du Thrône du Monarque de tout l'Univers, nous joindrions nos loüanges à celles de ces *Intelligences* resplendissantes de gloire & de félicité, qui ne cessent ni jour ni nuit

de

(a) Ps. XIX. 1.　　(b) Voiés Mr. de Fontenelle; Histoire de l'Académie des Sciences de 1706.　(c) Voiés la Théorie de la Terre par *Whiston*, pag. 32. (d) Apocal. XXI. 18. 19.

de le bénir en difant; (a) *Tu es digne Seigneur de recevoir Gloi-re , Honneur & Puiffance ; car tu as créé toutes chofes , & c'eft par ta volonté qu'elles fubfiftent , & qu'elles ont été créées.*

On difpute beaucoup, tant parmi les Aftronomes , que parmi les Théologiens, (b) pour favoir, fi l'hiftoire que *Moïfe* nous fait de la Création embraffe les Cieux les plus hauts, ou fi elle fe bor-ne à nous décrire la formation de la Terre & de fes dépendances. Ceux qui prennent ces paroles ; *Au commencement Dieu créa les Cieux & la Terre*, pour une *propofition abrégée* , croient que *l'U-nivers* entier eft compris dans l'Ouvrage des fix jours. Mais il y en a d'autres, qui regardant ces mêmes paroles comme une Préface géné-rale que l'Auteur Sacré met au devant de fon Hiftoire ' s'imaginent qu'elles ne s'étendent pas au de là du Monde, *que nous habitons*, & qu'elles n'embraffent tout au plus que le Syftème des Planétes.

Si le recit de Moïfe s'étend jufqu'à eux.

Ils fuppofent donc , que la Création des Cieux précéda celle de la Terre ; quelques-uns même penfent, qu'elle précéda celle du *Chaos* ; qu'ils furent faits pour recevoir les Anges, que Dieu avoit créés plufieurs Siécles avant la formation de l'homme , & qu'il eft conforme aux idées que nous avons de l'Etre Suprème, de croire, que longtems avant cette Création, dont *Moïfe* nous parle, il y ait eu des Créatures, à qui Dieu pût faire fentir fa Bonté, & un lieu où il pût faire éclatter fa gloire. Ainfi quoi que dans fon In-troduction, l'Ecrivain facré parle du *Ciel* auffi bien que de la *Terre*, il ne s'enfuit pourtant pas, difent-ils, qu'il veuille parler du Ciel *Suprême* ; parce que, dans le langage de l'Ecriture Sainte, le mot de *Ciel* ne fignifie fouvent que la *région de l'air*, qui nous envi-ronne. C'eft ainfi qu'il eft parlé (c) *de l'étenduë des Cieux*, (d) *des bondes des Cieux*, (e) *des outres des Cieux*, (f) & *des frimats du Ciel* ; car rien de tout cela ne s'étend au delà de notre Atmofphè-re. Quand donc il eft dit, que *Dieu créa les Cieux & la Terre*, nous n'en pouvons point conclurre, par une conféquence néceffaire, qu'il créa, dans un feul & même tems, tout ce qui fe trouve dans les prodigieux efpaces, qui font *au de là de notre Monde*. Je dis plus, quand même nous accorderions, que, dans ce paffage, le mot de *Ciel* doit être pris dans fa fignification la plus relevée, on n'en pourroit conclurre autre chofe, fi ce n'eft, que *Moïfe* fe propofoit d'apprendre

F

aux

(a) Apoc. IV. 11.   (b) Voiés la Théorie de *Whiflon*.   (c) Genef. I. 20.
(d) Genef. VII. 11.   (e) Job XXXVIII. 37.   (f) Verf. 29.

aux *Juifs*, que, non feulement le petit globe, dont il alloit décrire la formation, mais encore la nature univerfelle; les Cieux, & toute leur armée, tant vifible qu'invifible, avoient reçu l'être de la même main Toute - Puiffante. Mais pour ce qui eft du tems précis, auquel tout cela fe fit; c'eft ce qu'il ne détermine nulle part, nous donnant fimplement à entendre dans les paroles qui fuivent immédiatement, qu'ils étoient plus anciens que la Terre; puifqu'il ajoute, que *la Terre*, ou la Maffe *Chaotique* de laquelle la Terre a été formée, *étoit fans forme & vuide*, & que *les ténèbres étoient fur la face de l'abîme*, même après nous avoir dit, que *Dieu avoit créé les Cieux*; Ainfi, quoi qu'en effet il foit dit, qu'au quatrième jour (a) *Dieu fit deux grands Luminaires, le plus grand Luminaire pour préfider fur le jour, & le plus petit Luminaire pour dominer fur la nuit, & qu'il fit auffi les Etoiles*; Cependant, le Texte, difent-ils, ne s'explique pas d'une manière auffi pofitive. (b) Notre Verfion *Angloife* fupplée les mots *il fit*, qui ne font pas dans l'original; car l'*Hébreu* traduit litteralement revient à ceci : *Et Dieu fit deux grands Luminaires, le plus grand pour dominer fur le jour, & le plus petit pour dominer fur la nuit, & les étoiles* : Ces dernières paroles [*& les étoiles*] ne doivent pas fe rapporter au Verbe *il fit*, qui eft au commencement du Verfet, mais au mot *dominer*, qui les précède immédiatement. Ainfi ces paroles, *le plus petit Luminaire pour dominer fur la nuit & fur les étoiles*, défigneront l'utilité particulière, & la fupériorité de la Lune fur les Etoiles, & fur les autres Planettes par rapport à cette Terre, que nous habitons; car elle éclaire pendant que les autres ne font que briller, & elle a une grande influence fur la production & l'accroiffement des Plantes & des Végétaux, enforte qu'on peut l'apeller avec affés de raifon, la (c) *Dominatrice de la Nuit*, & la regarder, pour ainfi dire, comme une *Princeffe* parmi les autres Aftres.

Ceux,

(a) Genef. I. 16. (b) *Nichols* Conférence, Vol. I. (c) Il femble que cette fignification des termes eft plus naturelle, parce que les Anciens difoient ordinairement, que la Lune étoit le *Prince* & le *Seigneur* parmi les Etoiles, & la *Déeffe de la Nuit*. C'eft ainfi que *Ciceron* nous dit qu'elle s'appelloit *Diane*, parce qu'elle rendoit la Nuit, jour, *De Nat. Deor.* lib. 2. *Efchile* l'apelle π....., l'ancienne, ou *la Mère des Aftres*. Æich. in Επτα. *Horace* l'appelle *Lucidum Cœli Decus*, &, *Siderum Regina bicornis.* Epod. 18. *Seneque* l'appelle *Obfcuri Dea clara mundi*, in Hippol. & pour finir, *Stace* l'appelle, *Arcanæ Moderatrix Cynthia Lunæ.* Thebaïd.

Ceux, dont l'Hypothèfe embraffe tout le Syftème Solaire, admet- Quand ils furent cré. és
tent cette manière d'interpréter ce paffage, mais ceux qui reftraignent
l'Hiftoire, que *Moïfe* nous fait de la Création, à ce Monde fublunaire,
en ont inventé une autre. Ils difent, (a) que les Cieux & les
corps Céleftes ne furent pas créés au quatrième jour; car ils l'avoient
été longtems auparavant, mais qu'ils furent feulement alors mis à
portée dêtre vûs, & *rendus apparens à la Terre* ; après que la region Supérieure du *Chaos*, qui en déroboit auparavant la vuë, eut
été bien purifiée de fes parties groffieres, & renduë affez tranfparen-
te, pour que les rayons du Soleil puffent s'y faire un paffage. (b)
Ainfi, quoi que la Subftance de la Lune, du Soleil, & des Etoiles
exiftât déja auparavant, ce n'eft pas cependant mal à propos, qu'il
eft dit, que ces Aftres furent *faits*, lorfque les ténèbres de l'air mitoyen ayant été diffipés ils devinrent vifibles pour la Terre, & qu'ils
commencérent pour la prémiere fois de faire, à fon égard, la fonction de Soleil, de Lune, & d'Étoiles. Pour appuyer ce fentiment
& cette explication, ils ajoutent, qu'il ne leur paroit pas, qu'on
puiffe rendre de bonnes raifons, pourquoi de Six jours, qui furent
employés à tout l'ouvrage de la Création, la Terre & fon contenu
en occupe pour le moins quatre. pendant que le Soleil, la Lune,
& les Etoiles, Corps fi prodigieufement grands, avec les regions inconnuës du Ciel *empyrée*, fe trouveront n'avoir été que l'ouvrage
d'un Jour & de là ils concluënt, que ces Corps Céleftes, qui font
innombrables, ont été faits dans un autre tems.

De favoir & d'affûrer, fi le Ciel a été créé par degrés, ou dans S'ils le fu- rent de rien.
un inftant, de *rien*, ou de quelque matiére préexiftente, & fi Dieu
fuivit dans cette production la même méthode, qu'il fuivit dans la
formation de la Terre; Ce font des queftions, fur lefquelles nous
n'avons rien de pofitif, dans nos Livres facrés, & qui, par conféquent,
peuvent fournir matière à de grands débats. Il paroit cependant plus
conforme à l'Ecriture Sainte de penfer, que tous les Etres Céleftes

F 2

ont

(a) Théorie de *Whifton*. (b) On prétend que cette explication eft
d'autant plus faifable que le mot *facere* en Latin, fe dérive de *novam fa-
ciem induere* ; de forte qu'on dt qu'une chofe *fe fait*, quand elle a une autre apparence qu'elle n'avoit auparavant. Et le mot Hébreu *Gnafa*, qui eft
ici emploié, n'eft pas beaucoup différent, car il fignifie, non feulement une
nouvelle formation quelle qu'elle foit, mais encore un nouvel ufage, ou apparence extérieure d'une chofe, comme on pourroit le faire voir par plufieurs exemples. *Nichols* Conférence, Vol. I.

ont été originairement produits de rien ; parce que , comme nous le verrons tout à l'heure, Dieu n'avoit pas, lors qu'il voulut les former , cette raifon de proceder par degrés , qu'il eut , quand il fut queftion d'arranger les différentes parties de nôtre Terre. (a) Et fi toutes ces chofes ont été faites de rien , on ne peut pas douter qu'elles n'ayent été faites *dans un inftant* , & dans le même moment ; Car quand Dieu commanda , qu'Elles exiftaffent , comme il n'y avoit rien , qui pût , ou refifter à fon commandement, ou en retarder l'exécution , ni aucun milieu entre le *non-Etre* & l'état *d'éxiftence* ; Elles auront néceffairement exifté immédiatement après l'ordre de Dieu, & de la manière que l'Ecriture Sainte nous repréfente le commandement du Créateur, ou, fi l'on veut, l'acte de fa volonté Toute-Puiffante ; (b) Il *prononça la parole & elles furent faites, il commanda & elles fure t créées, car par la Parole de l'Eternel, les Cieux ont été faits, & toute leur armée, par le fouffle de fa bouche.*

Quand les
Anges ont
été créés.

Les Anciens Docteurs , fur tout ceux de l'Eglife *Grecque* , ont beaucoup difputé fur le tems de la Création des Anges.   Il s'agiffoit de favoir , fi les Anges exiftoient avant l'ouvrage des Six jours , ou s'ils y étoient eux-mêmes compris. (c) Quelques-uns ont crû, que *Moïfe* parle de ces efprits glorieux, fous le nom de (d) *Lumiere*, & qu'ainfi ils furent créés le premier jour. Mais il y a , dans ce paffage, une oppofition vifible , entre la *Lumière* & les *ténèbres* ; & la *Lumiere* y eft apellée (e) *jour* ; ce qui fuffit pour nous convaincre , qu'il faut entendre ce terme non des *Anges* , mais , dans fon fens propre & à la Lettre , de quelques *corps Lumineux*.

D'autres fe font imaginés, qu'ils ne furent créés, qu'au (f) fixieme jour ; & que comme la Création s'éleva par degrés , depuis la moindre de fes parties , jufques à la plus parfaite, jufqu'à l'homme , qui ne fût créé que le dernier jour , les Anges, qui font l'ordre le plus fublime des Etres créés , & beaucoup plus parfaits que l'homme même, furent faits après lui, le même jour : Dieu voulant, par ce chef d'œuvre de fa puiffance , couronner & confommer fon Ouvrage. Mais , quelque plaufible que foit cette conjecture, elle n'a pas le bonheur, d'être appuyée par l'Ecriture Sainte ; Car (f) *Si les Etoiles du Matin chantoient enfemble, & fi les fils de Dieu pouf-*

pouf-

(a) *Fiddes* Corps de Théologie , Vol. I.   (b) Pf. XXXIII. 6. & CXLVIII. 5.   (c) Sermons de *Bull.*   (d) Genef. I. 3.   (e) Verf. 5. (f) Théologie *d'Edwards* Vol. I.   (g) Job XXXVIII. 7. & 4.

pouſſoient des cris de joye , quand Dieu poſa les fondemens de la Terre ; (a) Il s'enfuit que les Anges exiſtoient, du moins dès le troiſieme jour de la Création, qui fût celui auquel Dieu (b) *ſépara les Eaux d'avec le ſec:*

(c). D'autres au contraire , aſſurent poſitivement, que quoique *Moïſe* ne déſigne pas préciſément le jour de la Création des Anges, il donne pourtant à entendre, qu'ils furent créés dans l'un des *Six jours ,* quand il dit ; (d) *C'eſt ainſi que les Cieux , & la Terre furent finis avec toute leur armée , & le Septiéme jour Dieu finit l'ouvrage , qu'il avoit fait.* Mais auſſi la queſtion eſt de ſavoir, ce qu'il faut entendre par *l'armée des Cieux.* (e) Toute l'armée des Cieux, priſe dans un ſens général, eſt compoſée de deux parties, l'une *viſible ,* qui comprend le Soleil, la Lune & les Etoiles ; ces Luminaires Magnifiques , que nous contemplons de nos yeux , & qui ſont apellés de ce nom, (f) dans pluſieurs paſſages de l'Ecriture Sainte; & l'autre *intelligentè & ſpirituëlle ,* ce ſont les Anges. Par tout où nous trouvons que cette armée (g) *bénit le Seigneur ,* quelle (h) *louë le Seigneur ,* & qu'elle (i) *ſe proſterne devant lui ;* Nous en devons conclurre, qu'il faut ordinairement entendre ces expreſſions , de cette partie de l'armée Celeſte , à qui elles conviennent. Mais dans le Paſſage que nous examinons, rien ne nous détermine à prendre ce terme *d'Armée des Cieux ,* dans ce dernier ſens, plutót que dans l'autre. Une choſe à laquelle nous devons faire attention , c'eſt que, comme *Moïſe* parle du Soleil, de la Lune , & des Etoiles , & jamais des Anges ; Il paroit plus probable de rapporter cette expreſſion , *l'armée des Cieux ,* aux Corps Céleſtes , qu'aux Eſprits Angéliques. Cette probabilité devient plus grande , ſi l'on conſidère ; [k] Que les Anges étant tombés, & aiant ſi promptement ſéduit l'homme , il paroit fort vraiſemblable, qu'ils euſſent déja exiſté pendant quelque tems , pour le moins, avant que le Monde matériel fut créé. En effet ſemble-t-il raiſonnable de penſer , que ces Etres glorieux, tels qu'ils étoient certainement dans leur origine , euſſent ſi-tót formé & exécuté le projet d'une révolte contre leur Créateur ; Surtout ſi l'on fait attention á la nature d'un pareil attentat ; auxpréparatifs ,

F 3

qu'il

(a) *Curcell.* Inſtit. (b) Geneſ. I. 9. (c) Sermons de *Bull.* (d) Geneſ. II. 1. 2. (e) *Bull* : ibid. (f) Deut. XVII. 3. (g) Pſ. CIII. 21. (h) Luc II. 13. (i) Néhémie IX. 6. (k) *Curcell.* Inſtit. & Théologie de *Fiddes.* Vol. I.

qu'il falloit faire ; à la multitude des complices , qu'il falloit gagner &
attirer dans cette conjuration , & au nombre d'artifices, qu'il falloit
prémièrement mettre en œuvre pour enflammer la rebellion. Et qui ne
voit que tout cela demande du tems , & ne peut se faire dans un
instant ? Ce sont ces raisons , ajoutent-ils , qui nous portent à croire,
que ces Etres brillans & Célestes , sont supérieurs à toutes les choses
matérielles , autant par la datte de leur Création , que par la *dignité*
de leur *Nature* , & *l'excellence* de leurs *emplois* ; deux choses, sur
lesquelles vont présentement rouler notre examen & nos recherches.

SECTION I.

De l'Existence & de la Nature des Anges.

Signification
du
mot *Ange*.

L E mot d'A N G E , dans son sens propre & littéral , ne désigne
(a) pas la nature de quelques Etres, mais seulement l'office
auquel ils sont destinés , & sur-tout leur fonction de *Messagers* , dans
la correspondance, qu'il y a entre Dieu , & ses Créatures ; C'est dans
cette vuë qu'ils sont appellés , (b) *les Ministres de Dieu , qui font
son bon plaisir* , (c) *& des Esprits administrateurs envoiés pour servir ceux , qui doivent hériter le Salut.*

L'existen-
ce des An-
ges prou-
vée par
l'Ecriture.

Qu'il y ait, dans les regions Supérieures & Célestes , des Etres
tels, que ceux que nous appellons des *Anges* , c'est-à-dire ; (d) certaines substances permanentes, invisibles , & imperceptibles à nos sens,
douées d'entendement & d'un pouvoir supérieur à celui de la nature humaine , créées de Dieu , & qui lui sont soumises, comme à l'Etre Suprême, qui servent aux desseins de la Providence Divine, dans le Gouvernement du Monde, & qui, par son ordre veillent plus particuliérement sur les affaires des hommes ; C'est-là une Vérité si souvent
repêtée dans les Livres Sacrés, que toute personne , qui reconnoit
leur Divinité , ne sauroit la revoquer en doute. (e) Je dis plus ,
c'est que dans les Ecrits de *Moïse* , que les *Sadducéens* mêmes regardoient comme des Livres Divins, il y est si expressément fait mention
de la fréquente Correspondance de ces Esprits Célestes, avec le gen-
re-

(a) *Fiddes* , ibid. (b) Ps. CIII. 21. (c) Heb. I. 14. (d) Sermons de *Bull.* (e) *Fiddes* , ibidem.

re - humain , qu'à peine pouvons - nous concevoir , que cette fecte niât entiérement & abfolument leur exiftence ; Car en ce cas elle auroit auffi nié la vérité du *Pentateuque*. Les *Sadducéens* fe bornoient peut-être à foutenir , qu'il n'avoient aucune idée d'une apparition d'efprits dans le tems où ils vivoient, ni même depuis quelques fiécles; Tout comme il fe trouve parmi nous certaines perfonnes , qui , fans nier abfolument l'Exiftence des Efprits , font cependant fort éloignées d'ajouter foi à tous les recits , qu'on fait des apparitions , & ont même affés de difpofition à les rejetter tous comme faux , parce qu'ils roulent fur des fubftances , qui font invifibles de leur Nature.

Il eft cependant bien ridicule de refufer de croire la réalité d'une chofe, fous prétexte qu'on ne la peut pas voir ; & on feroit auffi bien fondé à revoquer en doute l'exiftence d'un Dieu , ou les operations de nos Ames, que l'exiftence des Anges, parce que nos yeux mortels font trop groffiers pour appercevoir leur Subftance, difcerner leurs démarches, & remarquer les fervices, qu'ils nous rendent. Dieu nous a revélé la chofe; cela ne fuffit-il pas pour nous porter à la croire? C'eft peut-être par un effet de fa bonté, qu'il n'ouvre pas nos yeux, pour nous faire voir les Etres, qui nous environnent ; Ce qui, vû le mélange des bons & des mauvais Efprits , qui nous obfervent d'un Oeil bien different , & qui font differemment touchés de la maniere, dont nous nous conduifons , pourroit nous effrayer & nous inquieter, ou du moins gêner nôtre liberté, & nous priver de l'honneur de fervir Dieu volontairement & par choix.

Nous ne devons donc point ambitionner d'être convaincus, par nos propres yeux, de l'exiftence des Anges ; Nous favons que la Parole de *Dieu* eft véritable, & que, tant dans le *vieux*, que dans le *nouveau Teftament*, il nous eft fi fouvent parlé des Efprits, & ce qui nous en eft dit, eft foutenu de tant d'exemples, qu'il n'y a que des perfonnes remplies de forts préjugés, & qui ayent un grand fonds d'incrédulité, qui puiffent réfifter à l'évidence des preuves, qui en établiffent la réalité. Qui ne fait d'ailleurs que , parmi les Anciens, les plus Sages tant Poëtes que Philofophes, ont conftamment reconnu l'exiftence des Anges, (a) & que quoi qu'ils leur donnaffent d'autres noms; comme celui de *Démons*, parmi les *Grecs* , & celui de *Genie*, parmi les *Latins*; Ils étoient cependant pleinement perfuadés, que ces *Démons* ou *Genies étoient une efpece d'Etres mitoyens, envoyés, pour des Meffages agréables , & employés en qualités de*
Miniftres

(a) Théologie d'*Edwards*, Vol. I.

Miniſtres & d'Interprêtes , *entre Dieu & les hommes.* De cette perſuaſion venoit ſans doute ce qu'on diſoit de *Mercure*, qui, en tout tems, & pour toute ſorte de ſujets, étoit envoyé de la part du Grand *Jupiter*, avec des commiſſions pour la Terre.

(a) Il importe très-peu de ſavoir, par quelle voye cette perſuaſion s'introduiſit parmi les Payens; ſi ce fut naturellement, & par la force de la Raiſon; par une tradition répanduë parmi les hommes, dès les premiers Siécles; ou par l'experience de certains effets, dont on ne pouvoit rendre raiſon, qu'en ſuppoſant l'éxiſtence de ces Agents immatériels. Mais quelle qu'ait été la voye qui les ait conduits à cette Opinion, toujours eſt-il certain, que nous ne courons pas riſque de nous tromper ſur ce ſujet, parce que la Raiſon, auſſi bien que la Revelation, nous ſert de guide en cette rencontre.

Par la Raiſon. Si nous faiſons attention à nous mêmes, nous ne pouvons nous empêcher d'appercevoir, que nous ſommes des créatures compoſées de deux différentes Natures ; Que, par nôtre Nature *animale*, nous reſſemblons aux *Bêtes qui périſſent*; & que *ce qui raiſonne* en nous eſt trop imparfait, & rencontre trop d'Obſtacles dans l'exercice de ſes facultés, pour que nous puiſſions jamais nous imaginer d'être le chef-d'œuvre du Créateur. (b) Si nous jettons les yeux ſur la Terre, nous y découvrons une échelle de Créatures, plus parfaites les unes que les autres. Il y en a, qui n'ont que l'Exiſtence, comme la Terre, l'Air & l'Eau; D'autres, qui, avec l'exiſtence, ont la vie, comme les Plantes, les arbres & les autres Végetaux : D'autres qui, outre la Vie, ont encore le *ſentiment* & la *perception*, comme les Animaux ; d'autres enfin, outre la vie & le Sentiment, penſent & raiſonnent, ce ſont les hommes. Et comme nous voions la partie *Senſitive* de nous mêmes exiſter dans des Etres qui nous ſont *inférieurs*; il eſt auſſi raiſonnable de ſuppoſer, que cette partie de nous mêmes, qui eſt la plus noble, *qui penſe & qui refléchit*, exiſte en des Etres, qui ſont *au deſſus de nous* ; qu'elle y exiſte ſéparée de tout embarras de la Chair, & qu'elle s'y meut dans une ſphère d'activité, autant ſupérieure à la nôtre, que nous le ſommes aux bétes brutes.

Deplus nous remarquons, qu'il y a dans cháque eſpèce de Créatures une gradation, par laquelle la Nature s'éleve par degrés depuis le dernier échellon, juſques à celui qni touche de plus près à l'ordre des Créatures, qui ſe trouve immédiatement au deſſus ; Car, parmi

(a) Sermons de *Bull.*   [b] Sermons de l'Evêque *Patrik* & de l'Evêque *Bull.*

mi les Animaux , il y en a qui ont plus de fens , & de perception que d'autres ; & l'on voit certaines plantes furpaffer leurs Compagnes par leur beauté , & par quelque chofe qui aproche du fentiment ; & entre les chofes inanimées , il y en a qui furpaffent
leurs femblables par leur éclat & par leur magnificence : On peut
donc conjecturer avec affés de vraifemblance , qu'il y a , dans cette
Hierarchie Célefte , la même gradation , que l'on remarque par tout
ailleurs ; & que depuis le rang le plus bas qui confine à l'*humanité* , la
Nature Angélique s'éleve par degrés jufques au plus haut , qui approche d'un *Dieu* infini , autant qu'une Créature finie en peut approcher.

Cette Terre , qui n'eft qu'un point en comparaifon des Cieux , nous
la voions remplie d'un nombre infini d'hommes , capables de connoitre , & par conféquent de fervir & d'adorer leur Créateur. Nous conconcevons que le Ciel doit réellement être un lieu magnifique , puifque cette voute azurée , qui eft au deffus de nos tête , n'eft , pour
ainfi dire , que le plancher & le Pavé de cette étenduë refplendiffante ‑
où la gloire du Seigneur habite. Et pouvons‑nous croire , que cette Région Célefte , (a) femblable à un vafte defert , foit deftitué d'Etres Intelligens , capables d'en admirer les merveilles , & de rendre hommage au Grand Créateur de l'Univers ? Quand nous voions tant de
Créatures profternées à fon *marche‑pied* , lui donner des marques de
leur foúmiffion , & de leur dévoûment à fes volontés , pouvons‑nous
fuppofer , qu'il n'a point de Domeftiques dans fon *Anti‑chambre
Roiale* ; pour le fervir , pour écouter attentivement fes Ordres , pour
faire retentir fes loüanges **,** & pour publier fes œuvres magnifiques ,
autour de fon Trône ?

Nous nous trompons miférablement , fi nous croions que le Grand
Dieu du Ciel & de la Terre , foit tel que les *Epicuriens* nous le repréfentent , un Etre oifif & folitaire , enfoncé dans l'aife & dans l'indolence , & fe renfermant dans la feule contemplation muëtte & taciturne de fes propres perfections. Son principal Caractère , c'eft la
Bonté & la Bénéficence ; il prend plaifir *à faire la revuë* des œuvres
de fes mains , il fe plait aux loüanges & aux cris de joie de fes Créatures. Le nombre des habitans des Cieux n'eft peut‑être pas moindre ni moins varié que celui des habitans de la Terre ; & la différence , qu'il a mife entre leurs qualités & leurs facultez refpectives ,
n'eft peut‑être pas moins grande , que celle qu'on remarque, je ne

G

dis

(a) Sermons de *Patrick*.

dis pas feulement parmi les hommes entr'eux, mais même entre les hommes & les autres Créatures, qui leur font inférieures.

Il eft à remarquer fur ce fujet, non feulement qu'il eft dit, (a) que le nombre des habitans des Cieux eft de *dix mille fois dix mille, & de millions de milliers ;* mais encore, que les conjectures de quelques fpéculatifs en ont fait (b) neuf claffes ou ordres, fuivant le nombre des noms, qui leur font donnés dans l'Ecriture, & ont réduit ces ordres en trois *Hierarchies* ; la prémière defquelles renferme les *Seraphins*, les *Chérubins*, & les *Thrônes* ; la feconde les *Dominations*, les *Vertus*, & les *Puiffances* ; & la Troifiéme, les *Principautés*, les *Archanges* & les Anges ; Ils imaginent, dans châque *Hierarchie*, une Subordination, dont ils nous font une defcription exacte ; Selon eux les uns font *affiftantes*, (c) que nous pouvons appeller les *Refidentiaires* du Ciel, qui affiftent continuellement devant le Thrône de Dieu : & d'autres (d) *Miniftrantes*, ou qui fervent. Nous pouvons les appeller les *Miffionnaires* du Ciel, parce qu'ils font envoiés felon le befoin, pour fervir les Fidèles, qui font fur la Terre. L'Office des uns eft de recevoir les ordres de Dieu immédiatement, & l'emploi des autres eft de les exécuter fur le champ.

Mais quel que foit l'ordre & la Police ordinaire, de ce Roiaume invifible, nous fommes cependant affûrés, qu'aumoins dans des occafions de la dernière importance, les plus diftingués de la Cour Célefte font quelques-fois députés vers ce Monde inférieur, comme l'Ange *Gabriel, qui,* felon fon propre témoignage, (e) *affifte devant Dieu,* & qui fût prémièrement envoié vers *Zacharie,* pour lui annoncer que le *Meffie* étoit prêt à venir, & enfuite vers la bien-heureufe Vierge *Marie,* pour la féliciter de ce qu'elle alloit concevoir dans fes chaftes flancs, & mettre au jour le Sauveur des hommes, à la naiffances du quel, *ce même Ange,* comme je le croi, avec *une multitude*

(a) Apocal V. 11. (b) Quelques-uns des Docteurs *Hébreux* nous difent qu'il y a *quatre ordres d'Anges* ; le prémier eft de *Michel*, le fecond de *Gabriel*, le troifiéme d'*Uriel*, & le quatriéme de *Raphaël*. Mais fuivant *Maimonides*, il y a *dix* degrés diftincts de ces Miniftres Céleftes. Parmi les Ecrivains Chrétiens, *Denys* l'Areopagite, comme on l'appelle, a été le prémier, qui ait affuré pofitivement, qu'il y a *neuf* ordres d'Anges, & en cela il a été fuivi par les Scholaftiques, & par la plûpart des Docteurs de l'Eglife Romaine. *Théologie d'Edwards.* (c) Sermons de *Norris.* Vol. 2. (d) Cette diftinction, *Inter affiftentes & miniftrantes Angelos,* fût prémièrement faite par *Thomas d'Aquin* & fes Sectateurs, qui y furent conduits par l'autorité de *Denys.* Sermons de *Bull.* (e) Luc I 19.

multitude de l'armée Célefte , c'eſt-à-dire d'Anges inférieurs , ſous le commandement [a] de ce Prince des Anges, *loüa Dieu difant, Gloire foit à Dieu, dans les lieux Très-hauts.*

[b] L'Apôtre nous dit que ce font des *Eſprits* ; Mais (c) il y a longtems qu'on difpute, pour favoir fi ce font des *Eſprits purs* , entièrement dégagés de la matière , & de tout *véhicule corporel* , pour parler avec les Philofophes. Ce n'eſt pas feulement quelques Anciens Philofophes , mais encore quelques-uns des Anciens Péres de l'Egli-fes , qui ont crû que les Anges étoient revétus d'une efpèce de corps, compofés de la matière la plus pure & la plus fubtile , qu'ils appel-loient *Ethérée* ; & cette perfuafion paroiſſoit fondée fur l'opinion pieu-fe dans laquelle ils étoient , que la Divinité avoit feule le privilège & l'excellente prérogative d'être un efprit *pur & fimple.* Toutes fois le fentiment le plus généralement fuivi, dans l'Eglife Chrétienne, fur tout dans ces derniers tems , eſt, que les Anges font des fubſtances entiè-rement fpirituelles, quoi qu'infiniment inférieures à l'Eſſence de leur Créateur, & qu'ils n'ont rien de matériel, qui leur foit inféparablement attaché; quoi qu'en tout tems ils puiſſent former & prendre des corps, & que, comme l'Ecriture Sainte nous en aſſûre, ils aient effectivement paru , en de certaines occafions, fous une forme humaine.

(d) Il eſt vrai que nous, qui fommes des Créatures compofées , trouvons beaucoup d'obſtacles , tant dans nos actes fpirituels, que dans ceux , qui ne regardent que le corps , de la part de ce fardeau de ma-tière , que nous portons toujours avec nous. Le *poids du corps ab-baiſſe l'ame*, dans tous fes tranſports les plus beaux ; les bleſſures & les maladies affoibliſſent & rendent plus lentes les opérations même les plus ordinaires de nos corps. Mais les Saints Anges n'ont à lut-ter contre aucun de ces empêchemens ; aucun fardeau ne gêne leurs facultés; rien n'affoiblit ni ne relâche les reſſorts, qui les font mou-voir ; point de concupifcence, qui obfcurciſſe leur entendement, ou qui pervertiſſe leur volonté; nulle indifpofition de langueur ni de laſſitude caufée par de véhicules pareſſeux ou malades; mais toujours frais, vigoureux & brillans comme le Soleil, lors qu'il fe lève, pour fournir la carriére, qui lui eſt prefcrite; (e) ils font toujours forts, legers, promts, & pénétrans comme le vent, comme l'éclair, ou com-me une flamme de feu, & c'eſt pour cette raifon, qu'ils font très fou-

G 2 vent

(a) Luc II. 13. 14.   (b) Hebr. I. 14.   [c] Sermons de *Tillotfon* , **Vol. 2.**   (d) Sermons de *Norris* , Vol. 2.   (e) Sermons de *Toung.*

vent defignés, dans l'Ecriture Sainte, par des emblêmes de cette forte.

Ils font de plus fi forts, & fi puiffans, fi fubtils, & fi pénétrans, qu'aucune obfcurité ne peut empêcher ou arrêter leurs regards, qu'aucun corps, pour matériel qu'il foit, ne peut leur boucher le paffage; aucune qualité corporelle ne peut avoir fon effet, dès qu'il leur plait de le fufpendre ou de l'empêcher. Car ils pouvoient voir (a) rire *Sara*, quoi qu'elle fût dans une autre tente. (b) Ils pouvoient paffer au travers de la porte de la Prifon où étoit Saint Pierre. pour le vifiter, & pour le délivrer. Ils pouvoient enfin (c) arrêter la violence du feu, comme ils le firent dans la fournaife, pour la delivrance des trois *Ifraëlites*. Qu'ils puiffent raffembler & difpofer tous les Météores, & toutes les exhalaifons; pour s'en fervir à exécuter les ordres dont ils font chargés; changer la temperature de l'air, & influër fur les élémens, en forte qu'il en refulte des Phénomènes extraordinaires & furprenans dans les Regions fupérieures, & que l'effet en foit ici-bas, des bénédictions ou des calamités publiques; C'eft ce dont nous avons des preuves fuffifantes, dans les (d) tonnerres, les éclairs, & les tremblemens de Terre, qu'il eft dit que les Anges cauférent, lors de la publication de la Loi, & dans les terribles fleaux (e) de la Guerre, de la Famine, & de la Pefte, qu'il eft dit qu'ils infligent aux hommes. [f] La mort d'*Hérode* frappé par un Ange & *rongé des vers*. (g) Les accès de noire Mélancholie, dans lefquels tomboit le Roi *Saül*, par la fafcination d'un mauvais Efprit; & la joye, la gayeté extraordinaire, que les bons Anges ont fait éprouver à quelques Martyrs de la primitive Eglife, au milieu même de leurs Souffrances; font des preuves convaincantes (h) de l'influence, qu'ils ont fur nos corps, foit pour affermir, ou pour affoiblir nôtre fanté; du pouvoir, qu'ils ont fur nos efprits Animaux; en forte qu'en les fixant ou en les accelerant, ils produifent en nous, la trifteffe ou la joie; & de l'accès, qu'ils ont dans nos Ames, par le fecours, & par le moyen de nôtre imagination. Je dis plus, je ne voi pas pourquoi ces efprits fublimes, qu'on nous dit *exceller en connoiffance*, & en fageffe auffi bien qu'en *forces*, ne pourroient pas connoitre fi parfaitement le tiffu de nôtre Nature, que cette connoiffance pût leur donner entrée dans nôtre
Ame

(a) Genes. XVIII. 12. (b) Act. XII. 7. (c) Daniel III. 25. (d) Exode X.X. 16. (e) Ezechiel IX. (f) Act. XII. 23. (g) 1. Sam. XVI. 14. (h) Sermons de *Young*. Vol. 2.

Ame d'une manière plus immédiate, & les mettre en état de nous fuggerer des penfées, pendant le jour, auffi bien que des fonges pendant la nuit; de nous informer, ou de nous avertir; de nous encourager, ou de nous décourager; de nous confoler & réjouïr ou de nous épouvanter, dans quelques unes de nos entreprifes les plus importantes; toutes les fois que les ordres de Dieu, ou leur charité pour nous, les porteront à en ufer de la forte. Une chofe, dont je fuis affûré, c'eft que *Satan mit au cœur de Judas de trahir fon Maitre*; l'Ecriture le dit expreffément. Et fi un mauvais Ange eut la puiffance de faire cela, on ne fauroit douter que ceux, qui veillent fur nous, pour nôtre bien, n'ayent du-moins autant de pouvoir.

Voila ce que les Oracles facrés nous apprennent, touchant la force & les facultés des Anges, & nous ne devons pas efperer d'en favoir d'avantage, jufqu'à ce que nous arrivions à cet heureux état, dans lequel, par la Puiffance & par la bonté de Dieu, *nous ferons transformés, & rendus femblables aux Anges*

(a) De favoir, comment les Anges parviennent à connoitre & à appercevoir les objets, fi c'eft par *intuition* immédiate, ou parce qu'ils en ont les images imprimées en eux-mémes, ou parce qu'ils les voyent en Dieu; Comment ils fe meuvent, fi c'eft par un progrés fucceffif, & comme par degrés, en parcourant de longs intervales, ou en bondiffant, pour ainfi dire, dans un inftant, d'une partie du Monde à l'autre: Comment ils occupent l'efpace, ou fi deux, ou plufieurs, ne peuvent pas fe trouver dans le même endroit, quelque petit qu'il foit, en un feul & même tems; Ce font là des queftions plus fubtiles qu'édifiantes, & dont ceux, qui aiment à s'amufer par de telles recherches, pourront trouver grande quantité, dans les *Livres des Scholaftiques*, & en entretenir librement leur curiofité. Quoi qu'il en foit, ce fujet, pouffé jufques ici, peut fervir à diffiper ces penfées fombres & ténèbreufes, fur la Providence Divine, auxquelles nous fommes quelques fois affés difpofés à nous livrer, quand nous confiderons la corruption déplorable du Genre-humain, & fon *apoftafie*.

1. Si nous parcourons l'hiftoire du Monde, depuis le moment de fa Création: (b) nous y verrons, comment l'homme ne fut pas plûtôt formé, qu'il fe rebella, & que les Anges eux-mêmes tombés dans la révolte, abandonnerent leur propre domicile, qui étoit

Conféquences de la doctrine des Anges.

G 3

le

(a) Theologie de *Fiddes* Vol. 1. [b.] Sermons de *Drll.* Vol

le Ciel ; Comment la Terre entiere fût si souillée de méchancetés ;
qu'il ne falut par moins qu'un déluge universel pour la purifier ;
Comment le nouveau Monde se livra bien-tôt aux mêmes éxcés
d'impieté , & que, dans peu de tems, il fût bien-tôt, à l'exception
d'une seule famille , inondé d'idolatrie & de Polytheïsme ; Comment
les membres de cette famille pervertirent plusieurs fois leurs voyes ,
irriterent & provoquérent à colère le Saint *d'Israël* ; ensorte *qu'il ju-*
ra dans sa colère qu'ils n'entreroient point dans son repos, & qu'il les
auroit entiérement détruits , si *Moïse son Serviteur* ne s'étoit pas
mis à la bréche , pour obtenir leur Pardon. Si nous considerons,
que même, depuis la venuë du Fils de Dieu, pour étendre les bornes de l'Eglise , & pour rassembler toutes les nations *sous un seul*
Berger & Evêque de leurs ames ; la plus grande partie du Monde
connu *git* encore *dans les ténèbres & dans l'ombre de la mort* ; que
Satan a un vaste empire , & une infinité de sujets soumis à sa Tyrannie ; qu'un vil Imposteur a des sectateurs sans nombre , & a subs-
titué une fausse lueur où brilloient autres fois les (a) *chandeliers*
du Seigneur ; que l'Ancien peuple de Dieu demeure Obstiné, & que
même *iusqu'à ce jour* (b) *quand on lit* Moïse, *leurs esprits sont*
aveuglés & le voile demeure sur leurs cœurs : Si nous faisons attention , que parmi ceux mêmes qui font profession d'être Chrètiens,
il y en a bien peu qui réglent leurs panchans & leurs actions sur les
préceptes fondamentaux de l'Evangile ; que ceux là font en très-
grand nombre , qui, *par leurs oeuvres*, pour ne pas dire par leurs
principes, *renient Dieu, crucifiant de nouveau le Seigneur de gloi-*
re , *& qui*, par leurs abominations, *l'exposent* visiblement à *l'oppro-*
bre ; qu'il y a dans le Monde, fort peu de gout pour la Vertu ,
& pour la véritable bonté , & qu'au contraire on y a beaucoup de
panchant à la profanation , & à toute sorte de méchancetés : Nous
ne saurions presque nous empêcher de penser , que, supposé que
Dieu ait prévu cette dépravation générale, sa Sagesse n'a pas fort
éclatté en formant cet assemblage visible , & que la production du
Genre-humain ne méritoit pas ses soins , puisque Dieu auroit en
quelque façon entiérement manqué le but qu'il s'étoit proposé en le
créant, s'il n'avoit eu en vuë que sa gloire.

Mais d'un autre côté, si nous considerons , que dans tous les â-
ges du Monde, il y a eu un *residu* de personnes, *qui ont servi le*
Seigneur avec crainte & avec respect, & qui ont été *preservées par*
grace

[a] Apocal. I. 20.   (b) 2. Corinth. III. 14. 15.

grace pour le salut, & que, quoi que le nombre en soit petit, en comparaison de ceux, qui par leur défobeïffance ont attiré fur eux mêmes la ruïne & la perdition; Cependant ces perfonnes, quand elles feront une fois raffemblées en un feul corps, ne laifferont pas de faire une figure confiderable: De plus fi nous faifons reflexion, qu'outre ces *Domeſtiques de la foi*, raffemblés de toutes les générations, Dieu s'eſt pourvû d'une multitude innombrable de Créatures plus excellentes, qui, dès leur premiere production, lui font demeurées fidèles, qui n'ont jamais péché, & dont la Sainteté durera autant que lui même, qu'eux & nous ne ferons un jour qu'une feule affemblée générale, que nous entrerons avec eux, (a) *dans la Cité du Dieu vivant, dans la nouvelle Jerufalem, & que nous y chanterons des loüanges à l'honneur de celui qui eſt aſſis fur le Thrône, & à l'Agneau au Siécle des Siécles:* Si, dis je, nous faifons attention à tout cela, nos idées fur la Providence, dans la Création du Monde, commenceront à fe débrouïller; le nombre des Elus & des Anges fe trouvera fuffifant pour *célebrer les Nôces de l'Agneau* pendant toute l'Eternité, & le nombre des reprouvés ne ralentira point la joie des bienheureux dans le Ciel; Car toutes nos facultés feront entierement occupées, & d'une manière fi raviffante, que nous ne penferons du tout point à ces malheureufes victimes de la Juſtice Divine.

(b) Quand donc il nous arrive d'être troublés & fcandalifés, de voir le défordre regner ici-bas, le vice triompher, & la vertu tomber dans le mépris. Quand nous nous trouvons choqués de voir à quel point notre Dieu Très grand & très bon eſt deshonnoré & outragé, & fes Loix foulées aux pieds, par la plus grande partie du genre-humain, quelle prodigieufe multitude de gens féduits par *le Prince des ténèbres*, fe laiffent entrainer par lui dans la perdition, & combien eſt petit le nombre de ceux, que les Saints préceptes du *Prince de la vie* retirent du mauvais chemin; alors regardons *en haut*, & contemplons les regions Céleſtes, où habitent les dix mille millions de Saints Anges; C'eſt là qu'eſt le Roiaume de Dieu, dans toute fa gloire; C'eſt-là que brille la vertu, dans tout fon éclat. C'eſt là qu'aucune chofe fouillée ne peut entrer; On n'y fauroit trouver ni péché, ni inquiétude, ni défordre; mais tout s'y regle fur la volonté du Créateur.   Et puifque dans peu de tems *les Eſprits des Juſtes rendus*

[a] Apocal. VII. 10. 11. 12.   [b] Sermons de *Bull.* Vol. 2.

rendus parfaits, iront joindre ces Efprits qui habitent dans les lieux Très-Hauts, & entreront par là même dans une Eternité bienheureufe; combien une telle efpérance ne doit elle pas être propre à tranquilifer nos Ames, & à nous calmer au fujet de toutes ces irrégularités que nous voions préfentement dans le Monde? Ce fera fans doute là l'effet qu'elle produira, pourvû que nous attendions, de tout notre cœur, & dans les fentimens d'une ferme perfuafion, (a) *ces nouveaux Cieux & cette nouvelle Terre où la Juftice*, & la Juftice' feule *habitera.*

2. Ce qu'on vient de dire de la [b] Puiffance & des facultés de ces Créatures Céleftes fournira, en tout tems, à un Chrétien fage, dequoi exercer agréablement fa méditation, quand il refléchira fur la Grandeur infinie, auffi bien que fur l'immenfe bonté de celui, qui les a créées : Nous admirons, & avec raifon, les merveilles de Dieu, dans la formation des chofes d'ici bas ; une plante, une fleur, un brin d'herbe, le moindre infecte, & le plus chétif reptile, confiderés avec attention, nous donnent de grandes idées de fa Toute-Puiffance. C'eft avec raifon, que nous parlons de fa Grandeur, quand nous refléchiffons fur nôtre propre compofition. Quand nous confiderons combien de fujets d'admiration il fe trouve dans la Structure de nos Corps ; dans châque jointure, dans châque mufcle, dans châque fibre, nous trouvons des Sujets de nous écrier avec le Pfalmifte, *nous avons été faits d'une façon admirable*, fur tout quand nous penfons à la manière dont nôtre Ame eft unie à cette maffe de Chair & d'Os: Nous avons raifon d'adorer fon *immenfité*, quand nous promenons nos regards fur le Ciel, ce Ciel, qui eft *l'ouvrage de fes doigts*, & ces grands corps Lumineux, qu'il a placés fur nos têtes, (c) *pour féparer le jour de la nuit, & pour être les fignes des faifons, des jours & des années* : Mais fi nous pouvions tirer le merveilleux rideau, qui cache à nos yeux le magnifique Palais de l'Etre Suprême, & porter nos regards jufques dans *le Saint des Saints* ; Si, pénétrant au de là de ce firmament extérieur, nous pouvions paffer avec Saint *Paul*, dans le *Troifiéme Ciel*, & que notre vuë fût affés forte pour en foûtenir l'éclat : Nous y verrions tant de beautés, tant *de chofes inénarrables*, qu'elles éclipferoient toutes les autres parties de la Création, & que nous ferions nous mémes furpris d'avoir jamais admiré aucune autre chofe.

Puis

(a) 2. Pierre. III. 13.　　[b] Sermons de *Young.*　　[c] Genef. I. 14.

Puis donc que la diftance, où nous nous trouvons de cet autre Monde, nous empêche d'y atteindre par nos regards, tâchons du moins de nous former, par la contemplation, une idée de fa Magnificence, & de le faire en quelque façon defcendre jufques à nous. Mettons nous par la penfée, dans ce même endroit, d'où *Daniel* [a] *vit l'Ancien des jours affis fur fon Trône, mille milliers d'Anges le fervoient, dix mille millions affiftoient devant lui*; le moindre de ces Officiers Céleftes étoit plus beau que la Lumière, plus leger que la penfée, & plus brillant que le Soleil en plein midi; *Son corps* étoit, [c'eft la defcription, que nous en donne le Prophéte,] (b) comme de *Chryfolithe*, *fon vifage, comme la fplendeur d'un éclair, fes yeux, comme des lampes de feu, fes bras & fes pieds, comme l'éclat d'un airain poli, & le bruit de fes paroles comme le bruit d'une multitude*; La Majefté de fa Perfonne étoit tellement refpectable, fa Puiffance fi redoutable & fi grande, que d'un feul de fes regards (c) il frappa de mort le Prophéte, & qu'en le touchant feulement (d) il lui rendit la vie & les forces. Confidérons enfuite, quel ne doit pas être le pouvoir immenfe *de l'Auteur & du Donateur de la vie*, qui, d'une feule Parole Toute-Puiffante, a produit & tiré du néant tant de milliers d'Efprits immortels, qui tous *excellent en force*, & qui nous furpaffent tous en Sageffe. Concevons encore, combien inépuiffable doit être la fource de cette *Toute-Puiffance*, qui, fans fouffrir aucune diminution, a pû communiquer des forces fi furprenantes à un fi grand nombre de Créatures, & qui, après les avoir élevées à un fi haut degré de gloire, & (e) rendu leur état fixe *à toujours & à perpétuité*, les retient cependant fous fes ordres, met un frein à leur pouvoir, & *a fait un Decret, qu'elles ne peuvent paffer*.

(a) Daniel VII. 9.   (b) Dan. X. 6.   (c) Vers 8.   (d) Vers 10.   (e) Pf. CXLVIII. 6.

H

SEC-

SECTION II.

De l'Emploi & des Offices des bons Anges.

1. L'office des Anges par rapport à Dieu.

LE Prophéte Efaïe nous fait une defcription bien vive de la Majefté Suprême de Dieu, & de la Conduite que fes Miniftres Angeliques tiennent à fon égard. *Je vis*, dit-il, [a] *l'Eternel affis fur un Trône haut élevé, & les pans de fa robe rempliffoient le Temple : Au deffus du Trône fe tenoient les Séraphins, & châcun d'eux avoit fix ailes, de deux ils couvroient leurs faces, de deux ils couvroient leurs pieds, & de deux ils voloient ; & ils crioient l'un à l'autre, difant, Saint, Saint, Saint, eft l'Eternel des Armées, tout ce qui eft dans toute la Terre eft fa Gloire, & les Pôteaux de la Porte furent ébranlés à la voix de celui qui crioit, & la Maifon fut remplie de fumée.* De deux aîles ils couvroient leurs faces, [b] pour marquer qu'ils fentoient leur difformité. *De deux ils couvroient leurs pieds*, pour montrer la perfuafion dans laquelle ils étoient de leur foibleffe ; *& de deux ils voloient*, ce qui défigne l'allégreffe & la promptitude avec laquelle ils exécutent les ordres de Dieu ; de forte que fuivant ce tableau, la prémière occupation des Anges, celle qui leur eft la plus particulière, c'eft de fe tenir à l'entour du Trône de Dieu : (c) Il faut remarquer ici, que

1. Pour le fuivre.

les Saintes Ecritures nous repréfentent Dieu, comme le Monarque Soûverain des Cieux & de la Terre, comme le Seigneur de toutes chofes, qui gouverne Tout, & qui, quoique préfent par tout, donne cependant des marques plus particulières de fa préfence glorieufe, dans le Ciel, qui, pour cette raifon, eft appellé *fon Trône.* C'eft là que fa Divine Majefté tient, pour ainfi dire, fa Cour ; C'eft de là qu'il publie fes ordres, touchant le gouvernement du Monde, la confervation ou la punition de tous fes fujets, & c'eft là, par conféquent, que fa Majefté & fa gloire font fervies par les plus nobles, & par les plus excellens de fes fujets ; comme parmi nous, un Roi a toujours autour de fa perfonne, ceux qui font de la plus haute qualité, & du rang le plus diftingué dans les Terres de fon Obéïffance. Or comme les perfonnes de cette qualité rendent leurs devoirs

à un

[a] Efaïe VI. 1. 2. 3. &c.   [b] Sermons de *Bull*. Vol. 2.   (c) Sermons de *Patrick*.

à un Prince terrien, & font toujours prêts à partir dès qu'il juge à propos de les envoyer en Ambaſſade, & de ſuivre ſes ordres, en quoi quil ait occaſion de les emploier : Les Anges nous font auſſi préciſé-ment repréſentés comme les glorieux *Miniſtres* du Dieu Tout - Puiſ-ſant, qui, en même tems, qu'ils lui font leur cour, dans ſon *Palais Céleſte*, font toujours diſpoſés à ſe voir députés pour des affaires, & à ſe charger des commiſſions qu'il juge à propos de leur confier, pour toutes les parties du Monde, pour le bien de ſes ſujets d'un ordre inférieur, & ſur tout de nous, les fils des hommes. Quand donc notre Sauveur dit, (a) en parlant des petits enfans, *que leurs An-ges dans le Ciel, voient toujours la face de Dieu*, c'eſt comme s'il s'étoit exprimé de cette manière ; „ Les Anges ſe tiennent en la pré-„ fence de Dieu, comme ſes Miniſtres & ſes Serviteurs ; ils le ſervent, „ & lui font la Cour dans le Ciel, où ils contemplent la Majeſté de „ ſa Gloire ; ils ont leurs regards arrêtés ſur lui, pour voir quels or-„ dres il leur donnera, & de quelles commiſſions il lui plaira de les „ charger pour le bien de mes Diſciples; Je dis plus, ils ſont ſi prêts „ à exécuter ſa volonté, & à ſuivre ſes ordres, que le moindre ſigne „ qu'il leur donne de ſes intentions ſuffit, pour les diſpoſer à lui obéïr „ volontairement & de bon cœur : Car ces mots, *ils voient la face de Dieu*, ſemblent être *métaphoriques*, & pris de ce que font ces bons Serviteurs, qui, connoiſſant parfaitement bien le gout & les in-tentions de leur Maitre, ont continuellement les yeux ſur lui, & qui, au moindre ſigne qu'il leur fait de la téte ou de l'œil, courent auſſi tôt pour exécuter ce qu'ils ſavent être ſon bon plaiſir.

Pendant que les Anges font ainſi leur Cour au Monarque des Cieux & de la Terre, *ils crient les uns aux autres*, ajoûte le Prophête, *& diſent, Saint, Saint, Saint eſt l'Eternel des Armées ; tout ce qui eſt dans toute la Terre eſt ſa Gloire*; de ſorte que le ſecond emploi, auquel nous pouvons ſuppoſer que s'occupent les Anges bien heureux, c'eſt de célébrer les loüanges du Grand Créateur & du Rédempteur charitable de l'Univers, en faiſant de cette manière le Service Divin, & en *recitant l'office*, ou la *Liturgie*, comme nous pouvons lui donner ce nom, qui, [comme le prétendent certains partiſans des formulai-res de Priéres preſcrits par l'Egliſe,] ſe chante conſtamment en des tems réglez dans le Ciel. [b] Un Saint Apôtre, qui fut admis dans ce Sanctuaire de Gloire, & qui vit la ſolemnité du Service Religieux des Anges, nous a laiſſé un détail de la manière dont ces Céleſtes

2. Ils le fervent & l'adorent.

H 2 Miniſtres

[a] Matth XVIII. 10. [b] Sermons de *Young*, Vol. 2.

Miniftres s'acquittent de ce devoir ; (a) *Et tous les Anges fe tenoient à l'entour du Trône, & fe profternoient fur leurs faces, devant le Trône, & adoroient Dieu, difant, Amen, Bénédiction & Gloire & Sageffe, & Actions de Graces, & Honneur, & Puiffance & force, foient à notre Dieu & à l'Agneau, aux Siècles des Siècles, Amen.* Telle eft l'occupation des Anges autour du Trône de la Puiffance de Dieu ; Ce n'eft pas là une fimple occupation pour eux, ils y trouvent encore leur félicité. Car comme le vent qui paffe fur les fleurs, en revient avec une teinture de leur agréable odeur ; ainfi tout le fouffle, que l'Armée Célefte emploie à louër Dieu, lui revient, accompagné de joie & de bédédictions ; Dieu aiant voulu & ordonné qu'il y auroit une liaifon néceffaire, entre le devoir de ces Efprits Céleftes & leur béatitude, & que plus ils admirent, louënt & adorent, plus auffi ils participent aux perfections, qui les engagent à en ufer de la forte.

3. De fer-
vir à fa
Providen-
ce.

    Une autre partie de l'office des Anges, c'eft d'exécuter les ordres de la Providence, dans la conduite & dans le gouvernement du Monde, & c'eft pour cette raifon, qu'ils font appellés (b) *les yeux du Seigneur, qui vont ça & là par toute la Terre, pour fe montrer fort en faveur de ceux dont le cœur eft entier devant lui.* (c) Car, (d) quoique la Puiffance infinie de Dieu foit telle, qu'il puiffe faire immédiatement, tout feul, & par lui-même, tout ce qu'il lui plait, dans les Cieux & fur la Terre, régler l'Univers, diriger tout ce qui s'y paffe, & faire réüffir toutes chofes felon fon bon plaifir, & cela par un fimple acte de fa Volonté ; Cependant, fa Sageffe & fa Bonté ont trouvé à propos d'honnorer de fes ordres fes Créatures, & fur-tout des Créatures d'un ordre plus parfait & plus relevé, & d'en faire, fuivant leurs différens degrés, & leur différente capacité, les Miniftres ordinaires de fes deffeins, dans la conduite & dans le gouvernement de ce Monde inférieur.

    Les Princes de la Terre ont des Lieutenans, & des Vice-Rois, pour gouverner les Provinces, qui font trop éloignées d'eux pour qu'ils puiffent en prendre foin ; & ça été une opinion affés généralement répanduë, tant parmi les *Juifs* que parmi les *Chrêtiens*, que le Dieu Tout-Puiffant a auffi établi des Anges particuliers pour préfider fur

les

[a] Apocal. V. 11. 12. 13. & Ch. VII. 11. &c.   (b) 2. Chron. XVI. 9 (c) Les Juifs interprêtoient ces Paffages, des Anges, comme nous pouvons l'apprendre de *Philon*, qui dit que *les yeux de Dieu* font fes Anges. Sermons de *Young* Vol. 2.   [d] Sermons de *Tillotfon*, Vol. 2.

les Empires & fur les Roiaumes, pour en diriger les grandes affaires, & pour exécuter leurs changemens & révolutions, par des moiens fe- crets & invifibles : [a] Toute la différence qu'il y a , entre le Monar- que Celefte & les Rois de la Terre, confifte, en ce qne ceux - ci ont leur Vice-Rois par néceffité, parce qu'ils ne fauroient s'en paffer ; au lieu que le grand Roi du Ciel & de la Terre choifit fes Miniftres & les emploie à fon fervice , uniquement pour leur donner occafion de lui témoigner leur affection, & de s'attirer fa faveur & fes récompen- fes.

Une autre branche de l'office des Anges , c'eft d'adminiftrer les af- faires de l'Eglife du Seigneur, & de la défendre contre la violence de fon adverfaire le Diable. Et fi nous voulons donner un peu plus carrière à notre curiofité fur cette matière ; nous pourrons conclurre [b] du X. Chapitre du Livre de Daniel, que *Michel* l'Archange , étoit le *Prince* ou l'Ange Tutelaire de la Nation & de l'Eglife *Ju- daïque* , [c] & que tant lui, que l'Armée Célefte , qui eft fous fon commandement, foutiennent encore, avec la même étenduë de pou- voir , (d) la même rélation à l'égard de l'Eglife *Chrêtienne* : C'eft ce qui eft plus que probable ; par ce Paffage de l'*Apocalypfe*, où il nous eft dit , (e) que *Michel & fes Anges combatirent contre le Dragon , & que le Dragon & fes Anges combattirent , mais qu'ils n'eurent pas le deffus*, c'eft-à-dire , (f) que *Michel* fit échouër tous leurs deffeins cruels, & toutes leurs entreprifes fanguinaires contre les Chrétiens , qu'ils fe propofoient de détruire , en fe fervant , pour cet

H 3

effet,

(a) Sermons de *Bull.* Vol. 2. (b) Daniel dans ce Chapitre , nous raconte qu'un Ange lui étant apparu lui dit, *qu'il* avoit *été longtems à com- batre contre le Prince du Roiaume de Perfe* , c. d. avec l'Ange puiffant qui fou- tenoit le parti des Perfes contre les Ifraëlites ; &-voici, *Michel, l'un des prin- cipaux Princes*, ou des plus grands Anges, *vint pour m'aider*, Verf. 13. pour *lui donner fecours*, afin qu'il fut en état de vaincre l'Ange qui combattoit contre lui , c'eft pourquoi il dit. Verf. 20. qu'étant ainfi renforcé , il re- tourna *pour combattre contre le Prince de Perfe :* & dans les Paroles qui fuivent immédiatement, il lui dit, que ce *Michel* étoit le *Prince* de la Nation *Juive*, ou l'Ange qui étoit chargé de les protèger & d'avoir foin de leurs affaires. C'eft de là que les Juifs ont été conftamment dans l'opinion , que chaque Païs avoit un *grand* & *puiffant* Ange , avec d'autres Subalternes , qui préfi- doit fur ce Païs, & qu'on ne peut point vaincre une Nation jufqu'à - ce que cet Ange, & ceux qui font fous fon commandement, foient vaincus, ou fe retirent. Sermons de *Patrick.* [c] Sermons de *Bull.* Vol. 2. [d] Ser- mons de *Young* Vol. 2. (e) Apocal. XII. 7. 8. (f) *Patrick* ibid.

effet , de la **Tyrannie** des Empereurs *Romains* , que cet Ennemi implacable de la véritable pieté pouffoit à les perfécuter.   On peut encore trés bien inferer , des Lettres & des Avertiffemens , que JESUS-CHRIST , dans le commencement de l'*Apocalypfe* , ordonne à St. *Jean* d'écrire , & [a] d'adreffer *aux Anges de diverfes Eglifes d'A-fie* , Que châque Eglife *Nationale* eft fous la préfidence , & commife à la garde d'un Ange.   Car quoique par ces *Anges* , il ne faille entendre autre chofe que les *Evêques* de ces Eglifes ; cependant le fondement même de la métaphore infinuë , que les *Anges* , auffi bien que les *Evêques* , étoient chargés de la Sur-Intendance des affaires de châque Eglife.   Que châque Affemblée particuliére de Chrétiens foit honnorée de la Préfidence & de l'Infpection des *Anges* , c'eft ce qui eft clair par ce Paffage de St. *Paul* , (b) dans lequel il ordonne aux femmes *d'avoir la tête couverte* , comme cela étant de la bienféance , dans les Affemblées Religieufes , *à caufe des Anges* , c. d. parce que les Anges font préfens dans nos Eglifes , remarquant jufqu'à la bienféance de notre habillement , auffi bien que la Dévotion qui paroit par notre contenance.

Leur diligence en cela.

Quant à la manière dont les Anges s'acquittent de toutes les fonctions , où les affairrs de la Providence Divine & de fon Eglife font intereffées ; Nous pouvons en être inftruits , par les Emblêmes que l'Ecriture Sainte emploie pour nous donner une idée de la perfection de leur obéïffance.   (c) Ils nous font repréfentés , comme *fe tenant debout à l'entour du Thrône Célefte* ; pofture , qui marque qu'ils font toujours difpofés & prêts à s'acquitter de ce à quoi ils feront emploiés : Comme *pleins d'yeux* , trait , qui défigne le defir qu'ils ont de connoitre , à la moindre marque ou au moindre figne , ce que Dieu exige de leur obéïffance ; Comme *aiant plufieuts aîles* , ce qui indique leur empreffement & leur allégreffe à exécuter les ordres de leur Créateur.   Enfin pour nous marquer leur perfévérance & leur affiduïté dans ces difpofitions , il eft dit , *qu'ils ne ceffent ni jour ni nuit* , qu'ils font toujours occupés à le louër & à le fervir ; Car faire la Volonré de Dieu eft leur viande & leur breuvage , leur grand feftin & leur banquet éternel.

(d) Les *Juifs* ont , il eft vrai , un Proverbe qui porte , que l'Ange de *Juftice* ne vole qu'avec une aîle ; Mais je penfe qu'ils ne
veulent

[a] Apocal. II. 1. & Chap. III. 1.   (b) I. Corinth. XI. 10.   [c]
Sermons de *Young* Vol. 2.   (d) Sermons de *Norris* Vol. 2.

veulent dire autre chofe par là, fi ce n'eft, que Dieu eft lent à donner des commiffions de vengeance, & non pas, que les Anges foient lents à les exécuter : Car eux, qui voient la raifon, auffi bien que la lettre du commandement, & qui ont une vuë fi claire de l'Effence & des perfections de Dieu, qu'elle ne leur permet pas de douter, le moins du Monde, de l'équité & de la droiture des ordres qu'ils en reçoivent, exécutent, avec autant de joie & de promptitude, les décrets de fa févérité, que les ordres & les émanations les plus tendres de fa charité ; Et fur cela nous pouvons remarquer, que l'Ange (a) qui fut envoié pour chaffer du Paradis, avec fon épée flamboiante, l'homme tombé dans le péché, fe chargea auffi promptement de cette trifte commiffion, que celui, qui devoit apporter les bonnes nouvelles du Salut de l'homme, [b] & annoncer *la paix fur la Terre, & la bonne volonté* de Dieu *envers le genre-humain* ; Et je ne doute point, que ces Fils de Dieu, qui chantoient de joie, lors de la conftruction de ce Monde, ne fe montrent auffi prêts à affifter à fa deftruction & à fa diffolution par le feu, comme l'Ecriture nous dit qu'ils le feront, dès que le fignal leur en aura été donné.

C'eft avec de telles facultés, que les Saints Anges font deftinés à être les Miniftres du Très Haut. Confidérons-les préfentement fous une autre face, & dans cette partie de leur Emploi, qui a pour objet les Enfans des Hommes, fur-tout ceux qui fe comportent bien, & qui, par cela même, ainfi que s'exprime l'Apôtre, *doivent hériter le Salut.*

(c) C'étoit une opinion commune parmi les *Païens,* & une tradition conftante, & fermement établie parmi les *Juifs,* que châque individu de l'efpèce humaine, ou tout au moins châque homme de bien avoit fon Ange gardien, que Dieu lui donnoit, & qu'il chargeoit de prendre un foin particulier de fa perfonne & de fes interêts, tant fpirituëls que temporels ; de le faire réüffir dans fes entreprifes, & de le confoler dans fes malheurs. Les *Juifs* fondent leur fentiment là-deffus, fur plufieurs Paffages de l'Ecriture Sainte, qui, felon eux, établiffent cette doctrine d'une manière inconteftable : *Jacob,* fur le point de mourir, fouhaite, (d) *que l'Ange, qui l'avoit préfervé de tout mal, béniffe les deux fils de Jofeph.* *Efaïe* reconnoit, que quand les *Ifraëlites* étoient dans l'affliction, [e] l'Ange de la préfence

[a] Genef. III. 24. (b) Luc II. 14. [c] Sermons de *Tillotfon,* Vol. 2. (d) Genef. XLVIII. 16. (e) Efaïe LXIII. 9.

fence de Dieu les fauvoit. *David* déclare d'une manière autentique, qu'il étoit perfuadé, que *l'Ange* [a] *de l'Eternel campe à l'entour de ceux qui le craignent* : Et notre Divin Sauveur paroit être dans les mêmes fentimens, lorfque, voulant avertir tous les hommes de prendre garde de ne fcandalifer *aucun de fes petits*, c'eft-à-dire, aucun Chrétien humble & dévôt, il dit pour raifon, (b) *leurs Anges contemplent toujours la face de mon Père qui eft dans le Ciel*, c'eft-à-dire, [c] „ Ces Efprits bien-heureux, qui font établis de Dieu pour „ être leurs *Gardiens*, fur la Terre, ont cependant leur retour & leur „ recours à la glorieufe Préfence de Dieu dans le Ciel , & s'appro- „ chent conftamment de lui , pour préfenter des plaintes & des re- „ quêtes en leur faveur.   Quiconque donc méprife ou fcandalife quel- „ qu'un de mes Difciples, s'expofe certainement à un très grand dan- „ ger ; par une telle conduite, il peut provoquer ces Efprits puiffans à „ folliciter , & à exécuter contre lui quelque commiffion de vengeance. Car il faut fe fouvenir que notre Sauveur parloit aux *Juifs*, & que, par conféquent, ce qu'il leur dit, doit s'entendre dans un fens conforme a leurs idées & à leurs opinions , entre lefquelles , celle qu'ils avoient de la protection des Anges , n'étoit pas la moins confidérable.

Les *Juifs* n'étoient pas les feuls qui fuffent dans ces idées. [d] Les *Païens* avoient auffi les mêmes fentimens , & il femble même, qu'ils alloient trop loin fur ce fujet , en attribuant un bon Génie à chaque perfonne indifferemment.   C'eft ainfi que [e] *Ménandre* dit, que chaque homme, auffi-tôt qu'il eft né, a fon Génie, qui l'accompagne, & qui l'affifte, comme le bon guide de fa vie : Et [f] *Arrien*, dans fon Commentaire fur *Epictète* , affûre en parlant de Dieu, qu'il a donné à chacun fon génie particulier, comme un *Protecteur* & un *Gardien* vigilant, que rien ne peut empêcher de s'acquitter fidèlement de fon Emploi.

Nous devons donc être moins furpris, [g] de trouver ce fentiment fi généralement reçû dans l'Eglife *Chrêtienne*, favoir, Que les hommes, depuis leur naiffance, ou tout ou moins, depuis leur nou-

velle

(a) Pf. XXXIV. 8.   (b) Matth. XVIII. 10.   [c] Vie Chrêtienne de *Scot* Vol. III.   (d) Sermons de *Bull.*

(e) Ἅπαντι δαίμων ἀνδρὶ συμπαραστατεῖ εὐθὺς γενομένῳ, μυσταγωγὸς τοῦ βίου ἀγαθός.   (f) καὶ ἐπίτροπον ἑκάστῳ προΐστησι τὸν ἑκάστου δαίμονα. καὶ παρέδωκε φυλάττειν αὐτὸν αὐτῷ. καὶ τοῦτον ἀνέμπτον κ̀ ἀπαράγωγον.   (g) Sermons de *Patrick.*

velle naiſſance , c'eſt‑à‑dire , depuis leur Batême , ont un Ange qui a reçû commiſſion de la part de Dieu , de les accompagner ; Et qu'à meſure qu'ils avancent dans la carrière Chrétienne , cet Ange eſt παρεζευγμένος , *mis* , ou *attellé ſous le même joug avec eux* ; Car les Anges , dit *Origene* , „ regardent ceux , qui , depuis leur engagement „ par le Batême , imitent Dieu avec eux , comme leurs Amis & leurs „ Parens ; & à cauſe de cela , ils ſe croient obligés de travailler , de „ concert , à leur ſûreté ; & tous les jours , (comme s'il y avoit une „ *ligue* & un traité entr'eux pour cet effet ,) ils viennent leur ren‑ „ dre de bons offices.

(a) C'eſt' une choſe fort remarquable , qu'avant que le St. Homme *Job* fut expoſé & ſoumis aux aſſauts du Démon ; cet Eſprit malin ſembloit porter envie à ſa ſûreté extérieure & au bonheur de ſon état ; (b) *Eſt‑ce pour néant que Job ſert Dieu ? N'as‑tu pas fait une haie à l'entour de lui , & à l'entour de ſa Maiſon , & à l'entour de tout ce qu'il a , de tous côtés ? Tu as béni l'œuvre de ſes mains , & ſon bien s'eſt accrû dans le Païs.* Il ſemble que ce Saint Homme fut ſi bien clos , & mis à couvert de tous côtés , tant dans ſa perſonne que dans ſes biens & dans ſa Famille , par les Anges de Dieu , qui cam‑ poient à l'entour de lui , que toute la puiſſance & la ruſe du Diable ne pouvoit faire brèche à ſa proſpérité , juſques à ce que Dieu trouva à propos de lui en ouvrir le chemin. Et quoique , pour éprouver la Foi de ſes Enfans , pour prévenir , ou pour châtier le péché , *afin qu'ils ſoient trouvés recevables au jour du Seigneur* , Dieu puiſſe quel‑ ques‑fois retirer d'auprés de ſes fidèles Serviteurs , cette garde d'An‑ ges , & les laiſſer expoſés , eux , & leurs Interéts , aux aſſauts de *Sa‑ tan* ; Cependant en même tems qu'il exécute à leur égard ce qu'il juge néceſſaire pour leur plus grand avantage , il ne manque jamais d'envoier à leur ſecours des troupes d'enhaut , pour les ſoutenir dans ce combat inégal , & pour empêcher qu'ils ne ſuccombent ſous le poids de leur épreuve. Ce fut ce qui arriva à notre Sauveur , quand , aprés avoir été vivement attaqué par le Diable dans le déſert , (c) *les bons Anges vinrent & le ſervirent* : (d) Et quoi qu'il ne ſoit pas dit , en tout autant de termes , qu'ils vinrent à ſon ſecours , pendant qu'il étoit actuellement *aux priſes* , parce qu'ils ſavoient que ſa vertu étoit invincible , & qu'il ne couroit pas riſque d'être ſéduit à faire une ac‑ tion auſſi lâche , que celle d'*adorer le Diable , en ſe proſternant devant lui* ;

I

(a) Sermons de *Bull.* Vol. 2.   (b) Job I. 9. 10.   (e) Matth. IV. II.   (d) Sermons de *Bull.* Vol. 2.

lui ; Cependant, ce Paſſage nous eſt un sûr garant, que, dans tous nos combats contre l'ennemi de notre Salut, nous, qui ne pouvons pas ſi bien réſiſter à ſes aſſauts ni les ſoutenir, *ſi nous ne ſommes ſecourus*, ne manquerons pas *d'être aidés en tems convenable*, par le moien de ces Armées charitables & Céleſtes, qui font conſiſter leur joie & leur triomphe, *à manifeſter la puiſſance de Dieu, dans notre foibleſſe.*

Facheux accidens.

La deſcription que nous fait le Pſalmiſte de la ſituation d'un homme de bien, qui ſe trouve à couvert des maux de la vie, & protegé contre la malice des méchans, eſt tout-à-fait élégante, & très-propre à nous conſoler ; Voici comment il s'exprime : (a) *L'Eternel ne permettra point que ton pied ſoit ébranlé ; celui qui te garde ne ſommeillera point ; le Seigneur lui-même eſt celui qui te garde ; L'Eternel eſt ton azile ; il eſt à ta droite ; le Soleil ne donnera point ſur toi, de jour, ni la Lune, de nuit ; L'Eternel te gardera de tout mal, il gardera ton Ame, & il gardera ton iſſuë & ton entrée dès maintenant & à toujours.* Et ce même Auteur Sacré nous apprend, dans un autre endroit, de quels moiens Dieu ſe ſert, & quels inſtrumens il emploie à cet effet ; (b) *Il donnera*, dit-il, *charge de toi à ſes Anges, qui te garderont dans toutes tes voies, & qui te porteront en leurs mains, de peur que tu ne heurtes de ton pied contre quelque pierre.*

Sans nous embaraſſer de ſavoir comment les Anges s'aquittent de leur commiſſion, il nous ſuffit d'être convaincus, par une heureuſe expérience, de la réalité du fait. Seulement pouvons-nous concevoir, (c) que comme ces Eſprits puiſſans ont beaucoup d'influence ſur les *cauſes néceſſaires*, ou du moins ſur un grand nombre de ces cauſes, & qu'ils peuvent retarder ou précipiter, varier ou détourner leurs mouvemens, ſelon qu'ils le trouvent à propos ; il leur eſt facile de prévenir, par ce moien, une infinité *d'accidens*, qui, ſans cela, n'auroient pas manqué d'arriver, s'ils les euſſent laiſſé ſuivre leurs *cours naturel.* Et comme ils ont un grand accès, pour le moins, à l'Imagination des hommes, ils peuvent, ſoit en nous avertiſſant des dangers qui nous menacent, par quelque ſigne extérieur, ou en faiſant ſur notre Imagination une certaine impreſſion, que nous ne ſaurions exprimer, & qui cependant nous ſollicite fortement, ſans que nous en voions la raiſon, à quitter le ſentier où le danger ſe trouve ; ſoit en

jettant

(a) Pſ. CXXI 3. 4. &c. (b) Pſ. XCI. 11. 12. (c) Vie Chrètienne de *Scot*, Vol. III.

jettant dans le cœur des méchans des craintes foudaines , & en frappant leur Imagination de fantômes effraians , comme l'Ange qui arrêta *Balaam* , avec une épée de feu , ils peuvent, dis - je , prévenir & faire échouër les deffeins , que les Méchans avoient formés contre nous.

Mais le but de leur Emploi , & de la garde qu'ils font autour de nous, n'eft pas feulement de nous mettre à couvert du mal , & de nous retirer du danger ; ils contribuent encore à nous procurer, par une affiftance invifible , tous les biens qui nous font néceffaires. Ceci [a] nous donne lieu de remarquer, que Saint *Jean* (b) dans fa Salutation aux Eglifes d'*Afie*, leur fouhaite *la grace & la paix* , c'eft à dire, toute forte de bénédictions , tant *fpirituelles* que *temporelles* , non feulement *de la part de Dieu le Pére*, comme de leur fource , & de la part de J E S U S - C H R I S T , comme celui qui nous les a procurées par fon mérite; mais auffi *de la part des fept Efprits* , ou des principaux Anges , (c) *qui font devant fon Trône* , comme des grands inftrumens dont la Providence Divine fe fert , pour les difpenfer : (d) Ce qui doit néceffairement nous faire comprendre que , depuis le retour de notre Sauveur dans le Ciel , les Saints Anges font emploiés , par l'ordre de Dieu , à nous tranfmettre les bénédictions fpirituelles , de la part du Confolateur , qui eft le Saint Efprit.

(e) *Socrate* , dans fon Apologie , déclare que , dans tout ce qu'il avoit dit & fait , par oppofition aux opinions & aux pratiques corrompues du Vulgaire , il n'avoit fait que fuivre les inftigations du bon génie , qui l'accompagnoit. Mais quoi qu'il en foit de ce Philofophe , puifqu'il eft dit , que (f) *le Diable agit avec efficace, dans les Enfans de rebellion* , s'occupant & s'étudiant fans ceffe à les féduire , & à les porter au péché ; le moins que nous puiffions attribuër aux bons Anges , c'eft de les croire revétus d'un pouvoir égal à celui de cet Efprit malin , mais dont ils fe fervent à une fin toute oppofée , favoir , à l'avantage des gens de bien ; qu'ils peuvent infenfiblement conduire & diriger dans les voies de la Religion & de la Vertu ; par le moien de leur Sang & de leurs efprits animaux , faire naître dans leurs Ames des inclinations vertueufes , & en agiffant fur leur

I 2

ima-

(a) Sermons de *Bull.* Vol. 2.   (b) Apocal. I. 4.   (c) Le général des Théologiens Chrétiens entendent avec plus de raifon ces *Sept Efprits* , de la Perfonne du *St. Efprit* , qui eft ainfi appellé à caufe de la perfection & de la multiplicité de fes dons. Conf. Apocal. V. 6.   (d) Sermons de *Patrick.* (e) Théologie d'*Edwards* , Vol. I.   (f) Ephef. II. 2.

Imagination, leur fuggérer de bonnes penfées ; exciter en eux de faintes vuës & des affections pures ; les encourager & les animer dans leurs pieux deffeins, & par cela même faciliter & avancer l'Ouvrage de leur *Sanctification*. Auffi quiconque s'eft exercé dans les voies de la pieté, aura-t-il pû remarquer, en faifant attention à ce qui fe paffe dans fon intérieur, (a) que, fouvent les penfées les plus vives & les plus touchantes de l'Eternité, & ce que la Religion a de plus intereffant, s'eft emparé de fon ame, fans qu'il fache comment, & que même dans le tems qu'il étoit diftrait par des objets tout différens, il a fenti s'élever dans fon cœur une fuggeftion foudaine, qu'il ne pouvoit ni combattre ni étouffer, & qui l'excitoit à la pratique de quelque acte de pieté, ou de quelqu'autre bonne œuvre, avec une force irréfiftible, qui peut, en bonne partie, être imputée à l'action des Anges, dirigée par la fur-intendance du Saint Efprit.

(b) Il eft vrai, que le Saint Efprit eft le feul Auteur en chef de notre Sanctification, qui en dérive comme de fa fource ; qu'il eft le feul, qui puiffe dominer fur notre volonté, & rectifier nos facultés intérieures ; auffi, dans tout ce que nous attribuons à l'opération des Anges, ne prétendons-nous déroger en façon que ce foit à l'efficace du Saint Efprit, ni à ce qui eft du reffort de fa grace ; Au contraire nous foutenons, que tous les moiens que les Intelligences Céleftes emploient, & toutes les voies dont elles fe fervent, pour former en nous de bonnes difpofitions, viennent originairement de *Lui*, & que lors même que les Anges nous affiftent de leur fecours, c'eft un effet de fa *Grace*, & que, par conféquent, la Gloire *lui* en *eft auffi duë*, parce qu'ils n'agiffent que comme fes fubdélégués.

Je dis plus, & je foutiens que cette Doctrine de l'affiftance des Anges n'eft nullement incompatible avec la Puiffance de l'Efprit de Dieu, & qu'il y a une différence vifible entre fa manière d'agir fur l'Ame des hommes, & l'opération des Anges. Auffi voions-nous que Saint *Bernard* les diftingue l'une de l'autre, lors qu'il dit ; *Angelus adeft animæ, non ineft ; Suggerit bona, non ingerit, hortatur ad bonum, non bonum creat*. Ce qui revient dans le fonds à ceci : L'Ange vient à l'Ame, & le Saint Efprit entre au dedans d'elle ; L'Ange nous fuggère & nous recommande de bonnes chofes, mais le Saint Efprit les crée & les plante au dedans de nous, par un puiffance efficace ; En un mot, les Anges ne fauroient agir fur nos Ames que d'une *manière méchanique*, & par le moien de notre Imagination ; Mais

le

(a) Sermons de *Bull*, Vol. 2.   (b) Sermons de *Young*, Vol. 2.

le Saint Efprit peut venir au dedans d'elles , & agir immédiatement
fur leur propre effence. Il paroit donc très digne de la Majefté de
Dieu , & très convenable à la diftance infinie qu'il y a de lui à nous,
de croire , qu'il fe fert des Anges comme d'inftrumens propres à exécuter tout ce qui eft de fon bon plaifir à notre égard, & qui peut
fe faire *méchaniquement* ; Mais pour ce qui eft d'agir immédiatement fur l'Ame, de la changer & de la fanctifier, il faut croire , &
nous foutenons, que c'eft là l'Ouvrage de Dieu feul qui l'a créée.

Une autre partie de l'Emploi des Anges & de leur Office, con- 4. Exa-
fifte à examiner les priéres & les autres bonnes œuvres des hommes miner no-
fur la Terre, à en prendre connoiffance , afin d'en faire le rapport te particu-
devant Dieu dans le Ciel. (a) Que les prémiers Chrétiens regar- liére.
daffent les Anges comme les témoins de leurs actions, & que cette
confideration les excitât à bien faire, & à fe conduire avec prudence
& avec circonfpection, c'eft ce qui paroit manifeftement, par cet ordre févère que Saint *Paul* donne à fon difciple *Timothée* : (b) *Je
te conjure devant Dieu , & le Seigneur Jefus Chrift, & devant les
Anges Elûs ; que tu obferves ces chofes*, comme s'il eut dit; „ Les
Anges Elûs , c. d. les Principaux & les plus grands d'entre les An-
„ ges, font témoins de ce que je dis; ils connoiffent toute l'étenduë
„ de la charge qui t'eft impofée, & que tu entreprens de remplir ;
„ ils obferveront ta conduite, & la manière dont tu te comporteras
„ dans l'Eglife de Dieu, puis qu'ils font comme tout autant d'Infpec-
„ teurs , établis fur les hommes , par le *Père de tous*, & fuivant
„ cela , ils t'accuferont, ou ils prendront ta deffenfe au grand jour
„ des rétributions. Cet Apótre paroit vouloir nous infinuer la méme
chofe dans un autre endroit, (c) où il ordonne aux *Chrêtiens* de
confiderer, que les Anges font préfens dans leurs Affemblées, & que
par conféquent, par refpect pour ces grands Miniftres de Dieu, prè-
pofés pour y affifter , ils doivent bien prendre garde d'y commettre
rien d'indécent, ou qui bleffe la modeftie

Il femble, à la vérité, que ces Courtifans Céleftes ambitionnent Et Reli-
de (d) *fonder jufques au fonds* les importantes vérités du Chriftia- gieufe.
nifme ; ils *courbent* leurs têtes glorieufes, (c'eft la force de l'expreffion,) & ils fe baiffent pour tâcher de découvrir les facrés Myftères de notre Sainte Religion. Ils *apprennent* (e) *de l'Eglife ,*
comme l'Apótre nous l'affeure, *en combien de manières, & combien*

I 3

de

(a) Sermons de *Patrick.* (b) 1. Timoth. V. 21. (c) 1. Corinth.
XI. 10. (d) 1. Pierre I. 12. (e) Ephef. III. 10.

de fois, *la Sageſſe de Dieu s'eſt manifeſtée* : Il ne faut donc pas être ſurpris, qu'ils ſoient préſens dans les lieux, où l'on parle, & où l'on s'entretient de ces choſes ; Et s'ils ſont préſens dans nos aſſemblées Religieuſes, pourrons nous nous imaginer, qu'ils y ſoient comme des Auditeurs indolents, des Spectateurs oiſifs, ne s'embaraſſant de quoi que ce ſoit, ſinon d'obſerver & de conſiderer de près nos ſolemnités ? N'eſt-il pas plus naturel de nous les repréſenter, comme ſe faiſant une affaire & un devoir, de nous aſſiſter dans nos exercices de Religion ; d'écarter nos diſtractions, & de reveiller nos Eſprits qui s'égarent en voltigeant çà & là ; de fixer notre attention, de ranimer nôtre Zéle, d'enflamer notre Dévotion, &, quand une fois nos cœurs ſont bien diſpoſés, de joindre leurs ſupplications aux nôtres, afin que nos requêtes ſoient d'autant mieux acceptées, lors qu'elles parviendront au Thrône de la grace ? C'eſt en ce ſens que l'on peut avec aſſés de raiſon, prendre ce paſſage de *l'Apocalypſe*, où il eſt dit, (a) *qu'un Ange vint & ſe tint debout devant l'autel, ayant un Encenſoir d'or, & que là on lui donna beaucoup d'Encens, afin qu'il l'offrit, avec les priéres de tous les Saints, ſur l'Autel d'or qui étoit devant le Thrône.*

Dieu connoit, il eſt vrai, par lui-même, tout ce que ſont les gens de bien ; il y fait une attention particuliére, & il le met pour toujours dans le Regítre fidèle de ſon Intelligence, à la quelle rien n'eſt caché : Cependant il veut que ſes bons Anges ſoient auſſi les témoins & les Spectateurs de nos vertus, non ſeulement afin qu'en qualité de nos Compagnons de ſervice, & s'intereſſant à la gloire de notre Maitre commun, ils puiſſent ſe réjouïr avec nous de notre bonheur ; mais auſſi afin qu'ils puiſſent être témoins de la juſtice de ſes jugemens, & ſe déclarer les défenſeurs de notre innocence, prêts à refuter & confondre (b) *le grand accuſateur des Fréres*, quand Jeſus-Chriſt deſcendra du Ciel, *avec des millions de Saints Anges, pour juger le Monde, ſelon ſon Evangile.*

Nous ne ſaurions nous empêcher de remarquer, après tout ce qu'on vient de dire, juſqu'à quel point ces Eſprits grands & glorieux portent leur bonté & leur charité pour nous, en nous rendant tous les bons offices, qui peuvent tendre à notre ſalut, en nous détournant du péché, & en nous en retirant, quand nous y ſommes tombés, en nous excitant & en nous encourageant à la pratique de ce qui eſt bon, en avançant notre Sainteté, en aidant à notre Dévotion, en

recom-

(a) Apocal. VIII. 3.   (b) Apocal. XII. 1.

recommandant nos priéres , & quand nous avons fait quelque action loüable , ces Efprits Saints s'en réjouiffent , en portent la nouvelle dans le féjour de fa gloire , & en font un rapport favorable à leur grand Maitre, qui eft auffi le nôtre.

Et comme pendant tout le cours de notre vie , ils nous aident à travailler à notre falut; (a) Auffi à l'heure de notre mort , ils fe tiennent près de nous , pour nous afiilter , & nous foutenir dans cette trifte conjonéture , & pendant ces rudes & derniers combats , que notre Nature fragile & mortelle foutient contre la mort , & contre les puiffances des ténèbres ; Ils reçoivent alors dans leurs bras nos ames nuës , & ils les conduifent fûrement dans ces demeures heureufes , que la bonté de Dieu a préparées pour leur reception. Car en quelque lieu que foit le Paradis , (b) puifque les Régions inférieures , que nous avons à traverfer pour y arriver , font infeclées d'une multitude d'Efprits Apoftats , qui , comme des oifeaux de proie, fe tiennent continuellement en embufcade , pour faifir les Ames , dès qu'elles font féparées du corps ; les Bienheureux Anges font établis pour prendre fous leur garde toutes les Ames pieufes , & pour les conduire fûrement au travers du quartier de l'Ennemi jufques dans le féjour du bonheur. Il eft méme affés probable , que les mauvais Efprits diftinguent fans peine , celles qui leur appartiennent , de celles fur lefquelles ils n'ont aucun droit ; les prémières , feules & deftituées de tout fecours , leur préfentent une proie facile à faifir , pendant que celles-ci font entourées & accompagnées d'une garde d'Efprits Céleftes.

Nous fommes allés , dans la découverte de la Nature & des offices des bons Anges, auffi loin que , ce que l'Ecriture Sainte nous apprend fur ce fujet, nous l'a pú permettre. Ne laiffons pas échapper une matiére fi confolante , fans en tirer des conféquences convenables , & dont nous puiffions faire ufage.

(c) Cette Doctrine peut fervir à rappeller à notre fouvenir l'admirable condefcendance que Dieu a pour le Genre-humain , lorsque nous ferons cette reflexion , que notre état préfent , quelque méprifable qu'il puiffe nous paroitre à d'autres égards , ne laiffe pourtant pas d'être honnoré des fervices & de la focieté de Créatures fi excellentes. Elle peut fervir à rendre recommandable cette partie du Culte Religieux , dans la quelle les Chrétiens animés d'une véritable

Dévo-

(a) Sermons de *Tillotfon*, Vol. II.   (b) Vie Chrétienne de *Scot* , Vol. III.   (c) Sermons de *Young* , Vol. II.

Dévotion, ont accoutumé de demander à Dieu, *qu'il faffe camper fes Saints Anges tout au tour de nous.* Mais elle ne nous autorife point à leur rendre un culte, que l'on fait bien qu'ils abhorrent eux-mêmes ; (a) *Pren garde que tu ne le faffes ; car je fuis ton compa-gnon de fervice, adore Dieu.* Enfin elle peut fervir à faire naitre dans nos ames ces fentimens de refpect qu'il convient d'avoir pour les Saints Anges, témoins conftans de notre conduite ; à nous infpi-rer des égards refpectueux pour leur préfence & leur infpection ; & à nous faire prendre garde, que ces Anges, qui nous accompagnent & qui nous fervent pour notre bien, ne foient ni affligés, ni for-cés d'abandonner leur pofte, par le déréglement de nos Mœurs.

En quelque lieu donc que tu fois ; en quelque coin du Monde que tu te trouves, refpecte la préfence de ton Ange, & ne fais pas devant lui, ce que tu aurois honte de faire fous les yeux d'un de tes femblables. (b) *Pren fur tout garde à ton pied, quand tu en-tres dans la maifon de Dieu ;* Et que le culte, que tu lui rends, dans ce lieu facré, foit pur, refpectueux & fincère ; parce que fes Saints Anges y font avec toi, & qu'ils obfervent attentivement la ma-nière dont tu t'y conduits. Comme ils ont les yeux fur toi, aies auffi fur eux les tiens, & propofe toi leur exemple, afin de les imi-ter. Imite leur amour, fource & principe de tous leurs fervices, cet amour ardent qu'ils ont pour leur Créateur, *en aimant le Seigneur ton Dieu de tout ton pouvoir.* Imite ces Efprits fublimes, dans les louanges qu'ils chantent continuëllement à l'honneur de celui qui les a formés, en payant à fa bonté le tribut de ta reconnoiffance, du mieux qu'il te fera poffible, & en demeurant conftamment atta-ché à la Communion de l'Eglife dans la pratique des devoirs de la Religion. Imite leur charité, en donnant un libre cours à la tienne, & en fécourant généreufement ceux de tes Frères dont le trifte état follicite ta compaffion. Imite enfin leur grande & admirable condef-cendance, en ne regardant au deffous de toi, rien de tout ce qui peut contribuer au foulagement de celui qui eft dans le befoin, ou à l'a-vantage de fon Ame immortelle.

(a) Apocal. XXII. 9.   (b) Ecclef. V. 1.

S E C-

SECTION III.

De l'Existence & de l'Occupation des mauvais Anges.

TOus les Anges furent d'abord créés bons & obéïſſans à la volonté de leur Créateur ; Mais la Révélation nous apprend, que quelques-uns d'entr'eux [a] *pécherent*, & que (b) *ne gardant point leur prémière origine . . . . ils abandonnérent leur habitation.* Ils devinrent ainſi les plus viles & les plus miferables de toutes les Créatures de Dieu ; au lieu qu'ils étoient, avant cette chûte, les plus heureux & les plus glorieux de tous les Etres finis. Ils furent chaſſés de ces Régions de lumière, de cet heureux féjour, qu'ils habitoient auparavant, & *précipités en Enfer, pour être reſervés dans des chaines éternelles ſous l'obſcurité, pour le jugement du grand Jour.* Ils perdirent avec le Ciel, ces diſpoſitions Céleſtes, qui leur faiſoient gouter du plaiſir à bien faire & à louër Dieu ; & conçurent une haine implacable contre lui, & une malignité defefperée contre l'homme, qui eſt ſon image. Cette paix & cette tranquilité, dont ils jouiſſoient intérieurement, s'évanouirent. Tout deſir & toute force de bien faire s'éloignérent d'eux. La rage, la fureur, & les deſirs de vengeance ; l'horreur, le defefpoir & la méchanceté, s'emparérent de leur intérieur, & en firent un *Enfer éternel.*

Qu'il y ait de tels Eſprits méchans & Apoſtats, c'eſt ce qui n'eſt que trop évident, par le pouvoir qu'ils ont uſurpé dans le Monde, & par le terrein qu'ils y ont gagné. Car quelque peu de foi que nous ajoutions aux différens contes qu'on fait ajourd'hui des Sorciers & des Magiciens ; quelqu'incroiables que nous paroiſſent les Aſſemblées des Sorciers & leurs métamorphoſes, leurs Pactes avec le Diable, & leurs ſolemnités dans ces occaſions, leurs tours & leurs pratiques, auſſi ridicules que pernicieuſes, cependant, ſi l'autorité de l'Ecriture Sainte eſt pour nous de quelque poids, nous ne ſaurions nous empêcher de regarder pluſieurs Loix, faites dans le *Vieux Teſtament,* (c) contre les *Sorciers,* & contre ceux *qui avoient des Eſprits familiers,* & le

Leur exiſtence.

K

grand

(a) 2. Pierr. I I. 4. (b) Jude verſ. 6. (c) Exode XXII. 18. Lévitiq. XX. 27.

grand nombre d'exemples que nous fournit le *Nouveau*, (a) de perfonnes poffedées par les Diables, & délivrées , au rapport des Evan-
géliftes , par notre Sauveur; comme autant de preuves , qui atteftent
cette vérité.   Béni foit Dieu, qui ne permet pas que ces malins Efprits aient préfentement, dans le fein de la Chrétienté , autant de liberté qu'ils en avoient autrefois dans le Monde ; Ce qui eft le fens
qu'on peut donner à ces Paroles de notre Seigneur : (b) *Je contem-
plois Satan tombant du Ciel comme un éclair.*   Si cependant nous en
croions les Anciens Ecrivains Eccléfiaftiques ; les *Poffeffions* étoient fré-
quentes , dans les prémiers tems de l'Eglife , & le nombre des *Démo-
niaques* n'étoit pas petit.   Il y a même encore aujourd'hui plufieurs
Nations , deftituées de la connoiffance du vrai Dieu , parmi lefquelles ,
(c) ces Efprits infernaux, (fi du moins l'on peut compter fur le témoignage des Voiageurs qui nous le rapportent,) apparoiffent fré-
quemment, font publiquemment adorés , & exercent, fur le pauvre
Peuple abufé , une Tyrannie ouverte & palpable.   Si nous en croions
l'aveu de quelques perfonnes vertueufes, qui fe plaignent , de ce que,
fans leur confentement, il s'éleve quelquefois dans leur Ame des penfées horribles & blafphématoires, qui ne peuvent venir que d'un A-
gent invifible & d'une malice confommée ; Ou enfin fi nous faifons
attention à la conduite dépravée de tant de Scélerats de Profeffion ,
à leurs Meurtres cruëls & barbares, à leurs Sermens exécrables , à
leurs convoitifes abominables , à ces actions , dont la Nature humaine n'eut jamais été capable, fans l'inftigation du Diable, & qui paroiffent avoir été commifes, non dans la vuë de fatisfaire quelque paffion , ou
quelque appetit dérègié , mais uniquement parce qu'elles étoient extraordinairement mauvaifes ; Nous ferons obligés de convenir , que
cet Adverfaire & fes Supóts n'ont encore que trop de pouvoir , même
parmi les Chrétiens, & que pendant que leurs efforts ne fervent qu'à
éprouver les *gens de bien* , & à donner de l'exercice à leur pieté ,
ils

(a) Luc XI. 14 & IX. 42 &c. (b) Luc X. 18. (c) Plufieurs
Ecrivains, non feulement *Papiftes* mais auffi *Proteftans*, témoignent, que les
Infidèles de l'*Amérique* font hantés & effrayés par ces Malins Efprits, qui fe
préfentent à eux en tout tems, fous des figures épouvantables. *Maffæus*
rapporte en particulier des Peuples du *Brezil* , qu'ordinairement ils portent
du feu avec eux quand ils fortent, croyant par ce moien fe deffendre contre
les Diables, qui fe font rendre hommage , & fe font adorer par eux avec la
plus profonde humilité.   Pour plus ample confirmation fur ce fujet , Voyés
Prodage , Theologie Myfthique Pofthume ; *Baxter* , Difcours des apparitions.
Lavater & *Logerus* de Spectris , *Boiffardus* de Spirit. apparit. &c.

ils règnent *avec efficace*, *dans les Enfans de rebellion* : En un mot, les Ecrivains Sacrés ont pris tant de soin de nous informer de l'origine, & de (a) la chûte de ces Créatures, dont le domicile étoit autrefois le Ciel, aussi bien que de leurs Noms, (b) & de leur (c) nombre, de leur (d) Police, & de leurs (e) différens Ordres, de leur (f) état déplorable, & de leur (g) supplice, de leurs (h) desseins malicieux & de leurs occupations ; que quiconque est persuadé de la vérité des Saints Oracles, ne sauroit douter de leur existence ; & on ne peut s'éfforcer de bannir cette persuasion de son Ame, sans tenter Dieu, de nous livrer *à une efficace d'erreur pour croire au mensonge.*

Quand, & pour quelle offense, ces Esprits Apostats sont - ils tombés du Ciel, & se sont-ils plongés dans un tel abime de méchanceté & de misère ? Ce sont là des questions qu'il est bien difficile, pour ne pas dire impossible, de décider par quelque Texte formel de l'Ecriture. Tout ce qu'Elle nous apprend sur ce sujet, c'est qu'avant la chûte de l'homme, un Ange étoit déchû de son Origine, & que cet Ange, le prémier & le principal des compagnons de sa revolte, sous la forme d'un Serpent, séduisit l'homme, & le porta à la désobéïssance, à cause de quoi il est appellé, (i) le *Serpent Ancien* & (k) *Meurtrier dès le commencement.* Mais de dire précisément,

K 2

com-

Leur chûte, & ce quien a été vraisemblablement l'occasion.

(a) Jean VIII. 44. (b) Leur Nom général dans l'Ecriture est celui de *Satan*, Adversaire, *Job* I. 6. Ἀντίδικος, signifie la même chose 1. Pier. V. 8. Κατήγορις, Accusateur, Apocalyp. XII. 10. Ἐχθρὸς, Ennemi, Matth. XIII. 39. Διάβολος, Calomniateur, Matth. IV. 8. Leurs Noms particuliers sont ceux de שעירים. *Schegnirim*, Epouvantables, Levit. XVII. 7. שדים. *Schedim*, Deut. XXXII 17. qui est le même que celui אבדון *Abaddon*, en Grec Ἀπολλύων Apollyon, Apocalyp. IX. 11. & peut - être reviennent - ils au même que celui d'*Asmodée*, [*] dont il est parlé dans les Livres Apocryphes, qui signifie *Destructeur.*

(c) Que leur nombre soit prodigieux, c'est ce que nous pouvons apprendre de leur propre Confession ; *Notre Nom est Légion, car nous sommes plusieurs*, Marc. V. 9. Une Légion complette chez les Romains contenoit plus de 6000 hommes. Et quoique cela soit mis ici pour un nombre indéfini, il ne laisse cependant pas de nous faire connoître la multitude prodigieuse de Démons qu'il y a dans le Monde ; Car s'il y en avoit une Légion dans un seul homme, nous pouvons conclurre que leur nombre doit être prodigieux. (d) Matth. XII. 26. (e) Eph. VI. 12. (f) Jude vers. 6. (g) Matth. VII. 22. (h) 1. Pier. V. 8. (i) Apocal. XII. 9. [k] Jean VIII. 44.

(*) Peut - être que le nom d'*Asmodée* vient du Verbe Persan, *Asmou-den*, qui signifie *Tenter*, & qu'ainsi ce Nom signifie *Tentateur.*
       Note du Traducteur.

combien de tems ils s'écoula entre cette Chûte & la Création de l'homme, c'eſt ſur quoi l'Ecriture Sainte ne nous donne aucun indice ; & il n'eſt pas non plus poſſible de déterminer au juſte, par quelle faute, ou par quel crime particulier, le Diable & ſes Suppôts déchûrent de leur état primitf.

Quelques (a) Docteurs *Juifs*, auſſi bien que quelques Péres [b] de l'Egliſe ont crû, que le péché, qui jetta ces Anges dans la condition des Diables, étoit *le péché de la chair*, & qu'ils *quittérent leur propre demeure*, ou qu'ils furent chaſſés du Ciel, parce qu'ils convoitoient de converſer ſur la Terre avec les femmes. Mais cette opinion n'a d'autre fondement que la mépriſe où ils ſont tombez en expliquant ces paroles, (c) *les Fils de Dieu virent que les filles des hommes étoient belles*, paroles qu'il ne faut pas entendre des Anges, mais des gens de bien de ces tems - là, qui, ſelon le ſtyle de l'Ecriture, ſont appellés en d'autres endroits, *les Fils*, ou *les Enfans de Dieu*. Or ces gens de bien, (ſi nous nous en tenons à cette dernière interprétation, qui nous paroit la meilleure,) étoient les Deſcendans de *Seth*, dans la Famille duquel le Service du vrai Dieu s'étoit conſervé, leſquels prenant en Mariage *les Filles des hommes*, c. d. s'alliant avec la poſtérité de l'impie *Caïn*, furent cauſe, par un tel mélange, de la corruption générale, dans laquelle, au rapport de *Moïſe*, (d) le genre - humain ſe plongea dans la ſuite.

(e) D'autres ſe ſont imaginés, que les Anges, informés de l'intention que Dieu avoit de créer l'homme à ſon image, & d'exalter ſa Nature, en ce que le C H R I S T la revêtiroit, crurent que leur gloire en ſeroit éclipſée, & portérent *envie*, au bonheur de l'homme, ce qui les engagea à ſe revolter. Mais quelque plauſible que ſoit ce ſentiment, il n'eſt pas ſi bien fondé, ni ſur la raiſon, ni ſur la Révélation, que (f) celui, qui nous fait regarder *l'orgueil* comme le péché primitif des Anges Apoſtats. Car (g) quelque parfaite, & quelque excellente que puiſſe être une Créature, à moins qu'elle ne ſoit affermie & confirmée dans un état de pureté & de Sainteté, [état dans lequel les Anges ne ſe trouvérent pas d'abord ;] on peut ſuppoſer, qu'elle s'admire elle - même, & qu'entétée de ſes propres perfections, elle vient peu à peu à négliger & à mépriſer Dieu, qui en

eſt

(a) *Joſephe & Philon.* (b) *Origenes, Tertullien, Juſtin* Martyr &c. (c) Geneſe VI. 2. (d) Verſ. ç. (e) *Irenée, Lactance, Gregoire* de Nyſ. &c. (f) *Chryſoſtome, Theodoret, Athanaſe*, &c. [g] Le Chriſtianiſme Raiſonnable de *Jenkins*, Livre 2.

eſt l'Auteur, & avec le tems à rejetter & à ſecouër toute dépendance à ſon égard. L'homme, qui ſe laiſſe ſurprendre aux tentations d'un orgueil ſecret & *Phariſaïque*, fait de tout ce qu'il y a en lui de bon & de loüable, la matiére de ſon péché. De même il peut être arrivé que ces Etres ſublimes, conſidérant l'élévation & la dignité de leur état, ont été bouffis d'orgueil ; & que plus ils découvroient de perfections dans leur nature, plus fortement auſſi furent ils tentés ſe rebeller. Il ſemble même que l'Apôtre (a) nous renvoie à cette cauſe de l'Apoſtaſie des Anges, dans ces paroles, *de peur qu'étant enflé d'orgueil, il ne tombe dans la tentation du Diable*, paroles dans leſquelles il joint enſemble le péché de ces Eſprits malins & leur punition.

(b) *Comment es-tu tombé du Ciel, Lucifer, fils du matin ? Comment as-tu été coupé juſques à terre, toi qui affoibliſſois les Nations ! Car tu as dit dans ton cœur, je monterai au Ciel : J'éleverai mon Trône par deſſus les Etoiles de Dieu : Je ſerai ſemblable au Très-Haut : Cependant tu ſeras abaiſſé juſqu'aux Enfers, aux côtés de l'Abîme.* J'avoüe que le Prophéte parle dans ce paſſage de l'abaiſſement du fier *Sennacherib* ; mais l'Analogie de la comparaiſon, qu'il emploie, ne nous permet pas de douter, qu'il n'eut auſſi en vuë les Anges, & qu'il ne voulût faire entendre par là, que l'orgueil avoit détruit ce Tyran *Babylonien*, comme il avoit autrefois perdu les Eſprits *Angeliques*.

Et pour le dire ici en paſſant, les Reflexions que nous venons de faire, peuvent nous ſuggerer la raiſon pour laquelle cet Ordre ſuperieur de Creatures fut exclûs pour jamais de la Redemption du Monde, tandis que l'homme & ſa poſtérité ont été admis à la grace. (c) Il eſt indubitable que Dieu auroit pû rétablir la Nature des Anges, & les rendre des Créatures auſſi glorieuſes qu'ils l'étoient auparavant : Qu'il auroit pû leur accorder la Redemption & le ſalut, de la même manière qu'il l'a fait à l'homme perdu : Mais ſon bon plaiſir a été de faire voir les richeſſes de ſa grace envers nous, & non pas envers eux ; *envers nous*, dis-je, parce que notre condition & nos perfections n'étoient ni ſi brillantes ni ſi conſiderables que les leurs ; & que notre péché, quoique volontaire, fut en quelque ſorte cauſé par leurs tentations : Mais non pas *envers eux*, parce qu'ils abandonnérent volontairement le plus grand bonheur, dont des Créatures pûſſent joüir, & que, de propos déliberé, ſans y être ſollicités

en

(a) 1. Timoth. III. 6. (b) Eſaïe XIV. 12 (c) Théologie d'*Edwards*, Vol. I.

en aucune manière, ils déchûrent du plus haut faite d'honneur & d'éxcellence. Ajoutons à cela, qu'il eſt croyable, que, puiſque leur péché étoit le prémier qui ſe fut commis, il étoit convenable que la rigueur commençât là où l'offenſe avoit commencé; afin que cette conſideration détournât les autres Natures Spirituëlles de ſuivre un exemple, qui avoit été ſi funeſte à ſes auteurs. C'eſt auſſi pour cette raiſon, que quelques Theologiens ont crû, que la triſte vuë de l'Apoſtaſie & de la miſère de leurs frères, étoit, entr'autres, un moyen puiſſant de conſerver les Anges élûs, dans un état d'impeccabilité.

„ Mais ſi ces mauvais Eſprits ſont des ennemis ſi acharnés de „ Dieu & de la vertu; s'ils ſont ſi fort portés à faire périr l'hom- „ me; ſi, *comme des Lions rugiſſans, ils rodent ſans ceſſe autour de* „ *nous, cherchant qui ils pourront dévorer?* Pourquoi Dieu ne ſe „ délivra-t-il pas lui-même, & nous auſſi, de ces Adverſaires? Pour- „ quoi ne les détruiſit-il pas une bonne fois pour toutes, puis qu'auſſi „ bien ils ſont perdus ſans reſſource?

C'eſt là une queſtion, qui n'eſt pas hors de propos, & qui ſe préſente naturellement: Pour la reſoudre d'une manière ſatisfaiſante; il eſt bon de remarquer; Que les Diables mêmes, quoique bannis du Ciel, ſont cependant encore ſoumis aux ordres, & à la Juriſdiction de leur Créateur, qu'ils ne peuvent rien faire ſans ſa permiſſion ex- preſſe & ſans ſon ordre; qu'ils ſont forcés d'exécuter tout ce que ſa Sageſſe infinie veut qu'ils exécutent; & que, par conſéquent, on doit les conſidérer, à cet égard, comme ſervant autant aux vuës de la Pro- vidence, que les bons Anges mêmes; leurs ſervices, quoique ce ne ſoit pas là leur intention, tournant également, par la ſage Direction de Dieu, à ſa Gloire, & à l'avantage de ſes fidèles Serviteurs. Car puiſque ce Monde eſt un état d'épreuve, où les afflictons ſont néceſ- ſaires pour exercer nos Vertus; [a] la Sageſſe de Dieu trouve à propos d'emploier la malice de ces Eſprits rebelles à faire davantage éclatter notre Foi, notre patience, & notre réſignation à ſa volonté; & les alarmes continuelles que nous cauſent ces Ennemis infatigables, & ſans ceſſe en mouvement contre nous, nous obligent à nous tenir ſur nos gardes, [b] afin d'être *ſobres & vigilans*; & à ſouhaiter, vû l'Armée conſidérable qui eſt rangée en bataille contre nous, & les combats que nous avons à ſoutenir, [c] *contre les Principautés &* *les Puiſſances, & contre les malices ſpirituelles, qui ſont dans les lieux* *Céleſtes,*

(a) Vie Chrétienne de *Scot*, Vol. III. (b) 1. Pier. V. 8. [c] Ephef. VI. 11. 12.

Célestes, à souhaiter, dis-je, avec tant plus d'ardeur, d'être revêtus de toute l'armure de Dieu, afin de pouvoir résister aux ruses du Diable & de ses supôts.

Puisque les plus gens de bien sont sujets à faire des fautes, & que les méchans deviendroient insupportables par l'impunité; Dieu se sert de ces Esprits Diaboliques pour châtier les uns, & pour punir les autres. Nous lisons de Saint *Paul*, qu'un (a) *Ange de Satan fut envoyé pour le souffletter*, c. d. qu'un mauvais Esprit fut envoyé de la part de *Satan*, le Prince des Diables, pour lui infliger (b) quelque douleur & quelque indisposition corporelle, que cet Apôtre appelle *une écharde en la Chair*, pour marquer par cette expression, un sentiment aussi douloureux, & aussi difficile à supporter, que celui que nous causeroit une épine piquante, qui se trouveroit attachée à quelque partie sensible de notre corps : & il nous apprend lui-même la raison pour laquelle ce mal lui fut infligé, c'étoit, *de peur qu'il ne s'élevât par orgueil, à cause de l'excellence de ses Révélations.* Nous lisons de Saint *Pierre*, [c] que *Satan avoit demandé à le cribler comme on crible le froment*. c. d. de lui causer quelque grande & rude affliction; & quoique sa requête ne lui eut pas été accordée, cela doit pourtant nous apprendre, que, comme le Diable est quelquefois appellé [d] l'*Accusateur des Fréres, qui les accuse jour & nuit*, qui est continuellement occupé à exagérer leurs fautes, & à demander à Dieu, qu'ils soient soumis à ses coups, & à ses assauts ; aussi quand ses accusations se trouvent bien fondées, & que leurs crimes sont devenus énormes; il est certain que Dieu *les livre à Satan*

Pour é-
prouver
les gens
de bien &
pour punir
les Mé-
chans.

(a) 2. Corinth. XII. 7.

(b) Que par *une écharde dans la chair*, nous devions entendre quelque indisposition corporelle dont St. *Paul* étoit affligé, qui lui causoit des douleurs extraordinaires, & lui étoit fort incommode, & qui pour cette raison est à juste titre appellée *une écharde*, à cause de sa pointe & de sa piquure; & *une écharde dans la chair*, à cause qu'elle y a son siege ; toutes les interpretations de la plus part des Docteurs de l'Église, à qui il est arrivé de parler de ce passage, & qu'on doit supposer entendre le mieux l'histoire de St. *Paul*, suffisent pour nous en convaincre. Je ne déciderai pas quelle espèce de maladie ou d'infirmité particuliere du corps c'étoit; si c'étoit un violent *mal de tête*, comme St. *Jerome* nous assure que c'étoit là l'ancienne Tradition ; ou la *Colique*, comme *Thom. d'Aquin* nous dit sur ce passage que quelques uns le croioient; ou *l'Epilepsie*, comme d'autres se le font imaginés; mais il me paroit clair & évident que c'étoit une maladie & une infirmité corporelle Sermons de *Bull* Vol. I.

(c) Luc XXII. 31.   (d) Apocalypse XII. 10.

tan pour la destruction de la chair : se servant de lui , comme d'un Licteur, ou d'un Bourreau, pour faire éprouver aux coupables les marques extérieures de sa colère, tant par des disgraces *corporelles* , que par des afflictions *spirituelles,*

Pour endurcir les Méchans dans cette vie.

Un autre usage, que l'on peut supposer, que Dieu fait des Esprits malins, c'est *d'endurcir* & d'affermir les Pécheurs impénitens & incorrigibles, dans leurs mauvais desseins. Car, quand les hommes ont longtems resisté à la grace de Dieu, qu'ils ont violé ses ordonnances, & rendu inutiles tous les moiens qu'il a mis en œuvre pour les sauver : il retire souvent d'eux le secours de son Esprit & de ses Saints Anges, & les abandonne aux Puissances des ténébres , qui, dès lors, les tentent & les séduisent à leur gré, & les conduisent d'un péché dans un autre, jusqu'à ce qu'ils ayent *comblé la mesure de leurs iniquités.* (a) Et je pense que c'est là le sens qu'on doit donner à ces expressions, qui reviennent si souvent dans les Saintes Ecritures, & qui paroissent nous faire entendre, que *Dieu endurcit les pécheurs*, mais qui ne sauroient pourtant signifier, que le Saint des Saints, par aucun acte positif de sa part, infuse dans la volonté de l'homme, quelque panchant vicieux qui le sollicite au péché : Car comme *il ne sauroit être tenté par le mal, aussi ne tente t-il personne* au mal. Elles nous apprennent seulement, que, quand les hommes se sont longtems *endurcis* contre les puissantes impressions de la grace de Dieu, & qu'en perseverant dans leur mauvais train, ils se sont rendus sourds à toutes les sollicitations qu'il leur a faites , de rentrer dans les sentiers de la Vertu ; Alors, par un juste châtiment de leur obstination dans le vice, il retire d'eux sa grace & sa protection, & il les abandonne au pouvoir du Démon, qui s'en saisit, qui les entraine dans le péché, & qui ne cesse de les pousser, d'un abysme de méchanceté . dans un autre ; jusqu'à-ce qu'ils les ait *cauterisés* & endurcis dans une impénitence finale & incurable.

Et les tourmenter dans celle qui est à venir.

Dieu se propose encore une autre vuë par rapport à ces Esprits infernaux ; C'est de les faire servir à l'éxécution de sa vengeance sur les méchans & les impénitens dans la vie à venir. Car comme ils auront fait usage de toute leur habileté, pour nous *tenter* & pour nous séduire ici bas ; Il ne faut pas douter, qu'une partie de leur occupation ne consiste à nous *tourmenter* pour cela même dans la suite ; à nous mettre continuellement nos péchés devant les yeux,

à

(a) Vie Chrétienne de *Scot* , Vol. III,

à nous en reprocher la folie , à nous faire contempler cet affreux avenir que nous aurons à passer dans les souffrances , à cause de nos iniquités , & à nous éguillonner sans cesse par des essains de tristes reflexions & de pensées accablantes. Entant qu'*Esprits* , ils ont le *pouvoir* d'agir sur nos Ames, & de les remplir d'horreurs sur-naturelles ; & en qualité d'*Esprits malins*, ils ne sauroient manquer de *Volonté* pour nous tourmenter , & pour nous pousser dans le désespoir, si nous sommes une fois livrés à leur merci, & s'ils ont pleine liberté d'exercer leur fureur contre nous, & d'assouvir leur malice insatiable par nos supplices & nos misères.

Voila quelques unes des raisons pour lesquelles le Sage Gouverneur de l'Univers laisse subsister ces créatures méchantes & maudites ; non seulement comme des monumens perpétuels de son indignation contre leur race Apostate ; mais encore comme des instrumens dans sa main pour punir les Pécheurs , & pour éprouver & pour exercer la pieté des Justes. Cependant ces Esprits maudits ne se proposent que du mal, dans tout ce qu'ils font. Ils n'ont aucun égard à la volonté de Dieu , & ils ne font aucune attention à ses ordres. L'amour du mal & la satisfaction qu'ils goutent à le commettre , font les seuls motifs de leurs actions. La Sagesse de Dieu est donc d'autant plus admirable , en ce qu'elle les fait agir d'une manière contraire à leurs intentions ; & au dernier jour sa justice & sa bonté éclatteront aux yeux de toutes les Créatures , quand les merveilles de son administration , controllant & dirigeant leurs ruses, feront devoilées, & que tous leurs attentats pleins de malignité retomberont sur eux-mêmes, comme autant de péchés ajoutés à leur revolte , qui agraveront leur condamnation.

Quoiqu'il en soit, ce que l'on a dit jusques ici , touchant ces Etres auparavant si excellens , mais maintenant plongés dans un état de dépravation, qui est tel , qu'on n'y peut penser sans horreur ; doit nous fournir, en tout tems, la matière d'une contemplation effraiante , & nous faire considérer quel ravage le péche fait, dans les Créatures même les plus sublimes, quand une fois il s'en est rendu maitre ; & quelles grandes raisons nous avons de ne pas négliger cet avertissement de l'Apôtre, (a) *Que celui qui pense être debout, prenne garde qu'il ne tombe.* (b) *Car si Dieu n'a point épargné les Anges qui ont péché, mais les a précipités dans l'Enfer, & les a livrés à des*

Conséquen ce de tout ce que devant.

L

chaines

(a) I. Corinth. X. 12. (b) 2. Pier. II. 4. 9.

chaines d'obfcurité, pour être refervés au Jugement ; Si ces intelligences lumineufes n'ont point trouvé de grace auprès de lui, après leur revolte ; *comment échapperons - nous* , fi nous nous rendons coupables d'une rebellion femblable à la leur ? Le malheur de leur condition *eft mis pour exemple* , *à ceux qui viendroient* , dans quelque tems que ce fût , *à vivre d'une manière impie* : Et le même Seigneur, qui les traitte avec tant de févèrité, *faura* , pareillement, *referver tous les Injuftes* , *pour être punis au jour du Jugement.*

CHAPITRE III.

De la Création du Monde vifible.

NOUS avons jufques ici contemplé les Roiaumes *invifibles* de lumière , & confideré la nature de ces Etres *intelligens* , que le Créateur avoit formés pour y habiter ; quoique quelques-uns d'entr'eux s'étant rebellés contre lui furent chaffés de ces demeures heureufes. Nous defcendons préfentement fur ces Regions *inférieures* , pour fixer plus particulierement nos reflexions fur ce *Globe Terraquée* , que la bonté du Ciel a deftiné pour notre habitation.

Ce Globe diffère , à la vérité, des demeures Céleftes & *fupérieures* , en ce qu'il fut formé d'une matière préexiftante , ce qui vraifemblablement n'eut pas lieu par rapport aux autres   Mais la matière, dont il fortit, étoit fi groffiére, fi mal agencée, & fi peu propre à recevoir cette forme admirable , que le Maitre Tout - Puiffant lui a donnée ; qu'on peut pourtant donner à cette forme le Nom de *Création* , quoique dans un *fecond* fens feulement.

Le monde vifible formé d'un Chaos.

(a) Qu'il y ait eu parmi les Paiens une Ancienne Tradition, qui leur apprennoit, que le Monde avoit été tiré d'un *Chaos*, c. d. d'un affemblage ou d'un tas confus de matière , par quelque Agent Tout-Puiffant ; c'eft ce qu'il feroit aifé de vérifier par l'Hiftoire (b) des Peuples

(a) *Voyés Grot. de vérit. Relig. Chrift.* & les *Difcours Phyfico-Theologiques* de *Ray.* (b) *Diodore de Scicile* , nous apprend quelle étoit l'opinion des *Egyptiens* fur ce fujet. *Cùm primùm res univerfa & exiftere cœpere , unius vultus fuiffe Cœlum & Terram , permixtâ eorum Naturâ ; poftquam difceffiffent à fe ifta corpora , mundo contigiffe , eum , quem nunc videmus , ordinem. &c.*

Peuples les plus Anciens ; & par le témoignage de leurs mei leurs
Ecrivains , tant (a) Poëtes que (b) Philofophes. Cette Tradition
du *Chaos* n'eſt point contraire à ce que les Saintes Ecritures nous
diſent ſur ce ſujet ; Bien loin de là , elle y eſt très conforme ; elle y a
un très grand rapport. Cela paroit clairement , par l'Hiſtoire que
Moiſe nous fait de la Création , & par la deſcription qu'il en donne.
Il ne dit pas que Dieu ait tout créé à la fois , ni que dans le même
inſtant qu'il donna l'Etre à tous ſes Ouvrages , il y mit auſſi la dernière main : mais il dit , qu'*au commencement Dieu créa la Terre* ,
c. d. la matière qui compoſoit le *Chaos* ; que *la Terre étoit ſans for-*
me, [c] on n'y découvroit ni ordre ni figure ; Elle étoit *vuide* d'Animaux
& de Plantes ; Et les *Ténèbres étoient ſur la ſurface des eaux.* On
ne découvroit quoique ce ſoit , faute de *lumière* , dont les principes
étoient enſevelis dans cet Abîſme prodigieux.

Suivant l'opinion commune , & la deſcription que l'Auteur ſacré
ſemble nous faire de ce *Chaos* ; (d) c'étoit une Maſſe fluïde , où les
matériaux & les ingrediens de tous les Corps ſe trouvoient raſſem-
blés , mais mêlés confuſément les uns parmi les autres ; enſorte que

Ce qu'étoit
le *Chaos*.

L 2

les

(a) *Heſiode* , qui , pour l'Antiquité de le cède pas à *Homère* de beau-
coup , fait , au commencement de ſa *Théogonie* , une deſcription de la Créa-
tion , en ces termes. Ἤτοι μὲν πρώτ ᾳα χάος γένετ' , ἀυτὰρ ἔπειτα.
Γαῖ ἐυρύςερνος &c. c. d. *Avant tout exiſtoit une coufuſe Maſſe :*
Et puis parut la Terre à la large ſuſface.
Heſ. verſ. 116.

Ovide tient le même langage au commencement de ſes métamorphoſes.

Ante Mare & Terras , & quod tegit omnia Cœlum ,	*Avant la Mer , la Terre , & la Voûte ſu-prême.*
Unus erat toto Naturæ vultus in orbe ,	*Dont l'azuré contour enferme l'Univers ,*
Quem dixere Chaos : Rudis indigeſ-taque moles.	*La nature difforme , en tout , par tout la même ,* [*vers.*
Nec quicquam niſi pondus iners , con-geſtaque eodem ,	*Dans tout ſon contenu n'offroit rien de di-On l'appella* Chaos, *Maſſe confuſe, informe,*
Non bene junctarum diſcordia ſemi-na rerum. &c.	*Le Monde entier n'étoit que poids ſans mouvement ,*
	D'Etres décompoſés entaſſement énorme .
	De contraires unis amas & monument.

(b) Nous avons auſſi le même détail dans l'Ancien Philoſophe , *Ana-*
xagoras , qui commence ſa Philoſophie par ces paroles : πάντα χρήματα ἦν
ὁμοῦ εἶτα Νᾶς ἐλθὼν αὐτὰ διεκόσμηςε.

(c) Commentaire de *Patrick.* (d) Voiés les Théories de *Burnet* &
de *Whiſton.*

les particules pefantes & les légéres, les épaiffes & les minces, les fluïdes & les folides, étoient toutes pêle-mêle, dans le même Tas; & que les Atomes, ou les principes du feu, de l'air, de l'eau & de la Terre, que l'on appelle *Eléments*, fe trouvoient par tout, & étoient tous enfemble, dans une confufion étrange, & dans un défordre affreux.

Quand changé en un Monde habitable.

Quoiqu'on puiffe affés bien déterminer, fur le rapport de l'Ecriture, le tems auquel le Grand Créateur de toutes chofes, jugea à propos de donner une autre forme à cette maffe *primordiale*, & de tirer tant d'ordre & tant de beauté, du fein même de la confufion: Cependant, on ne l'a pas fait jufqu'ici avec tant de précifion, que les Chronologiftes ne foient encore partagés là-deffus. (a) Car fans parler du calcul des LXX. qui placent la Création du Monde 5500. ans avant la Naiffance de JESUS-CHRIST, ceux même qui fuivent le Texte *Hébreu*, ne font pas d'accord entr'eux fur ce fujet. Les Juifs veulent qu'il ne fe foit écoulé que 3760 ans avant JESUS-CHRIST; au lieu que la plus part des Chronologiftes Chrétiens prétendent, que la naiffance de notre Sauveur foit arrivée environ l'an du Monde 4000. Deforte que fuivant un calcul, qui tient le milieu entre celui des *Juifs* & celui des LXX, ils regardent la préfente année 1727 comme la 5727 de la Création, & telle eft, felon eux l'Antiquité du Monde

Pourquoi pas plutôt

Pourquoi Dieu a-t-il laiffé fubfifter fi longtems le *Chaos*, tel qu'il étoit, avant que de le transformer en un Monde *habitable*? C'eft-là une queftion, qui n'a d'autre folution que celle qu'on peut tirer du bon plaifir du Créateur. (b) Les idées, que nous avons de fes perfections *morales*, ne nous fourniffent aucune raifon, qui nous détermine à fixer cette Epoque plutôt ou plus tard, que fa volonté arbitraire ne l'a fixée. Tout ce que nous pouvons conjecturer, c'eft qu'après la revolte de tant d'Anges, Dieu fe propofant de créer une nouvelle efpèce d'Etres, pour fuppléer à leur abfence, & pour remplir le vuide qui s'étoit fait dans le Ciel, par leur défertion, refolu, en même tems, d'éprouver l'obéïffance de ces Nouveaux Etres, avant que de les admettre à jouïr de fa préfence *béatifique*, choifit, parmi tous les *Chaos*, (car peut-être y en avoit-il plufieurs dans l'Univers,) celui qui fe trouva placé à une diftance convenable de fon Etat *Empirée*, pour en faire la demeure des Créatures, auxquelles il alloit donner l'éxiftence; Mais qu'il différa de le pourvoir de tout ce qui

pou-

(a) *Curcell. Inftit.* Lib. III.   (b) Théologie de *Fiddes*, Vol. I.

pouvoit le rendre propre à leur fervir d'habitation, jufqu'à-ce que le moment de leur Création approchât.

(a) Les Savans ont auffi été fort partagés, fur la Saifon de l'année en laquelle cette Terre que nous habitons, fut renduë propre à nous fervir de demeure. Les uns foutiennent que ce fut à l'Equinoxe du *Printems*; Et les autres prétendent que celui d'*Automne* eft la véritable Epoque de la Création. Les Chronologiftes croient communément, que la chofe arriva à l'Equinoxe du Printems; parce, difent-ils, que cette Saifon eft la plus propre à faire lever & fructifier les femences, qui avoient été dépofées dans la Terre nouvellement formée; outre que cette opinion femble être appuyée de l'autorité de Dieu même, dans les Paroles de l'inftitution de la Pâque: *Ce mois*, Savoir le Mois de *Nifan*, qui tombe vers l'Equinoxe du Printems, (b) *Vous fera le commencement des Mois, il fera le premier Mois de l'Année.* Çependant, comme (c) d'autres l'ont déja remarqué, l'ordre que Dieu donne aux *Ifraëlites*, à leur fortie d'*Egypte*, de regarder le Mois de *Nifan*, comme le prémier Mois de l'année, femble donner à entendre, que jufqu'alors il n'avoit pas paffé pour tel parmi les *Juifs*; & quoique, pour conferver la mémoire de leur délivrance *de la Maifon de Servitude*, ils obfervaffent dans la fuite, l'orde de Dieu fur cette matière, en faifant de ce Mois le prémier de leur Année *Sacrée*; leur année *Civile* ne laiffa pas de commencer *dans tous les âges*, au prémier jour de *Tifri*, qui étoit pour eux un Mois d'Automne; & ce jour étoit, pour cet effet, folemnifé avec beaucoup de pompe : On l'appelloit la Fête (d) des *Trompettes*; au lieu que le prémier jour du Mois de *Nifan*, qui étoit le commencement de leur année *Sacrée*, n'étoit marqué d'aucune folemnité femblable.

Il eft encore à remarquer, qu'il eft dit de la Fête de la *Recolte*, ou des *Tabernacles*, [qui, felon l'ordre de Dieu, fe célébroit environ l'Equinoxe d'Automne,] qu'elle étoit *à la fin de l'année*; (e) Et l'on ne peut pas douter que la *Nouvelle Année* ne commençât là où la *précédente* finiffoit. (f) Outre qu'il y avoit une convenance manifefte à introduire le Genre-humain, & les autres Créatures vivantes, dans un Monde bien pourvû de toute forte de provifions, pour leur nourriture & pour leur entretien; ce qui pouvoit plus com-

L 3   modé-

modément fe faire en Automne qu'au commencement du Printems ; parce qu'autrement, il auroit femblé qu'*on les logeoit dans une Maifon dépourvuë de tout.* Et c'eft pour cette raifon, que les Partifans de ce dernier fentiment concluent, que le Monde fut créé en Automne : Et que, par conféquent, le *prémier* jour de l'ancienne année *Patriarchale* arrivoit à l'Equinoxe de cette faifon.

De quelle manière ce Monde a - t- il été crée? Et comment l'ancien & difforme Chaos a-t-il été changé en un lieu régulier & agréable ? Jufqu'à quel point la main de Dieu a t-elle operé d'une manière immédiate ? Et jufqu'où les Loix générales de la nature font elles intervenuës dans ce changement ? La Puiffance du Créateur s'eft-elle déploiée dans toutes les parties de la Création ? Rien n'a-t-il pú fe faire fans un Acte pofitif de fa volonté ? Ou, certaines chofes ont-elles été laiffées à leur propre activité, guidées feulement & affiftées par leur prémier moteur ? Ce font là des queftions qu'il n'eft pas facile de décider ? parce que ce n'eft qu'avec beaucoup de peine & de pénétration, qu'on peut diftinguer, dans le recit que *Moïfe* nous fait de la Création, les chofes, dont on peut rendre raifon par les Loix de la *Méchanique*, d'avec celles, où l'*efficace* miraculeufe du Tout - Puiffant eft intervenuë. (a) Il faut, difent les plus ardens Partifans du Méchanifme de la Création : Il faut néceffairement admettre une *efficace* Divine, dans un cas, où il s'agiffoit de former un Monde nouveau ; & de faire d'un monftrueux *Chaos*, un affemblage plein de beauté, de régularité, & qui fut de durée. Cependant il y a dans le recit de *Moïfe* plufieurs paffages, tels que ceux - ci ; *Que la Terre produife de l'herbe : Que la Terre produife des Créatures vivantes, felon leur efpèce, & elle le fit* : Paroles, qui paroiffent attribuer quelque chofe à l'action des Caufes fecondes, après que Dieu les eut douéës d'une qualité *prolifique* : D'où ils concluent, que tout ce qui eft, *d'une manière éminente*, au deffus du pouvoir des caufes fecondes, comme la production de la matière de rien ; la formation de tous les Animaux & des Végétaux ; la Création de nos prémiers Parens, & de leurs Ames immortelles, eft certainement l'effet de la Toute - Puiffance de Dieu, & ne doit être attribué qu'à l'efficace de fa volonté. Mais tout ce qui eft d'une dénomination inférieure, & qui n'eft pas au deffus de la Sphère des Caufes *Méchaniques*, il peut fort bien, difent - ils, être exécuté par la matière

&

&

(a) Théorie de *Whifton.*

& le mouvement ; dès qu'une fois ces deux principes auront été mis en action , par une *Sagesse infinie* ; & qu'une *Puissance sans bornes* les soutiendra dans leur existence & dans leurs opérations ; Et c'est sur de telles suppositions , qu'ils bâtissent des *Théories* , comme celles que nous allons examiner.

SECTION I.

Examen des Théories du Dr. BURNET *& de Mr.* WHISTON.

DEux savans , de notre Siécle & de notre Nation , se sont distingués en ce genre d'Ecrits ; l'un , par la richesse de son style & de son imagination ; & l'autre , par la force de son génie & de son (a) invention : Et ils ont porté le crédit des *Théories* presque aussi loin qu'il pouvoit aller. Mais après toutes les peines qu'ils se sont donnés , & toutes les recherches curieuses qu'ils ont faites , ils n'ont pû nous donner de détail satisfaisant , sur la manière dont le Monde a été formé.

Le premier suppose , „ Que le *Chaos* étoit une Matiére *fluide* „ confuse , à peu près de la même *forme* ou pâte , que celle que „ nous avons décrite ; soumise , il est vrai , à l'impression , & à la „ direction de l'Etre Suprême ; mais abandonnée à l'action générale „ de la *nature* , pour se donner , une forme d'elle même. Dieu , „ dit-il , n'eut pas plutôt prononcé la Parole , (b) que les parties „ les plus pesantes & les plus grossieres , qui composoient le *Chaos* , „ s'enfoncérent vers le milieu de toute la masse , (car c'est-là qu'il „ place son centre de la gravitation des Corps ;) „ & qu'ayant acquis „ insensiblement & par degrés , une consistence solide , elles constituérent „ *l'intérieur* de la Terre ; Le reste de la masse , nageant par „ dessus , fut , par les mêmes Loix de la *gravitation* , pareillement „ divisé en deux ordres de Corps , l'un *liquide* , comme l'eau , & „ l'autre *volatil* , comme l'air : Les particules les plus subtiles se séparant „ elles mêmes des autres , s'élevérent , & conservant toujours

Substance de la Théorie du Dr. Burnet.

„ une

(a) *Riker* , Reflexions sur la Science. (b) Voiés la Théorie de la Terre par *Burnet* , Vol. I.

„ une certaine activité, elles s'élancérent dans des efpaces ouverts,
„ où elles formérent ce que nous appellons *l'air*. Ce qui reftoit,
„ étant plus groffier, ne fit qu'une Maffe, qui couvrant le corps de
“ la Terre, compofa non feulement *l'eau* proprement ainfi nommée,
„ mais auffi tous les différens liquides, qui appartiennent à notre
„ globe; dont-il fut fait deux claffes, l'une, qui comprend les Corps
„ légers & *huileux*, l'autre, ceux qui ont des qualités contraires,
„ lefquels, ainfi que l'eau & l'huile, fe féparérent naturellement les
„ uns des autres, enforte que la partie huileufe & légére de cette
„ matiére fluïde s'éleva & furnagea par deffus l'autre.

Tout va bien jufques ici, mais bientôt après le Théorifte s'éga-
re, & fon hypothèfe devient infoutenable, „ Il fuppofe que l'air,
„ jufqu'alors épais, groffier & opaque, contenoit une grande quanti-
„ té de particules terreftres, dont les plus groffiéres ne tardérent pas
„ à s'enfoncer, pendant que les plus minces & les plus légéres, s'y
„ foutinrent encore quelque tems, jufqu'à-ce qu'enfin elles s'enfoncé-
„ rent auffi bien que les autres; ce qui fe fit pourtant fort à *loifir*,
„ & avec beaucoup de lenteur : Que, dans leur defcente, elles rencon-
„ trérent fur la face de l'abîme, cette liqueur *huileufe*, qui les em-
„ barraffa, & les empêcha de paffer outre; que là, s'étant imbibées
„ de cette Subftance *onctueufe*, ce mélange compofa une certaine co-
„ le, ou Terre tendre & légére étenduë fur les eaux : Que cette cou-
„ che, d'abord mince & molle, devint toujours plus épaiffe, à me-
„ fure que les particules terreftres, qui étoient retenuës dans l'air,
„ pouvoient s'y faire un paffage, & arriver jufqu'à elle; Qu'enfin,
„ par des accroiffemens continuels, cette liqueur *huileufe*, toute im-
„ bibée de ces particules, s'incorpora tellement avec elles, qu'il s'en
„ forma une feule fubftance, qui, par fucceffion de tems, devint *ronde*
„ & *ferme*, & fe trouva finalement être une Terre *habitable*, *unie*,
„ & *uniforme* fans *Mer*, ni *Montagnes*.

Refutation
des princi-
pales cho-
fes conte-
nuës dans
cette Thé-
orie.

(a) Voila de quelle manière ce Théorifte forme fon Monde;
tel étoit-il felon lui, *avant le Déluge*; Mais, hélas ! qu'il y a peu
de vérité & de folidité dans cette belle fiction ! Sa prémière fuppofition d'un *Chaos fluïde*, eft à peine admiffible; puis qu'autant que
nous en pouvons juger, la plûpart des corps terreftres font durs &
folides; que les Pierres & les mineraux, qui n'en font pas la moindre partie, ne fauroient être liquefiés par l'eau; Et que nous ne voions
pas pourquoi ces corps euffent été diffous à un point, qu'il ne pût y
avoir

(a) *Keill.* Examen de la Théorie du Dr. *Burnet.*

avoir de prodigieux morceaux de matière *ferme & folide* , mêlés enfemble , & flottans les uns fur la furface , les autres dans l'intérieur
de fon fluïde,

Ses loix de la *gravitation* , renverfent tout fon Syftème : Car fi
châque chofe doit s'enfoncer, à proportion de fa gravité *fpécifique* :
il faut néceffairement que la Terre, qui eft plus pefante que l'eau, fe
place plus proche du Centre, & qu'ainfi les eaux couvrent toute la
furface du Globe.   Son Liquide gras & *huileux* , pour attraper les
particules terreftres , à mefure qu'elles defcendoient , n'eft , à le bien
prendre, qu'un *faux fuiant* ; parce qu'il eft impoffible , que l'huile ni
aucune autre liqueur , foutienne une maffe auffi immenfe & pefante
que notre Globe, où font renfermés tant de foffiles & de métaux ,
qui, abandonnés à leur mouvement, devroient néceffairement fe précipiter jufques au fond.   Il eft vrai , qu'il prétend que la Terre
dans fon Origine, ne contenoit aucun mineraux, ni même rien qui
en approchât; Mais eft-il concevable , qu'avant le Déluge *Tubal-
Caïn* eût pû étre (a) *le Maitre de châque Ouvrier, en Fer & en
Cuivre* ; & que, fans fer, on eût pû conftruire une Arche, capable
de contenir tous les Animaux qui font fur la Terre & dans l'air ?
Envelopper, comme il le fait, toute la maffe des eaux , fous une
croute de Terre , eft une invention ridicule & de nul ufage ; puifque par là il prive les hommes de ce tems-là de tous les avantages,
qu'ils pouvoient tirer d'une Mer, pour la Navigation & pour le commerce ; du plaifir que donnent les rivières & les fontaines, fi néceffaires d'ailleurs aux commodités de la vie ; & de la fertilité, (b) que
procurent à la Terre les nuës & les vapeurs, que le Soleil éléve pour
la nourriture des plantes ; du baume des rofées, & de la graiffe des
pluies.   En otant à la Terre fon mouvement annuel, & en ne lui
laiffant qu'un fimple mouvement autour de fon *Axe* , parallele aux
Poles de l'*Ecliptique* , il rend inhabitable une grande partie du Monde, & le prive des heureufes viciffitudes des tems, des faifons & de
années.   Et pour n'en pas dire davantage , en applaniffant tellement
la Terre, qu'il n'y refte plus ni Collines, ni Montagnes; il nous donne une fiction tout à fait ridicule & extravagante ; Car outre que ces
Montagnes fourniffent dequoi vivre aux différens Animaux , que la
Nature y a placés, & que l'homme trouve fur leur *furface* , plufieurs
plantes excellentes, & dans leur *intérieur* plufieurs Métaux , qui lui

M   font

(a) Genef. IV. 22.   (b) Sermons de *Bentley* aux Lectures de
Boyle.

font d'une grande utilité ; (a) En condenfant les vapeurs , & en produifant par-là les pluies , les fources , & les rivières , elles donnent aux Plaines mêmes & aux Vallées la fertilité , qu'on y trouve ordinairement , & dont elles fe glorifient. *Ces vieux Rochers , ces Montagnes où l'on ne voit ni proportion ni régularité*; (c'eft ainfi qu'il plait à notre Théorifte d'en parler ;) Ces montagnes , dis-je, dont nous fouillons les entrailles, pour en tirer l'Or, la Pierre, & les Mineraux , font dans leur genre, d'un ufage fi confidérable, qu'à peine pouvons nous nous mettre dans l'efprit; qu'un petit ornement de fantaifie, tel que feroit une furface *toute unie* , pût, en quelque forte, nous dédommager., (b) *du coupeau des Montagnes anciennes , & de ce qu'il y a de plus exquis fur les Côteaux éternels.* Il y a plus, nous pouvons en appeller ici, au fentiment du Genre-Humain : Un Païs de Montagnes & de Vallées n'a-t-il pas plus d'agrément & de beauté qu'une vafte Plaine , dont la furface *unie* ne donne même du plaifir que quand on la confidère depuis le fommet d'une Montagne ? (c) Qu'étoient ces *Tempé* de la *Theffalie*, dont les Poëtes ne ceffent de nous vanter les agrémens, finon une Vallée, arrofée par une riviére, qui la partageoit dans fa longueur , & bordée de Montagnes de côté & d'autre? La Poëfie n'abonde-t-elle pas en defcriptions de cette nature , lors qu'il eft queftion de nous tracer le tableau de quelques lieux fouverainement agréables, de quelques demeures heureufes de Mufes & de Nymphes , de quelques habitations confacrées à des Dieux ou à des Déeffes ? Jamais on ne perfuadera à des Poëtes, qu'une vafte étenduë d'un Païs plat & uni , puiffe avoir quelque chofe d'agréable , & donner du plaifir aux fens. Les champs (d) *Elyfées* même , ne fauroient

(a) Je trouve que Mr. *Halley* parle de cette fin & de cet ufage des Montagnes, dans fon Difcours , fur l'origine des Sources & des Fontaines , en ces termes : *En fuppofant que toutes chofes ont été faites pour une certaine fin ; il femble que la deftination des Montagnes , qui forment au travers du Continent comme une efpéce de chaine, foit de fervir , pour ainfi dire, d'alembics , propres à diftiller de l'eau fraiche pour l'ufage de l'homme & des Animaux ; & que leur élévation ait pour but, de donner de la pente à ces courans, qui, comme tout autant de Veines du Microcofme, coulent doucement , pour être plus utiles aux créatures.* [b] Deut. XXXIII. 15. (c) Vid. Ælian. *Hift. variar.* Lib. 3.
(d) Dans le fonds d'un *Vallon* tapiffé de verdure ,
    Anchiffe , avec plaifir , de fa race future ,
    Qu'il avoit, fous fes yeux, comptoit tous les héros,

———— Portés vos pas au fommet de ce Mont ,

Sur un *tertre* avec lui, tous deux il les pofta. *Virg. VI.*

roient leur plaire à ce prix ; il y faut de la varieté, des montées douces &
insensibles, des Vallons formés par un terrein qui s'éleve peu à peu ;
Voila des beautés de leur gout, & auxquelles ils donnent la préféren-
ce; leur imagination ne va pas jusqu'à leur faire regarder le [a] Paradis, (b) le Ciel même, comme un lieu de délices, si ces choses
ne s'y trouvoient pas.

On pourroit avec beaucoup de fondement, faire un plus grand
nombre d'objections & de difficultés, tant contre la forme qu'eut d'a-
bord la Terre, selon ce *Théoriste*, que contre la manière, dont il suppose qu'elle fut produite ; & on auroit un très juste sujet de censurer la
hardiesse, avec laquelle il traite les Saintes Ecritures, quand il lui arrive de se trouver embarrassé : Mais ce qu'on vient de dire suffit, pour
nous convaincre, qu'on ne sauroit rendre raison des œuvres admirables
de Dieu, par les règles fixes de la *matière* & du *mouvement*, que
celui qui l'entreprend, se jette, dès le prémier pas qu'il fait, dans des
difficultés, d'où toutes ses suppositions, ne sauroient le débarrasser, &
que, (c) quelque facile qu'il soit à un bel Esprit d'écrire un *Roman*
ingénieux & divertissant, tout le *méchanisme* du Monde ne le mettra
pas en état de composer un *traité* solide & Philosophique, sur la
matière en question.

L'autre *Théoriste* montre plus d'égard & plus de respect pour l'E-
criture Sainte; Il a évité plusieurs difficultés que l'on pouvoit faire à son
prédécesseur ; aussi raisonne-t-il sur des principes plus Philosophiques;

Sommaire
de la Thé-
orie de
Mr. Whis-
ton.

M 2

mais

(a) Ces fleurs, dont l'abondance ornoit un si beau lieu,
    Dignes d'un parc planté des mains mêmes d'un Dieu,
    N'étoient point le fruit lent du labour de la Terre,
    Ni d'un soin curieux d'enrichir un parterre ;
    La Nature pour lors prodigue de ses dons,
    En avoit émaillé *Monts*, Plaines & *Vallons*. *Paradis perdu. Liv.* 4.
(b) Cette diversité de *Vallons*, de *Côteaux*,
    Objets toûjours présents, objets toujours nouveaux,
    Dont le riant Aspect réjouit notre vuë,
    Des mains de son Auteur la Terre l'a reçuë. *Idem*, ibid.
[c] Comme il n'y eut jamais de Livre plus farci d'erreurs & de bévues
que celui-ci ; aussi n'y en eut-il jamais, qui présentât à l'imagination du
Lecteur tant de Scènes magnifiques, ni de Tableaux surprenans des opérations de la Nature; Mais je n'écris que pour ceux, qui pourroient s'attendre
à y trouver une véritable Philosophie ; car quant à ces personnes, qui lisent
cet Ouvrage ; comme un Roman ingénieux, elles ne laisseront pas que d'ê-
tre contentes du plaisir que leur procurera cette Lecture. *Keil* Examen de
la *Théorie du Dr. Burnet* ; sur la fin.

mais il fait des fuppofitions fi hardies & fi hazardées, que fon Syftême donne lieu à des objections juftes & bien fondées. Il fuppofe, que (a) „ le recit que *Moïfe* nous a laiffé de la Création, ne s'étend pas au delà de ce Monde Sublunaire : Que le Soleil, la Lu-
„ ne, & les Etoiles, dont la Création avoit précédé celle de nôtre
„ Globe, ne furent rendus *vifibles* qu'au *quatriéme* jour : Que (b)
„ l'ancien *Chaos*, dont la Terre fut enfuite formée, étoit l'*athmos-*
„ *phere* d'une *Comète* : Que les *fix jours* de la Création égaloient la
„ durée de *Six Années*; & que, quoi que le mouvement *annuël* de
„ la Terre eût commencé d'abord, fon mouvement *diurne* n'eût
„ pourtant lieu qu'après la chûte de l'homme. "

Refutée 1. la Creation s'étendit au de là de la Terre.

1 On a en quelque forte examiné (c) ci deffus, jufqu'où il pouvoit avoir raifon par rapport à l'étenduë de la Création. Il faut avouër que fes raifons ont du poids; mais auffi il eft certain (d) que la Lune, au tems de la Création, que *Moïfe* nous rapporte, fût formée, ou du moins placée dans fon *Orbite*, & que le Créateur la fit tourner au tour de la Terre; Car les *Comètes* n'ont point de Planètes, qui leur fervent de *Satellites*, & qui fe meuvent autour d'elles.

Or fi la Lune, au tems de la Création, fût ou créée & formée, ou du moins placée dans une *Orbite*, qu'elle n'occupoit pas auparavant, & que Dieu l'ait faite mouvoir autour de nous, pour éclairer pendant la nuit, il faut de toute neceffité reconnoitre, que, quand il eft dit que Dieu fit la Lune, cela doit certainement fignifier quelque chofe de plus, que l'avoir fimplement renduë *vifible*. Et parce que le mot *fit* eft également appliqué au Soleil & à la Lune, il eft raifonnable de croire, que ce terme doit être pris dans le même fens pour l'un & pour l'autre, & qu'il faut l'entendre litteralement.

2 le Chaos n'étoit pas l'Atmofphere d'une Comète.

2. *L'Atmofphere* d'une *Comète*, quelque approchante de la nature de cette Terre, que nôtre Theorifte la croie, & quelque propre qu'elle lui paroiffe à tenir lieu de matiére, dans la formation de ce Monde; il lui manque pourtant une qualité effentielle; C'eft qu'au lieu, que l'Hiftorien facré nous repréfente l'Ancien Chaos, comme un corps très-opaque & *obfcur*; Ceux qui ont fait des Obfervations nous difent, que non feulement *l'atmofphere* d'une *Comète* eft un fluïde brillant, *clair & tranfparent*, au travers duquel les rayons du
Soleil

(a) Voiés la Théorie de la Création *Mofaïque* par *Whifton*. (b) Son Hypothefe. (c) Page 180. mais dans cette Traduction page 41. du Chap. 2. (d) Remarques de *Keil* fur la Théorie de Mr. *Whifton*.

Soleil paffent & fe répandent librement de tous côtés; pendant que la plus part nous font renvoyés par la reflexion; mais même, que le *folide Central*, à caufe de fa grande proximité du Soleil, en eft tellement échauffé, que, felon la Nature de tous les corps Solides, quand ils ont atteint un certain dégré de chaleur, il devient clair & *Lumineux*.

(a) Ils remarquent de plus, que la plus grande partie des corps Solides, qui compofent la premiere couche, ou le Lit Supérieur de la Terre, confifte en pierres, en fable & en gravier, qui, échauffés à un certain point, fe fondent & fe *vitrifient*. Si donc il fe fut trouvé quelque chofe de femblable dans l'*Atmosphere* de cette *Comète*; dès qu'elle fe feroit approchée du Soleil, ces matiéres fe feroient neceffairement fonduës, & auroient compofé un fluïde, qui, lors que la Comète fe feroit refroidie, auroit paru fous la forme d'un verre: Mais c'eft dequoi nous ne voyons pas la moindre trace, dans le Tiffu préfent de la Terre. Puis donc que l'*Athmosphere des Comètes* eft un corps *clair, tranfparent, & lumineux*, au travers duquel nous pouvons voir diftinctement leurs *folides Centraux*; que ces Comètes ont des proprietés ou des qualités diftinctes; & qu'elles peuvent être compofées d'une matiére toute différente de celle de nôtre Terre; enfin, puifque le *Chaos*, d'où nôtre globe fût premierement tiré & formé, étoit un tas de corps confus, & opaque, fans la moindre lueur de *lumiére*, qui ne fût créée qu'au premier jour; il eft vifible, que quelque parade, que le Théorifte puiffe faire de fon invention, ce *Chaos* ne pouvoit jamais être l'*Atmofphere* d'une *Comète*.

3. *Que le mouvement Diurne de la Terre n'ait commencé qu'après la chûte de l'homme, en forte que jufqu'à ce tems là, les Jours & les Années fuffent précifement la même chofe*; C'eft là une autre hypothefe, que nôtre Théorifte avance hardiment, mais qu'on peut à jufte titre regarder comme un *Paradoxe*. Car (b) quand nous faifons attention au froid prodigieux & extrême, que la Terre auroit reffenti, par l'abfence totale du Soleil, durant Six mois, & à la chaleur brulante & infupportable, qu'elle auroit éprouvé, s'il eût continuëllement & fans interruption dardé fes rayons fur elle, pendant les autres fix mois, nous ne pouvons nous empécher de conclurre, ou que les corps des plantes & des Animaux, étoient, avant le déluge, d'une conftitution fort différente de celle qu'ils ont à préfent, ou qu'ils doivent néceffairement être morts de faim, ou

3. Le mouvement Diurne de la terre avant la Chûte.

M 3

avoir

[a] *Keil* ibid.

avoir été flétris, gelés ou brulés, sans reſſource, par un degré exceſſif de chaleur ou de froid.

Il eſt ſûr, que les plantes requiérent, pour leur production &
leur végetation, un certain degré de chaleur déterminé; ſi elles en
avoient moins ſi elles ne parviendroient jamais à leur perfection; Si
elles en avoient d'avantage, elles en feroient entiérement flétries,
avant que leurs femences euſſent atteint ce point de Maturité, qui
les rend propres, à produire de Nouvelles plantes de la même eſpèce.

Il n'eſt pas difficile de remarquer, que les Animaux ſont faits
de façon, qu'ils ne ſauroient endurer des choſes ſi oppoſées, telles que
feroit l'extrême chaleur, cauſées par un Soleil ardent, qui luiroit ſix
mois ſans interruption, & le froid inſupportable, qui arriveroit par
ſon abſence durant le même eſpace de tems: Car quand nous ſup-
poſerions, que le ſang & les autres liqueurs, qui coulent dans leurs
corps, euſſent un tel degré de Chaleur, que le froid le plus grand
ne pût les glacer; toujours eſt il vrai, qu'il devroit s'en évaporer
une bonne partie, par l'extrême chaleur, qui les tiendroit pendant
un jour *de ſix mois*, dans une agitation continuelle; ou ſi les animaux pouvoient ſupporter une ſemblable Chaleur, ſans en être entierement deſſéchés, on a de la peine à concevoir, comment ils pourroient ſe préſerver de la gelée pendant le froid exceſſif d'une nuit de
la même longueur.

Il faut donc, que le froid & le chaud ayent été cent fois plus
violens, que nous ne les ſentons à préſent; & que la vie, que nos
premiers parens ont menée dans le *Paradis Terreſtre*, n'ait pas été
à beaucoup près auſſi agréable, que quelques perſonnes ſe le ſont imaginé; puis qu'une partie de l'année ſe paſſoit dans une obſcurité froi-
dre & fâcheuſe, & l'autre dans une chaleur brulante, qui les étouf-
foit. Mais ſuppoſons, pour un moment, que nos prémiers Parens
euſſent un temperament aſſorti & proportionné à de telles extrémités,
& que les prémières plantes & les prémiers Animaux euſſent une con-
figuration de parties capables de les endurer; Cependant, ſi la Terre
n'a eu de mouvement *Diurne* qu'après la Chûte de l'homme; ſi elle
n'a commencé qu'alors à tourner autour de ſon Axe, ce *mouvement*
doit néceſſairement avoir cauſé des changemens ſi conſidérables, &
ces altérations ſurvenues au chaud & au froid, avoir produit des effets ſi extraordinaires, qu'il eût fallu de nouvelles eſpèces de plantes
& d'animaux, d'une ſtructure différente de la prémiére, & mieux aſ-
ſortie

fortie à la difpofition, que la Terre venoit de recevoir, & à l'action
du Soleil ; C'eft à dire, qu'il eût fallú que Dieu eût créé de nouvelles efpèces de Végétaux, & de Créatures vivantes ; ou que du moins,
il eût entièrement alteré & changé la nature des prémiéres : Mais il
eft abfurde de penfer, que cela foit jamais arrivé.

Voilà dans quelles abfurdités s'eft jetté notre *Théorifte*, uniquement dans la vuë de donner lieu à fes *caufes fecondes*, & de leur fournir les moiens de mettre le monde dans un état regulier, *à loifir &*
par degrès, comme il nous le dit, [a] *fans précipitation ni accelera-*
tion.   La durée d'un jour de 24. heures lui paroiffoit trop courte, pour
des productions de cette nature.   Il trouvoit que *Moïfe* mettoit dans
le *troifiéme* jour des Ouvrages fi *incompatibles* ; & que le *fixiéme* en renfermoit un fi grand nombre, qu'il ne pouvoit pas concevoir comment
tant de chofes, fi différentes entr'elles, avoient pû fe faire en fi peu
de tems : Et c'eft pour donner à la nature le tems de finir fes Ouvrages, fans l'intervention d'aucune Providence miraculeufe, qu'il fuppofe, qu'*alors* les jours pouvoient être auffi longs, que les années le
font *aujourd'hui* : Mais il ne confideroit pas, que quand il intervient
un Agent Tout-Puiffant ; (Or fi jamais il eft intervenu un tel Agent,
c'eft fans doute, dans l'Ouvrage de la Création ;) un jour, une heure, un moment, font équivalens à un fiécle ; que plus nous donnons
aux caufes *fecondes*, moins nous attribuons à l'*efficace Divine*; & que
plus nous allongeons le tems, plus auffi nous diminuons le merveilleux de l'action.   C'eft pour cette raifon (b) que quelques perfonnes
ont crû, que l'efpace des fix jours emploiés à créer le monde, étoit
encore trop long pour la Divinité ; que le tems n'eft rien pour celui,
qui peut faire tout ce qu'il lui plait, dans un inftant ; & que, quoi
qu'il pût avoir mis une partie de cháque jour à former fes Ouvrages,
cependant, le tems qu'il y mit ne pouvoit être que très petit, l'efpace
d'un moment, ou le tems qu'il faut pour prononcer la parole ; à
moins que nous n'aimions mieux croire [c] avec quelques Docteurs
Juifs, que Dieu fe fervit, dans la Création, du *Miniftère* des Anges, qui, n'étant que des Créatures finies, peuvent être fuppofées
avoir befoin de tems pour agir.

Ce

Les jours & les années ne font pas les mêmes.

[a] Voiés fon Hypothèfe pag. 95.   [b] *Curcel Inftitut.*   (c) Les
Docteurs *Juifs* font en général dans l'opinion, que Dieu emploia les Saints
Anges dans l'Ouvrage de la *Création*, & ainfi ils pofent pour une *Maxime*
conftante, que *Dieu ne fait rien fans fon Confeil, ou fans fa Famille d'enhaut.*
Differtations de *Saurin.*

Ce qu'il y a de certain, c'eſt que plus nous donnons de tems à un Ouvrage pour être porté à ſa perfection, moins auſſi nous le faiſons regarder comme l'effet d'une Puiſſance Divine : Ainſi le recit que *Moïſe* nous fait de la Création, quoi qu'il ne ſoit pas ſi *Philoſophique*, doit pourtant être regardé comme plus *emphatique*, que tout ce que nos Théoriſtes ont avancé ſur ce ſujet. (a) Et quoi qu'il puiſſe être vrai, que ce qu'il nous dit là-deſſus, ne ſoit tout au plus qu'*un Journal hiſtorique touchant les changemens du Chaos & les Ouvrages viſibles de châque jour*; cependant, [b] ce *Journal* met les choſes dans un plus grand jour, & il nous donne, de la *Puiſſance* & de la *Divinité* du grand Créateur, des idées plus magnifiques, que toutes les recherches les plus pénibles des meilleurs Philoſophes n'ont pû faire juſques à préſent.

SECTION II.

Recit que MOÏSE *fait de la Création.*

Le recit de Moïſe renferme le Syſtème Solaire.

POUR mieux comprendre ce que l'Hiſtorien *Sacré* nous dit de la Création; il eſt à propos de remarquer, que, quoi que quelques Interprétes étendent, ce que *Moïſe* nous raporte ſur ce ſujet, à tout *l'Univers*; & que d'autres le reſſerrent, dans les bornes de ce *Globe ſublunaire*; le ſentiment de ceux, qui, gardant un juſte *milieu* entre ces deux opinions, renferment, dans l'ouvrage des ſix jours, tout le *Syſtème ſolaire*, & rien de plus, nous paroit être le plus probable. En voici la raiſon; C'eſt que les différentes *Planètes*, qui ſont contenuës dans le grand *cercle*, que *Saturne* décrit autour du Soleil, ont entr'elles, outre la même forme, le même centre, & le même luminaire qui leur eſt commun, tant de reſſemblance & un rapport ſi prochain, qu'il eſt difficile de s'imaginer, qu'elles n'ayent toutes été l'effet d'une ſeule & même Création. Quoi qu'il ſemble donc, que *l'Hiſtorien Sacré* ait principalement en vuë la Terre, dans toute ſa narration; on a cependant un juſte ſujet de préſumer, que les autres parties du Monde Planetaire, furent formées par degrez, de la même manière, & dans le même tems, que le Globe que nous habitons.

(a) Voiés *Whiſton* ſur la Création *Moſaïque*.   [b] Conférence de *Nichols* Vol.

Il faut de plus remarquer, que quoi que châcune de ces Planet-tes ait pû prendre, dans fa production, autant de tems que la Ter-re ; Cependant il fuffifoit au but de *Moïfe* , de donner un détail circonftancié de la Création *fublunaire* feulement, pour ne pas em-barraffer l'efprit de fes lecteurs, de raffinemens *Aftronomiques*. Son deffein étoit d'apprendre aux hommes, que leur origine venoit de Dieu, afin de leur donner par là un plus grand éloignement pour *l'Idolatrie*; & il s'eft contenté de leur rapporter fur la Création, ce qui étoit à la portée de leurs efprits, autant qu'il étoit conforme à la vérité. S'il leur eût donné un *faux* Syftême du Monde, fous prétexte de s'accommoder à la foibleffe de leur entendement, toutes les perfonnes intelligentes l'auroient regardé lui-même comme un Impofteur : Et d'un autre côté, s'il eut developé tous les *Phenoménes* de l'Univers; qu'il fut entré dans un grand détail là-deffus, & qu'il eut compofé un Syftême dans les formes; ceux avec qui il avoit af-faire, gens illettrés n'auroient pas manqué de traiter fon recit d'abfurde , & d'extravagant.

C'eft pour cela , que la Divine Sageffe fit prendre à fon Ecrivain un jufte & fage milieu ; qu'elle le dirigea à dire l'exacte vérité , mais à *propos*, & *avec précaution* ; d'un côté, pour ne pas confondre l'ef-prit des *Ifraëlites* ignorans ; & de l'autre, pour ne pas expofer fon Prophête au mépris des Nations plus favantes, qui étoient dans le voi-finage. Il ne faut pas douter, que *Moïfe*, qui avoit été élevé dans toute la Science des *Egyptiens*, ne fût lui-même bien verfé dans l'Hy-pothèfe *Vulgaire*, ou dans ce qu'on appelle le Syftême de *Ptolomée* ; qui paffa de l'*Egypte* dans la *Grèce*. Et cependant nous ne voions pas, qu'il infinuë la moindre chofe, qui tende à cela ; Ce qu'il ne faut attribuër qu'à la Providence particulière de Dieu, qui dirigeoit cet homme infpiré, & qui, pour des raifons très - connuës à fa Divine Volonté, l'obligeoit à rapporter la chofe d'une manière pref-que contraire à fes fentimens.

Nous devons encore remarquer à ce fujet, qu'avant que de commencer fon recit, & d'entreprendre de nous informer en détail de l'ordre qui fut obfervé châque jour dans la Production de châque Créature particulière, il nous dit, [comme une chofe effentielle, & préparatoire à l'ouvrage, qui alloit fe faire] (a) *que l'Efprit de Lieu fe mouvoit fur les Eaux* : Car, foit qu'il fail-le entendre par l'*Efprit de Dieu*, (b) le Saint Efprit, qui parti-cipe

(a) Gen. I. 2. [b] *Hale*, Origine du Genre Humain.

cipe à son *Effence*, & qui eft la troifiéme Perfonne de la **Très-Sain**-te *Trinité* ; qui eft felon quelques - uns , cette nature (a) *plaftique*, dont Dieu jugea à propos de fe fervir dans cette occafion ; Soit qu'on doive entendre par - là quelqu'autre Emanation de la Puiffance Divine, il eft raifonnable de penfer , que fon *aEtTion*, ou fon mouvement, fur la maffe *Chaotique* , produifit en elle une faculté motive , l'imprégna d'une influence *vitale* de plufieurs efpèces , fépara & difpofa fi bien fes parties confufes, qu'elle fut par ce moien fufceptible d'ordre & d'arrangement.

Ouvrage
du premier
Jour.

Nous pouvons fuppofer, que tel étoit l'état du *Chaos*, lors que le *fiat* fut prononcé, ou que l'ordre fut donné pour la Création de la *Lumière*. Dieu n'eut pas plûtôt dit, *que la Lumière foit*, [b] que tous les principes de la matière, jufqu'alors pêle - mêle, & *fans mouvement*, commencérent à prendre forme & à s'arranger. Les parties lourdes, pefantes, & terreftres, qui couvroient de leur ombre l'*étenduë*, eurent ordre de fe retirer vers leurs centres refpeEtifs ; à l'inftant même elles obéïrent aux ordres du Tout-Puiffant, & pendant que celles - ci s'enfoncérent vers le centre de la *Terre ;* celles là vers *Jupiter ;* les unes tirérent vers *Saturne*, & d'autres vers *Venus* &c. jufqu'à - ce que les Globes de ces différentes Planettes fuffent complets. Et à mefure que les parties les plus groffieres s'enfonçoient, (c) les plus déliées & les plus legères s'élevoient ; les particules tranfparentes & ignées, plus légéres que les autres, montérent plus haut, & fe joignant enfemble par l'ordre de Dieu, pour compofer un corps, fe mûrent en ligne circulaire, & vifitérent, dans l'efpace d'un·jour naturel, toute *l'étenduë* du *Chaos* ; non feulement pour fé-

parer

(a) Syftème IntelleEtuel de *Cudwoth*.   (b) Conference de *Nichols* Vol. 1.

(c) Sans pefanteur la *matiére des Cieux*,	*Ignea convexi vis & fine pondere Cœli*
AEtTive & promte, ainfi que la lumière,	*Emicuit, fummaque locum fibi legit in arce*
Prenant l'effort, choifit les plus hauts lieux.	*Proximus eft aer illi gravitate locoque.*
L'air vint après, la *Terre* plus groffiere	*Denfior his Tellus Elementaque grandia traxit*
De dences corps tiffuë, incontinent, Suivant fon poids, au deffous prit fa place,	*Et preffa eft gravitate fua ; Circumfluus Humor*
Des *eaux* enfin la liquide furface Servit de borne à tout le Continent.	*Ultima poffedit folidumque coërcuit orbem.* *Ovid. Metam. Lib.* 1.

parer la *lumiére* d'avec les *ténèbres* , & pour falre ainfi la diftribution du jour & de la nuit, (a) mais encore pour faciliter, en
même tems, l'ouvrage; & pour accelerer l'arrangement du refte des
parties de la Création.

Ainfi le *premier* Jour , l'Element lumineux & actif, le feu, fut
tiré de la maffe générale du *Chaos*, comme ce que nous appellons
proprement l'*Air* le fut au *fecond* ; Quoique notre Verfion, à l'imitation de la Latine ou *Vulgate*, qui a fuivi d'un peu trop près [b] les
LXX. l'ait appellé le *firmament*. Le terme de l'Original , fignifie
proprement une *étenduë*, & défigne tout cet efpace , qui conftituë
l'*Atmofphère* de la Terre. La feule difficulté , qu'il y ait donc dans
l'Ouvrage de ce jour, eft de favoir , ce qu'il faut entendre par les
eaux qui font *au deffus du firmament*.

Que la Lune ait des Eaux *Analogues* à celles de nos Mers ; c'eft
ce qui eft clair, non feulement par la différente manière , dont fes
différentes parties nous renvoient la lumière du Soleil, mais encore par
la figure même des Mers & des Isles, que nous y pouvons appercevoir : Et qu'il en foit ainfi des autres Planettes , c'eft ce qui eft fort
probable, par la reffemblance qu'elles ont entr'elles. Or nous fuppofons, qu'avant l'Ouvrage de ce fecond jour, toute cette Eau *pla-*
netaire étoit confufément, difperfée par toute l'*étenduë* du *Chaos* ;
& qu'avec la matière *Ætherée* elle formoit un Corps *transparent*, de
forte qu'il ne s'agiffoit plus , que de faire un partage de ces Eaux ,
& de les diftribuër, en portions convenables, dans leurs Planettes

Ouvrage du fecond jour.

רקיע

N 2 ref-

[a] *L'opinion d'un favant Commentateur de nòtre Nation , l'*Evèque Patrick *eft à peu près la même touchant l'arrangement de l'ouvrage de ce jour.* Il
me femble, *dit-il* très raifonnable d'entendre par cette *lumiere*, ces particules
de matiére, que nous apellons *feu*, dont châcun fait que les deux principales qualités font la *lumiere* & la *Chaleur*. l'Efprit Tout-Puiffant , qui forme toutes chofes, le produifit, & s'en fervit comme d'un grand inftrument,
pour préparer & arranger le refte de la matiére, qui , par le moyen de
cet élement, toujours actif, fut plus vigoureufement muë & agitée de haut
en bas, jufqu'ace que fes parties les plus pures & les plus brillantes, féparées des plus groffieres, & réünies en un corps propre à les retenir , devinrent lumiere.

(b) Les LXX en traduifant le mot *Hébreu*, le *ferme* ou *folide*, ont
fuivi la Philofophie des premiers fiecles ; car les *Anciens* s'imaginoient que les
Cieux étoient un corps folide, & que les Etoiles y étoient clouées. C'étoit
là peut-être auffi l'idée *d'Elihu* Job XXXVII. 18. puis qu'il repréfente les
Cieux comme *fermes* & *folides*, comme un miroir de fonte. Difcours de *Sau-*
rin fur le Vieux & le Nouveau Teftament.

reſpectives : Auſſi , dès que le *Tout - Puiſſant* eut prononcé la parole , toutes les parties *aqueuſes* de ce grand *Corps transparent*, s'affaiſſérent vers les *Centres* des différentes Planettes , & ſe répandirent tout à l'entour de leurs Globes.   Ainſi *l'étenduë* fut , pour la ſeconde fois , débarraſſée & nettoiée , par l'affaiſſement des particules aqueuſes , comme elle l'avoit été la prémiére fois de particules terreſtres ; & c'eſt-là ce que *Moïſe* appelle *ſéparer les eaux qui ſont ſous le firmament , de celles qui ſont au deſſus du firmament.*   Car les *eaux ſous le firmament* , ſont les eaux de la Terre ; & *les eaux au deſſus du firmament*, ſont (a) celles de la Lune , & des autres Planettes , qui , depuis l'Ouvrage de ce ſecond jour , furent diſtinguées les unes des autres ; au lieu qu'auparavant elles étoient diſperſées & mêlées confuſément dans *l'étenduë*.

Ouvrage du *troiſiéme* jour. Prémiére Partie.

Le *bel* Elément de *l'air* fut donc extrait le ſecond , & une partie de l'ouvrage du *troiſiéme* fût de faire la ſéparation des deux autres Elements , ſavoir de la *Terre* & de *l'Eau* ;   Car les particules d'eau ayant , comme nous l'avons dit , débarraſſé *l'Etenduë* en s'affaiſant , & étant tombées ſur les *Orbes planétaires* , on doit ſuppoſer , qu'elles couvrirent d'abord toute la face de la Terre , & des autres Planettes. Lors que le grand Créateur ordonna , *que les eaux s'aſſemblaſſent dans un lieu* à part , & *que le ſec parût ;* auſſi-tôt les grandes Montagnes élevèrent leurs têtes , & les eaux , tombant de tous cotés de deſſus leurs cimes , coulérent dans ces longues & larges vallées , que cette enflure de la Terre , dans certains endroits , avoit ouvertes dans d'autres , pour les recevoir.

Comment la Terre a pû être élevée au deſſus des Eaux.

Il n'eſt pas ſi aiſé de déterminer , ſi cette ſéparation de la Terre d'avec l'Eau , ſe fit par l'application immédiate de la Toute-Puiſſance de Dieu , ou d'une maniére médiate , par l'intervention des cauſes ſecondes ; *creuſer* certains endroits de la Terre , & en *élever* d'autres , afin que les Eaux trouvent des canaux qui leur conviennent , & qu'elles s'y rendent , eſt un Ouvrage qu'on regarde comme peu digne de la Majeſté de Dieu ; (b) C'eſt auſſi ce qui a porté quelques perſonnes à croire , que cela peut s'être fait par les mêmes cauſes , qui excitent
les

(a) Le Savant Commentateur , que nous avons déjà cité , ſuppoſe , que les *eaux au deſſus du firmament* étoient celles , qui ſont ſuſpenduës dans les nuées ; mais il eſt , ce ſemble , plus naturel d'entendre cela des eaux *planetaires ;* parce qu'alors il n'y avoit point de nuées , & qu'il n'avoit pas encore plû ſur la Terre.

[b] *Ray* ſur le Chaos , & les Commentaires de *Patrick*.

les tremblemens de Terre ; C'eſt-à-dire, par des feux, & par des vens ſouterrains. Nous voyons tous les jours, que quand une certaine quantité de poudre à Canon vient à s'enflammer, elle produit des effets ſurprenans & extraordinaires : Elle fend & met en piéces les rochers, & fait ſauter en l'air les murailles, les Tours, & les Edifices les plus maſſifs & les plus ſolides ; en ſorte que ſa force eſt preſque irréſiſtible. Or pourquoi une quantité ſuffiſante de ſemblables matériaux, venant à prendre feux, ne pourroit-elle pas ſoulever les Montagnes, quelques grandes & peſantes qu'elles fuſſent ; élever toute la ſurface de la Terre au deſſus des eaux, & faire par ce moyen à celles-ci, des reſervoirs pour leur ſervir de retraite ? Je ne me ſerois point hazardé, de rapporter çette opinion, ſi elle ne m'avoit paru en quelque maniére fondée ſur l'autorité du Pſalmiſte, qui, après avoir dit, que [a] *les Eaux ſe tenoient ſur les Montagnes*, ajoute immédiattement, *Elles s'enfuirent à ta menace, & elles ſe mirent promtement en fuite à la voix de ton tonnerre* ; (Or nous ſavons qu'un tremblement de terre n'eſt autre choſe qu'un tonnerre ſouterrain ;) *Les Montagnes ſe dreſſérent & les vallées s'abbaiſſerent au même lieu que tu leur avois établi.*

Tous les Corps ſimples & élémentaires ayant ainſi été achevés au *troiſiéme* jour, l'*Hiſtorien* pourſuit ſon recit, & rapporte de quelle maniére furent produits tous les corps *mixtes*, & compoſés des différens Elemens, dont on vient de lire la Création ; Car la Terre étant pour lors ſéparés d'avec les eaux, & deſtinée à être la demeure des hommes & des bêtes, que Dieu ſe propoſoit de crèer dans la ſuitte, fut auſſi-tôt remplie & pourvuë de tout ce qui étoit propre à leur entretien, *d'herbes* pour les beſtiaux, de plantes & d'arbres fruitiers pour la nourriture de l'homme ; Ainſi, d'abord que Dieu l'eut ordonné, la Terre fut couverte de verdure, & produiſit toute ſorte de végétaux dans leur entiére proportion, chargés de Fruits, ſans que pour parvenir à leur point de maturité, ils euſſent été aſſujettis au cours ordinaire de la Nature. [b] Car quelle qu'ait été la fertilité de la Terre, *dans ſon origine* ; Cependant il n'eſt guères poſſible de concevoir, comment les Arbres auroient pû croitre, parvenir à leur juſte hauteur, & être chargés de fruits, dans le court eſpace d'un jour, autrement que par une vertu *ſurnaturelle* de la Puiſſance de Dieu, qui raſſembla [c] d'abord les parties de matiéres propres à les produire, & qui

La Seconde Partie.

N 3　　　　　　　　en-

(a) Pſ. CIV. 7. 8.　　(b) *Hale* de l'origine du Genre Humain.　　(c) Commentaire de *Patrick*.

enfuite donna à chacune d'elles la forme qu'elle devoit avoir; qui détermina leurs différentes efpèces, & qui pourvût enfin à leur continuation, en renfermant habilement leur Semence, qui devoit fervir à propager, & à multiplier leurs efpèces jufques à la fin du Monde.

Ouvrage du quatriéme jour.

L'Hiftorien Sacré, après avoir inftruit fon Lecteur de la maniére dont Dieu acheva ce monde inférieur, & le fournit de toute forte de provifions, paffe enfuite à ce qu'il fit le *quatrieme* jour, dans les Regions fupérieures; Il nous aprend que Dieu forma *deux grands luminaires*; (On peut à jufte titre les appeller de ce nom, eu égard au fervice qu'ils nous rendent,) *le Soleil pour dominer fur le jour, & la Lune pour dominer fur la nuit.* Nous fuppofons, que la Lune, auffi bien que les autres Planettes, fut formée avec la Terre, & que les progrès de l'une, allèrent de pair avec ceux de l'autre, quoiqu'il ne foit dit, qu'elle fut faite, que lors que les rayons du Soleil refléchis la rendirent *vifible* à la Terre; Mais le Soleil étoit d'une ftructure, & d'une matiére toute différente; (a) Ce grand luminaire flamboyant, que nous fuppofons être forti le *prémier* jour du Sein du *Chaos*, & s'être mû, pendant les deux jours fuivans, autour de la malfe du Chaos, fut certainement d'un grand ufage pour produire l'Ether, pour féparer l'eau, & pour deffécher la Terre, toutes chofes qui demandoient une action plus violente, qu'il ne convenoit qu'elle fût, pour ces plus petits changemens, qui furent faits dans la fuitte; & l'on ne fauroit douter, que fi ce grand corps *lumineux & enflammé* eût continué fes Revolutions autour du Monde, la chaleur n'eut été trop grande & trop ardente, tant pour la formation, que pour la confervation de l'homme, & des autres animaux, que Dieu étoit fur le point de créer. Il eft donc raifonnable de penfer, que Dieu lui donna ce jour ci, un *Orbe* propre; qu'il le p'aça à une diftance convenable de la Terre, & des autres Planetes, & qu'en lui donnant un double mouvement, *l'un*, pour diftinguer le jour de la nuit, *l'autre*, pour marquer les différentes Saifons de l'Année, le Printems, l'Eté, l'Automne & l'Hyver, il en fit ce magnifique *Luminaire*, auquel nous avons, tous les jours, tant d'obligations.

Ouvrage du cinquiéme jour.

De la formation des Etres *inanimés*, l'Ecrivain Sacré paffe aux Créatures *animées*, qui furent créées le *Cinquiéme* jour; Et parce que les Poiffons & les Oifeaux, ne font pas fi parfaits dans leur nature; que le tiffu de leur corps n'eft pas fi artiftement compofé, & qu'ils n'ont pas un inftinct fi pénétrant ni fi adroit, que les *Bêtes de la Terre*,

(a) *Hale* ibid. & *Patrick* ibid.

re, pour cette caufe il commence par les *moindres*, il vient enfuite aux *plus parfaites*, jufqu'à-ce qu'il arrive au Chef-d'œuvre de la Création animale, qui eſt *l'homme*.

Que les Poiſſons & les Oiſeaux ayent la même origine; & que les uns & les autres foyent fortis des eaux, c'eſt-à-dire, d'une matiére mélée avec les eaux, qui renfermoit en elle bien d'autres chofes, que le fimple élément de l'eau; (car même encore à préfent, la Mer & les Riviéres font abondamment fournies de différens corps compofés, pour la nourriture d'une multitude innombrable de Poiſſons,) c'eſt ce dont nous avons un indice & même une preuve fuffifante, dans la grande conformité, qu'il y a entre ces deux efpèces d'animaux : Les uns & les autres font *ovipares*, ce qui les rend plus féconds, que les bètes de la Terre : Les uns & les autres dirigent & règlent leur cours par le moyen de leur queuë.

(a) Les Savans difputent entr'eux, pour favoir, fi Dieu créa d'abord, & dès le commencement, un grand nombre d'animaux de chaque efpèce, par toute la Terre, dans les lieux & fous les Climats, qui leur étoient propres; ou s'il en créa feulement deux de chaque efpèce, un mâle & une femelle, defquels par la *génération* tous les autres font defcendus. Quelques uns ont penfé, que comme le Genre humain ne confifta d'abord qu'en deux individus de différent Sexe, qu'il devoit y avoir une certaine analogie, & le même ordre être obfervé, dans la production de toutes les autres Créatures. D'autres foutiennent le contraire, & leur fentiment paroit plus conforme à l'Ecriture Sainte, qui, parlant de la Création des animaux a,uatiques, fe fert du terme *abondamment*, (b) *Et Dieu dit que l'Eau produife abondamment tout reptile ayant vie, & qui fe meuve*; après quoi les *Eaux*, ajoute le Texte, *produifirent abondamment*, &c. De forte qu'il y eut alors plufieurs individus du moins des Oiſeaux & des Poiſſons, qui reçûrent l'exiſtence dans le même tems. L'ouvrage de ce jour, a ceci de particulier, [c] c'eſt que c'eſt ici la premiére fois, qu'il eſt fait mention de la bénédiction, que Dieu donna à fes créatures, en leur ordonnant d'être *fertiles, & de multiplier*; c'eſt-à-dire, qu'il leur donna à l'inſtant de leur Création, une vertu *prolifique*, & un inſtinct naturel pour la génération, afin que par ce moyen, elles puſſent non feulement perpétuër leurs efpèces, mais encore en multiplier les individus.

Quand

(a) *Ray* fur le *Chaos.* (b) Gen. I. 20. [c] Syſtème de *Limborch.*

Prémiére partie de l'Ouvrage du fixiéme jour.

Quand châque chofe eut été ainfi mife dans un ordre convenable, que la Térre eut été couverte de plantes, les eaux remplies de poiffons, l'air peuplé d'oifeaux, & le feu placé à la diftance qu'il falloit, pour donner à tous ces différens Etres la chaleur & le nourriture, qui leur convenoit ; Dieu, pour rendre ce monde fublunaire, plus agréable à l'homme, dont il devoit être le féjour, créa dans la *prémière* partie du *fixiéme* & dernier jour, les animaux terreftres, que notre Hiftorien divife en trois claffes. La *prémière* comprend les *Bêtes*, par où nous entendons les animaux fauvages & féroces, comme les Lyons, les Ours, les Loups &c. La *feconde*, les *beftiaux*, c'eft-à-dire, les créatures privées & domeftiques, deftinées à l'ufage des hommes, telles que font les Bœufs, les Brebis, & les Chevaux. La *Troifiéme* enfin, les *reptiles*; qui font les Serpens, les Vers & les autres Infectes. Mais on a difputé, pour favoir [a] fi ces différentes créatures furent d'abord créées dans un état de perfection, ou fi Dieu créa feulement les Semences de tous les animaux, c'eft-à-dire, les animaux mêmes en petit, & s'il les difperfa enfuite fur toute la furface de la Terre, donnant à cet Element, affifté par la chaleur génitale du Soleil, la puiffance de les *faire éclore* & de les produire.

Il femble cependant plus raifonnable de fuppofer, que Dieu ne fe repofa pas, fur aucune Caufe médiate, du foin de former les animaux ; mais (b) qu'il en créa lui-même *le premier rang*, donnant à leurs natures Spécifiques, la taille & la perfection qu'elles devoient avoir, & à châque efpèce, la puiffance de fe perpétuër par le moyen de la *génération*. Le recit de *Moife* porte, à la vérité, que Dieu commanda à la Terre de produire tels & tels animaux : (c) *Que la Terre produife toute créature vivante felon fon efpéce* ; Mais auffi il eft dit d'abord après; *Que Dieu fit les bêtes de la Terre & tout ce qui fe meut felon fon efpèce.* De forte que le fens propre de ces termes doit être, que Dieu les forma effectivement lui-même, mais qu'il fe fervit de la Terre, comme d'une matiére, dont il compofa leurs parties ; Car fuppofé même, que les Infectes, & d'autres animaux de cette nature, puffent être engendrés par la chaleur du Soleil, (d) ce qui eft clairement refuté par les experiences modernes;

[b] tou-

(a) *Ray* ibid.   (b) *Hale* ibid.   (c) Genef. I. 24. 25.

(d) Qu'aucun Infecte, ou autre animal ait jamais été produit par une autre voye, que par la *génération*, fi ce n'eft dans des cas miraculeux, comme en *Egypte*, par un jufte jugement de Dieu; mais qu'ils foyent tous engendrés de Péres & de Méres, de leur propre efpèce, *mâles & femelles*,

c'eft

(a) toûjours eft il certain , qu'aucun animal , d'une Efpèce *parfaite* , ne peut, foit *naturellement* , foit *accidentellement* , être produit par la matiére , de quelque manière qu'on la prépare , ni par aucune influence célefte , fans l'entremife de la Toute puiffance Divine.

Telle fut la Création des *Cieux & de la Terre* ; Nous traiterons à part de celle de l'homme : Mais avant que de finir cet article , il ne fera peut-être pas inutile d'arrêter l'efprit du Lecteur fur une remarque ; C'eft que, de tous les Recits, touchant *l'origine* du Monde , qui ont eu cours parmi les hommes, celui de *Moïfe* eft certainement le plus fage , & le plus *Philofophique.* Le trifte état même , où fe trouvoient les Sciences chés les Juifs , nous paroit prouver d'une manière affés forte , que , ce que l'Hiftorien facré nous apprend au fujet de la Création , lui avoit été revélé de Dieu. [b] Le pitoiable conte, que celui des *Egyptiens* , de qui *Epicure* emprunta fon Hypothèfe , d'un Monde fait par le hazard , & d'hommes fortis de la Terre comme des *Citrouilles* ! Quelles fables abfurdes , que celles qu'on trouve dans la Théologie des *Grecs* , touchant Ό'υρανος & γῆ , le *Ciel* & la *Terre* , touchant *Jupiter & Saturne* ? Et quelles pauvretés leurs Ecrivains ne nous débitent-ils pas, de ces hommes & de ces femmes , qui devoient leur origine à des pierres *jettées à l'avanture* ? Les *Chinois* paffent pour une Nation fpirituelle & fage ;

O

cepen-

c'eft ce qui paroit clairement par les expériences de *François Redi* , favant & habile Na uralifte ; qui a fait des effais fans nombre , fur de la chair pourrie de toutes fortes de bètes , d'oifeaux , de poiffons , & de ferpens ; fur du fromage , des herbes , & des fruits corrompus , & même fur des Infectes ; Cependant il ne s'eft jamais apperçû qu'aucune de ces putréfactions produifit d'elle même le moindre animal. Car aiant laiffé putréfier ces différentes matiéres, dans des vafes bouchés hermétiquement , & ce'a en différens tems, ou (afin qu'on n'eût pas lieu de s'imaginer, que l'exclufion de l'air fut un obftacle à l' expérience ,) dans des vafes couverts de fine toile batifte , en forte que l'air y pût entrer ; mais fans le moindre Infecte ; il ne s'y produifit jamais aucune créature vivante, quoi qu'il les expofât à l'action du Soleil , dans le climat chaud de *Florence* , & dans la Saifon la plus favorable de l'année ; Quand les vafes furent ouverts , & qu'il fut permis aux Infectes d'y entrer, on vit , il eft vray, fortir des créatures vivantes de la matiére putride ; mais elles étoient de la même efpèce, que celles qu'on y avoit vuës entrer, s'y nourrir , & y dépofer leurs œufs. D'où nous pouvons conclure, qu'il n'y a qu'un Etre vivant, qui puiffe produire un Infecte. Sermons de *Bentlhey* à la fondation de Boyle. (a) *Hale* ibid. (b) Conférence de *Nichols* Vol. I.

cependant, qu'on life leur *Symbole*, on y trouvera qu'un certain *Ta-yn*, qui demeuroit dans le Ciel, & dont la Sageffe étoit remarquable, difpofa le Monde dans l'ordre où nous le voions; qu'il créa de rien le prémier homme, nommé *Pan - fon*, & fa femme, *Pan - fone*; Que ce *Pan - fon*, par le pouvoir qu'il en reçût de *Ta-yn*, créa un autre homme apelé *Tan - bom*, grand Naturalifte, & treize autres, qui peuplérent le Monde : Que, peu de tems après, le *firmament* étant tombé fur la Terre, & aiant détruit tout le genre - humain; le fage *Ta - yn* créa un autre homme nommé *Lo-tzi-ram*, qui avoit deux cornes, & dont le corps exhaloit une odeur agréable; Celui - ci fut Pére de plufieurs hommes & de plufieurs femmes, de qui font defcendus tous les habitans de la Terre.

Mais le conte, que font les *Mahometans*, fur cette matière, eft le plus ridicule de tous. Les prémières chofes, qui furent créées, felon eux, font le Thróne de Dieu, *Adam*, le Paradis, & la plume, dont le Tout - Puiffant fe fert pour écrire fes Décrets : Ce Tróne eft porté çà & là, fur les épaules des Anges, dont les têtes font fi groffes, qu'il faudroit plus de mille ans à un oifeau, qui voleroit à tire d'ailes, pour aller d'une oreille à l'autre : Cette plume eft fi prodigieufement longue, qu'un † Cheval au galop, mettroit 500. ans à la parcourir dans fa longueúr, & 80. à la traverfer dans fa largeur. Les Etoiles font des Tifons enflammés, qui furent lancés contre les Diables, qui vouloient envahir le Ciel : Les Cieux font étayés par la Montagne *Kaff*, toute d'*émeraude* : La Lune eft auffi grande que le Soleil, mais l'Ange *Gabriel* en couvre une partie de fon aile. La Terre eft pofée fur le bout d'une grande corne de Vache. Cette Vache eft foutenuë d'une pierre blanche, dont la bafe eft une Montagne, & celle de la Montagne, Dieu fait quoi : & une infinité d'autres abfurdités de cette nature.

Voila quelques Hiftoires fur la Création du Monde : Ces Hiftoires ont eu leurs *partifans*; & il s'eft trouvé des perfonnes affés crédules pour y *ajouter foi* : Mais helas ! que tous ces contes paroiffent puériles & ridicules, comparés avec ce qui nous eft rapporté, dans le Livre de la *Genèfe* ! Ici nous ne voions rien de forcé, tout y eft naturel, digne de la Majefté de Dieu, & conforme aux règles de la plus faine Philofophie. Prenons la Raifon pour Juge, &

ne

---

† Il y a fimplement dans *l'Anglois* le *Chemin* de 500 *ans* : mais *Maraccius* dans la refutation qu'il a faite de *l'Alcoran*, cite un manufcrit *Arabe*, qui rapporte la chofe, comme je l'ai mife, dans ma Traduction.

ne regardant *Moïſe* , que comme un ſimple Hiſtorien, conduiſons le
à ſon Tribunal : Quand nous n'aurions , ſur la Divinité de ſes Ecrits ,
aucune de ces preuves ſur - naturelles, qui les mettent fort au deſſus
de la *ſphère* de tous les Ecrits *humains* , Quand ſes Ouvrages n'auroient pas, ſur tous les autres, l'avantage d'une grande *Antiquité* :
Quand il ne nous ſeroit pas permis de préſumer, qu'aiant vécu plus
près du tems, auquel il fixe l'*Epoque* de la Création du Monde , la
Tradition a pû lui être d'un grand ſecours ; Quand, dis - je, nous
ferions abſtraction de toutes ces raiſons, qu'on peut pourtant alléguer
en ſa faveur ; la ſeule manière, dont il traite ſon *ſujet* , le diſtingue
avantageuſement de tous ceux, qui ſe ſont mêlés de nous inſtruire ,
ſur cette matière.   Pouvons - nous en effet penſer ſans admiration ,
qu'un Ecrivain, qui n'avoit ſous ſes yeux aucun des Syſtèmes , que
nous eſtimons ſi fort à préſent, nous donne, en forme de narration ,
& en ſtyle aiſé & naturel, une idée plus claire de la formation de
cet Univers, qu'aucun Philoſophe n'avoit encore pû le faire avec tous
ſes termes choiſis, & tous les efforts de ſon invention ? En deux Cha-
pitres fort courts, cet Auteur renferme pourtant , tout ce qu'on a
avancé de tant ſoit peu ſolide là - deſſus, depuis ſon ſiécle juſques à préſent : Et il eſt aſſés naturel de conjecturer, que le dépit de ſe voir
ſurpaſſé, dans une recherche *Philoſophique*, par un *Hiſtorien* , qui dit
la choſe clairement & d'une manière ſimple, a eu beaucoup de part
à quelques chétives *objections*, que certaines perſonnes ont faites contre ſon recit.

SECTION III.

Réponſe aux Objections que l'on fait contre le Recit de Möiſe.

UNe des Objections, que l'on fait contre cette Hiſtoire de la
Création, eſt tirée de ce que *Möiſe* omet entièremet deux parties conſidérables du Monde ſublunaire, ſavoir les *Météores* & les
Minéraux; & qu'il ne parle point de leur origine. (a) Mais comme ces deux choſes ſont une eſpèce de production *accidentelle* d'au-

1. De l'o-
miſſion
des Méte-
ores & des
Minéraux.

O 2

tres

(a) *Hale*, de l'Origine du Genre - Humain.

tres *Elémens*, dont il rend compte, elles ne pouvoient pas proprement être les objets de son attention, parce qu'elles n'exiſtoient pas encore, lors de la prémiére formation du Monde. Les *Météores* ſe forment dans les régions ſupérieures de l'air, par l'adjonction, ou par le mélange de diverſes *exhalaiſons*, qui s'élevent des autres parties de l'Univers ! Quant aux *Minéraux*, ils paroiſſent être des *concrétions* & des *digeſtions*, ou des compoſés & des arrangemens de pluſieurs choſes mélées enſemble, ce qui ſe fait dans les entrailles de la Terre, ſoit par l'action du feu *Céleſte*, ſoit par la force du feu *interne* & naturel. De quelque manière que nous ſuppoſions que ces corps s'engendrent, il eſt viſible, qu'ils n'ont pas fait partie de l'ouvrage des *ſix jours* : Mais qu'ils ont été la ſuite naturelle de la diſpoſition des choſes ; enſorte qu'ils ne pouvoient pas être les Objets de l'attention & des remarques d'un Hiſtorien, qui ſe propoſe ſimplement de nous inſtruire de *l'origine* des Créatures, & non des diverſes formes qu'elles devoient revêtir dans la ſuite.

2. La Lumière devant le Soleil.

On objecte encore, que, ſuivant le recit de *Moïſe*, la Lumière aura exiſté avant le Soleil, [a] ce qui paroit à certaines perſonnes auſſi difficile à concevoir, qu'une ombre ſans corps, ou un effet ſans cauſe. Mais puiſque, dans tous les ſiécles, toutes les fois que les hommes ont voulu ſe repréſenter un *Chaos*, la prémière & la principale idée, qui leur eſt venue dans l'eſprit, a été, que le *Chaos* devoit être ténèbreux ; on peut donc raiſonnablement ſuppoſer, que le prémier pas qu'il a fait pour changer de Nature, a dû être une *tendance*, ou un pas vers la lumière, ce qui peut s'être effectué de la manière que nous l'avons dit ci - deſſus, par l'affaiſſement des parties les plus *groſſières*, & par l'élévation des plus *legéres* & des plus *lumineuſes*, à l'inſtant même, que Dieu l'eut ordonné.

3. Les Canaux faits pour la Mer.

Qui ne ſeroit ſurpris, dit - on encore, d'apprendre, que dans l'eſpace d'un jour, les Eaux aient pû prendre la place, qui leur étoit aſſignée, & que tous les reſervoirs du grand Abîme aient pû être creuſés & formés ? (b) Mais il eſt étonnant, que des gens d'eſprit ne demandent pas plûtôt, pourquoi Dieu a mis 24. heures, pour faire ce qu'il auroit pû exécuter dans un moment, s'il avoit voulu : Dans un moment, nous pouvons nous - mêmes mouler un morceau d'argile humide, & lui donner la forme, qu'il nous plait : Nous pouvons

(a) Conférence de *Nichols* Vol. I.　(b) *Nichols* ibid.

vons le rendre *rond*, ou *ovale*, *convexe*, ou *concave*, ou de quelque autre figure que nous le voulons. Pourquoi donc ne pouvons-
nous pas auſſi ſuppoſer, que le Dieu Tout - Puiſſant a pû, en auſſi
peu de tems, donner à la Terre la forme qu'il a trouvé à propos,
& ramaſſer les eaux dans les lieux qu'il leur avoit deſtinés & préparés ?
Il eſt vrai, que, ſelon le cours ordinaire des choſes, les Eaux coulent toujours avec la même viteſſe : Mais rien ne nous oblige à croire, que Dieu, lors qu'il créa le Monde, ſe ſoit aſtreint & lié aux
mouvemens lents & peſans de ſes Créatures ; d'autant plus que le mouvement de tous les Corps peut, comme chácun doit en convenir,
être infiniment acceleré ou rallenti, ſelon qu'il plait au Tout - Puiſſant de le déterminer.

On regarde comme un autre défaut, dans le recit de *Moïſe*,
la production des plantes, avant que le Soleil fut formé. (a) Mais
pourquoi le Soleil auroit-il été ſi néceſſaire au commencement de la
Création ? Il eſt vrai, que ſelon le cours ordinaire de la Nature, le
Soleil eſt d'une abſolue néceſſité dans la production des plantes ; pour
ouvrir les fibres, élever les liqueurs, & développer les enveloppes &
les feuilles de la plante, lors-qu'elle eſt encore, comme un embrion,
renfermée dans ſa ſemence. Mais, dans le cas préſent, il n'y avoit
ni envelopes ni feuilles à developer : Car Dieu forma *immédiatement*
les plantes, de la matière commune, & dans toute la perfection,
qu'elles devoient avoir ; de ſorte que la ſemence fut la production,
& non la Mére des premiéres plantes : Suppoſé néantmoins, qu'une
chaleur vitale fût néceſſaire à leur production, ce corps immenſe de
lumière, que nous diſons avoir été extrait le premier jour de la maſſe du *Chaos*, ne ſuffiſoit-il pas pour cela ? Et ne pouvoit-il pas rendre la Terre, encore impregnée de l'humidité des eaux, dont elle
étoit environnée, auſſi promte à produire les plantes, & des herbes
de toutes les ſortes, que nous le pouvons ſouhaiter ; quand même on
accorderoit, que la choſe auroit eu lieu, par le moyen des cauſes
ſecondes.

Le Recit de *Moyſe* eſt enviſagé bien différemment par deux ſortes
de perſonnes : Le terme de *ſix jours* que Dieu mit à créer le Monde, paroit trop long aux uns, & trop court aux autres : Ce ſont
là, ſi nous voulons les en croire, deux défauts, dont il eſt à propos de juſtifier nôtre Hiſtorien ; pour cet effet, nous allons propoſer

4. Les plan-
tes avant
qu'il y eut
un Soleil.

5. Pour-
quoi Dieu
emploi ſix
jours à
créer le
Monde.

O 3   quel-

(a) *Nichols* ibidem.

quelques raisons qui montrent, que la Création demandoit précisément ce tems là & non davantage.

1.Par rap-
port aux
Anges.

Il est très probable, suivant ce qui a été dit ci devant, (a)
que les Anges furent créés, quand les Cieux *Suprèmes* furent faits,
ou du moins avant la formation de ce Monde visible. Il est certain, qu'ils existoient, avant que Dieu posât les fondemens de la
Terre, & qu'ils célebroient (b) la bonté qu'il avoit de la créer.
Or les Anges, quoi qu'ils soient grands & glorieux, sont pourtant
d'une nature *finie*, & incapables de connoitre les œuvres admirables
de Dieu, d'une prémiere vuë & tout à la fois : Il y a de certaines
choses dans lesquelles ces Créatures Célestes *desirent de regarder* (c)
comme le dit l'Apôtre Saint Pierre ; & plus elles s'avancent dans la
connoissance de la Puissance & de la Sagesse de Dieu, plus aussi se
sentent-elles portées à le glorifier. Il semble donc, que toute la Scène
de la Création fut déployée sous leurs yeux, par ordre, selon les
différens degrés des choses, & conformément à leur nature ; afin qu'Elles eussent une abondante matière de chanter les louanges du Créateur : Ce ravissant Spectacle doit nécessairement leur avoir donné des
idées plus pleines, & plus étenduës des attributs de Dieu, qui ont
éclatté dans le grand ouvrage de la Création, que si le Monde, sorti
dans un instant des mains de Dieu, fût, pour ainsi dire, sauté tout
d'un coup, de l'état de confusion où il étoit, à cette beauté, & à
cet ordre, où nous le voyons. C'est ainsi que quand on voit toute
la méthode, & l'arrangement d'une machine artificielle & curieuse,
on estime & on admire bien plus l'ouvrier qui l'a faite, que quand
on ne l'a vuë qu'en gros.

Dieu voulut donc faire éclatter sa gloire devant ses Anges, &
les exciter par dégrés, à le louër, à l'aimer, & à l'adorer ; & ce
fut aussi ce qui les engagea à *chanter en triomphe*, & à *pousser des
cris de joie* : Par ce moyen, la gloire de Dieu, & leur propre félicité *s'avancérent* beaucoup plus, qu'elles n'auroient fait, si tout eût
été créé & placé dans le même instant, dans un ordre convenable :
Par ce moyen, ils eurent le tems d'éxaminer les premiers principes,
& les semences de toutes choses ; & châque jour leur offroit un magnifique Spectacle de nouvelles merveilles. Plus ils voyoient, plus
ils connoissoient ; Et plus ils connoissent les œuvres de Dieu, plus
aussi ils l'aiment & plus ils l'adorent à jamais.

(a) Cette

(a) Christianisme raisonnable de *Jenkins*, Vol. II. (b) Job XXXVIII.
47. (c) I. Pierre I. 12.

(a) Cette Création, qui fe fit fucceffivement & par dégrés , dans l'efpace de *fix jours*, étoit auffi beaucoup plus propre à manifefter *aux hommes* la gloire de Dieu, que ne l'eut été une Création fubite, où tout fe feroit fait à la fois, ou qu'une formation d'une lenteur ennuieufe.   En général, on eft obligé. de reconnoitre , que le Recit de *Moïfe* eft plus intelligible, & mieux proportionné à la portée de la plûpart des hommes, que toutes ces Théories tant vantées , qu'on voudroit nous donner pour vraies : Or les raifons, qui prouvent que la Création devoit étre rapportée, comme elle l'eft dans le Livre de la *Genèfe* . ces mêmes raifons prouvent auffi, qu'elle devoit s'*effeĉluer* de la manière, · que *Moyfe* nous le décrit : Car s'il eft plus convenable à la capacité de l'efprit humain, qu'il l'ait *ainfi rapportée* , il eft auffi plus convenable à la même capacité, que Dieu l'ait *ainfi exécutée.*

2. Et aux hommes.

La Création des Cieux & de toute leur Armée, peut avoir été exécutée dans un inftant ; parce qu'il n'y avoit peut-être *alors* aucune Créature, aux yeux de laquelle Dieu pût déploier fa Puiffance, & faire éclatter la gloire de fes œuvres.   Mais auffi n'avons-nous que peu, ou même point d'idées de la manière, dont cette Création s'eft faite.   Au lieu qu'en fuppofant, comme il eft vrai, que tous les Etres qui compofent cet Univers, furent formés, peu à peu , & l'un après l'autre ; Nous voions, pour ainfi dire, châque chofe fortir du *Chaos* ; D'abord ce font de *fimples* Elémens ; enfuite viennent les Créatures *compofées* & plus parfaites ; & notre admiration allant toujours en augmentant, nous nous trouvons conduits pas à pas, & menés comme par la main , jufqu'à l'entière perfeĉtion de tout ce magnifique Ouvrage.   Les Anges font (b) *les principales des voie; de Dieu*, c. d. les plus excellentes de toutes fes Créatures ; mais parce que leur Création ne nous eft pas diftinĉtement rapportée, nous n'avons que des idées imparfaites de leur nature, & de foibles notions de la gloire , que le Tout-Puiffant fit briller en leur donnant l'exiftence ; Au lieu que la formation de l'homme , telle que *Moyfe* nous la raconte. avec tout fon appareil, fon ordr:, & fes progrès, grave dans nos Ames une idée fuffifante, de la manière dont (c) *Dieu, après l'avoir formé de la poudre de la Terre, fouffla dans fes narines , une refpiration de vie, qui fit de l'homme une ame vivante.*

Si

(a) *Jenkins*, ibid.   (b) Job XL. 14. Ce paffage eft cité ici feu'ement pour la phrafe , & non pour la chofe même. *Note du Traduĉleur.*
(c) Gen. II. 7.

Si donc Dieu, pour s'accommoder à notre portée, a partagé la Création en certains périodes, & si, pour nous donner des Idées plus claires de sa *Puissance éternelle*, & de sa *Divinité*; pour nous fournir, châque jour de la Semaine, de nouveaux Sujets de le célébrer; il a jugé à propos de faire successivement, & par degrés, dans *six jours*, ce qu'il lui eut été facile de créer dans un moment, & tout à la fois : cette condescendance pour nôtre foiblesse, ne doit point nous porter à le perdre de vuë; soit en l'accusant d'avoir mis trop de tems à son Ouvrage, soit en supposant, qu'il en a laissé la conduite & la disposition aux *causes secondes*. Si la Puissance de Dieu est intervenuë d'une manière miraculeuse, dans la Création, *six jours* suffisent, pour nous en faire distinguer toutes les parties; Mais si tout a été confié à l'action des causes *naturelles*, six mille siécles ne sont pas un terme assés long pour un Ouvrage de cette importance : Ainsi, au lieu de trouver à redire à la méthode, que Dieu a suivië dans ses opérations; l'effet, que leur contemplation devroit naturellement produire, seroit de nous inspirer pour lui, les sentimens de l'estime la plus parfaite, & de la Vénération la plus profonde; parce qu'à châque pas, que nous faisons dans la méditation de ses voies, nous découvrons plusieurs traits sensibles de son infinie bonté. Tout cela doit nous porter à reconnoitre, avec la gratitude la plus vive & la mieux fondée que, [a] *la Terre a été faite par sa puissance, le Monde habitable agencé par sa Sagesse, & les Cieux étendus par son intelligence.* Enfin la considération des grandes marques qu'il nous a données de sa Toute-Puissance, doit remplir nos Ames de l'humilité la plus profonde : En méditant souvent ses merveilles, penétrés de la plus juste admiration, écrions-nous souvent, avec le Prophête Roial; [b] *Qu'est-ce que de l'homme que Dieu se souvienne ainsi de lui ?* [a] Car quiconque proménera les regards tout autour de lui, pour considerer les autres parties de la Création, sera obligé de se regarder lui-même comme un *Rien*.

(a) Jérém. X. 12. (b) Pf. VIII. 5. (c) Sermons Catec. *Newcomb.* Vol. I.

CHA-

CHAPITRE IV.

De la Création de l'Homme.

Q Ue le Genre-humain ne foit point une fuite continuée de générations, qui remontent juſqu'à l'infini ; Mais qu'il ait eu un commencement, & que, dans un certain tems, il foit forti des mains de Dieu, à la Toute-Puiſſance duquel il eſt redevable de fon *origine*. C'eſt ce qui paroit aſſés clairement, non feulement par l'abſurdité qui réfulte vifiblement d'une (a) *fucceſſion infinie*, mais encore par toutes les preuves, dont nous nous fommes fervis, pour établir la *nouveauté* du Monde ; Toute l'Eſpèce Humaine s'eſt accruë & multipliée par degrés, malgré les pertes qu'elle a eſſuyées en divers tems, par la Guerre, la Famine, les Peſtes, les Inondations, les Incendies, & autres calamités femblables ; Cela eſt démontré par l'Hiſtoire de la Nation *Juive*, par les *dénombremens*

Le Genre
humain
n'eſt pas
de toute
Eternité.

des
P

(a) *J'ai omis à deſſein, les preuves tirées de l'Eternité, parce qu'elles font un peu Métaphyſiques ; Mais je trouve, qu'un Savant Théologien de notre Egliſe Anglicane, les a miſes dans un très-beau jour ;* Une infinité de Générations d'hommes, dit-il, a paru fucceſſivement fur la Terre, & a difparu ; Mais tout ce qui eſt préfentement paſſé, a été actuellement préfent. Tout, à l'exception d'une feule Génération, a donc été une fois futur ; & un Tems étoit, qu'il n'exiſtoit pas ; ce qui renverſe entiérement la fuppofition même. Car, ou il faut que cette Génération ait été *infinie* une fois, ce qui eſt contre le fens commun, ou qu'elle ait été le commencement *fini* des Générations infinies, qui fe trouvent entr'elle & nous ; c'eſt-à-dire, que cette Génération ait été une *infinité*, terminée aux deux extrémités ; ce qui eſt auſſi ridicule, que ce que nous avons déja dit. De plus, dans cette infinité de Générations paſſées, qui toutes ont été actuellement préfentes à leur tour, prenons un homme, qui foit à une diſtance infinie de nous : fuppofons encore, que cet homme ait un fils plus jeune que lui de 40. ans, le fils de cet homme feroit à une diſtance infinie de nous, ou à une diſtance finie ; Si le fils étoit auſſi à une diſtance infinie de notre tems, il s'enfuivroit qu'un *infini* feroit plus long de 40. ans qu'un autre infini : ce qui eſt abfurde. Si la diſtance de celui-ci, à nous, étoit finie, 40. ans ajoutés au *fini*, le rendront *infini* ; Conféquence auſſi abfurde que la prémiére. Enfin, le nombre des hommes, qui ont déja vécu & qui font morts, eſt infini ; Mais, fi cela eſt, le nombre des *yeux* de ces hommes doit néceſſairement être *deux* fois, celui de leurs *doigts dix* fois, & celui
lui

des Citoyens *Romains*, & par (a) les Régiftres de nôtre propre nation, par lefquels, fuivant les obfervations qui ont été faites fur ce fujet, on peut s'affurer, que la proportion de ceux qui naiffent, à ceux qui meurent, eft comme de 50. à 40. Or fi le Genre-humain s'accroit, quand cela ne fe feroit qu'avec une extrème lenteur, ne fût-ce que d'un feul couple châque fiécle, il n'en faudroit pas davantage pour démontrer la fauffeté de l'hypothèfe que nous combattons : Car à fuppofer même, qu'il y eut actuellement dans le Monde dix mille millions de couples vivans ; on n'auroit pourtant qu'à retrograder autant de Siécles, pour arriver enfin à un feul couple original, & lors qu'il eft queftion d'une durée qui eft encore à venir, que nous fixions le commencement du Monde avant autant de millions de Siécles, ou que nous ne lui donnions, qu'environ 6000. ans de date, c'eft la même chofe.

Mais créé de Dieu.

Que l'origine du Genre humain ne doive point être attribuée (b) à l'influence des Aftres, dans quelque conjonction extraordinaire, ni à l'action du Soleil, fur une matiére duëment préparée, non plus qu'au concours fortuït des atomes, ni à quelqu'autre moyen, où le hazard ait préfidé, & où il y ait eu quelque chofe d'accidentel ; C'eft ce qui eft évident par l'admirable ftructure du corps de l'homme, indépendamment même des preuves, qu'on peut tirer des facultés, & des qualités de fon ame. Car quand nous faifons attention au nombre & à la diverfité des parties, qui compofent le corps humain, à leur liaifon merveilleufe & réciproque, & à la maniére dont elles font ajuftées enfemble, pour former par leur affemblage une machine fi excellente : Quand, par exemple, nous confiderons, que dans châcun de nos doigts il y a des os, des cartilages, des ligamens, des membranes, des mufcles, des tendons, des nerfs, des artères & des veines, une peau, une pellicule & un ongle, auffi bien que de la mouëlle, de la graiffe, du Sang, & d'autres liqueurs nourriffantes : Quand nous remarquons, que toutes ces parties ont leur folidité ; qu'elles font d'une grandeur, d'une figure, d'une contexture déterminées, qu'elles ont une place marquée,

lui de leurs *cheveux* plufieurs *milliers* de fois, auffi grand que celui des hommes mêmes ; en forte que nous avons ici un infini deux fois, dix fois, & plufieurs milliers de fois, auffi grand qu'un autre infini, ce qui eft encore une contradiction. Cela doit nous faire comprendre, qu'il eft impoffible, qu'une *durée fucceffive*, foit actuellement & pofitivement *infinie*, ou qu'il y ait réellement eu jufqu'à nous, une infinité de générations. Sermons de *Bentley* à la fondation de *Boyle.*
(a) Voyés les Remarques fur les Régiftres Mortuaires (b) *Bentley* ibid.

quée, & que châcune d'elles eft compofée de mille petites fibres, que l'œil tout feul ne fauroit appercevoir ; Quand, dis-je, nous confiderons combien eft grand le nombre des parties, qui entrent dans la compofition d'un auffi petit membre que le doigt, nous ne faurions le regarder, non plus que le corps tout entier, [dans lequel on voit tant de proportion, d'ordre, de proprieté, & d'utilité pour une infinité de fonctions,] que comme l'effet d'une habileté, & d'une adreffe admirables, & par conféquent comme le Chef-d'œuvre d'un Etre très-intelligent & très-bon. Et quoique la propagation du Genre humain fe faffe préfentement d'une maniére conftante & uniforme, l'inftinct naturel, qui tend à ce but étant dans la main de Dieu, l'inftrument dont il fe fert pour y arriver ; on ne peut cependant s'empêcher de croire, que la prémiére production des hommes ne foit l'ouvrage de la Puiffance immédiate du Tout-Puiffant Auteur de la nature ; & que toutes ces générations, qui fe font fuccédées les unes aux autres ne defcendent d'un feul *couple* primitif.

Ce couple primitif eft le même que celui, dont nous parle l'hiftoire de la Création ; C'eft là un fait dont la certitude dépend du témoignage de *Moïfe*. Nous avons examiné ci-deffus (a) le caractère de cet Auteur, auffi bien que la date & l'authorité de fes Ecrits. Il s'agit feulement, avant que d'entrer dans un examen plus précis & plus détaillé fur la maniére dont le prémier homme a été formé, de répondre à une ou deux objections, que quelques Efprits captieux ont tiré de l'Hiftoire même où ce fait nous eft raporté.

,, On dit donc, qu'il n'eft nullement évident, qu'*Adam & Eve* ,, ayent été les prémiers hommes, & la Souche de tout le Genre-hu- ,, mains ; du moins cela ne paroit-il pas clairement par l'Hiftoire de ,, *Moïfe*, qui ne vouloit nous aprendre autre chofe, fi ce n'eft, qu'ils ,, avoient été les Ancêtres du Peuple Juif. [b] Car non feulement il par- ,, le de deux Créations, [c] l'une du Genre humain en général, (d) ,, & l'autre de la Race Sacrée ; Mais encore il nous infinuë, d'une ma- ,, niére bien forte, que lors qu'*Adam & Eve* furent créés, il y avoit ,, déja dans le Monde beaucoup d'autres hommes ; autrement comment ,, auroit-il pû qualifier *Cain* de (e) *Laboureur*, fans fuppofer aupara- ,, vant l'exiftence de tous les Artifans, dont les occupations fe rappor- ,, tent au labourage ? Il dit, que ce parricide frère avoit peur que [f] ,, *quiconque le trouveroit ne le tuât*, ce qui donne à entendre, qu'il

P 2

,, y

Adam le
prémier
Homme.

Objec-
tions des
Préadami-
tes.

(a) Voiés la Section prémière de la prémière Partie. (b) *Dyreri Præadamitæ*, Lib. 3. C. 4. & les *Oracles de la Raifon* par *Blount*, p. 218. (c) Gen. I. 27. (d) Gen. II. 7. (e) Gen. IV. 2. (f) Gen. IV. 14.

„ y avoit alors beaucoup d'autres hommes fur la Terre. On s'arrête fur
„ tout fur ce qu'il eft dit, que *Cain* s'en alla, [a] *dans le pais* de Nod,
„ qu'il *y prit une femme*, & qu'il *y bâtit une Ville* ; ce qui certai-
„ nement fignifie, d'un côté, qu'il y avoit là des femmes, auxquelles
„ il pouvoit fe marier, & de l'autre, des hommes pour habiter dans
„ fa ville. Il paroit manifeftement de là, ajoute-t-on, que l'*Hiftorien Juif*
„ n'a jamais prétendu nous donner, dans la Création d'*Adam* & d'*Eve*,
„ l'Hiftoire des prémiers Parens de toutes les Nations du Monde, puis
„ qu'en fi peu de lignes, il laiffe échapper tant d'expreffions, qui mar-
„ quent le contraire ; Mais que, comme d'autres Hiftoriens ont écrit l'Hif-
„ toire de leur Patrie, il a voulu nous inftruire de l'origine des *Juifs*.

Réfutée

Quoi qu'on ne puiffe pas nier, que *Moïfe* ne fe foit principalement propofé de faire l'Hiftoire de fa Nation ; il eft pourtant certain,
qu'au commencement de fon recit, & avant que, par la *Vocation d'A-
braham*, les *Juifs* euffent été diftingués des autres Peuples de la Terre, il ne pouvoit pas les avoir particuliérement en vuë. Nous voyons,
qu'il nous apprend l'*origine* des prémiers individus de toutes les autres
efpèces d'animaux ; qu'il nous indique l'Elément d'où ils font fortis,
& la manière dont ils furent formés ; Il eft donc raifonnable de penfer, que, quand il vient à traiter de la Création du Genre humain, il
faut entendre ce qu'il en dit, du prémier de cette efpèce. Or qu'*Adam*
& *Eve* aient été les prémiers individus de leur efpèce ; [b] C'eft ce
qui eft pleinement confirmé par les paroles de Notre Sauveur ; (c) *Au
commencement de la création, Dieu les fit*, l'un *homme*, & l'autre
femme, parce qu'il allègue précifément le même commandement, qui
fut donné à *Adam* & à *Eve*, dans le tems de leur formation ; (d) *pour
cette raifon l'homme laiffera fon Pére & fa Mére, & s'attachera à fa
femme*. La raifon enfin [e] pour laquelle Adam *apella fa femme du
nom d'Eve, parce*, dit-il, *qu'elle étoit la Mére de tous les Vivans*,
c'eft-à-dire, la *tige*, & la *fource* de tous les hommes, qui exifteroient
dans la fuite ; cette raifon, dis-je, prouve d'une maniére évidente,
qu'avant *Adam* & *Eve* il n'y avoit point d'homme fur la Terre ; Car
enfin, fi *Eve* a été *la Mére de tous les Vivans*, il eft certain, qu'a-
vant elle, il n'y avoit ni homme ni femme.

Quoi qu'il fe puiffe donc, que *Moïfe* faffe une double mention
de la Création d'*Adam*, on ne doit pourtant regarder cette repetition
que comme une fuite de la Méthode, que cet Hiftorien a fuivie, &
de

(a) Gen. IV. 16.   [b] Examen de la Religion par *Edwards*, vol. 1.   (c)
Marc X. 6. (d) Gen. II. 24. [e] Gen. III. 20.

de fa maniére d'écrire l'Hiftoire. (a) En effet, après avoir donné dans le *prémier* Chapitre, un recit général de la Création des fix jours ; Il reprend, dans le *fecond*, le fil de fa narration, & il traite de la Création de l'homme en particulier. Mais il n'y a rien en cela, qui ne lui foit commun avec tous les autres Ecrivains, qui *renvoient* ordinairement un point d'Hiftoire fort remarquable, dans la vûë de le reprendre, & d'en parler plus au long, dans un autre endroit. Cela étoit d'autant plus à propos dans le cas dont il s'agit, que la dignite de l'Homme, qui eft le Seigneur des Créatures, s'y trouvoit intéreffée, & que chàcun eft curieux de favoir l'origine de fes prémiers Péres.

Quant à la feconde partie de l'objection rapportée ci-deffus, & à ce qui eft dit de *Caïn* ; Il faut remarquer, que l'Hiftoire de *Moïfe* eft très abrégée, fur tout dans le commencement, & que cet Hiftorien renferme, en très-peu de lignes, les événemens d'une longue fuite d'années ; que, par conféquent, on ne doit point être furpris, qu'il ait omis bien des chofes, & que le Lecteur foit obligé de fuppléer, par le fecours de fon imagination, à ce qui manque au recit, du coté des circonftances. Quand même donc nous conviendrions, [b] que par le mot *Nod*, il faut entendre un certain Païs ; (au lieu que ce terme, peut auffi bien fignifier un *fugitif* ; & qu'alors le fens reviendroit à ceci, que *Caïn vécut fugitif & vagabond dans le Païs* ;) Quand même nous accorderions encore, qu'il y avoit en ce tems là, dans le monde, un nombre confidérable d'hommes & de femmes, (c) nous pouvons toujours fuppofer que ces hommes & ces femmes, étoient les defcendans d'*Adam* & d'Eve, qui peuvent avoir eu un grand nombre de fils & de petits fils, dont *Moïfe*, ne parle pas expreffément ; & que, parmi eux, il pouvoit y avoir des Forgerons & des Charpentiers, capables de fournir aux autres les inftrumeus de l'*agriculture* : Quoi qu'il foit fort probable que, dans l'enfance du monde, l'art de cultiver la Terre n'étoit pas encore parvenu à un point de perfection, que *Caïn* n'ait bien pú fe contenter de Charruës & de péles de bois, & qu'au lieu de couteaux & de haches, il n'ait pú fe faire des outils de pierre ou de coquillages, qui certainement ont été les prémières chofes dont on s'eft fervi pour couper.

Il eft tout-à-fait vraifemblable qu'*Abel* fut tué environ l'an 129. de la vie d'*Adam* ; Car l'Ecriture Sainte dit expreffément, que *Seth* (d) qui fut donné à la place d'*Abel*, naquit à la 130e. année de fon

P 3

Pé-

(a) Conférence de *Nichols* vol. 1. (b) *Nichols*, ibid. [c] *Edwards*, ibid. [d] Gen. V. 3.

Pére ; & il y a beaucoup d'apparence que cette naiſſance arriva l'an‑
née, qui ſuivit celle en laquelle ce meurtre avoit été commis ; puiſ‑
que cet enfant devoit être la conſolation de ſes Parens deſolés, en‑
ſorte qu'il faut que *Caïn* eût pour le moins 129. ans quand il prit
la fuite. Or il ſe pouvoit qu'alors il y eût ſur la Terre une aſſés
grande quantité de perſonnes, au nombre peut‑être de cent mille
Ames ; ſur tout ſi l'on fait attention à la merveilleuſe fécondité de
ceux qui vivoient dans ces prémiers tems ; Car ſi les enfans d'Iſraël,
dans l'eſpace de 210. ans, de 70. perſonnes qu'ils étoient, ſe mul‑
tipliérent juſqu'au nombre de 600000. hommes,   A. M.
capables de porter les Armes, ſans compter encore   30 ‑ ‑ 10.
ceux qui moururent pendant cette multiplication ;   60 ‑ ‑ 100.
n'avons ‑ nous pas raiſon de ſuppoſer, que dans   90 1, 000.
130. Ans, qui font près de cinq générations,   120 10, 000.
les enfans d'*Adam* pouvoient aller juſqu'au nom‑   130.100, 0 00.
bre de 100000. ? *Caïn* pouvoit donc fort bien   ————————
trouver une femme dans un autre Païs, bâtir   111 ‑ 110.
une Ville, & trouver des gens à qui ſon vi‑ (Otés‑en   1.
ſage & ſon nom fuſſent également inconnus ;   111 ‑ 109.
puiſque le Monde étoit déja ſi peuplé, que
les hommes, en trop grand nombre, pour demeurer tous enſemble
dans le même endroit, s'étoient ſans doute cantonnés dans des diſtricts
différens.

„ Mais, ſi *Adam* & *Eve* ont été la Tige de tout le genre ‑ hu‑
„ main, à ſuppoſer, qu'ils aient été créés dans leur perfection, nous
„ devons nous les repréſenter, *aiant la peau blanche* ; ſi cependant
„ cela eſt, d'où viennent tous les *Noirs*, qui ſe trouvent préſentement
„ dans le Monde ? Il faut certainement que les hommes de cette cou‑
„ leur ſoient une autre génération ; & ſoit que leur Création *ait pré‑*
„ *cédé ou ſuivi celle d'Adam*, ils paroiſſent n'avoir aucun rapport
„ avec lui, mais plûtôt être une eſpèce à part, créée de Dieu, dans
„ un autre tems. Les *Mahométans* ont, pour éviter cette difficulté,
une idée fort ridicule ; Ils s'imaginent que Dieu fit le prémier hom‑
me, en partie *blanc* & en partie *noir*, ce qui, ſelon eux, eſt cauſe,
que toute ſa poſtérité n'eſt pas uniforme pour la couleur. Mais on
peut, ce ſemble, expliquer ce Phénomène d'une manière plus ſatisfai‑
ſante, & plus raiſonnable. (a) Il ne faut qu'avoir des yeux, pour
s'aſſûrer que les cheveux & le teint des hommes varient, ſuivant le
climat,

(a) *Nichols*, ibid.

climat, qu'ils habitent & à proportion de leur éloignement du Soleil. Les *Danois* & les *Suèdois*, les *Anglois*, & les *Ecossois*, qui habitent vers le *Nord*, ont en général les cheveux *blonds*, *bruns*, ou
roux, & presque plats. Les *Italiens*, les *Espagnols*, les *Grecs*, & les
Arabes, les ont noirs, & un peu frisés. Il en est ainsi des autres
Nations, à mesure qu'on s'avance vers le Sud. Les *Européens* ont
généralement la peau claire & blanche; Les *Asiatiques*, plus près de
la Ligne, ont aussi le teint plus bazané ; Mais les *Ethiopiens*, qui
habitent au milieu d'un grand *Continent*, où ils ne sont point rafraî-
chis par les vents frais, qui viennent de la Mer; où l'air, passant sur
des sables brûlans, en est continuellement échauffé, & où le Soleil
donnant à *plomb* sur leurs têtes, est encore refléchi avec violence,
par les prodigieuses Montagnes, qui les environnent; les *Ethiopiens*,
dis - je, doivent nécessairement être plus noirs qu'aucun autre Peuple.
Et si la chaleur, qu'il fait en *Asie*, a assés de force pour *brunir* la
peau de ses habitans, & pour boucler leurs cheveux, il n'est pas
difficile de comprendre, que les ardeurs brulantes de l'*Ethiopie* font
plus que suffisantes, pour noircir entièrement le teint de ses habitans,
& pour friser leur chevelure, au point qu'elle ne paroisse plus qu'une
espèce de cotton noir. Nous pouvons donc légitimement conclurre,
que les prémiers, qui allèrent s'établir, dans un Païs extraordinairement chaud, y reçurent, à proportion de la chaleur du climat, un
grand changement dans leur teint, qui devint beaucoup plus bazané
que celui des *Arabes* ; & tirant vers une *noirceur* parfaite, à mesure que le Soleil dardoit sur eux ses raïons, avec plus de violence. Il
est arrivé de là, qu'en une ou deux générations cette teinture, d'a-
bord étrangère & accidentelle, devint ensuite *naturelle* à ces Peuples,
qui en font enfin venus jusqu'à se *glorifier* de leur extrême noirceur.
Comme cette couleur plût aux hommes, & qu'ils s'en estimérent
d'avantage, les femmes en eurent aussi plus de tendresse pour eux ;
enforte que l'amour, qu'elles eurent pour leurs Maris, & leur fré-
quentation avec eux, influérent considérablement sur le fruit de leur
ventre, & chaque enfant acqueroit un nouveau degré de noirceur,
selon que l'imagination de la Mére étoit plus vivemeut frappée. Suivant cette Hypothèse, plus la naissance éloignoit ces enfans de ces
prémiers hommes, dont ils étoient descendus, plus aussi ils appro-
choient d'une *noirceur* parfaite ; & comme, suivant la coutume, qui
est encore en usage dans ces Païs - là, les corps des nouveaux - nés,
encore tendres, étoient exposés tout nuds à l'ardeur du Soleil ; leur

peau

peau devoit, de toute néceffité, en être extraordinairement brûlée, & contracter une *noirceur* fupérieure de beaucoup à celle de leurs Péres & de leurs Méres.

On peut raifonnablement fuppofer, que, par de tels degrés, les perfonnes du teint le plus beau & le plus blanc, peuvent en peu de générations, devenir des *Nègres* parfaits, quand elles vont s'habituer dans des Climats extrémement chauds. D'ailleurs, ne pourroit-il pas y avoir dans cette couleur, quelque chofe de *furnaturel*, comme quelques uns fe le font imaginé ? Et ne feroit ce point là (a) un Chatiment fignalé infligé à *Cham*, fils de *Noé*, pour avoir *découvert la nudité de fon Pére* ? en forte que tous ceux qui font ainfi noirs feroient, fuivant cette penfée, la malheureufe poftérité de ce fils déréglé.

Après avoir répondu à ces deux objections, nous allons pourfuivre l'éxamen de cette partie de l'ouvrage du *Sixieme* jour, qui n'étoit pas encore achevé.

SECTION I.

De la manière de la Création de l'Homme

Pourquoi l'homme n'a été créé qu'au fixiéme jour.

IL ne feroit pas difficile de faire voir, (b) qu'aucun des jours précédens n'étoit auffi propre que *celui-ci*, pour la Création de l'homme, & pour fon introduction dans le Monde ; puis que ce ne fut qu'alors, que tout ce qui pouvoit lui être utile ou avancer fon bonheur, fut achevé. Après que *L'Atmofphère* épaiffe & ténébreufe eut été pénétrée & éclaircie par la *Lumiére*; que *l'Air* eut été délivré des vapeurs nuifibles dont il étoit chargé, & rendu pur, tranfparent, & propre à la refpiration; que les *eaux* eurent été difpofées, de manière qu'elles puffent fervir aux befoins de l'homme, par les brouillards, & par les rofées du Ciel, par les fources & par les Rivieres, qui fortent du fein de la Terre : Quand la Terre elle même, defféchée, eut acquis affés de folidité pour le foutenir, & que, toute couverte d'arbres, d'arbriffeaux, de plantes, d'herbes, de verdure, & de fleurs, elle pût fournir à fon entretien & à fon plaifir:

après

(a) Gen. IX. 25.   (b) Théorie de *Whifton* dans les Solutions.

après que toute la gloire du firmament, auffi bien que le beau Syftéme du Soleil, de la Lune & des Etoiles, eût été devoilée à fes
yeux, pour être l'objet de fa contemplation, & que, deftinés & établis pour faire, par leurs puiffantes influences, la diftinction des faifons, ces différens Aftres, eurent contribué à rendre pour lui ce
Monde, un féjour fertile & délicieux.

Quand enfin, toutes les efpèces d'Animaux, qui nagent dans la *Mer*,
qui volent dans les *Airs*, & qui marchent ou qui rampent fur la *Terre*, eu.
rent été formées, & revétuës de diverfes qualités, propres à procurer à leur nouveau Maitre le néceffaire, & même l'agréable : Quand,
dis - je, par les foins de la Providence Divine, tout fut prêt pour la
reception de fon principal *Convié*; Alors, & non pas plûtôt, l'homme fut créé, & introduit dans le Monde ; *Alors* feulement, il fut
établi Seigneur & Gouverneur fur toutes chofes. Et l'on découvre
également dans cette manière d'agir, la Sageffe & la Bonté du Créateur, l'excellence & la nobleffe de la principale de fes Créatures,
dans ces Régions inférieures.

Mais fi la fin du *fixiéme* jour étoit, à plufieurs égards, le tems
le plus propre pour introduire l'homme, dans le féjour que Dieu lui
avoit préparé ; on peut remarquer encore, que l'Hiftoire Sainte parle
de ce chef - d'œuvre du Créateur, d'une manière qui le diftingue
bien avantageufement des autres Créatures ; (a) Que la Création de
fon Corps, auffi bien que celle de fon Ame, nous eft rapportée dans
des termes fort propres à reveiller notre attention ; que la formation
& l'affemblage de ces deux parties de l'homme, nous eft repréfentée
comme plus particuliérement l'effet du Confeil & de la délibération
de l'Etre Suprême ; *Faifons l'homme.* (b) Ce n'eft pas à dire pourtant que la Sageffe Divine eut befoin du Confeil, ou du Concours
de quelqu'autre ; ou que Dieu lui-même ait fait une efpèce de paufe, ni
héfité le moins du Monde, fur l'ouvrage qu'il alloit exécuter ; (car
toutes fes œuvres lui font connuës dès le commencement, & par un
feul acte fimple & indivifible de fon Intelligence, il prévoit ce qui fe
doit faire, il en juge, & il le détermine tout à la fois ;) Mais cette
expreffion n'eft emploiée que pour nous rendre attentifs à l'importance de la chofe, & pour marquer la prééminence de la Création de
l'homme par deffus celle des autres parties du Monde vifible.

En effet, (c) puifque l'homme devoit être une Créature toute

Q

differen-

La maniè-
re folem-
nelle avec
laquelle il
fut créé.

(a) Théologie de *Fiddes*, Partie I. (b) *Hale*, de l'Origine du Genre-
Humain. (c) *Whifton*, ibidem.

différente des autres , en ce que , composé d'une Ame *Spirituëlle &*
immortelle , & d'un Corps *matériel* , & *corruptible* , il devoit, à ces
deux égards, être fait *à la reſſemblance de Dieu* , & porter ici bas
la qualité de Lieutenant ou de Vice-Gérent de la Divinité , parmi ſes
ſemblables ; il convenoit , qu'il fut auſſi diſtingué dans ſon Origine ,
qu'il devoit l'être par rapport à ſa nature & à ſes facultés , à ſon office & à ſa dignité , à l'étenduë de ſa capacité & à ſon bonheur.
(a) Les Docteurs *Juifs* croient qu'un telle délibération eut effectivement lieu , & que ces Etres Angéliques , du Miniſtère deſquels Dieu
ſe ſervit dans la Création de l'homme , y furent admis.   Mais nous
ferons voir , dans la ſuite , que cette opinion eſt ſans fondement ,
& que les Anges même n'étoient pas propres pour un tel Ouvrage.
La plûpart des nouveaux Commentateurs , ne regardent ces paroles ,
faiſons l'homme , que comme une façon de parler *majeſtueuſe* ; rien
n'étant plus ordinaire aux perſonnes revêtuë de l'autorité Souveraine,
que de parler d'Elles - mêmes en *pluriel* , ſur tout quand il eſt queſtion de quelque ordre de grande importance : D'autres ont pourtant
remarqué , que comme il n'y avoit point d'hommes , ni par conſéquent de *grands* hommes, lorſque ces Paroles furent prononcées, auſſi cet
uſage fût- il inconnu pluſieurs Siècles après *Moïſe*.   La Coûtume ordinaire des Rois , pour mieux faire ſentir leur indépendance , étoit de
ſe ſervir , dans leurs reſcripts & dans leurs diplomes , de la *prémière
perſonne du ſingulier* , comme cela ſe pratiquoit parmi nous , (b) il
y a quelques ſiècles , & comme c'eſt encore aujourd'hui l'uſage , dans
le Roiaume d'*Eſpagne*.   Nous pouvons donc , [c] ſur l'autorité de
pluſieurs Péres de l'Egliſe, conclurre , que *Moïſe* , en faiſant parler
Dieu

(a) *Hale* ibid. (b) Avant le tems du Roi *Jean* , les Rois *d'Angleterre*
n'emploioient que le *ſingulier* , comme cela paroit par les ordres qu'ils don-
noient par écrit ; *Teſte me ipſo ; apud Weſtm.*
  (c) *Tertullian.* ad *Prax.*   Cap. VII. *Athanaſius* , Dial. 3. de Trinit :
Cyril : de *Jeruſalem* , Catech : 10. *Chryſoſtom.* Hom : 8 : in Genes. *Auguſtin :* de *Civitate Dei :* Lib XVI. Cap. 6. avec pluſieurs autres, qui prennent
ce paſſage en ce ſens. *Theologie d'Edwards.*
  Les *Juifs* font , ſur ce ſujet , un Conte, dans lequel on entrevoit pourtant , quelque lueur de Vérité. Dans le tems , diſent-ils , que Moïſe , écrivoit ſon Livre par l'ordre de Dieu , & que ces paroles lui furent dictées ,
il refuſa de les mettre par écrit, en s'écriant, *Seigneur, voudrois-tu donc plonger les hommes dans l'erreur, & leur donner des doutes ſur ton Unité ? Ecri
ſeulement* , lui répondit *Dieu , & ſi quelques-uns d'Entr'eux veulent ſe tromper, qu'ils ſe trompent. Diſcours de Saurin.*

Dieu de la forte, nous le repréfente tel qu'il eft, c'eft-à-dire, dans une *pluralité* de perfonnes; & que ces paroles, *faifons l'homme*, font, fi j'ofe me fervir de cette expreffion, une efpèce de *confulte* de la Très - Sainte Trinité, fur la Création & la formation de l'homme.

Quoi qu'il en foit, la force & l'énergie des termes peut nous faire comprendre, que la production du Genre-humain fût fi immédiatement l'Ouvrage du Tout Puiffant, qu'il furpaffoit les forces de toute Intelligence fubordonnée. Il eft vrai, [a] que les Anges font des Etres Sages & puiffans, & que la connoiffance, qu'ils ont de la Nature, peut, en quelque manière, les mettre en état de former, par l'application de certains principes *actifs* à une matière *paffive*, un Infecte, ou peut être même un Animal complét; Mais la ftructure admirable du corps humain; la maniére dont il eft approprié à certaines facultés, auffi bien que l'avantage qu'il a de poffeder certaines qualités qui lui conviennent en propre; Cette ftructure, dis-je, à ne faire même attention, qu'à ce qui regarde la vie Animale, porte les marques d'une Sageffe & d'une efficace, fort au deffus du pouvoir d'aucune fubftance créée. Car pour rendre l'homme un *Tout* parfait, il faut qu'il y ait une certaine harmonie & une proportion convenable entre les parties de fon corps, & les facultés de fon Ame; & par conféquent il faut autant de dextérité & d'habileté pour la formation de l'un, qu'il en faut pour celle de l'autre. Si donc un Ange, ou quelqu'autre Subftance moindre qu'un Etre Infini, eft incapable de former une Ame, (ce qu'on ne fauroit nier,) une Intelligence finie, quelle qu'elle foit, ne pourroit pas non plus approprier cette Ame à un corps organifé, & qui lui fût parfaitement afforti.

De tout ce que nous venons de dire, nous pouvons donc conclurre que, & l'*Ame* & la *nature animale* de l'homme, la formation même, & la difpofition de fa figure corporelle, font l'ouvrage non feulement d'un Etre *intelligent*, mais encore d'un Etre intelligent infini & Tout-Puiffant, qui, dans le même inftant & tout à la fois, forma fon corps, & lui donna les Organes de la Vie & des Sens. Ceci peut nous fuggérer la raifon, pourquoi, dans la formation du corps de l'homme, la Sageffe de Dieu choifit *la poudre de la Terre*, ou, comme on peut auffi traduire, de *. *l'argile rouge*. Ce fut, fans dou-

Son Corps fait par Dieu feul.

Formé de la poudre, pour faire voir la Puiffance deDieu.

Q 2

(a) *Hale* de l'origine du Genre humain.   * Le terme de l'Original, qui fignifie *Terre*, eft en effet dérivé d'un autre, qui fignifie *être rouge*. Le

nom

doute, afin que la confidération d'une matière fi peu propre en apparence à produire ce qui en devoit réfulter, mit les hommes en état de juger de la difficulté de l'Ouvrage, pour leur apprendre à en donner toute la Gloire à Dieu feul.

(a) Si nous voïïons une motte d'argile, fortir immédiatement de la Terre, & prendre tout à coup la forme d'un homme parfait, avec toute la beauté, & la fymmètrie, toutes les parties & les facultés, que nous remarquons en nous - mêmes, & dans un degré peut-être beaucoup plus excellent : Si, après fa formation, cet homme s'acquitoit, à nos yeux, de toutes les fonctions de la vie, du fentiment & de la Raifon, qu'il fe mût avec autant d'aifance & de bonne grace, qu'il parlât auffi éloquemment, qu'il raifonnât auffi jufte, & que tout ce qu'il feroit, il le fît avec autant d'adreffe, que le mortel le plus accompli qu'il y ait préfentement fur la Terre ; ce feroit précifément le cas dont nous parlons : car le prémier homme fut fait en auffi peu de tems, & dans toute fa perfection. Mais afin que la chofe nous frappe d'avantage, fuppofons que cette figure s'élève peu à peu ; que fes différentes parties fe forment & fe perfectionnent les unes après les autres, dans un certain efpace de tems, & que, le tout étant une fois achevé, les *Veines* & les *Artères* percées; les *Nerfs* & les *Tendons* agencés ; les *Jointures* difpofées dans la place qui leur convient ; & la *Liqueur*, qui doit fe changer en *fang* & en *fucs*, logée dans les *Ventricules* du Cœur ; Dieu verfe, dans cette machine, un principe de *vie*, après quoi cette liqueur, logée dans les Vertricules, commence à defcendre & à couler, par fauts mefurés, le long des Veines : il s'élève fur le vifage une rougeur Célefte, qui n'a pas befoin du fecours de l'Art, & que le Pinceau du plus habile peintre ne fauroit parfaitement imiter. La ftatuë fe meut, elle marche, elle parle ; Elle fe meut, dis - je, avec une majefté, qui la fait auffi tôt regarder comme le chef-d'œuvre de la Création : Toute la nature reconnoit en elle fon Seigneur. Le fon de fa voix, la fublimité de fes penfées, lui attire l'admiration de toutes les autres Créatures. Le Créateur Tout - Puiffant veut bien entrer en converfation avec elle. Si, dis - je, tout cela fe paffoit fous nos yeux, nous ne pourrions nous empécher d'en être étonnés, & de nous écrier, pénétrés d'admiration & d'humilité ; (b) *Eternel ! qu'eft-ce que de l'homme, que*
tu

nom d'*Adam* a auffi la même étymologie auffi bien que celui d'*Edom*, qui ne fut donné à *Efaü*, que parce qu'il avoit paffionnément fouhaité de manger d'un potage *roux*, Genef. XXV. 30. (a) *Hale* ibid. (b) Pf. VIII. 5. &c.

tu te souviennes de lui, & du fils de l'homme que tu le visites ?
Ce n'étoit qu'un peu d'argile, & *tu l'as fait un peu moindre que les
Anges, tu l'as couronné de gloire & d'honneur, tu lui as donné la domination sur les œuvres de tes mains, & tu as assujeti toutes choses sous ses pieds* : En effet, plus les matériaux sont vils & abjects,
plus aussi est grande l'adresse de l'Architecte *Divin*, qui en a sû tirer
un si glorieux Edifice. Aussi le Psalmiste conclut-il sa contemplation
sur cette matière, par cette *Doxologie* : *O Eternel notre Seigneur,
que ton nom est magnifique par toute la Terre !*

Dieu pouvoit encore se proposer un autre but, que sa gloire,
en prenant *la poudre de la Terre* pour en former le corps de l'homme. C'est de nous donner une Leçon d'*humilité*, toutes les fois que
nous jetterions les yeux sur nous-mêmes, & que nous ferions attention à la bassesse de notre *Origine*. L'orgueil avoit tout recemment
perverti les Anges, & les avoit plongés dans une perdition totale ; il
convenoit donc à la Sagesse de Dieu, puisqu'elle se proposoit de produire une nouvelle espèce de Créatures, de rapeller constamment à leur
souvenir la bouë dont elles ont été paitries, & de mêler, pour ainsi
dire, dans leur composition un puissant antidote contre le venin de
l'orgueil ; afin que toutes les fois, qu'il leur arriveroit de s'élever & de
s'estimer trop elles-mêmes, elles n'eussent, pour reprendre leur assie-
te naturelle, qu'à (a) *regarder au creux de la Cîterne dont elles ont
été tirées.* Nous trouvons dans le Sage Fils de *Syrach* une pensée
bien expressive sur ce sujet ; (b) *L'Orgueil*, nous dit-il, *n'a pas été
fait pour l'homme.* (c) Figurons-nous en effet l'orgueil là où nous
voudrons, il n'y a point d'endroit où il soit plus mal placé que dans
l'homme dont la matière est de pure argile, aussi putride & aussi mé-
prisable, que celles des autres Créatures ; & qui, tous les jours, peut
dire (d) *à la Corruption, Tu es mon Pére, & aux Vers vous êtes
ma mére & ma sœur.* Dieu a donc jugé à propos de mettre cette
circonstance humiliante dans notre composition, pour nous rappeller
la mémoire de notre *Origine*, lors que notre prospérité nous l'auroit
fait oublier, & pour nous donner, au milieu des faveurs de la fortune, quand nous nous trouverions élevés aux emplois les plus éminens,
& aux plus grands honneurs, dans le sein même de la volupté, &
entourés des scènes les plus agréables, qu'elle puisse offrir à nos yeux ;
au milieu de toutes les idées flatteuses, que nous pourrions nous faire

Q 3

de

(a) Esaïe LI. 1. (b) Ecclesiastique X 22. (c) Sermons de Tillot.
Vol. I. (d) Job XVII. 14.

de notre Efprit, de notre génie, de notre beauté, & de nos autres belles qualités ; ce trifte, mais important avertiffement, (a) *Tu es poudre & tu retourneras en poudre.*

l'Infufion de fon Ame.

Après la formation du Corps d'*Adam*, l'Hiftorien Sacré paffe à la production de fon Ame, & il nous en donne quelque particularité. La nature fpirituëlle & immatérielle, la condition immortelle, les qualités actives, & les opérations libres & raifonnables, dont l'ame humaine devoit être revêtuë, pour porter l'image de l'Etre Divin, demandoient fans doute, qu'en lui donnant l'éxiftence, en l'uniffant enfuite avec la matiére, & en l'introduifant dans ce Monde corporel, Dieu fe conduifit d'une façon particulière, & toute différente de la méthode, qu'il avoit fuivie jufqu'alors. Auffi eft-il à remarquer fur ce fujet, qu'au lieu que, dans la formation de tous les autres Animaux, il eft fimplement dit ; [b] *Que la Terre produife châque Créature vivante felon fon efpèce* ; il eft dit touchant la Création de l'homme, que [c] l'*Eternel Dieu forma l'homme de la poudre de la Terre, & qu'il fouffla dans fes narines le fouffle de vie.* c. d, qu'il fit quelque chofe, qui avoit du rapport à un fouffle ; [car Dieu n'a point de corps, par l'organe duquel il puiffe fouffler,] & que par ce moien aiant infufé dans la (c) Tête de l'homme, comme dans un lieu, qui en devoit être le principal fiége, un Efprit immortel & doüé de raifon, fans que cet Efprit fut pour cela aucune portion de fon effence, *l'homme devint une ame vivante.*

Mais il fe préfente ici quelques queftions importantes & difficiles, touchant la Nature & l'origine des Ames humaines, comme de favoir, fi elles font des formes réelles & *Subftantielles*, ou feulement les parties les plus fubtiles de l'air, ou des Efprits Animaux ; fi elles ont été toutes créées à la fois, ou fi Elles n'ont reçû l'être que fucceffivement, & par occafion ; Enfin, fi Elles font immédiatement l'ouvrage du doigt de Dieu, ou fi Elles font tranfmifes des Péres & des Méres aux enfans, & *per traducem*, comme on parle dans l'Ecóle : J'aurai ci après occafion d'éxaminer plus amplement la Nature, les facultés, & l'immortalité de l'Ame ; Mais pour le préfent, je me contenterai de remarquer, que l'Hiftorien Sacré met une diftinction vifible entre l'Ame & le Corps de l'homme ; en faifant venir l'un de la *poudre de la Terre*, & en tirant l'autre du *fouffle de Dieu.*

Qui eft diftincte du Corps·

Que dans la formation d'*Adam*, [d] le Créateur fuit une méthode
toute

(a) Genef. III. 19.   (b) Genef. I. 24.   (c) Genef. II. 7.   (d) Le terme de l'Original רֶאַפֶּי ne fignifie que la *face*, ou, fa *tête.*   (d) Nichois, conférence Vol. II.

toute différente de celle , qu'on lui voit mettre en ufage , dans la
formation des autres Animaux ; différence , dont on ne fauroit rendre
raifon , fi , dans les parties effentielles qui le compofent , il n'y avoit
rien de fupérieur aux brutes , ni aucune différence entre lui & elles :
Qu'il eft dit de l'homme , qu'il a été fait *à l'image de Dieu*, quoi
qu'il n'y ait rien en lui, qui puiffe porter , avec quelque apparence
de raifon , un fi glorieux caractère , fi l'on en excepte l'Ame *raifon-*
nable , dont il eft doüé : *Qu'il devint une Ame vivante* , ce qui aiant
été l'effet de l'infpiration de Dieu même , doit marquer quelque chofe de femblable à cette fpiritualité , pour laquelle le grand Créateur
de l'Univers eft fi fouvent appellé le *Dieu vivant* , & les Intelligences Céleftes, les Efprits Angéliques , font auffi appellés , [a]
fes Fils.

On ne fauroit , ce femble , faire un recit plus propre , que
celui de *Moïfe*, à établir la diftinction de l'Ame & du Corps ,
& à mettre , pour ainfi dire fous nos yeux , la compofition groffière de l'*un* , & la Nature Divine & Spirituelle de l'*autre* :

Cependant, fur ce recit même , [b] quelques perfonnes ont ofé
foutenir ; „ Que quand *Dieu foufla dans l'homme le foufle de vie*, ce-
„ la ne veut dire autre chofe, fi ce n'eft qu'il fit que la matiére, ou
„ l'homme avec fa forme extérieure, devint une Créature vivante ; en-
„ forte que fon Ame dépendoit de *l'organifation* de fon corps , mais
„ qu'il ne lui tranfmit aucune fubftance fpirituelle , qualité qu'ils re-
„ fufent à l'ame.

1°. Il eft vrai, que le Vulgaire fe fait de la *Subftance*, des Idées
fort groffiéres , & qu'auffi-tôt qu'on en parle, il s'imagine d'abord que
c'eft quelque chofe, qu'on *voit* ou qu'on *fent* : Il dit d'une piéce de
Drap, ou de Vaiffelle d'argent, qu'Elle a de la *fubftance*, quand elle
a un certain dégré d'épaiffeur , ou une certaine quantité de matiére ,
qui peut la rendre d'un bon ufage ; & de là il conclut, que c'eft proprement là l'idée de la fubftance , & qu'il n'y en a point d'autre. (c)
Si donc les Théologiens & les Philofophes, qui donnent à l'ame le
nom de *Subftance Spirituelle*, le prennent en ce fens-là, on a droit
de les accufer d'avoir de la *Subftance* une idée abfurde & contradictoire : mais quand ils déclarent, que leur intention, en définiffant l'ame
de la forte, eft de dire, que c'eft une Subftance d'une nature entiérement différente de celles qui tombent fous les fens, une Subftance, qui

n'a

(a) Job. II. I.   (b) Voyés, *Secondes penfées touchant l'ame humaine,*
(c) Conférence de *Nichols* Vol. **2.**

n'a ni longueur, ni largeur, ni épaiſſeur, qui a pluſieurs qualités, & pluſieurs proprietés conformes à ſa Nature, qui l'accompagnent, & qui ſont auſſi parfaitement diſtinctes eutr'elles, que le ſont celles des Etres corporels ; Cela n'implique aucune contradiction ; on n'y voit aucune impoſſibilité , & quand cette idée eſt appliquée au mot de *Subſtance*, il eſt auſſi propre & auſſi intelligible que quand il ſert à exprimer *l'idée groſſiére*, que le Vulgaire y attache.

Que l'ame de l'homme ſoit, dans le ſens le plus relevé, *une Subſtance Spirituelle* & indépendante de la matiére qui l'environne, & qui l'accompagne, c'eſt ce qui eſt évident, à quiconque conſidère la *puiſſance* & la *liberté* de ſes opérations, qui ne ſauroient être des attributs d'un pur *accident ;* & que la matière, quelque rafinée & meurie qu'on la ſuppoſe, ne pourroit jamais exécuter. Nous ſavons, que la matière ne ſauroit ſe mouvoir ni agir que ſuivant la direction qu'on lui donne, parce qu'E le n'a en Elle-même ni volonté, ni puiſſance, ni capacité pour ſe déterminer, & pour être la cauſe de ſes mouvemens. (a) Nous ſentons cependant, & nous nous apperçevons, par nôtre propre expérience, que cette Ame que nous avons, eſt doüée d'une liberté naturelle, qui la rend maitreſſe de ſes actions, lors même que les Objets extérieurs agiſſent, avec le plus de force ſur elle : C'eſt ainſi, qu'au milieu des cris tumultueux d'une armée, malgré le bruit éclattant des trompettes & des tambours, l'ame peut ſe recueïllir, ſe concentrer en elle même, & fixer ſes penſées ſur la profonde contemplation des douceurs & des agrémens de la paix. C'eſt ainſi encore que, quoiqu'elle ſoit vivement ſollicitée au dehors, à faire un tel ou tel choix particulier ; quoiqu'on employe pour l'y forcer les menaces & les ſupplices, il eſt en ſon pouvoir de rejetter la propoſition, qu'on lui fait, & même de choiſir tout le contraire. Puis donc que l'Ame a une liberté d'agir *innée*, & que les objets matériels, qui l'environnent, ne peuvent la gêner, ni la déterminer dans ſes mouvemens ; il s'enſuit néceſſairement, que c'eſt un Etre qui a des proprietés diſtinctes de la matiére. En effet, ſi on conſidére combien les Opérations de l'une ſurpaſſent la plus grande puiſſance de l'autre, il paroitra ſurprenant, qu'il ſe ſoit trouvé des gens aſſés déraiſonnables pour la ranger parmi les Etres *Matériels.* Car comment ſe pourroit-il, qu'un bloc d'argile, ou un tas de pouſſiére, fût jamais en état, malgré toutes les formes qu'on voudroit lui donner, & après toutes les macérations poſſibles, de former un Etre *penſant*, ou de devenir,

(a) Sermons de *Scot*, Vol. II.

nir, en croiſſant, l'ame d'un *Philoſophe?* Comment ſe pourroit-il que
du mouvement du Sang & des eſprits, qui ne ſont que des particules
globulaires de Matiére, il s'élevât une intelligence, qui, dans un clin
d'œil, pût parcourir l'Univers, marquer la route des corps Céleſtes,
compaſſer les cercles qu'ils décrivent, meſurer toute la ſurface de la
Terre, & ſe plonger dans ſes vaſtes & larges entrailles, pour y découvrir cette multitude de choſes, qu'elle enfante continuëllement,
qui pût naviger, dans le monde des Eſprits, à l'aide de la *bouſſole*
invariable de la raiſon, & faire la découverte de ces régions inviſibles
de bonheur ou de malheur, qui, tandis que nous ſommes ſur le bord
de deçà, ſont tout à fait hors de nôtre vuë, qui pût en un mot, de
cauſe en cauſe, remonter juſqu'à Dieu la cauſe de *tout*; & fixant ſes
regards, ſur cet objet aimable, ſe perdre dans la contemplation de ſes
perfections infinies.

Ce ſont là des actions d'une nature ſi abſtraite, que c'eſt choquer
le ſens commun, que de s'imaginer que la matière pût en être capable. Tout ce que nous pouvons concevoir de la matière eſt, que
c'eſt quelque choſe d'*étendu*, & qui occupe une certaine place; quelque choſe de *ſolide*, d'*impénétrable*, & de *ſuſceptible* de différentes
figures. Mais comment cela pourroit-il contribuër le moins du Monde à faire une Ame, ou un Etre qui *penſe?* Il eſt vrai, qu'une portion de matière jointe à une autre, en augmentera la maſſe, & que
des parties matérielles, différemment ſituées, produiront une nouvelle
figure, parce que la *maſſe* & la *figure* ſont *originairement* contenuës dans
la matière. Mais la matière ne ſauroit non plus produire un Eſprit
penſant, qu'une ſouris compoſer un Traité de Mathématiques, ou
l'Auteur d'un pareil Traité faire un Ange. Je dis plus, il y a une
telle *incompatibilité* entre la *matière* & la *penſée*, (a) que, quoique
nous n'oſions pas affirmer poſitivement, qu'il n'eſt pas au pouvoir de
Dieu de faire que la matière *penſe*, nous pouvons cependant ſoutenir
en toute ſûreté, que cela eſt contraire à toutes nos idées, & aux notions, que nous avons communément de la nature des choſes. Car
ſuppoſé, que de quelque partie du corps d'*Adam*, de ſon cerveau,
par exemple, qui fût tiré de la Terre, le Tout-Puiſſant en eut fait
une ſubſtance penſante, il ſeroit arrivé que dès que Dieu en auroit
donné l'ordre, le cerveau auroit perdu ſa *matérialité*, & ſe ſeroit
changé en Eſprit. Ce qui auroit exigé un double acte de la Toute
Puiſſance de Dieu; l'un, pour anéantir la matière, l'autre, pour pro-

Et qu'on
ne ſauroit
faire pen-
ſer la ma-
tière.

R
dui-

(a) Conférence de *Nichols*, V.

duire à fa place une Ame ou un Efprit; en forte qu'après tout, ce
n'eût pas été la matière organifée, mais l'efprit, nouvellement créé,
qui feroit devenu une fubftance penfante.   Il eft fûr qu'à moins que
d'ajouter une Ame à la matière, il n'y a point de voie imaginable de
la rendre penfante, fi Dieu n'agit immédiatement fur elle, de forte
qu'il devienne réellement lui-même la caufe de la penfée, & des autres Opérations, qui font en elle.   Mais une telle fuppofition détruit
toute idée de bien & de mal; fait que l'homme n'eft nullement ref-
ponfable du déréglement de fes mœurs, & rejette fur Dieu la faute
de tout.   Selon cette fuppofition, c'eft Dieu, qui penfe en nous méchamment; C'eft Dieu qui commet l'action infame & impudique;
C'eft Dieu, qui tombe dans l'erreur; C'eft Dieu, qui fait un mauvais
choix ;   C'eft Dieu en un mot, qui fait tous ces crimes énormes,
que les loix humaines puniffent d'une mort infame.   Ce font - là des
conféquences déteftables & blafphématoires ;   Tant il eft impoffible,
dans la nature des chofes , que la matière & le mouvement produifent jamais la *penfée*.

2. Si nos Ames pré-exiftoient ou non.   L'autre queftion eft de favoir, (a) fi les ames furent créées toutes à la fois & en même tems que celle d'*Adam*, pour être enfuite
unies à certains corps, à mefure qu'ils feroient préparés à les recevoir, ou fi elles ne font créées que fucceffivement, & feulement, lors
que les corps, qu'elles doivent habiter & animer , font rendus propres à cela ?   Ceux, qui foutiennent la préexiftence des Ames prétendent d'abord avoir pour eux le fuffrage de toute l'Antiquité ,
tant *Païenne* que *Chrêtienne* , après quoi, ils raifonnent de cette manière ; „ Ceux, qui foutiennent que Dieu crée l'Ame de châque hom-
„ me à mefure que fon Corps eft difpofé à la recevoir , ont mauvaife
„ grace de dire, que Dieu acheva fon Ouvrage le *fixiéme* jour , &
„ qu'au *feptieme il fe repofa*, puifque , par rapport à fes productions
„ les plus nobles, & un très grand nombre de fes Créatures, cet Ou-
„ vrage n'étoit encore que commencé : Il étoit, *ajoutent - ils* , plus
„ conforme à fa Sageffe , de déployer fa Puiffance en un feul acte, qui
„ auroit auffi bien répondu à fon but, que de créer continuellement
„ de nouvelles Ames , par tout le monde, & de les infufer dans le
„ Corps des Enfans, à mefure qu'ils font engendrés.   Et puifque no-
„ tre Sauveur ne répondit pas à la queftion, que lui firent les *Juifs*,
„ au fujet de l'aveugle-né, favoir , *s'il avoit péché lui - même, ou fi*
„ *c'étoit fon Pére ou fa Mére?* & qu'il eft à préfumer, que ceux ,
qui

(a) Théologie de *Fiddes* Vol. I.

„ qui lui firent cette queſtion , parloient ſelon l'opinion reçuë
„ généralement en ces tems - là, c'eſt une preuve tacite , qu'il l'ap
„ prouvoit. Et de là ils concluent , que les Ames furent toutes
„ créées à la fois, (a) au commencement du Monde , & peut être
„ même en même tems qu'*Adam* fut formé , & qu'elles furent créées
„ par milliers , & en ſi grand nombre , qu'elles devoient ſuffire pour
„ animer tous les corps, qui naitroient dans la ſuite tant que le mon-
„ de ſubſiſteroit.

Les Partiſans du ſentiment contraire poſent pour *principe* , que s'il
eſt vrai que les Ames aient préexiſté, on ne peut regarder leur union à des
corps, vû l'état préſent de la vie, que comme une eſpèce de châtiment. [b]
Or tout châtiment, diſent-ils, emporte néceſſairement, ſelon l'idée qu'on
s'en forme, & le but pour lequel il eſt infligé, le ſentiment du crime dont on
eſt puni; au lieu , qu'il ne paroit pas que l'Ame ait jamais aucune idée de
quoi que ce ſoit qu'elle ait fait dans un état précédent. Cependant ſi
l'on n'a pas le moindre ſentiment des fautes pour leſquelles on ſouffre , la Juſtice de Dieu en nous infligeant cette peine ne nous paroitra qu'une pure vengeance , puiſque nous ne découvrirons point ,
dans une telle conduite , ces raiſons *ſalutaires* , qui l'engagent ſouvent à nous châtier dans cette vie. (c) A proprement parler, diſent-
ils encore, il n'y a point d'oubli dans une Ame : Son défaut de mémoire n'eſt qu'*accidentel* , & cauſé par cette chair, qui l'embarraſſe ,
& qui lui eſt en obſtacle. Ainſi , quoique les hommes en général ,
vivent contens dans cet embarras , il s'en trouve pourtant, qui font
leurs efforts pour ſe ſpiritualiſer ; cependant, il n'en eſt aucun , même
parmi ces derniers , qui puiſſe venir à bout de ſe rapeller la moindre petite circonſtance de ce qu'il étoit précédemment. Nous ne ſommes
jamais ſi fort oublieux dans cette vie , ajoutent - ils, que quelque objet frapant, quelques conjonctures importantes, venant à ſe préſenter
à nous & à s'attirer notre attention, ne nous faſſent reſſouvenir , bon-
gré malgré que nous en aions, de ce que nous pourrions avoir oublié. Mais c'eſt quelque choſe de bien ſurprenant, ſans doute , que
rien de tout ce qui s'eſt paſſé, pendant notre vie *précédente* , qu'aucune idée du lieu où nous avons vécu , ni du genre de vie que nous
y avons mené, non plus que le moindre ſouvenir du ſujet, pour
lequel nous nous trouvons relégués dans ces corps, ne nous ſoient jamais venus dans l'eſprit. L'état de préexiſtence n'eſt donc, ſelon eux .
qu'un ſonge deſtitué de réalité. L'homme eſt naturellement une Créa-

R 2
ture

(a) Dialogues Divins , par *Moore*. (b) *Fiddes* ibid. (c) Sermons de *Toung*.

ture compofée ; & comme le corps ne fauroit fubfifter fans l'Ame, de même l'Ame ne fauroit être parfaite fans le corps, qui eft une partie effentielle du Tout : d'où ils concluënt, que, fi l'Ame a préexifté, l'homme aura été créé imparfait dans fon Origine, & d'une manière, qui dérogeroit à la Sageffe infinie d'un Dieu Tout - Puiffant.

Voilà en fubftance quelles font les raifons des deux partis, (a) mais notre Sauveur n'aiant pas décidé la queftion, quoi qu'il eut une belle occafion de le faire, nous a laiffés dans la liberté d'en juger comme d'un point de pure *fpéculation*, fur lequel nous pouvons fûrement nous déterminer en faveur de celle de ces deux opinions, qui nous paroitra la plus probable, & la mieux fondée.

3. Si c'eft
fe traduce
ou non.Il fe préfente une autre Queftion à examiner, c'eft de favoir fi nos Ames viennent immédiatement de Dieu, & par *infufion*, ou fi elles nous font tranfmifes par nos Péres & par nos Méres ? Ceux qui foutiennent ce dernier fentiment, raifonnent ordinairement de cette manière. [b] Comme Dieu revêtit toutes les autres Créatures du pouvoir de fe propager elles - mémes, & de perpétuër leurs efpèces, dans toutes leurs perfections, il eft à préfumer, qu'il donna au genre - humain la même vertu, autrement cette bénédiction, qui fût prononcée fur nos prémiers Parens d'abord après leur Création ; [c] *croiffés, multipliés & rempliffés la Terre*, n'eut pas eu, par rapport à eux, un fens auffi plein ni auffi étendu, que par rapport aux brutes, ce qu'on auroit de la peine à s'imaginer. Nous voions, difent - ils, que les Enfans reffemblent à ceux, qui leur ont donné la naiffance, autant par leurs inclinations, que par les traits extérieurs de leurs Corps. On ne fauroit fuppofer, qu'une inclination au mal, qui fe manifefte dans quelques Enfans, vienne de Dieu. Il faut donc qu'elle ait été engendrée avec l'Ame, qui en aura été infectée dans fa génération, qu'elle tient de Parens méchans & dépravés ; De forte que, quand il eft dit, [d] qu'*Adam engendra fon fils Seth à fa reffemblance, & felon fon image*, de la même manière qu'il eft dit qu'il étoit lui - même l'*image de Dieu*, [ce qui ne peut s'entendre que de fon Ame ;] il faut, fans vouloir forcer le fens des termes, fuppofer, qu'il engendra tout à la fois, & l'Ame & le Corps de fon fils. Nous ne pouvons pas concevoir, qu'il convienne à la Majefté & à la Sainteté de Dieu, d'un côté, d'être continuellement occupé à faire des Ames, & de l'autre, de fe voir fouvent obligé de les infufer dans des corps, procréés de copulations infames & inceftueufes,

que

(a) *Fiddes* ibid. (b) *Carcel. Inftitut.* (c) Genef. I. 28. (d) Genef. V. 3.

que fa Nature abhorre , & que fes Loix ont fi févèrement défenduës.

Mais ceux qui font dans d'autres idées fuppofent , que tous les hommes reçoivent leurs Ames de Dieu, de la même manière qu'*Adam* en reçût fa fienne; parce qu'ils ne fauroient comprendre , difent - ils, que, fans cette Hypothèfe , on pût maintenir l'incorruptibilité & l'immortalité de l'Ame. Si l'Ame, ajoutent - ils , eft propagée par la génération , il s'enfuit , qu'elle vient du Pére & de la Mére tout à la fois, ou feulement du Pére ; fi elle vient de tous les deux , il s'enfuit qu'elle eft un compofé de leurs deux Ames , & qu'elle eft par conféquent corruptible. Si elle ne vient que du Pére , il s'enfuit que JESUS - CHRIST, qui n'avoit point de Pére ici - bas, étoit deftitué d'une Ame humaine , & que par conféquent il n'étoit pas véritablement ni parfaitement homme : C'eft donc pour ne pas donner dans de pareilles abfurdités , & dans plufieurs autres de même nature , qu'ils affirment, que Dieu , comme il l'a déclaré lui-même , eft [a] *le Pére des Efprits* , d'une façon particulière ; que tous les gens de bien ont toujours vécu dans cette perfuafion, [b] que l'*Efprit de Dieu les avoit faits, & que le fouffle du Tout-Puiffant leur avoit donné la vie* ; & qu'ils font morts, dans la ferme efpérance, que, (c) *quand la poudre retournera dans la Terre, d'où elle a été tirée, l'Efprit retournera à Dieu qui l'a donné* : Qu'ainfi, quoi que Dieu ait confié la formation de nos corps, en bonne partie, à l'action des caufes fecondes, cependant nos Ames felon eux , font des Etres d'un fi grand prix devant lui , qu'il s'en eft refervé la production; & que nous attentons à fes droits , & à fes prérogatives , quand nous prétendons nous l'attribuër.

En un mot , [d] l'opinion de la propagation des Ames humaines *ex traduce* , eft fi incompatible avec la fimplicité des Etres immatériels , fi contraire à notre propre fentiment , qui ne nous apprend rien de femblable, fi injurieufe aux foins de la Providence Divine , & fi opofée au fens clair & formel de l'Ecriture , [outre l'abus, qu'en peuvent faire ceux, qui ont de mauvais principes,] que l'on devroit bien prendre garde à la manière dont on appuie de pareilles infinuations, qui tendent à nous faire croire, qu'il eft de certains cas , où la Puiffance de Dieu n'eft plus la même , & à affoiblir les liens de la Religion , en rabaiffant l'excellence de nos Ames immortelles : Mais revenons à notre fujet principal.

R 3

Il

(a) Nombres XVI. 22. (b) Job XXXIV. 14. (c) Ecclef. XII 9. (d) Théologie de *Fiddes* Vol. I.

La formation d'Eve.

Il ne faut pas douter, qu'*Eve*, *la Mére de tous les vivans*, n'ait été créée le même jour que fon Mari ; Car il eft dit, [a] qu'au *fixiéme* jour, *Dieu les créa mâle & femelle.* L'Hiftorien Sacré ne fait donc, dans le fecond Chapitre, que réfumer la matière, qu'il avoit entamée dans le prémier, pour nous donner un recit plus détaillé & plus circonftancié, de l'Origine de cette Illuftre Créature. C'eft pour cette raifon, qu'il nous apprend, qu'*après que l'Eternel Dieu* eut fini ce qui regardoit *Adam*, & qu'il l'eut rendu complet à tous égards, il le fit (b) *tomber dans un profond fommeil.*

Les Anciens (c) Ecrivains, tant *Juifs* que *Chrêtiens*, conviennent, en général, que ce *fommeil*, dans lequel *Adam* fut plongé, avant que Dieu tirât *Eve* de fon corps, n'étoit pas feulement un expédient favorable, que le Créateur trouva pour faire cette admirable opération fur lui fans douleur ; mais que c'étoit encore une efpèce d'*extafe* ; [car (d) c'eft de cette manière que les LXX. ont rendu le terme de l'Original ;] que pendant cette extafe, fon Ame étoit inftruite, tant de ce qui fe paffoit actuëllement en lui, que de ce qu'il y avoit de Myftèrieux en cela, & que, par ce moien, il fe trouva duëment préparé à recevoir (e) ce Divin Oracle, qu'il proféra auffi-tôt après qu'il fût éveillé : C'eft ainfi que Dieu fit tomber le Patriarche *Abraham* (f) *dans un profond fommeil*, lorfque, par l'Efprit de Prophétie, il voulut lui faire connoitre ce qui devoit arriver à fa poftérité, quelques Siècles après.

Quoi qu'il en foit, l'Hiftorien continuë fon recit, & il nous apprend, que, pendant ce fommeil, (g) Dieu *tira une côte d'Adam*, & que, de cette côte, il en *fit une femme.* Mais il y a ici quelques difficultés, qu'il eft à propos de refoudre. Pourquoi Dieu choifit-il une côte plûtôt qu'une autre partie du corps ? Comment *Adam* pût-il perdre une côte & demeurer cependant parfait ? Quelle proportion, enfin, peut-il y avoir entre le corps d'une femme & une fi petite portion de matière ?

Pourquoi elle fut faire d'une Côte.

צלע

Pour répondre à toutes ces queftions (h) je dirai d'abord, qu'il n'eft pas néceffaire de convenir, que le terme de l'Original, fignifie proprement *une côte*; les LXX. le traduifent conftamment par le mot *Grec* πλευρὰ, qui fignifie ce que nous appellons le *côté*, & à le prendre en ce fens, la difficulté difparoit, & ce paffage, devenu clair & aifé

[a] Genef. I. 27.   (b) Genef. II. 21.   (c) Sermons de *Bull.* Vol.IV. [d] Commentaires de *Patrick.*   (e) Verf. 23. 24.   (f) Genef. XV. 12. (g) Genef. II. 21. 22.   (h) Conférence de *Nichols*, Vol. I.

aifé à comprendre , ne nous dit autre chofe , finon , que Dieu prit quelque partie du Corps d'*Adam*, autour de fon côté , qu'il en referma l'orifice , & que , de cette fubftance , qu'il en avoit tirée , il en forma *Eve*,. Or que trouve-t-on , je vous prie , d'étrange dans ce recit ? Car fi Dieu fe propofoit , dans cette occafion, quelque chofe de *myftérieux* , cette partie étoit certainement la plus propre qu'il pût choifir. S'il eut formé la femme de la Tête de l'homme . c'eut été le vrai moien de lui donner droit de prétendre à la *fupériorité* , à laquelle il ne la deftinoit pas. Il la tira donc du *côté* de l'homme , pour marquer (a) l'obligation où ils étoient l'un & l'autre , de vivre dans l'union la plus parfaite , & dans la focieté la plus étroite; pour leur faire entendre , que faifant partie du même *Tout* , ils devoient s'aimer tendrement l'un l'autre ; & pour rendre le Mariage recommandable , comme étant fondé dans la Nature , & comme étant la réünion de l'homme & de la femme. Il n'étoit donc pas néceffaire , fi nous fuivons ce fens-là , qu'*Adam* perdit une de fes côtes. Mais (b) à fuppofer que cela fut, pourquoi Dieu n'auroit-il pas pû la remplacer par une autre , ou faire que (c) *la chair qu'il forma* en fa place, en prit bientôt la folidité? On ne doit point difputer fur ce que Dieu peut faire ; & quiconque réfléchira , qu'un gland , ou un grain de femence de moutarde , peuvent devenir , l'un un grand arbre , & l'autre une grande plante , ne manquera pas de raifons , pour le convaincre, que la *côte* de l'homme étoit , entre les mains du Tout-Puiffant , une matière fuffifante , pour compofer le corps d'une femme.

On pourroit encore nous objecter , qu'il n'eft point fait mention dans ce recit de l'infpiration d'une Ame , dans la femme; cela eft vrai. Mais (d) comme l'Hiftorien ne vouloit nous inftruire que de ce qu'il y eut de particulier dans fa formation , favoir , qu'elle fut prife de l'homme , & tirée de fon côté; il eft à préfumer , que ce qui avoit du rapport à la Création de fon Ame , avoit déja précédé , & qu'il étoit réellement compris dans ce que Dieu dit de cette formation , qu'il fe propofoit d'exécuter ; (e) *Il n'eft pas bon que l'homme foit feul, je lui ferai une aide femblable à lui* , ou qui lui foit conforme , c. d. qui ait les mêmes qualités effentielles que lui, car telle eft la force du terme de l'Original, & c'eft ainfi que porte la *Vulgate*. כנגדו
En effet, nous ne faurions concevoir , de quelle confolation cette
femme

(a) *Patrick* ibidem. (b) *Patrick*, ibid. (c) Genef. II. 21. (d) *Patrick* ibid. (e) Genef. II. 18.

femme eût été, pour *Adam*, fi elle n'eût pas été douée de la partie raifonnable, qui la mit en état de converfer avec lui ; Si elle n'eut pas reçu de Dieu, auffi bien que fon Mari, le même entendement, la même volonté, & les mêmes affections, (a) quoique peut - être dans un degré inférieur, & proportionné en quelque façon à la foibleffe de fon fexe ; Afin que ces avantages réhauffaffent l'éclat de fa beauté, & rendiffent aimable & pleine de charmes cette douceur, qui fut fon partage, & en quoi elle eut certainement la prééminence.

C'eft ainfi que furent faits le prémier homme, & la prémière femme, créés avec toutes les perfections, dont leur Nature étoit fusceptible ; revêtus d'un pouvoir Souverain, fur toutes les autres Créatures. Dieu les plaça dans un Paradis, dont le Terroir étoit fertile, & tous les fruits délicieux ; dans un féjour, où l'air étoit fi doux

&

(a) Nôtre incomparable *Milton*, que je regarde comme un bon Commentateur fur cette partie de l'Ecriture Sainte, dans fon Poëme fublime fur nos prémiers Parens, nous a tracé une véritable defcription des perfections *d'Eve*, tant par rapport à fon corps que par rapport à fon Ame ; c'eft dans l'endroit où il introduit Adam fai'ant à l'Ange le récit de la fuperiorité des charmes *d'Eve*, „ J'ai peine à moderer les mouvemens qui m'entrainent vers „ ma compagne. Le calme & la fuperiorité, que je conferve dans la jouif- „ fance de tout le refte, m'abandonne en la voiant. Ferme & inébranlable „ pour toute autre chofe, je ne me fens foible que quand elle me fait' en- „ trevoir les charmes de fa Beauté : Je connois, il eft vrai, que, fuivant „ le but de fa Nature, elle m'eft inférieure quant à l'Efprit, & aux facul- „ tés internes qui font les plus excellentes ; Elle reffemble moins auffi dans „ l'ex'érieur à l'image de celui qui nous a faits tous deux, & elle exprime „ moins ce caractère d'Empire qui nous a été donné fur les autres Créatu- „ res. Cependant, quand je m'approche de fa beauté, & que j'envifage fes „ charmes, elle femble fi parfaite, fi accomplie, & fi remplie de la con- „ noiffance de fes droits, que ce qu'elle veut faire ou dire, paroit le plus „ fage, le plus vertueux, le plus difcret, le meilleur. La Science la plus „ relevée fe déconcerte en fa préfence ; la Sageffe difcourant avec elle fe dé- „ monte, & reffemble à la folie ; l'authorité & la Raifon l'accompagnent, „ comme fi elle eut été conçué dans les idées de Dieu, indépendemment „ de moi, pour être la prémière, quoi qu'elle ne foit venuë qu'après moi, „ & que pour mes befoins. En un mot, & pour tout dire ; les Graces, la „ Grandeur d'Ame, & la Nobleffe des fentimens ont choifi leur demeure „ dans fon aimable & charmante perfonne, & elles ont placé autour d'El- „ le, comme une garde angelique, le refpect & la crainte. „ *On a fuivi la* „ *Traduction françoife de* Milton, *là où elle n'eft pas défectueufe ; on parle toû-* „ *jours de l'Edition* de la Haye *Chez* Ifaac Vander Kloot. 1730.

& fi ferein, & les Saifons de l'année fi temperées, que cet heureux
couple n'avoit befoin de rien pour fe mettre à couvert des injures
du tems : C'étoit-là, que Dieu fe propofoit, que l'homme méneroit
une vie charmante & heureufe, jufqu'au jour qu'il devoit être *tranf-
porté* dans une autre demeure. C'étoit là, que Dieu avoit réfolu de
fufciter une nouvelle race, deftinée à remplacer ceux des Efprits Angeliques, qui s'étoient revoltés contre lui. Et pour cet effet, ce fût
là, que Dieu même eut la condefcendance de faire, fi j'ofe m'exprimer ainfi, les époufailles de cet Homme & de cette femme, qu'il
avoit créés ; & de les unir, lui même, par le Mariage. Car quand
l'Hiftorien facré nous dit, que Dieu *amena Eve vers Adam*, cela
veut dire, non qu'il la conduifit fimplement, dans l'endroit, où
étoit *Adam* ; mais qu'il la lui préfenta, en qualité de Pére *Matri-
monial*, & qu'il la lui donna pour Epoufe. Je finirai, cet article
par ce que *Milton* nôtre *Virgile* dit, fur ce fujet dans le IV. Livre
de fon *Paradis perdu*.

    „ Je te faluë, Amour conjugal, Loi myftérieufe, vraie porte de
„ la vie & de la Race Humaine, feul bien qui n'entres point en
„ partage dans le Paradis même, quoi que tous les autres y foient
„ communs. Par toi, un amour volage & inconftant fut banni d'en-
„ tre les hommes, & relegué parmi les Bêtes brûtes. Tu es fondé
„ fur la raifon, la fidélité, la juftice, la pureté. Par toi, les nœuds
„ du fang & les douces liaifons de Pére, de fils, & de frére, furent
„ d'abord formées ; Source perpétuëlle de douceurs domeftiques ! C'eft
„ toi, qui fournis à l'amour fes traits dorés ; il allume à ton Flam-
„ beau fa Lampe durable, & fe foutenant fur fes ailes de pourpre,
„ il règne & folatre avec toi. „

    Je laiffe là cet heureux couple, pour examiner de plus près les
perfections de leur Nature.

S

SECTION II.

De l'image de Dieu dans l'Homme.

*Il est diffi-
cile de
concevoir
ce que c'é-
toit que l'i-
mage Di-
vine.*

COmme nous (a) fommes nez dans l'ignorance, & que nous ne fommes point fortis du cercle d'infirmités, dans lequel la naif-fance nous a placés; Nous trouvons autant de difficulté à nous faire une idée jufte & complète, de ce en quoi confiftoit *l'image de Dieu* dans l'homme, avant le péché, qu'un *Païfan*, élevé dans l'obfcurité d'une Cabane, en trouveroit, à fe répréfenter la Magnificence & la Splendeur d'une Cour, qu'il n'auroit jamais vuë. Nous ne devons donc pas être furpris, de voir tant de Savans être, fur ce fujet, dans des opinions fi différentes.

*Différens
fentimens
là-deffus.*

(b) *Philon*, Autheur *Juif*, nous dit, que *l'image de Dieu*, n'étoit autre chofe, que l'idée de la Nature humaine dans l'intelli-gence Divine; que ce fût en contemplant cette idée que Dieu forma l'homme, de même qu'un Architecte, qui veut bâtir une Maifon, en trace prémiérement le plan dans fon Efprit, & fe met enfuite à éle-ver l'édifice.

Mais quoi que cette opinion ne renferme rien que de vrai, ce-pendant elle ne fatiffait point, parce qu'elle ne répond pas précifé-ment à la queftiou dont il s'agit à préfent; Car elle ne met aucune différence, entre l'homme & les autres créatures, qui toutes ont été formées fuivant l'idée que l'intelligence Divine en avoit; & le but de l'Ecriture Sainte, dans ce recit, eft vifiblement de donner à l'hom-me une certaine prééminence par deffus elles

(a) *Origène*, l'un des Péres de l'Eglife, veut que cette image foit celle du Fils de Dieu, (b) qui eft apellé *l'image*, ou *la mar-que gravée du Pére*; Mais les paroles de *Moyfe* font générales & fans reftriction, & comme elles fe trouvent au nombre *pluriel*, on ne fauroit, fans violence, en faire l'application à une feule perfonne de la Divinité.

Parmi les Interprétes modernes, quelques-uns ont crû, que cet-te image confiftoit dans la *S. inteté*, pendant que d'autres penfent
l'avoir

(a) Sermons de *South*, Vol. I.   (b) *De Mundi Opificio.*   (c) Examen de Religion par *Edwards*, Vol. I.   (d) Hebr. I. 3.

l'avoir mieux trouvée, dans la *Souveraine authorité* du prémier Homme fur les autres Créatures. Mais ce ne font-là que des traits particuliers, & une foible ébauche, fort éloignée encore, de la perfection de tout le portrait. En un mot l'image de Dieu dans l'Homme, eft une chofe complexe, & fort compofée. Ainfi, pour tracer à nôtre Efprit un fentier au travers d'un champ fi vafte que celui-là; nous pouvons diftinguer les traits de cette reffemblance avec Dieu, en *naturels*, & en *furnaturels*. Nous confidérerons donc prémiérement, les *dons* & les Ornemens *furnaturels*, après quoi nous viendrons à ces perfections, & à ces belles qualités *naturelles*, qui, avec les autres, compofoient *l'image de Dieu*, dans nos prémiers Parens.

(a) Un Pére de l'Eglife, renommé pour fon Eloquence, a mis toute cette matiére fous nos yeux, par le moien d'une comparaifon très-bien affortie au fujet. Il compare ce portrait *vivant & animé* du Roi des Rois, à l'image de l'Empereur, que le cifeau d'un habile fculpteur, ou un pinceau délicat, ont fi bien exprimée, qu'on y reconnoit jufqu'à l'habit même, & aux marques de la Majefté Roiale, telles que la Robe de Pourpre, le Sceptre & le Diadême; Car, comme l'image de l'Empereur repréfente, non feulement les traits de fon Vifage & la figure de fon corps, mais encore fon habillement, fes Ornemens, & les marques de la dignité Impériale; l'Homme auffi, lorfque les Ornemens de la Grace & de la Vertu fe trouvent joints chés lui aux dons de la Nature, qui ne fauroient être entiérement effacés; lorfque (b) *fon extérieur*, ce font fes propres expreffions, fans être *revêtu de pourpre, & fans porter ni Sceptre ni Diadême, pour marques de fa dignité;* (*puifqu'auffi bien ce font là des traits, qui ne font point dans l'original*) lors, dis-je, *qu'au lieu de Pourpre il eft paré de Vertu, qui eft de tous les habillemens le plus digne de la Majefté Roiale, qu'au lieu d'un Sceptre, il eft foutenu d'une immortalité bienheureufe; & qu'au lieu d'un Diadême il porte une Couronne de Juftice;* l'Homme, dis-je, porte alors proprement en foi-même l'image & la reffemblance de Dieu.

Que nos prémiers Parens, outre les femences de vertu & de Religion *naturelle*, que le Créateur jetta dans leurs Ames; outre l'innocence & la droiture *naturelle*, avec lefquelles ils furent créés, ayent encore été doüés de certains dons, & de certaines qualités *fur-*

S 2

natu-

Eclaircis par une comparai-fon.

Elle con-fiftoit 1°. en des, dons fur-natur[els] par rap-port à fon ame.

Sermons de *Bull*, Vol. IV.   (b) οὐ πορφύρα περικειμένη, οὐδὲ σκήπτρω καὶ Διαδήματι τὴν ἀξίαν ἐπισημαίνουσα. *Greg. Nyſ.* Lib. de Hom. Opificio. Cap. 4.

naturelles , qui leur furent infufées par l'Efprit de Dieu ; c'eſt ce dont il eſt aifé de fe convaincre , tant par l'authorité des (a) Autheurs Chrétiens , que par le témoignage de *Philon Juif*, dont les Ecrits font pleins d'idées fublimes touchant l'image de Dieu: & dans un endroit [b] fur tout, voici comment il s'éxprime ; *Le Créateur ne donna au corps, aucune Ame capable, par elle même , de voir & de connoitre celui qui l'a faite ; Mais confidérant combien une telle connoiſſance feroit avantageufe à l'Homme ; (Car c'eſt ici le dernier terme de la félicité,) il lui infpira du Ciel quelque chofe de fa Divinité, qui étant invifible imprima fur l'Ame invifible fes propres caraɛlères, afin que par ce moien cette région Terreſtre ne fût pas fans quelque Créature faite à l'image de Dieu.* Par où il paroit manifeftement, qu'il place l'*Image de Dieu* dans l'Homme, c. d. le point de perfeɛtion où *Adam* fe trouva dans le moment de fa Création , dans ces *caraɛlères Divins* , qui furent alors imprimés fur fon Ame , ou dans ce don particulier, dans cette faculté fur-naturelle, qui le mettoit en état d'atteindre à la Vifion de Dieu ; Et il nous aſſûre , que c'eſt-là le fens *caché* des paroles de *Moïfe* , dans l'Hiſtoire de la Création de l'Homme.

Prouvée par l'Ecriture. En effet, nous n'avons pas befoin d'aller chercher ailleurs , que dans l'Hiſtoire de *Moïfe* des preuves de ce que nous venons de dire ; Car puifque nous y apprenons que le prémier Homme , [c] dans fon état d'intégrité, étoit en état de foutenir les approches de la *Préfence Divine*, & de converfer avec fon Créateur , en fe fervant du même langage ; il eſt raifonnable de regarder cette familiarité avec Dieu, comme une grace particulière , qui devoit le confirmer dans le bien , & illuminer fon entendement ; parce qu'aucune Créature n'eſt capable de s'entretenir de cette manière avec Dieu , fi elle n'en eſt prémièrement *illuminée* , ni ne peut foutenir fon Augufte Préfence , fans y avoir été préparée par une Puiſſance Divine.

La même Hiſtoire apprend encore, que (d) *l'Éternel Dieu forma châque Créature vivante de la Terre, & les fit venir vers Adam, pour voir comment il les appelleroit, & que le nom qu'il leur donneroit fut leur nom.* On ne fauroit douter , vû les circonſtances
de

(a) Voiés *l'Etat de l'homme avant la Chûte* par *Bull*, où vous trouverés bon nombre de citations tirées des Anciens Péres fur ce fujet. [b] ψυχὴν ɤ'δεμίαν τὸ σόμαʈι ὁ ποῶν ἐϱγάζιʈɔ ἱκανɤν ἐξ ἑαυτῆ: τὸν ποιʐιν ἰɕἒιν &c. *Lib. quod Deter. Potiori infidiari foleat.* Pag. 171. (c) Sermons de *Bull* Vol. IV. [d] Gen. II. 19. 20.

de la chofe, que ce n'ait été là l'effet d'une *pénétration plus qu'Humaine*. Que parmi une variété infinie de Créatures, qu'*Adam* n'avoit point encore vûës, il ait été tout d'un coup, fans peine, & fans préparation, en état de donner à chacune d'elles des noms fi conformes à leur nature, que Dieu lui-même les ait approuvés, c'eft une chofe fi admirable (a) que nous ne craignons point d'affûrer, qu'aucun Philofophe depuis la chûte de l'Homme, ni *Platon*, ni *Ariftote*, parmi les Anciens, ni *Defcartes*, ni *Gaffendi*, parmi les Modernes, ni même aucune *Académie* ou *Societé Roiale*, quelle qu'elle foit, n'eut ofé entreprendre d'en faire autant.

Nous lifons dans cette même Hiftoire, qu'*Adam* n'eut pas plûtôt vû la femme, que Dieu lui avoit amenée, [b] qu'il en rapporta exactement l'*Origine*, & qu'il lui donna un nom, *conforme* à ce qu'elle devoit devenir, quoique, durant tout le tems, que Dieu mit à la tirer de fon côté, il eût été lui-même plongé dans un profond fommeil, qui lui avoit ôté toute fenfibilité. On ne fauroit attribuër cela, qu'à l'une de ces deux chofes, ou à une infpiration immédiate, ou à quelque vifion Prophétique, qui, (comme nous l'avons dit ci-deffus,) lui avoit été envoiée pendant qu'il dormoit. (c) Il pouvoit, il eft vrai, avoir conjecturé, à caufe de la conformité, qu'il voioit entre lui & cet *aimable* & *nouvel* objet qui lui reffembloit fi fort; que Dieu lui avoit enfin donné, *l'aide convenable*, qui lui manquoit auparavant. Mais il n'eft prefque pas poffible de s'imaginer, comment, fans une illumination intérieure & Divine, il eut pû fi bien décrire l'Origine, parler fi pertinemment de la manière dont elle avoit été formée, & prédire, avec autant de certitude qu'il le fit, que fes defcendans *laifferoient*, pour l'amour de ce fexe, *Pére & Mére*, &

S 3

s'at-

(a) Les Docteurs *Juifs* exaltent fort la connoiffance d'*Adam*; quelques uns d'entr'eux ont foutenu, qu'il compofa deux Livres, l'un touchant la Création, & l'autre touchant la Nature de Dieu. Quelques-uns même vont plus loin, & débitent des contes fi fabuleux fur ce fujet, qu'ils ne font bons que pour amufer les Enfans. Ils nous difent que la connoiffance d'*Adam* n'étoit pas feulement égale à celle de *Salomon* & de *Moyfe*, mais qu'elle furpaffoit même celle des Anges, & pour prouver cela ils allèguent l'Exemple que nous avons devant nos yeux, que les Anges aiant parlé de l'Homme d'une manière méprifante, Dieu répondit, que la Créature qu'ils méprifoient les furpaffoit en connoiffance, & pour les en convaincre, il fit venir devant eux tous les animaux, & leur ordonna de les nommer, ce que ne pouvant faire, il propofa la chofe à *Adam*, qui le fit fur le champ. Difcours de *Saurin*, (b) Gen. II, 23. (c) Sermons de *Bull*.

s'attacheroient à leurs femmes. Ce fut, fans doute, une telle illumination, qui le mit en état, pour me fervir des expreffions (a) d'un de nos contemporains , „ de voir & examiner les *effences* en elles-„ mêmes , de lire les *formes* , fans avoir befoin du Commentaire de „ leurs *proprietés* refpectives. Ce fut, ce qui le mit en état de voir „ des *conféquences*, qui dormoient encore dans leurs *principes*, de „ confiderer des *effets* non encore nés , & dans la matrice de leurs „ *caufes*. Ce fut, en un mot, ce qui le mit en état de percer pref-„ que jufqu'aux futurs contingens , qui avança fes conjectures jufqu'à „ la Prophétie , & qui donna à fes penfées là-deffus la certitude de „ la prédiction.

Et par rapport à fon corps.   Ce font là, ce femble, quelques-uns de ces dons *furnaturels*, qu'*Adam* reçût de fon Créateur, & ce qu'on peut apeller les principaux traits de l'image de Dieu, qui étoit fi vifiblement gravée dans fon *Ame*. Mais ce qu'il y avoit auffi de furnaturel dans fon *corps*, c'eft que, quoi qu'il fût fait *de la poudre de la Terre*, & que par conféquent fa propre compofition le rendit corruptible , il devoit cependant jouïr du privilège de *l'immortalité*, foit par l'effet d'une Vertu Divine, dont il éprouvoit continuëllement les effets, & [b] dont [c] l'arbre de vie étoit le figne & le Sacrement, ou [d] par quelque vertu inhérente dans cet Arbre même , dont le fruit reparoit fans-ceffe les déchets de la Nature. Au refte l'immortalité, dont nous parlons, n'auroit pourtant pas été telle , que celle, dont les Saints glorifiés jouïront dans le Ciel , après la réfurrection. Car ils feront rendus entièrement impaffibles, & mis au deffus des atteintes de toute impreffion extérieure; les Eléments difcordans & mutinés ne pourront plus affoiblir leur vigueur, ni les expofer au rifque d'en être diffous; Mais c'étoit une immortalité gratuïte , & le privilège d'une Providence particuliére, qui s'engagea à tenir en bride cette tendence naturelle du corps de l'Homme ver la corruption, & qui, malgré les contrarietés, & les diffenfions qui ont lieu dans une *conftitution Terreftre* , vouloit le préferver de la mort, tant que l'Homme lui-même fe conferveroit exemt de péché.

2.Dans la droiture des facultés naturelles de l'Ame.   Un des principaux traits encore de l'image de Dieu, dans nos prémiers Parens, étoit une *Droiture univerfelle*, dans toutes les facultés de leur Ame. Or les deux grandes facultés, ou plûtót les deux Actes effentiels d'une Ame Humaine, font l'*Entendement* & la *Volonté* :

[a] Sermons de *South*, Vol. I.   [b] *Hopkins*, Doctrine des deux Alliances.   (c) Gen. II. 9.   [d] Examen d'*Edwards* Vol. I. & Confér. de *Nichols* Vol. I.

té : (a) Et quoique, pour les concevoir plus clairement, nous puiffions les confidérer chacune à part; Elles font pourtant fi bien liées,
& téllement unies, dans leurs Opérations, qu'il n'eft pas poffible de
les regarder comme étant, à proprement parler, diftinctes l'une de l'autre.   C'eft une feule & même Ame, qui voit, ou qui apperçoit, qui
choifit ou qui rejette les différents objets, qui lui font préfentés. Au
prémier égard, elle s'appelle l'*Entendement* ; & au *fecond* c'eft la *Volonté* ; en forte que ces facultés, qui font *radicalement* & inféparablement les mêmes, ne différent entr'Elles, que dans la maniére de les concevoir Je dis plus, l'idée la plus claire & la plus diftincte que nous
puiffions nous en former, lors-même que nous venons à les confidérer
féparément, eft, que l'*Entendement* eft néceffairement déterminé, dans
les Jugemens, qu'il porte : Que la *volonté* eft libre, dans fes Actes,
choififfant ou rejettant à fon gré : Que l'*Entendement*, s'exerce principalement fur ce qui eft *intelligible*, & la *Volonté* fur ce qui eft *eli-
gible* ; Qu'enfin, l'un a la *vérité*, & l'autre, *ce qui eft bon*, pour
but général de fes recherches.

Outre les facultés, dont nous venons de parler, & qui font l'A-
panage de l'Ame, il y a encore, dans l'homme, certaines paffions,
certaines affections, qui font leur principale réfidence dans fon ape-
tit *fenfitif*.   Et quoi que, dans l'état où nous nous trouvons depuis la chûte d'*Adam*, elles fe mutinent & fe rebellent fouvent, cependant, quand on a foin de les tenir dans le devoir, & de les re-
mettre dans l'ordre convenable, elles ne font plus que les Domeftiques de l'Ame, à qui elles rendent d'excellens fervices.

(b) Les *Stoïciens*, il eft vrai, traitoient toutes les paffions, de défauts
criminels, d'égaremens de la droite raifon ;   Mais pour nous, il nous
fuffit de favoir, que nôtre Divin Maitre, qui fe chargea de toutes nos
infirmités *naturelles*, fans participer à aucune de celles qui font *vi-
cieufes*, n'étoit pas fans paffions, non plus que nôtre prémier Pére,
dans l'état de fa plus grande perfection.   Voyons donc, jufqu'où l'on
peut fuppofer, que l'image de Dieu, felon laquelle fût créé le prémier Homme, pût avoir été gravée, fur chàcune d'elles.

(c) Son *Ame*, à la confidérer en elle même, étoit une fubftance penfante, immatérielle, & immortelle, & par conféquent un
portrait vivant de cet Efprit Suprême, dont la Sageffe eft infinie,
& l'Effence Eternelle.   (d) Son *entendement* étoit, pour ainfi dire,

la

(a) *Lock* fur l'entendement Humain, & Théologie de *Fiddes*, Vol. I.
(b) Sermons de *South* : Vol. I. (c) Examen d'*Edwards*. (d) *South*, ibid.

la région supérieure de son Ame, toujours élevé & serein, au dessus de toute affection basse & rampante, exempt des vapeurs & des troubles, que causent les passions inférieures. Ses *perceptions* étoient promptes & vives, ses *raisonnemens* vrais, & ses *déterminations* justes. Une imagination *séduite* ne pouvoit donc pas alors lui en imposer, ni un appetit *bas* & *rampant* le tromper, ni le porter à juger faussement des choses, & à se déshonnorer : Maitre des facultés inférieures, il les dirigeoit avec des lumiéres sures, il leur commandoit avec autorité ; & quoique l'empire qu'il avoit sur elles ne consistât que dans la *persuasion*, il avoit pourtant la même force & la même efficace, que s'il eut été *despotique*.

Sa *volonté*, alors flexible, & soumise aux Loix de la droite Raison, se conformoit promptement & exactement aux ordres qu'elle en recevoit. Elle écoutoit & suivoit l'entendement, comme un Favori fait son Prince, auprès duquel une telle servitude est tout à la fois privilège, & avancement aux honneurs. Sous les ordres de l'Entendement, Elle commandoit aux autres facultés, ses inférieures, prescrivoit des Loix aux *affections*, & empéchoit les *Passions* de se livrer à la licence.

Ses *passions*, toutes subordonnées à sa Volonté, & à son Entendement, renfermoient leur activité dans le cercle des objets, qui leur convenoient. Son *Amour*, concentré en Dieu, s'enflammoit & s'élevoit vers le Ciel, par des actes fréquens & bien dirigés d'une dévotion fervante : Sa *Haine*, [à supposer qu'il y eut quelque chose de semblable, dans un état d'innocence,] ne s'attachoit qu'à ce que sa postérité aime plus que toutes choses, savoir au *péché* : Sa *Joye*, toujours le résultat d'un bien *réel*, toujours à propos, remplissoit son Ame, comme Dieu remplit l'Univers, sans fracas & sans bruit : Sa *Tristesse*, (supposé que quelque désastre lui en pût causer,) règlée par une sagesse sévère, qui l'empêchoit de franchir les bornes, que la Prudence lui prescrivoit ; Sa *Tristesse*, dis-je, aussi tranquile que la pensée, étoit toute confinée dans l'intérieur de son cœur : Son *Espérance*, se repaissoit de l'attente certaine d'un meilleur Paradis, & de cet heureux moment qui devoit l'admettre plus près de la présence de son Dieu ; En un mot, & pour n'en pas dire d'avantage, sa *Crainte*, alors la *Garde*, & non le *Bourreau* de son Ame, n'avoit pour objet, que celui, qui seul mérite d'être craint, à savoir *Dieu* : Mais cette crainte étoit si *filiale*, qu'elle n'étoit plus qu'un respect sans frayeur, & une appréhension sans trouble d'Esprit.

Il

Il faut avouër, qu'à la vérité l'Ecriture Sainte n'attribuë pas expreffément toutes ces perfections à *Adam*, dans fon prémier état.   Mais
puifque les foibleffes oppofées infectent maintenant la nature de l'homme, *déchu* de fon Origine; la règle des contraires doit nous porter
à conclurre, que ces bonnes qualités & d'autres femblables, étoient
le partage de l'Homme *innocent*.   Cela étant, il réfulte une autre perfection de cette *harmonie*, & de cette jufte difpofition des facultés dans
le prémier des Humains.   On peut l'apeller la couronne & la perfection de toutes les autres, c'eft une bonne *Confcience*: Car comme
dans le *corps*, lorfque les parties vitales & principales font leur office, & que tous les vaiffeaux, jufques aux plus petits, font en bon état
& s'acquittent bien de leurs fonctions, il en réfulte un bien être,
accompagné de plaifir, qu'on apelle la *Santé*; de même dans l'*Ame*,
lorfque les facultés fupérieures de la *Volonté* & de l'*Entendement* agiffent fuivant les règles, & que celles qui leur font inférieures, c'eft-à-
dire, les Paffions & les inclinations les écoutent, leur obéïffent & fe
conforment à leurs ordres; il réfulte de tout cela, pour l'ame entiére,
une aimable tranquilité, & une douce fatisfaction, qui eft infiniment
préférable à tous les plaifirs des fens, & qui, comme une prairie parfemée de fleurs odoriférentes, la rafraichit, à cháque reflexion qu'elle
fait fur foi-même, & la remplit d'une agréable & délicieufe *confiance en Dieu*.

Voila, felon la diftinction que nous en avions faite, quelques uns
des traits *naturels*, que le doigt de Dieu avoit tracés fur l'Ame de
l'Homme; Et autant qu'un Etre *Spirituël* peut être répréfenté par une
fubftance *corporelle*, il ne s'eft pas non plus épargné à l'égard de fon
corps.   (a) Ses différentes parties ont été afforties, & rangées, avec
la proportion & la juftefle qu'il falloit, pour rendre le tout plus
beau & plus propres à fes différens ufages.   Sa ftature étoit droite &
élevée; telle, en un mot, qu'il convenoit au Maitre des Créatures,
& au Contemplateur des Cieux.

(b) Une beauté & une Majefté Divines furent répanduës fur ce

T

corps,

Et du
Corps.

---

[a] Harmonie des Attributs Divins par *Bates*.   [b] La fignification du
mot *Hébreu*, אדם *Adam*, n'eft pas feulement *rubuit*, *il étoit rouge*, ou *rougeatre*; Mais il fignifie auffi *fplenduit*, *il eft brillant, vermeil & beau*.   Qu'il ait
cette fignification, c'eft ce qu'on peut inferer du mot אדמדמת *Adamdameth*. Lev. XIII. 19. où il faut le traduire *brillant* ou *refplendiffant*, ou bien
blanc & rougeatre; Qu'*Adam* fignifie quelque fois la même chofe que *formofus
erat*, c'eft ce qui paroit clairement par le mot ארמני *Admoni* (qui dérive
d'A-

corps, & ce n'étoit pas là un rayon passager, qui pût être effacé par une maladie ni éteint par la mort ; mais un éclat durable , qui brilloit, dans toute fa perfonne, fans altération ni diminution ; (a) Car *Adam* ne fût ce que c'étoit que maladie, qu'après avoir mangé du fruit défendu : La Nature étoit fon *Médecin*; l'innocence & l'abftinence l'auroient confervé fain & vigoureux, jufqu'à l'immortalité.   Et de cette perfection du Corps de l'Homme, fur tout de cet air majeftueux, qui paroiffoit fur fon Vifage & dans fon regard, refulta en quelque maniére un autre trait de l'image de Dieu en lui.   Je veux parler (b) de cette Autorité Souveraine fur toutes les Créatures, dont Dieu le revêtit.   Car, comme (c) quelqu'un l'a dit, le Créateur a imprimé dans l Homme un certain Caractère, propre à infpirer de la terreur à tous les Animaux, & ce Caractère, aidé d'un *inftinct* de frayeur, que le Tout-Puiffant leur a donné , les porte à lui rendre leurs hommages & leur obéïffance, en forte qu'il n'y a que la faim, la contrainte, ou quelque irritation violente, qui les pouffe quelques fois à fe revolter contre le *Lieutenant* de leur Créateur ici bas.

Recapitu-
lation.

Voila la meilleure copie, que nous puiffions tirer de l'image de Dieu dans le premier Homme ; Mais il ne fera pas mal à propos d'ajouter [d] encore à ce tableau ; Que la *Sainteté* en *Adam* , étoit une image de la *pureté* de fon Créateur, comme le *bonheur* , dont il jouïffoit, étoit un rayon de la *félicité* de Dieu.   Pour reprendre préfentement tous les traits de nôtre Tableau, nous difons, que ce qu'il y avoit de *furnaturel* , en cette image , étoit une Ame, fortifiée jufqu'au point de pouvoir foutenir la préfence *Divine* , revétuë des qualités requifes pour entrer en converfation avec *Dieu* , pleinement illuminée par l'Efprit *Divin* : Et un *corps* , qui, contre fa compofition *naturelle* , avoit receu, par une faveur fpéciale, le privilége
de

d'*Adam*) & quand il eft appliqué à *David* , (comme I. Sam. XVI. 12.) il fignifie *beau* , comme il eft expliqué dans les paroles fuivantes. אֱדוֹם *Edom* , qui eft un mot de la même origine fe doit entendre de même. Cant. V. 10. Où l'Epoufe dit de fon bien aimé , qu'il étoit *rougeatre* , c'eft-à-dire, qu'il étoit beau & de bonne mine. Examen d'*Edwards* , Vol. I.

Il ne vaut prefque pas la peine de rapporter ce que les *Rabins* nous difent de la beauté, foupleffe & grande proportion du corps d'Adam, puifqu'ils ont la hardieffe de dire qu'il étoit fi prodigieufement haut, que fe tenant fur Terre, il pouvoit toucher le Ciel de fa main, & que quand il fut chaffé du Paradis, quoi qu'il y eût un Océan qui le féparoit du refte du Monde , cependant il le paffa fans fe mettre à la nage ; Difcours de *Saurin.*

(a) Sermons de *South* , Vol. I.   (b) Gen. I. 26.   (c) *Cornelius Agrippa de Occult. Philofoph.*   (d) Harmonie de *Bates.*

de l'immortalité. Ce qui étoit *naturel*, en Elle, étoit une *harmonie* univerfelle entre toutes fes facultés; Un *Entendement* orné de toute forte de connoiffances; Une *volonté* foûmife au bon plaifir de Dieu; Des *affeƈions* placées en des objets propres & convenables; des Paffions tranquiles & pofées; une *Confcience* où regnoit le calme & la paix; Une *Sainteté* éclatante, & un *Corps* paré de tant de gloire & de Majefté, qu'il reclamoit en fa faveur la Jurifdiƈion & l'Empire fur tout ce bas Monde.

Si après cela, on me demande, jufqu'à quel point cette image s'eft effacée, [a] je répondrai, que tout ce qui étoit *furnaturel* & acceffoire à l'Homme, par un pur effet de la bonté de Dieu, & qui dépendoit de la condition de l'obéiffance à fes ordres, fut entiérement perdu, dès qu'il eut péché; & que, pour ce qui *pouvoit naturellement fe perfeƈionner*, comme l'excellence de fa connoiffance, la fubordination de fes facultés, la tranquilité de fon Ame, & l'Empire abfolu, fur les autres Créatures; tout cela fouffrit une diminution confidérable; Mais que, quant à ce qui étoit *effentiel* à fa Nature, comme l'immortalité de fon Ame, les facultés de fon Entendement & de fa volonté, la beauté naturelle enfin, & la propriété de fon corps aux différens ufages qu'il en peut tirer, ces qualités fubfiftent encore, malgré les violentes fecouffes que fon Ame a fouffertes, par fa tranfgreffion.

SECTION III.

Du but de la Création de l'Homme.

CE que nous avons dit, dans la Seƈion précédente, des qualités & des facultés de la Nature Humaine en général; [Car quant à ce qui regardoit particulièrement *Adam*, ce n'eft pas furquoi nous devons préfentement refléchir,] peut fervir à nous donner quelque Idée du but, que Dieu fe propofa dans la Création de l'homme, & de la fin pour laquelle le Genre Humain reçut de lui l'exiftence.

Pour peu que nous refléchiffions fur la nature de notre ame, & fur la maniére dont elle a été créée, nous nous appercevrons bientôt,

La fin de l'homme eft de connoître Dieu.

T 2

(a) Origine du Mal.

tôt, qu'il y a en elle une faculté qui *penfe*, (a) qui non feulement a de fimples *perceptions* ou idées des chofes ; mais qui fait encore lier ces perceptions, en *propofitions*, & tirer de ces propofitions des *conclufions* raifonnables : Nous apperçevons de plus, que cette faculté de penfer, ne vient pas de quelque tiffu de nos Corps, ni d'aucune chofe qui foit au dehors de nous, & qui faffe impreffion fur nos *fens* ; parce qu'elle tire de fon propre fonds, des chofes qui n'ont aucune affinité avec la matiére ni avec les fens.   Elle juge de la vérité ou de la fauffeté d'une propofition, & voit fi une conclufion vient des prémiffes, ou non.   Elle a des idées abftraites, comme celles du *Point*, de l'égalité, & de la proportion, du rapport, & de la différence des *Grandeurs* entr'elles, de l'origine & de l'extenfion des *Dimenfions*, & mille autres idées de cette nature, qui n'ont jamais été dans la matiére, & qui, par conféquent, n'en pouvoient jamais être tirées.   Elle fait plus; Elle corrige les erreurs de notre imagination, & nous démontre que les objets font fort différens de ce qu'ils nous paroiffent fur le rapport de nos fens.   Elle nous prouve, par exemple, que les Etoiles font des Corps lumineux, d'une grandeur prodigieufe, quoi qu'elles ne nous paroiffent que comme autant de chandelles allumées; & que le Soleil eft quelque milliers de fois plus grand que la Terre ; tandis que nos yeux & notre Imagination ne lui donnent que la largeur d'un boiffeau.

Nous pouvons de plus apperçevoir, dans cette faculté de penfer une foif ardente, & un defir violent de fcience; defir fi vif, qu'il s'eft trouvé des perfonnes, qui, pour fe dévouër entiérement à l'étude & à la recherche de la vérité, ont dit un éternel adieu au Monde & à toutes fes douceurs ; plaifir, fi doux & fi touchant, que les raviffemens de la contemplation leur faifoient oublier la durée du tems, & qu'un εὕρηκα *je l'ai trouvé*, leur paroiffoit une fuffifante recompenfe de leurs veilles & de leurs travaux. Nous pouvons encore remarquer touchant cette faculté [b] que plus il y a de vérité & de réalité dans l'objet de fes recherches, plus il eft éloigné de la *non-exiftence*, plus il a de valeur & de fublimité, plus enfin il eft hors de la portée des *fens*, plus auffi l'ame, qui cherche à le connoître, éprouve-t-elle de fatisfaction & de joye, quand une fois elle eft parvenuë à fon but.

Or s'il y a en nous une telle faculté, qui peut élever fes penfées au deffus de la Sphère de nos fens, qui eft avide de connoiffan-

ces,

(a) Sermons de *Scot*, Vol. II.   (b) Vie Chrétienne par *Scot*, Vol. I.

ces, & qui goute des plaifirs infinis dans leur acquifition ; pouvons nous nous empécher de conclurre, que Dieu a pourvû l'homme d'objets affortis à cette faculté ? En effet, il n'a qu'à ouvrir les yeux, (a) & d'abord la fabrique furprenante du Ciel & de la Terre fe préfente à lui ; il y lit, en caractéres clairs & exprès, la gloire de la puiffance infinie dont elle eft l'ouvrage. [b] La Terre fourmille d'Etres vivans de toutes les fortes ; elle eft couverte d'une infinité de plantes qui fervent au foutien & aux commodités de la vie. Il voit le Ciel orné, émaillé d'un nombre innombrable d'Etoiles, dont la pureté eft auffi grande que la Maffe en eft prodigieufe : Le Soleil & la Lune, ces beaux & magnifiques luminaires, frappent fes yeux ; réguliers & perpétuels dans leurs mouvemens, ces Corps Céleftes font encore inaltérables dans leur nature ; & leur influence fur ce monde, attire fon admiration : Enfin quoi qu'il puiffe s'appeller lui même un *petit monde*, il voit cependant manifeftement, qu'il eft au deffus de fon pouvoir de faire le plus petit infecte ; d'où il eft obligé de conclurre, qu'il y a un Etre, infiniment plus parfait & plus noble, qu'il ne l'eft lui même, & que cet Etre a donné l'exiftence à ces créatures, dans lefquelles il remarque tant de beauté & tant de grandeur. C'eft ainfi que *les chofes invifibles de Dieu fe connoiffent par celles qu'on voit*, (c) & qu'en contemplant fes ouvrages, nous remontons la chaine des caufes, jufqu'à ce qu'arrivés au dernier *Chainon* [qui, comme les Poëtes l'ont feint avec beaucoup d'élégance, tient au Thróne de Dieu] nous y trouvons un objet, capable de remplir toute la capacité de nôtre ame, & de nous occuper pendant toute l'éternité. C'eft ainfi qu'en faifant une attention convenable à la faculté de l'*Entendement*, dont l'homme eft doué, nous pouvons aifément nous apperçevoir, qu'une des principales fins de fa Création étoit, de *connoitre* le Créateur, de voir & d'admirer dans le miroir de fes Créatures, & dans le volume de fa volonté, fa Puiffance, fa Sageffe, fa Bonté, & fa préfence en tous lieux ; d'y confidérer fon Unité, fon Eternité, fon Immenfité, fa Providence, fa Juftice, fa Miféricorde ; & de fe former par là, de *fa Puiffance éternelle & de fa Divinité*, de grandes & de nobles idées, capables d'exciter fa crainte & fon refpect pour lui ; de foutenir fa confiance, & de lui fournir éternellement des fujets de louanges & de bénédictions.

Si nous refléchiffons encore fur la nature de notre ame, nous remar-

T 3

(a) Harmonie de *Bates*. (b) Effais touchant la Religion naturelle & revélée.
(c) Origine du Genre humain par *Hale*.

en lui & le fervir. marquerons fans peine en elle une faculté, qui *veut*, ou qui a une [a] liberté de *choifir* ou de *rejetter* ceux des objets, qui fe préfentent à elle, felon qu'ils lui paroiffoient *bons ou mauvais* ; & que de l'exercice de cette faculté, dépend abfolument la moralité de nos actions, la juftice des peines & des recompenfes, du blâme, & de la loüange, dont elles font fuivies.   Nous pouvons encore remarquer [b] dans cette faculté, un panchant naturel vers le *bien* en général, foit réel, foit apparent;   Car quoi que les inclinations & les Paffions puiffent fouvent aveugler l'*entendement*, & par là captiver la *volonté* ; c'eft toujours une preuve du grand panchant qu'elle a pour ce qui eft *bon*, que les chofes, qui font *réellement* mauvaifes & dangereufes, ne deviennent l'objet de fes recherches, que quand elles font, pour ainfi dire, dorées de l'apparence fpécieufe de la qualité contraire.

Enfin nous pouvons remarquer touchant cette faculté, que les objets influent fur elle à proportion de leur *éligibilité*.   Dans les cas douteux, elle héfite longtems avant que de faire un choix, mais quand la chofe lui paroit univerfellement & parfaitement bonne, elle s'y porte à pleines voiles : Elle laiffe le *moins*, quand il s'agit de *plus* dignes objets, ou dumoins d'objets, que l'imagination lui donne pour tels.   (c) C'eft peut-être là la raifon de l'inconftance de notre ame, dans les divers choix qu'elle fait; & de nos defirs, fans ceffe tournez à la recherche de nouveaux plaifirs, & à la pourfuite de nouvelles acquifitions.

Or s'il y a en nous une faculté, qui ait la liberté de *choifir* ; qui ne choififfe que ce qui lui paroit être un *bien*, & qui pourfuive ce bien réel ou prétendu, à proportion de fa *valeur* ; il ne faut pas douter que Dieu ne nous ait pourvûs d'un objet capable d'y répondre. (d) Il eft vrai que nous fommes entourés de toutes parts d'objets *mondains* qui n'ont que trop de charmes pour nous plaire, comme cela paroit vifiblement par l'afcendant extraordinaire qu'ils ont fur nos inclinations. Cependant nous ne pouvons nous empécher, toutes les fois que nous faifons attention au vuide de leur nature ; à l'incapacité où ils font de nous fatisfaire ; aux maux dont leur poffeffion eft précédée, accompagnée, & fuivie ; & à leur fragilité, qui les conduit néceffairement par degrés à une deftruction totale ; nous ne pouvons, dis-je, nous empécher d'appercevoir que ce ne font pas proprement là, les objets

(a) Théologie de *Fiddes*.   (b) *Hale*, ibid.   (c) Vie Chrêtienne de *Scot*, Vol. I.   (d) Sermons de *Young*, Vol. I.

jets de notre choix. C'eſt auſſi pour cela, que Dieu même, par la bouche du Pſalmiſte, a bien voulu nous en indiquer un autre; (a) *Pren ton plaiſir en l'Eternel, & il te donnera les demandes de ton cœur.* En effet, où pouvons-nous chercher & trouver notre plaiſir plus convenablement, & plus ſûrement qu'en lui, le plus beau, & le plus aimable de tous les Etres? (b) qu'en lui, qui eſt doué de toutes les beautés, & de toutes les perfections imaginables; d'une Sageſſe parfaite, d'une bonté raviſſante, d'une miſéricorde tendre, & d'une Juſtice qui ne ſe trompe jamais; qui de plus a fait pour nous, tout ce qui peut nous engager à faire un choix raiſonnable, qui nous a établis Seigneurs & Maitres de ce Monde inférieur, qu'il a pourvû de toutes ſortes de biens & de plaiſirs, pour nos *corps*; qui a imprimé dans nos *ames* ſa divine image, & qui nous a préparé un Ciel immortel : & tout cela pour nous engager à le ſervir de tout notre cœur, & à prendre tout notre plaiſir en lui, le regardant & comme notre plus grand bien, & comme notre *bienfaiteur* le plus généreux; ce qui eſt encore un autre but de la Création de l'homme.

Si nous jettons les yeux ſur nous-mêmes, nous ſerons bientôt convaincus, que, de tous les Etres ſublunaires, l'homme eſt le plus propre à vivre en ſocieté; que ces liens de la concorde, les principes de la Juſtice, de la Bonté & de la Bénignité ſont nés avec lui, & gravés dans ſon cœur; qu'il a le don de la *parole*, par le moien de laquelle il peut exprimer ſes penſées, communiquer ſa joie, ſes chagrins, ſes ſecrets, faire part de ſes Conſeils, ſtipuler & contracter, d'une manière qui tourne à ſon avantage & à celui de ſes ſemblables. (c) On peut encore remarquer dans l'homme, un fonds d'induſtrie, & une heureuſe facilité à inventer des Arts tant *méchaniques* que *Li-béraux*, à donner des règles touchant le manîment des affaires Politiques, Civiles, & Oeconomiques; à s'inſtruire dans l'Agriculture, & à perfectionner la Nature, en l'obligeant de fournir à tous ſes beſoins; La Géomètrie, l'Arithmétique, l'Horlogerie, & les Cadrans, ſont de ſon reſſort, auſſi bien que l'Aſtronomie, la Navigation, l'Imprimerie, la Peinture, la Sculpture, & d'autres Arts de cette nature, qui contribuent beaucoup au plaiſir & à l'avantage du Genre-humain. Nous ne devons donc point douter qu'un Dieu tout ſage, en nous diſtinguant ſi fort des autres Créatures, ne ſe ſoit encore propoſé de nous rendre bienfaiſans les uns envers les autres, & de faire de nous, des inſtrumens

> 3. D'être bons & bien-faiſans les uns envers les autres.

(a) Pſ 37. 4. (b) *Scot* ibid. (c) Origine du Genre-Humain, par *Hale.*

mens pour le bien de la Societé humaine ; enforte que, pour me fervir du langage de l'Ecriture , (a) *Etant tous animez d'un même*
Efprit , & aiant de la compaffion les ûns pour les autres , nous nous
aimaffions , comme des Fréres , que nous fuffions miféricordieux , ci-
vils , ne rendant point le mal pour le mal , ni outrage pour outrage ,
fachant que nous fommes appellés à cela , afin d'heriter la bénédiction.

4. Pour multiplier leur Efpèce , & en prendre foin Si nous portons nos reflexions fur le Monde raifonnable, fur le
bel ordre & l'heureufe harmonie des Sociétés, où règnent la concor-
de & la paix, où l'on goute les douceurs & les charmes de l'amitié,
& dont les membres font toujours prêts à fe rendre les uns aux autres toute forte de bons offices ; la Terre ne nous paroitra pas une
habitation incommode, & nous ferons portés à croire, que Dieu l'a-
voit, dès le commencement, deftinée à être, (pourvú que nous vou-
luffions y contribuer,) l'heureux paffage, qui devoit nous conduire
à un meilleur féjour, qui nous eft refervé dans les Cieux Très-hauts :
Que, par conféquent, notre occupation, pendant notre pélérinage
ici-bas, doit être, non feulement de propager notre Efpèce, & de
continuër, jufques à la fin des Siècles, une fucceffion de Créatures
raifonnables ; mais auffi principalement, de faire enforte, par nos foins,
que nos Defcendans vivent pour la *Gloire* de Dieu, & pour le *bien*
de la Societé, dont ils feront membres. Les Bétes brutes prennent
foin de leurs petits du mieux qu'elles peuvent ; elles les nourriffent
& ne les abandonnent, que quand ils ont affés de force pour chercher leur pâture, & pour fe défendre. Il faut donc conclurre qu'un
Pére, qui, après avoir mis des Enfans au Monde, ne s'intereffe point
pour eux, & ne prend aucun foin de leur éducation, eft, je ne dirai
pas *pire qu'un infidèle ;* mais pire que les Bétes brutes, *qui périffent*
entièrement. Son principal foin devroit donc être, non feulement de pourvoir à l'entretien de leur corps, (en quoi plufieurs Péres vont jufqu'à la prodigalité ;) mais encore à la nourriture falutaire, & au
bien-être de leur Ame ; & pour me fervir des propres termes du
plus fage de tous les Rois, [b] *les élever dans le chemin , qu'ils*
doivent tenir , afin que quand ils feront vieux , ils ne s'en détour-
nent point. Car nous n'avons pas été créés pour mettre au Monde
des enfans, qui devinffent un jour les malheureufes victimes des flam-
mes de l'Enfer ; mais la véritable intention de notre Créateur, en nous
donnant l'exiftence, a été, que ceux qui tiendroient de nous la naiffau-
ce, puffent, après avoir relui châcun dans fa fphère, comme des Etoiles
refplen-

(a) [I. Pierre III. 8. 9.   (b) Prov. XXII. 6.

resplendissante, & rendu quelque service au genre - humain, être admis, à leur départ de ce monde, *dans l'Assemblée des prémiers - nés*, & entrer en possession d'un *héritage* éternel, *avec les Saints*, qui sont *dans la lumière*.

Si nous regardons le Monde des Animaux, nous remarquerons une différence manifeste, dans la structure, & dans la disposition des diverses espèces, qui le composent. Des Animaux, les uns sont *feroces*, cruels, forts & indisciplinables; Les autres *domestiques*, privés, innocens, & si utiles, à plusieurs égards, qu'ils méritent notre protection & notre faveur. Considérons le Règne des *Végétaux*; il y a des Herbes & des Plantes tendres, délicates, qui demandent un soin continuel, & une culture assiduë; il s'en trouve d'autres au contraire, plus dures, plus abondantes, & telles, que si on les laissoit à elles - mêmes, & qu'on n'arrêtât pas leur multiplication, elles couvriroient la Terre, & en feroient un véritable desert : De sorte que par rapport à ce Monde inférieur d'Animaux, & de Végétaux, la Providence s'est proposée, en créant l'homme, d'en faire son Lieutenant ici - bas, &, si je l'ose dire, son *Maître d'Hôtel*, son *Fermier*, pour reprimer la cruauté des Bêtes *féroces*, & pour protèger la foiblesse de celles qui lui sont *plus utiles*; pour conserver l'espéce des *plantes tendres*, & pour arrêter la trop grande abondance de celles, dont il ne fait *pas usage*; ce qui sert à maintenir la face de la Terre, dans un état, qui fait sa beauté, & qui la fertilise; afin que d'un côté, le bétail se multiplie, pour l'usage de l'homme, & que de l'autre, (a) *les Vallées soient si pleines de bleds, qu'elles s'en égaient & qu'elles chantent de joie*.

Si nous parcourons le Monde en général, nous trouverons, que tout y est marqué du seau de la Sagesse, de la Bonté & de la Puissance de Dieu : Il n'y a pas un brin d'herbe dans les Prairies, pas un Arbre dans les Forêts, ni un Insecte dans les Taupinières, qui ne porte l'empreinte d'un Dieu plein de Majesté; Et cependant, aucune de ces choses ne peut glorifier celui qui l'a faite; il n'y en a aucune qui connoisse son origine, aucune qui sente son excellence. Il est donc, ce semble, raisonnable de croire, *que* Dieu a placé l'homme ici-bas, comme dans un magnifique Temple, afin qu'il fût, pour ainsi dire, le *Souverain Sacrificateur* du monde inanimé, & destitué de raison; & qu'en cette qualité, il offrit devant le Throne de Dieu les louanges & les acclamations de toutes les Créatures, faisant pour elles

V

d'une

(a) Ps. LXV. 4.

5. Pour régler le Monde Animal & Végétatif.

6. Pour offrir à Dieu leurs Louanges.

d'une maniére articulée & raifonnable, ce qu'elles font incapables d'exécuter. Il eft vrai, que le Pfalmifte les invite toutes à célébrer la Gloire de Dieu; (a) *Loués - le, Soleil & Lune, Loués - le, vous toutes les Etoiles, & les Luminaires.* Mais eft - il concevable, qu'elles puiffent le faire autrement, qu'en nous fourniffant des fujets convenables de louër Dieu pour elles? Ou comment pourrions - nous nous acquitter d'un pareil emploi, fi nous ne nous appliquons à contempler la nature des différens Etres qui nous environnent? [ce qui peut encore avoir été un but *fubordonné* de la Création de l'homme;] afin qu'en confidérant leur ordre, leur utilité, & leur *étenduë prodigieufe*, en comparaifon de notre petiteffe, nous nous fentiffions, à châque reflexion, que nous ferions là - deffus, difpofés à nous écrier, avec le même pieux Auteur; (b) *Quand je confidère les Cieux, l'Ouvrage de tes mains, la Lune & les Etoiles, que tu as arrangées*; je dis, *qu'eft - ce que de l'homme que tu te fouviennes de lui*, avec tant de bonté ?

7. Pour jouïr de Dieu tant dans ce monde que dans l'autre.

　　Enfin fi nous promenons nos regards fur cet Univers, nous y verrons briller la Bonté & la Libéralité de Dieu, en toutes fes œuvres: nous y verrons, qu'il a donné à toutes fes Créatures un degré de bonheur proportionné à leur nature & à leur capacité. Puis donc qu'il a doué les hommes de qualités, & de facultés, qui ne font nullement afforties à des plaifirs *fenfuels*, on peut raifonnablement fuppofer, qu'il leur a préparé une félicité, qui leur convient, tant dans cette vie, que dans celle qui eft à venir : (c) *Dans cette vie*, la connoiffance de fa nature & de fes œuvres, le fentiment de fa protection & de fa faveur, la confiance en fa Providence, l'Empire fur leurs convoitifes & fur leurs Paffions, la Refignation à fa volonté , cette paix enfin, cette tranquilité de la confcience, dont les Païens mêmes faifoient grand cas; Et dans la vie *qui eft à venir*, un Etat immuable de félicité éternelle, dans la vifion béatifique de fon Effence infinie, & la jouïffance de fa Bonté & de fa Bénéficence, autant qu'une Ame glorifiée fera capable d'en jouïr.

　　(d) Puis donc, & c'eft par là que je conclus, puifque Dieu, par fa Bonté infinie, a difpofé l'homme, & l'a préparé à une double fin, tant à glorifier fon Créateur, qu'à le poffeder un jour, & à jouïr de fa préfence; il lui a donné pour cet effet un double état, & il a attaché à châqu'un de ces états la félicité, qui lui convient; Il lui a four-

(a) Pf. CXLVIII. 3. &c.　(b) Pf. VIII. 4. 5.　(c) *Hale* ibidem. (d) *Hale* ibidem.

a fourni pour cette vie toutes les commodités convenables , les douceurs de la Societé , l'ufage de fes Créatures , & l'empire fur elles :
Il a pourvû fon efprit de facultés admirables ; il lui a mis dans les mains
les Livres qui contiennent fa Volonté , & les inftructions de fa parole ; il a étalé à fes yeux les beaux Ouvrages de la Création & de la
Providence , il lui offre fa grace , les influences de fon amour , l'efpérance & les avant - gouts d'une félicité éternelle : Mais toutes ces
chofes, comme Dieu lui - même nous le fait entendre , ne font que
tout autant de faveurs , dont le but eft de rendre notre paffage , au
travers de ce monde , plus aifé , pour nous - mêmes , & plus agréable
au fouverain Maître , qui nous y a placés.   Notre fecond & notre
meilleur état eft au delà du Tombeau ; C'eft là qu'eft le Païs de notre
repos , & de notre bonheur , notre Patrie , & le but où nous devons
tendre ; C'eft - là que nous contemplerons la Gloire de Dieu , & où
nous jouïrons de cette félicité, *que l'œil n'a point vuë , que l'oreille
n'a point entenduë , & qui n'eft jamais entrée dans le cœur de l'homme.*
(a) *Tes mains m'ont fait & façonné , Eternel ! donne moi l'intelligence , afin qu'en gardant tes Commandemens j'arrive à cette fin.*
A M E N.

CHAPITRE V.

De la Providence de Dieu.

L A P R O V I D E N C E de Dieu fuit immédiatement l'Ou- *Ce que
vrage de la Création ; Car les Créatures n'ont pas plû- c'eftquela
tót reçû l'exiftence , qu'elles ont befoin du foutien de la Providen-
Puiffance Divine : On ne fauroit fe les repréfenter ce.
comme pouvant fubfifter un feul moment , tant petit
foit - il , fans l'*affiftance* de Dieu : Ce n'eft donc pas tout à fait fans
raifon , que les Scholaftiques ont dit , que la confervation du Monde
étoit *une Création continuée.*

La *Providence* , fuivant le fens le plus propre & le plus littéral

V 2

(a) Pf. CXIX. 73.

de ce mot, [& à le (a) prendre felon fon étymologie, dans les trois langues favantes,] ne défigne autre chofe que la prévoiance de Dieu , & cette préconnoiffance, qu'il a de tous les événemens ; enforte que le Tout prend le nom d'une de fes parties : Car dans un fens plus général & plus étendu , [b] ce mot défigne le foin que „ Dieu prend de toutes chofes, pour leur *conferver* l'exiftence qu'el- „ les ont reçuë de lui, & pour *diriger* leurs mouvemens & leurs ac- „ tions, aux fins qu'il s'eft propofées, " de telle manière que rien n'exifte dans le monde , qu'il ne *connoiffe* , que rien ne s'y fait qu'il n'y *concoure* , & que rien ne peut arriver qu'il ne l'ait *déterminé.*

On peut donc , fuivant cette idée, divifer la Providence de Dieu en cinq Actes. 1. La *Connoiffance* de toutes chofes, & l'infpection qu'il a fur elles. 2. La *Confervation* de toutes chofes, & la maniére dont il pourvoit à leur fubfiftance. 3. Le *Concour* & la coopération de fa Puiffance avec toutes chofes. 4. La *Direction* & le *Gouvernement* de toutes les *caufes.* 5. Enfin la *Direction* de tous les E-*vénemens.* Nous dirons quelque chofe, fur châcun de ces Actes en particulier , pour mieux faire connoitre en quoi confifte cette œuvre du *Tout-Puiffant.* Et nous viendrons enfuite aux *Preuves* & aux *Attributs* de cette Divine perfection.

Les Actes de la Providence.

Les Actes de la Pro-vidence 1. l'Infpecti-on,.

UN des Actes de la Providence de Dieu , confifte en ce qu'il *voit* & qu'il *connoit* toutes chofes : Sans cette connoiffance on auroit de la peine à s'imaginer, que Dieu eut toutes les qualités requifes, pour être le Gouverneur du Monde : Car fi l'on peut fuppofer quelque chofe, que la Nature Divine ne connoiffe pas, ou qui échappe à fa vuë ; l'ignorance de cette feule chofe , pour peu importante qu'elle foit, fuffit pour caufer un défordre infini , & des confufions fans nombre : C'eft auffi pour nous prémunir contre un tel foupçon, que l'Ecriture Sainte affure, que (c) *Les yeux de l'Eternel font en tous lieux* (d) *qu'ils vont çà & là par toute la Terre* , & (e) *que toutes chofes font nuës & entièrement découvertes aux yeux de celui*

avec

(a) Heb. *Hashgachah,* de *Shagah* , *prævidit,* Græc. προνοια de προνοειν. *Ante mente percipere.* Lat. *Providentia.* (b) Religion Naturelle par *Martin.* (c) Prov. XV. 3. (d) 2. Chron. XVI. 8. (e) Heb. IV. 13.

avec qui nous avons affaire : Et pour nous faire d'autant mieux comprendre, que cette *infpection* univerfelle de Dieu, eft non feulement poffible, mais qu'elle entre encore néceffairement dans l'idée que nous avons de fa Nature, cette même Ecriture nous enfeigne, qu'il eft préfent par-tout, & que fa fubftance Divine pénétre toutes chofes. Le Prophête *Roïal* fait un aveu autentique de cette vérité, dans ces paroles, (a) *Eternel ! Tu m'as fondé, & tu m'as connu ; Tu connois quand je m'affieds & quand je me lève ; Tu apperçois de loin ma penfée ; Tu m'enceins, foit que je marche, foit que je m'arrête, & toutes mes voies te font familières ; même avant que la parole foit fur ma langue, voici, O Eternel! tu connois déja le tout ; Tu me tiens ferré par derrière, & par devant, & tu as mis ta main fur moi..... Où irai-je loin de ton Efprit ? & où fuirai-je loin de ta face?....... Car tu as poffedé mes reins* ; depuis que *tu m'as enveloppé au ventre de ma Mére.*   Se pourroit-il en effet, qu'une Intelligence *qui fait tout*, ignorât quelque chofe, & que le Créateur du Monde fut éloigné de quelqu'une de fes Créatures, ou qu'étant près de châcune d'elles & voiant toutes leurs actions, il ne fût qu'un fpectateur indolent & oifif ?

Il eft vrai, que ceux qui nient une Providence, ne veulent pas convenir que Dieu voye ce qui fe paffe ici bas, & qu'il en prenne connoiffance.   (b) Les *Epicuriens*, plutót pour s'accomoder à la fuperftition du Vulgaire, que par aucune conviction qu'ils euffent eux-mêmes là-deffus, reconnoiffoient une Divinité, & même une multitude de Dieux, tels que la Crédulité publique fe les figuroit ;   Mais ils leur otoient abfolument la connoiffance des chofes humaines, parce que, felon eux, cette connoiffance auroit pú alterer ce repos profond, cette tranquilité parfaite, qui faifoit la bafe de leur félicité ; auffi fe les repréfentoient-ils relegués dans le Ciel, loin de l'embarras des affaires, & les bras croifés ; fe fervant de cette imagination comme d'un retranchement, derriére lequel ils fe mettoient à couvert de tout ce que l'idée d'une Providence auroit dû & pú avoir d'éfrayant pour eux. C'eft là, le langage qu'ont toujours tenu les méchans ; *Ils ont dit :* c'eft le *Pfalmifte qui parle.* (c) *L'Eternel ne le verra point ; le Dieu* de Jacob *n'y fera point d'attention.*   [d] *Il a oublié, il cache fa face* ; [e] Car *comment s'en appercevroit-il ?   Y a-t-il de la connoiffance dans le Très-Haut ?*   Et dans cette confiance [f] *ils s'encoura-*

V 3

gent

Comment effectuée.

(a) Pf. CXXXIX.   (b) *Sherlock* de la Providence Divine.   (c) Pf. XCIV. 7. [d] Pf. X. 11. [e] Pf. LXXIII. 11. [f] Pf. LXIV. 6.

gent à faire le mal, & complottent entr'eux comment ils dresseront des piéges. Mais l'Auteur Sacré censure vivement de telles pensées, en même tems qu'il en découvre l'illusion ; [a] *Soyés entendus, vous brutaux d'entre le Peuple, & vous fols quand serés-vous sages? Celui qui a planté l'oreille, n'entendroit-il point ? Celui qui a formé l'œil, ne verroit-il point ? Et celui, qui apprend aux Hommes la Science, ne seroit-il point entendu ?* Car si nous avons les facultés *d'ouïr*, de *voir*, & de *comprendre*, & que nous en puissions faire usage: Il est à supposer, que Dieu, qui nous les a données, possède en lui-même quelque chose d'infiniment supérieur à ces facultés, & qui répond à l'usage que nous en faisons : En effet, & à proprement parler, (b) ce n'est ni nôtre *oreille*, qui entend, ni notre *œil*, qui voit; Mais c'est nôtre ame qui se sert de ces organes, comme d'instrumens propres à cette fin : Et quoi que nos Esprits soyent bornés à l'usage & au secours de ces instrumens, cela ne nous authorise pourtant pas à nous imaginer, que les Esprits d'un ordre supérieur ne puissent, sans de tels organes, faire usage de leurs facultés. On se rendroit aussi ridicule par une telle supposition, qu'un homme, qui, ayant la vuë foible, prétendroit, qu'il est impossible à toute autre Personne de voir sans Lunette. Quand donc l'Ecriture dit que Dieu a des yeux & des oreilles, Elle ne se sert de ces expressions que pour s'accommoder à notre manière de penser, car la Raison, lorsque nous la consultons sur cette matière, nous oblige bien-tôt à regarder comme une perfection dans l'Etre infini, de n'avoir pas besoin de ces secours, qui sont mille & mille fois surpassés par l'immensité de son Essence, qui est par tout en même tems, en sorte [c] que, comme une *ame universelle*, Elle pénétre dans l'intérieur de toutes choses, & que, comme un *lieu universel*, Elle renferme en elle toutes choses

2. Conservation

Un autre Acte de la Providence Divine, consiste à *conserver* l'Etre, & à *pourvoir* au bien être de toutes choses : Car puisque toutes choses ont au commencement reçu l'Etre de la Puissance de Dieu, dirigée par son infinie sagesse. Elle n'existent pas par Elles-mêmes, & par conséquent leur conservation doit avoir pour soutien la même main, qui leur a donné l'Existence ; (d) Car là où la Puissance d'une Etre infini *qui crée*, est l'unique cause de l'existence, cette même Puissance *qui conserve*, doit être aussi le fondement de la continuation de cette existence. Nous avoüons à la vérité, que,

quand

(a) Pf. XCIV. 8, 9. (b) Sermons de *Young*, Vol. I. (c) *Scot.* ibid.
(d) *Stillingfleet* Origines sacræ.

quand une fois les chofes exiftent, elles continuent à exifter, jufqu'à-
ce qu'une force majeure les précipite dans le néant ; Mais auffi il faut
confidérer, que fi Dieu ceffoit de *conferver* fes créatures, cette fuf-
penfion de fa volonté, auroit une telle force, qu'elle anéantiroit abfolument & entiérement tout ce qui ne tient fon exiftence que de
fa Puiffance.   La Lumiére du Soleil demeure dans l'air, tant que le
Soleil la communique, & rien ne fauroit l'éteindre, que ce qui é-
teindroit le Soleil ; Mais s'il étoit poffible que le Soleil vint à retirer fes rayons, que deviendroit alors la Lumiére ?   Il en eft précifément de même de tout être, qui tient fon exiftence d'une Puiffance
infinie.   Sa ˙ fubfiftance eft l'Effet d'une émanation continuelle de la
même Puiffance, qui lui a donné l'Etre, & dès que cette Puiffance fe
retire, tout ce qu'Elle a produït doit auffi rentrer dans le néant.

   [a] Les ouvrages de l'art durent fouvent plufieurs fiécles, après
que la main de l'Ouvrier, qui les a faits, s'eft retiré d'eux.   Cela eft
vrai ; mais la raifon en eft, qu'il y a quelque chofe entr'eux & le
néant, favoir, la matiére *préexiftante*, de laquelle ils ont été faits ;
Au lieu que les ouvrages de Dieu, ayant tous été faits de *Rien*, ne
font féparés du néant que par la Puiffance *Créative*, qui les a produits.   Comme donc la deftruction totale des ouvrages de l'art, feroit
la fuite néceffaire de l'anéantiffement de cette matiére *préexiftante*,
qui les fépare du néant ; les Ouvrages de Dieu s'anéantiroient auffi
néceffairement, fi Dieu venoit à retirer cette Puiffance *Créative*, qui
eft entr'eux & le néant ; [b] Un fimple acte de fa volonté les fit
paffer du néant à l'Etre : C'eft acte demeure-t-il un moment fufpen-
du ? ils retournent de l'Etre au néant.   C'eft ce que l'Auteur de l'E-
pitre aux *Hébreux* a exprimé avec beaucoup d'élégance en ces termes.
(c) *Dieu foutient toutes chofes par la Parole de fa Puiffance* : Car
comme il n'eft befoin d'aucune action pofitive pour faire tomber à
terre une chofe que nous foutenons, puis qu'elle tombe néceffairement,
dès que nous ceffons de la foutenir, Dieu n'a non plus qu'à retirer
fa main, & toutes fes Créatures retourneront dans l'Etat d'où Elles
ont été tirées, je veux dire, dans le néant.

   C'eft donc la même Toute Puiffance, qui, après avoir tiré l'Univers
du néant, l'empêche d'y retomber ; & fa confervation préfente eft
autant l'effet de cette Puiffance, que le fut fa prémiére production :
(d) Car le monde n'étoit pas plus en état de fe donner le *fecond* mo-

ment

(a) *Scot* ibid.   (b) Religion naturelle de Martin.   (c) Heb. I. 3.
(d) Vie Chrétienne de *Scot*, Vol. I.

ment de l'Etre, qu'il ne l'étoit de se donner le *prémier*, ni le *troisié-me* que le *second*; & ainsi de tous les instans de sa durée. Un moment d'existence est autant qu'un autre; il faut donc autant de puis-sance pour en donner un *second* que pour en donner un *prémier*; Et si cela est, il faut que châcun des instants, qui composent la durée du Monde, vienne du même principe que le prémier. Aussi remarquons-nous, que l'Ecriture Sainte joint la conservation de toutes choses à leur prémiére Création; (a) *Tu es toi seul l'Eternel, Tu as fait les Cieux, les Cieux des Cieux, & toute leur Armée, la Terre & tout ce qui y est, les Mers & toutes les choses, qui y sont, & Tu vivifies.* (c. d. Tu conserves) *toutes ces choses.*

3. Provi-sion.

Ce n'est point assés pour Dieu, de *conserver l'Etre à* toutes ses Créatures, s'il ne *pourvoit* encore à leur *bien être*. Pour nous en convaincre, nous n'avons qu'à parcourir légérement quelques-uns de ses Ouvrages, & nous verrons alors combien est juste la remarque du *Psalmiste*, (b) Que *les yeux de toutes les Créatures s'attendent à Dieu, qui ouvre sa main, & qui rassasie de biens toute Créature vivante.*

Pour les Hommes.

Si nous jettons les yeux sur cette Terre, que nous foulons à nos pieds, nous la trouverons pleine d'Animaux & de Végétaux de toutes les sortes. (c) Quelle varieté d'Arbres chargés de fruits délicats, dont les *semences sont en eux-mêmes pour perpétuer leurs espèces!* Quelle prodigieuse diversité de fleurs, d'une structure admirable, & d'une odeur délicieuse! Graines de toutes les sortes! pour la nourriture de l'homme & des bétes; Herbes de toutes les espèces, dont les unes nous servent d'Aliment, & les autres sont d'un grand usage dans la Médecine; Tout cela s'éleve à nos yeux sur la surface de la Terre, & cependant, cette Terre, d'où sortent tant de merveilles, n'est elle-même qu'une Masse de Matière froide, sans saveur, qui ne flatte aucun de nos sens, & qui est denuée de toute chaleur & de toute vertu prolifique.

Pour les Animaux.

Passons dans la région des Animaux; Les uns sont doués d'une force & d'une beauté singulière; Les autres ont en partage une grande sagacité, & quelque féroces qu'ils soient de leur nature, ils aiment extrémement leurs petits, & prennent un soin tout particulier de leur conservation. Ce qui prouve encore, d'une manière bien sensible, le soin que Dieu prend du *Bien être* des Animaux, c'est que ceux d'entr'eux, qui sont

Vora-

(a) Nch. IX. 6.　(b) Pf. CXLV. 15. 16.　(c) Essais sur la Religion Naturelle & Revelée.

Voraces & carnaciers, font en petit nombre, demeurent dans des cavernes, fe montrent rarement, & ne paroiffent prefque jamais plus
d'un à la fois : Ceux qui font *timides* ont ordinairement le plus de
legéreté, comme les *Liévres*, ou vont par troupes, comme les *Brebis* :
Et ceux qui, par leur *lenteur*, font moins en état de fuïr le danger,
font, ou armés de pointes aiguës, comme les *Porcs-épis* & les *Hé-
riffons*, ou défendus par des écailles, comme les *Tortuës*, les *Efcar-
gots*, & plufieurs efpèces de *Poiffons*.

Mais pour ne pas entrer dans un grand détail fur ce fujet, bor- *Pour les
nons-nous à faire quelques remarques générales, fur la manière dont Païs.*
la Nature pourvoit aux befoins des Créatures ; Cela fuffira pour nous
convaincre de la grande Sageffe & de la Providence du Créateur.

Si nous confidérons la fituation & la température des Parties *Froids.*
Septentrionales du Monde, & de celles qui font vers les *Pôles*, nous
trouverons que tout y eft expofé à la rigueur du froid, des neiges &
des Gelées ; cependant ces incommodités font fuffifamment foulagées,
par une agréable quantité de vaftes Foréts, qui, non feulement, fourniffent aux Habitans de ces Climats glacés, bonne provifion de bois,
pour fe chauffer, mais qui font encore peuplées d'une infinité de Bêtes fauvages, dont les fourrures riches & chaudes, fervent à défendre
contre les injures de l'air, ceux qui demeurent dans ces Contrées, &,
tranfportées dans d'autres Parties du Monde, procurent au Païs qui
les fournit, tout ce qui eft néceffaire au foutien & aux agrémens de
la vie.

Si nous nous tranfportons dans les Païs les plus chauds, fur lef- *Chauds.*
quels le Soleil darde perpendiculairement fes raïons, nous y trouverons d'abondantes rofées, au matin, & des Vents froids & rafrai-
chiffans, qui, fe levant avec le Soleil, deviennent plus frais à proportion qu'il s'élève, & qui par ce moien temperent l'air, & en cor-
rigent les vapeurs étouffantes. Il y a plus, les Relations des Voiageurs
portent, que précifément fous la ligne *Equinoxiale*, & dans le tems
des plus grandes chaleurs, il y tombe une fi grande quantité de pluie,
que non feulement l'air en eft rafraichi, & le Climat temperé ; mais
que même, en plufieurs endroits, le Terroir eft auffi fertile, qu'aucun autre qu'il y ait dans le Monde.

L'*Egypte*, où il ne pleut jamais, ou du moins que fort rare- *Stériles.*
ment, & qui, avec les chaleurs qui s'y font fentir, ne feroit ni habitée ni habitable, fi elle n'étoit rafraichie & arrofée d'une manière
tout-à-fait furprenante, trouve dans le *Nil* dequoi fe dédommager
X

ample-

amplement du manque de pluie : Ce Fleuve, par ſes inondations, qui arrivent pendant les ardeurs de l'Eté, d'un côté, tempère la chaleur de l'Aîr, & de l'autre, donne à la Terre une fertilité ſi grande, qu'elle n'a pas ſa pareille dans tout le reſte du Monde. Je dis plus, c'eſt que dans les Deſerts, & dans les Plaines brûlantes de l'*Arabie*, où à peine trouve-t-on de l'Eau, la nature a *pourvû* d'une façon admirable aux beſoins de l'homme, par le moien du *Chameau*, qui peut porter des groſſes charges, & ſe paſſer pluſieurs jours de boire, & du *Dromadaire*, qui fait cent milles par jour, & qui ſe contente d'une petite quantité de nourriture ; ne bûvant d'ailleurs que très-peu ; avantages ſinguliers & conſidérables pour un Païs auſſi dépourvû de vivres que l'eſt celui-là.

Quelques particularités remarquables.

(a) On nous raconte des choſes tout-à-fait merveilleuſes de l'Isle de *Fer*, l'une des *Canaries*. Le Terroir en eſt aride & inculte, on n'y ſauroit pas trouver une goute d'Eau douce, que près des Côtes de la Mer ; encore cette Eau n'eſt elle pas d'un grand uſage aux Inſulaires à cauſe de ſon éloignement : Pour ſuppléer à ce défaut, il croit, dit-on, au milieu de l'Isle, * un Arbre, qui n'a pas ſon ſemblable dans l'Univers : Il eſt toujours couvert d'un brouillard épais, ou d'une nuée, qui n'augmente ni ne diminuë ; & de la pointe de ſes feuilles, dont la figure approche de celles du Noier, découle continuellement une Eau claire, comme du Cryſtal, & en ſi grande quantité, qu'elle égale les ſources les plus abondantes ; cette Eau, reçuë dans des Citernes & d'autres Vaiſſeaux, fournit aux beſoins de tous les Habitans de l'Isle.

Le *Palmier*, plus connu que l'Arbre dont nous venons de parler, n'eſt pas moins admirable dans ſes Productions. On en tire d'excellent vin, des fruits, du vinaigre, du fil ; & ſes feuilles fourniſſent aux Maiſons une couverture qui eſt de durée. Enfin, pour n'en pas dire d'avantage, le *Cocotier* (b) ſert à une infinité d'uſages ; On en tire toutes les années une grande quantité de liqueur, qui, ſelon la Saiſon, en laquelle on la tire, & la manière dont on la prépare, a préciſément le gout de l'huile ou du beurre, du lait ou du vin, à la place deſquels on l'emploie indifféremment ; Et quand elle eſt ſeche,

(a) *Got. Arthus Ind. Orient.* Cap. 6. * J'avois entendu parler de cet Arbre merveilleux à des perſonnes, qui avoient ſans doute puiſé dans la même ſource que notre Auteur : Mais m'étant informé de quelques Voiageurs, qui avoient été ſur les lieux, ſi la choſe avoit quelque fondement ; ils m'ont aſſuré, que dans l'Isle de *Fer*, On ne ſavoit pas ce que c'étoit que cet Arbre. (b) Théologie d'*Edwards*, Vol. I.

he, elle imite la douceur du fucre. On fait ordinairement du pain avec le fruit de cet Arbre , fes feuilles tiennent lieu de papier , fon écorce fournit des cables & des toiles, & fa tige fert à bâtir des Maifons & à conftruire des Vaiffeaux.   Tant la grande bonté de Dieu fe montre vifiblement en ce feul Arbre ! Et combien d'autres exemples , de la même nature , ne pourrions - nous pas alléguer , fi nous voulions confulter les Ecrits des *Botaniftes* modernes.

Ce qu'on vient de dire , fuffit pour nous convaincre, que Dieu *prend foin de l'homme & des bêtes* ; Qu'en tous lieux , il *pourvoit* à l'entretien de fes Créatures , & que, dans les Païs mêmes où la Nature paroit défectueufe , il y fupplée abondamment , & d'une manière furprenante.   N'oublions donc jamais de nous écrier avec le *Pfalmifte* , après avoir reflèchi fur ces différens objets ; [a] *Seigneur ! que tes œuvres font en grand nombre, Tu les as toutes fagement faites ; La Terre eft pleine de tes Richeffes.   Il en eft de même de la grande & fpacieufe Mer, où il y a , fans nombre, des Animaux fe mouvans , des Bêtes grandes & petites - - - Elles s'attendent toutes à Toi, afin que tu leur donnes la nourriture , dans le tems convenable. Quand tu la leur donnes , elles la reçoivent.   Quand Tu ouvres ta main, elles font raffafiées de biens.   Caches - Tu ta face ? Elles font troublées. Retires - Tu leur fouffle ? Elles défaillent & retournent dans leur poudre.*

La Providence de Dieu , & c'eft ici fon troifiéme Acte , concourt encore & co-opère avec toutes chofes ; Car puifque fon Effence eft par tout, fa Puiffance s'étend auffi fur Tout.   Or l'acte propre de la Puiffance c'eft l'action, il faut donc que Dieu agiffe par Tout où il eft. (a) On pourroit peut être dire, que, quand la Création fût finie, & que châque chofe fût mife dans l'ordre , qui lui convenoit, il étoit alors de la Sageffe de Dieu de retirer fa main, & de laiffer agir fes Créatures par elles - mêmes, & en Vertu des Loix primitives & générales du mouvement, qu'il leur avoit imprimé : Mais qu'il n'y ait point de femblables Loix, felon lefquelles les chofes puiffent agir indépendamment de Dieu; (b) c'eft ce qui eft évident par les principes des meilleurs Philofophes modernes, par lefquels, il eft démontré, que les parties de la matiére , dans quelque ordre qu'on les fuppofe, ne *gravitent*, ne communiquent leur mouvement, ni n'agiffent.

3e. Concours.

X 2 de

(a) Pf. CIV. 24. &c. (b) Théologie de *Fiddes* Vol. I. (c) Voïés les Principes du Chevalier *Newton*, & le Chriftianifme Raifonnable de *Jenkins*, pag. 215. Vol. 2.

de quelque façon que ce foit, les unes fur les autres, qu'en conféquence de la *Direction* & de *l'affistance* immédiate de la main de Dieu.   En effet, pour peu que nous faffions d'attention à un petit nombre *d'Agens naturels*, leurs Opérations nous paroîtront furpaffer fi fort leurs capacités, que nous ferons forcés de croire, que Dieu *concourt* à ce qu'ils font, & co-opère avec eux.   Le Soleil, par exemple, (foit qu'on le fuppofe fe mouvant autour de la Terre, ou qu'on aime mieux que la Terre fe meuve autour de lui, c'eft la même chofe pour nôtre fujet,) le Soleil, dis je, deftitué, comme il l'eft, d'intelligence, ne peut par conféquent avoir ni intention ni deffein : (a) D'où vient donc, qu'il a un cours fi régulier en tous fes différens Périodes ? Qu'eft-ce qui fait mouvoir ce grand & prodigieux Corps autour de la Terre, plûtôt qu'autour de quelqu'autre partie de cet efpace infini, dans lequel il flotte, & où, depuis tant de Siécles, il fuit conftamment la même route, toutes les Vingt & quatre heures, fans jamais aller ni plus vîte ni plus lentement, & cela pour donner aux deux Hemifphères les viciffitudes régulieres du jour & de la Nuit ? Et puis qu'il n'y a ni accéleration ni retard dans fon mouvement autour de la Terre, d'où vient, qu'il ne fe meut pas toûjours dans le même Cercle, mais qu'à châque tour qu'il fait, il s'avance prefque d'un degré, tantôt du côté du *Nord*, & tantôt vers le *Sud*; & cela, avec tant de régularité, que, depuis environ Six mille Ans, il a toûjours obfervé les mêmes *écarts*, pour donner par ce moyen les différentes Saifons à toutes les parties du Monde ? Il ne s'apperçoit point que c'eft lui qui caufe les viciffitudes du jour & de la Nuit, & le retour des Saifons.   Il doit donc toûjours être conduit par la Divinité, qui le dirige dans fes différens cours, qui les produifent. (b) *Le jour eft à Toi, la Nuit auffi eft à Toi, Tu as préparé la Lumiére, Tu as placé tous les bords de la Terre*, fuivant les différentes pofitions des Cieux; *Et Tu as fait l'Eté & l'Hyver*; fuivant la proximité, ou la diftance des lieux par rapport au Soleil.

Plantes.   Châcun fait, que les Plantes n'ont ni fentiment ni raifon, pour difcerner les périodes de leur *accroiffement* & de leur *décadence*. Cependant, quand elles font prefque épuifées, & fur le point de mourir & de fe fécher, Elles s'élévent pour porter de la femence; comme fi, prévoyant leur fin prochaine, elles penfoient à propager leur efpèce, avant qu'il fût trop tard, & à laiffer, après elles une nombreufe poſterité. Celles qui font naturellement foibles, & qui cependant

dant

(a) Vie Chrétienne de S. ot, Vol. I.   (b) Pf. LXXIV. 16 17.

dant ne laiffent pas de s'élever beaucoup, pouffent de petits *ligamens*, qui, comme autant de filets, s'aififfent quelque chofe de plus fort que la plante qui les a produits, & s'y attachent, comme fi ces plantes fentoient leur propre foibleffe, & la néceffité où elles font de chercher un appuy, dans des corps plus capables de les foûtenir.

Puis donc qu'Elles ignorent abfolûment comment Elles croiffent, & comment Elles déchéent, qu'Elles ne connoiffent ni leur foibleffe ni la force des corps, qui leur fervent d'Appuy; il eft évident, que la Providence Divine opére avec elles, & que non feulement Elle influë fur leurs accroiffemens, mais qu'auffi Elle les dirige à recourir aux moyens convenables de pourvoir à leur fûreté & à leur confervation.

Pour ce qui eft du Monde brute & déftitué de raifon, je n'alle- *Animaux.* guerai que le feul exemple des *Abeilles*. (a) Avec quelle adreffe merveilleufe & furprenante en même tems, ces petits Animaux ne conftruifent-ils pas leurs rayons ? Combien de cellules différentes, diftribuées en autant *d'exagones* réguliers, & foutenuës par un efpèce de mur mitoyen, qui les rend plus fortes ? Avec quelle affiduïté ne vont pas çà & là ces laborieufes Mouches, pour cueiller les douces rofées du Ciel de deffus les herbes & les plantes des champs, afin d'avoir dans leurs cellules dequoi fe préferver des rigueurs d'un Hyver prochain ? Leurs Maifons une fois remplies, avec quel foin & quelle prévoyance ne les ferment-elles pas, en les couvrant d'une efpèce de membrane, pour empêcher que quelque partie de la liqueur ne vienne à s'écouler & à fe perdre ? Avec quel ordre, & quelle régularité ne vivent elles pas ? Elles travaillent & fe repofent toutes enfemble; Et dans l'exercice de leurs différentes fonctions, Elles confpirent toutes au même Ouvrage. Les unes préffent les fleurs avec leurs pieds, pendant que d'autres recueillent l'humidité qui en fort, & la portent dans leur Ruche : Il y en a qui charrient les Matériaux propres à la conftruction des cellules; & quand elles s'en font déchargées, d'autres mettent en œuvre ce qu'elles ont apporté, & s'empreffent à bâtir: Les troifiémes, enfin, poliffent & perfectionnent l'Edifice. De cette maniére, toutes font occupées à conftruire la Maifon, où elles doivent demeurer, à la partager en appartemens convenables, & à la remplir de provifions pour le befoin. Ce font là autant de traits d'une raifon induftrieufe, & cependant il eft certain que les Abeilles font par elles-mêmes incapables de raifonnement.

X 3

Quand

(a) Vie Chrétienne de *Scot*, Vol. I. & *Boy'e* fur les Caufes finales.

Quand elles commencent à bâtir, elles ne penſent pas à la néceſſité qu'il y a, d'avoir des maiſons, pour s'y renfermer elles-mêmes, avec leurs proviſions, pendant l'Hyver; & elles ne comprennent pas non plus, combien il eſt utile & néceſſaire de faire pluſieurs appartemens dans le même corps de Logis. Elles ne connoiſſent point la nature de ces douces roſées, qu'Elles ramaſſent avec tant de ſoin. Elles ignorent ſi ce qu'elles cueillent eſt aliment ou Poiſon. Et quand elles en ramaſſent plus qu'il ne leur en faut, c'eſt ſans en ſavoir la raiſon. Elles ne ſe diſent pas à elles-mêmes, que l'Hyver approche, tems auquel les roſées, dont elles ſe nourriſſent, ne tomberont plus, & auquel elles ne ſeront plus en état elles-mêmes de ſortir & de les cueillir; & que, par conſéquent, il leur convient de ſe pourvoir par avance, & de ſe précautionner contre la famine. Enfin, quand leurs proviſions ſont une fois faites, elles les enferment ſous des couvertes de Cire, ſans faire reflexion, que ce qu'elles ont mis dans leurs Magazins, étant une matière fluïde, pourroit ſe répandre & ſe perdre. Cependant tout ce qu'elles font, elles le font avec autant d'ordre & de regularité, que ſi elles en avoient parfaitement bien compris, conſideré, & peſé les raiſons. Preuve évidente, qu'elles ſont conduites & miſes en action par quelque principe ſupérieur, & que l'aſſiſtance d'un Dieu Tout-Puiſſant dirige leurs mouvemens & leur induſtrie.

Genre-humain.

Venons préſentement au Monde *raiſonnable* : Dire que l'homme puiſſe faire quoi que ce ſoit, ſans le concours, & la co-opération de Dieu, [a] *en qui nous avons la vie & le mouvement*, auſſi bien que *l'exiſtence*; c'eſt raiſonner en Impie, une telle penſée étant incompatible avec la dépendance, dans laquelle nous devons être à l'égard de notre Créateur. Il s'agit donc de ſavoir, juſqu'où ce concours de Dieu doit s'étendre; s'il renferme quelque mouvement de ſa part, *qui agiſſe du dehors* ſur notre Ame, & *qui la détermine*, ou s'il ſe réduit ſimplement à l'*aſſiſtance* qu'il nous donne dans l'exercice de nos facultés naturelles. Dans les exemples que nous venons d'alléguer, & que nous avons pris de cette partie de la Création, qui n'a pas la raiſon en partage, il ſemble que la Co-opération de Dieu ait plus d'étenduë dans ſon but & dans ſes effets; parce que, quand on voit agir d'une *manière raiſonnable* des Créatures, qui n'ont elles mêmes aucune *Raiſon*, il faut ſuppoſer, que quelque Puiſſance *ſupérieure* les dirige immédiatement dans leurs mouvemens, & les conduit à des fins,

qu'il

(a) Act. XVII. 28.

qu'il eſt au deſſus de leur nature de ſe propoſer , & auxquelles elles ſont incapables de tendre par elles - mêmes.

Mais il n'en eſt pas ainſi de l'Homme ; Dieu ne la pas ſeulement doué de pouvoir & de principes naturels d'action ; il lui a encore donné un Entendement & une Volonté , dont il ſe ſert pour raiſonner , juger , & ſe déterminer lui - même. Il ſemble donc, (a) que par rapport à lui, la Co - opération de Dieu ne s'étend pas au delà de la Puiſſance *Naturelle* d'agir, & qu'elle ne va pas juſqu'aux Actes *particuliers* de cette Puiſſance. Elle ne perfectionne pas ſon Entendement. Elle n'incline pas ſon Jugement. Elle ne détermine pas ſon choix. Elle n'altère en aucune façon ſes qualités naturelles , mais elle les met ſeulement en état d'agir ſuivant leur nature , & en cela, elle reſſemble , en quelque ſorte , à l'action de remonter une Montre, ce qui fait à la vérité , qu'elle marche , mais qui ne lui donne aucun mouvement *ſurnaturel* , laiſſant aux Reſſorts, & aux Rouës , la liberté d'exécuter ce qui eſt une ſuite de leur diſpoſition. Quelle que ſoit donc cette *Co - opération* de Dieu, que l'on eſtime néceſſaire à mettre en actions nos facultés *naturelles* , il faut poſer pour principe, qu'elle ne nous donne aucune nouvelle *détermination* ; Mais que , nous laiſſant abſolument dans notre état naturel , elle nous rend ſimplement capables d'exécuter ce que nous euſſions fait de nous - mêmes , ſans une telle *Co - opérations* , ſuppoſé qu'il nous eût été poſſible de nous mouvoir ou d'agir ſans elle.

La Providence Divine gouverne & régle toutes les cauſes , c'eſt le *quatrième* Acte , que nous lui avons attribué. (b) Que toutes les cauſes *Phyſiques* ou Naturelles, ſoient ſous la direction immédiate de Dieu, qui en diſpoſe à ſon gré , qui tient en ſa main les reſſorts de la Nature , & qui les remuë comme il lui plait : [c] Que toutes les fois qu'ils s'écartent de leur route ordinaire, qu'ils ſuſpendent ou qu'ils précipitent leurs mouvemens , & qu'ils prennent le contre - pied de leurs tendances naturelles ; cela ſe faſſe par l'ordre , & par l'action même du Tout - Puiſſant : Que ce ſoit lui enfin , qui conduiſe les Corps Céléſtes, qui leur imprime le degré de mouvement qu'ils doivent avoir, qui leur marque la route qu'ils doivent tenir , & qui , par ſa main Toute - Puiſſante, fait faire à ces immenſes Globes de Lumière toutes leurs révolutions , & cela d'une manière conſtante , régulière , & perpétuelle ; C'eſt ce qui paroit clairement , par ce défi ,

que

Juſqu'où.

4. Gouvernement des Cauſes Naturelles

(a) *Sherlock* de la Providence Divine. (b) *Sherlock* ibid. (c) Vie Chrétienne de *Scot* Vol. I.

que Dieu fait à *Job*, pour lui reprocher fa foibleffe : (a) *Connois-tu l'ordre des Cieux, & difpoferas - tu de leur Gouvernement fur la Terre ? Crieras - tu à haute voix à la Nuée, afin qu'une abondance d'Eaux te couvre ? Envoieras - tu les foudres, de forte qu'elles marchent & qu'elles te difent, nous voici ?* Cela eft au - deffus de tout pouvoir humain ; Mais il eft du reffort de la Providence de Dieu.

De quelle manière.

    Il eft vrai, que Dieu a donné aux Caufes *Naturelles*, des vertus & des qualités différentes, & que, dans les cas ordinaires, il fe fert de leurs Puiffances, pour remplir les fages vuës de fa Providence, dans le Gouvernement du Genre - Humain ; Car pendant que, dans le Monde *Matériel*, châque chofe montre la vertu *Phyfique* dont elle eft douée, & qu'elle agit néceffairement ; Dieu peut modérer ou fufpendre fon mouvement, & diriger fon action, fans renverfer, pour cela, les Loix de la Nature. Le Feu & l'Eau, par exemple, le Vent & la Pluie, le Tonnerre & les Eclairs, ont leurs vertus & leurs qualités *naturelles*, & Dieu produit par elles des effets tels, qu'elles auroient été capables de produire d'elles mêmes. Il fe fert du Feu pour nous échauffer. Il donne de la vigueur à la Terre, par les bénignes influences du Soleil & de la Lune. Il l'a rafraichit & l'humecte par le moien des fources des Rivières & des Pluies du Ciel. Il agite l'Air par les vents, & le purifie par les Tonnerres & par les Eclairs : Et ainfi du refte. Mais auffi, *quand*, & *où*, les Pluies tomberont, & les Vents fouffleront ; en quelle *quantité* & proportion, en quel *tems*, & en quelle Saifon, les Caufes Naturelles répandront ou retiendront leurs influences ; c'eft ce dont Dieu s'eft refervé la difpofition, & il peut par ce moien gouverner le Monde, récompenfer ou punir les hommes, felon leurs œuvres, fans altérer, pour cela, les Loix ftables de la Nature. C'eft en effet, pour cette raifon, qu'il eft dit ; [b] Que *le Feu & la Grêle, la Neige, les Vapeurs, & les Vents orageux exécutent fa parole.* (c) Qu'il *appelle les Nuées afin qu'une abondance d'Eaux couvre la Terre* ; (d) Qu'en certains tems, *il nous donne la pluie de la prémière & de la dernière Saifon*, & que dans d'autres, (e) *il ferme les Cieux & il n'y a point de pluie*, ou qu'il fait pleuvoir fur le Territoire d'une Ville, & non pas fur celui d'une autre ; (f) En forte que *deux*, même *trois Villes, trottent vers une autre Ville, pour avoir de l'Eau, & ne font point raffafiées.*

Il

(a) Job XXXVIII. 33. 34. &c.   (b) Pf. CXLVIII. 8.   (c) Job XXXVIII. 34.   (d) Jérémie V. 24.   (e) 2 Chron. VII. 13.   (f) Amos IV. 8.

Il y a longtems que le Sage a remarqué, qu'il arrive à tous les ·Acciden-
Hommes pluſieurs choſes , qui leur paroiſſent être un pur effet du telles.
hazard , & qui cependant contribuënt beaucoup au bonheur ou à la
miſère de la Vie Humaine : [a] *Je me tournai*, dit il , *& je vis
ſous le Sole l , que la Courſe n'eſt point pour les legers , ni la bataille
pour les forts , ni le Pain pour les Sages , ni les Richeſſes pour les Pru-
dens , ni la faveur pour les gens d'Eſprit , mais que le tems & l'occur-
rence en échoit à eux tous* : C'eſt à dire , que quelques accidens imprévus , & dont on ne ſauroit rendre raiſon , changent les états & les
conditions des Hommes , & rendent inutiles les moiens , qu'ils croioient
les plus propres à les faire réüſſir. Qu'eſt-ce , en effet, qui devroit,
ſelon l'opinion , & ſelon l'expérience générale , l'emporter dans une courſe ? N'eſt-ce pas la legéreté ? Ou contribuer au gain d'une Bataille,
ſi ce n'eſt la force ? Qu'y a-t-il de plus propre en apparence , à é-
loigner , ou du moins à diminuer les beſoins des Hommes , ſi ce n'eſt
la ſageſſe & l'intelligence dans les affaires Humaines ? Quel moien plus
convenable peut-on vrai-ſemblablement emploier, pour s'attirer la faveur & l'eſtime générale des Hommes , que beaucoup d'application &
d'adreſſe ? Cependant , l'*Eccleſiaſte* avoit remarqué dans ſon tems une
choſe , qui ſe vérifie encore aujourd'hui, c'eſt que le *Tems* & les *Oc-
currences* , c. d. quelques conjonctures favorables , quelques accidens
imprévus , conduiſoient ſouvent, plus vîte , & plus ſûrement, à ces fins ,
que tous les moiens que l'Homme pouvoit inventer , & que toutes les
méthodes qu'il pouvoit ſuivre pour y arriver.

Cette remarque n'avoit pas échapé (b) aux *Payens* , & ce fut
ce qui les porta à ériger la *Fortune* en *Déeſſe* , & à lui attribuër la
direction de toutes choſes. Pour nous, qui ſommes Chrétiens, nous
ne connoiſſons ni fortune , ni hazard , ni rien de ſemblable.

· (c) Nous ſavons que Dieu ſeul tient en ſa main les Rênes de
l'Univers, & qu'il diſpoſe de tous les événemens; & quoi qu'il arrive bien des choſes, qui ne paroiſſent point l'effet immédiat de certaines cauſes; (d) cependant elles dépendent autant du bon plaiſir &
de la Puiſſance de la cauſe prémiére, que le lever & le coucher du
Soleil, ou que le flux & le reflux de la Mer; En ſorte que, quelque *fortuïtes*, que ces choſes puiſſent être, par rapport au but, &
à la *tendance* naturelle des cauſes ſecondes ; aucune d'elles n'arrive
pourtant contre l'intention & la volonté de Dieu, qui les prévoit &

Y

qui

(a) Ecclef. XI. 11. (b) *Sherlock* de la Providence Divine. (c) Sermons de *Fleetwood*. (d) *Scot* Vie Chrétienne Vol. I.

qui les dirige d'une maniére conforme à fes vuës infiniment fages. Qu'y a-t il, par exemple, de plus fortuït qu'une fléche décochée, (a) *au hazard* ? Cependant ce fut la main infaillible de Dieu, qui conduifit & qui dirigea celle, qui porta la mort dans le Sein de l'impie *Achab*. Y a-t-il rien de plus cafuël que le *fort* ? Et toutes fois *Salomon*, voulant nous apprendre qu'il n'y a rien dans le Monde de fi mince & de fi chetif, rien de fi cafuël & de fi accidentel, que Dieu ne connoiffe, dont il ne prenne foin, & dont il ne difpofe à fa volonté, nous dit, que (b) *le fort eft jetté au giron, mais que tout ce qui en doit arriver eft de par l'Éternel.*

La Raifon
pourquoi

En effet, fi nous rentrons en nous-mémes, & que nous confiderions avec une attention férieufe, de quelle importance font ces événemens, que nous apellons *fortuïts*, dans le Gouvernement du Monde ; jufqu'à quel point ils décident quelques fois de la vie, & des biens des particuliers, de la déftinée des Royaumes & des Empires, du fuccès des Guerres, & des Révolutions, qui arrivent dans les Etats ; comment un prétendu *Hazard* renverfe les plus beaux Projets, diffipe les forces les plus formidables, récompenfe les gens de Bien, lors qu'ils s'y attendent le moins, & punit les Méchans d'une maniére éclatante ; nous ne faurions nous empécher de conclure & de croire, que, puifque ces chofes, qui nous paroiffent de purs accidens, font dans les mains de Dieu de fi puiffans inftrumens, pour l'exécution de fa volonté ; elles font proprement, & particulièrement, du reffort de fa Providence, les objets les plus immédiats de fes foins & de fon attention ; & que, quand nous prétendons lui en óter la difpofition, fous prétexte qu'elles font trop triviales, & indignes de fon attention, non feulement nous lui enlevons par-là un des plus beaux fleurons de fa couronne, mais encore nous nous privons nous-mémes du fentiment confolant de notre sûreté, *fous l'ombre des aîles* du Tout-Puiffant. Car quelle plus grande confolation, que de favoir & de penfer, que, malgré toute l'incertitude des affaires Humaines, le *Hazard* méme ne fauroit nous faire du mal, fans l'ordre de Dieu, & que, quelque trifte & déplorable que foit notre condition extérieure, quelque defefpérée qu'elle nous paroiffe, Dieu ne manque jamais de reffources pour nous défendre & pour nous fauver ; Qu'il a mille moiens invifibles, *une armée entière d'accidens* & d'événemens imprévûs, pour nous délivrer, dans le tems, que nous nous croions fur le point de périr ;

(a) I. Rois XXII. 34. 38. (b) Prov. XVI. 33.

périr ; & pour nous fauver, quand nous ne voions rien autour de nous, qui puiffe nous défendre & nous fecourir.

Tous les *Agents Moraux & raifonnables* font encore fous la direction immédiate de Dieu.   Il peut, non feulement gouverner les actions, mais même diriger les volontés, maitrifer les paffions, & conduire les intentions des Hommes, de la manière la plus conforme aux Sages vuës de fa Providence : C'eft là une vérité que l'Ecriture Sainte établit & confirme, dans tous ces Paffages, où elle nous dit, que [a] *les pas de l'Homme font de par l'Eternel*, & que quand même [b] *fon cœur délibere de fa voie*, c'eft cependant *l'Eternel*, qui *conduit fes pas*; (c) que *la voie de l'Homme ne dépend p s de lui* même ; que, (d) *le cœur des Rois eft en la main de l'Eternel, qui le tourne comme il lui plait* ; (e) & que, quoi qu'il y ait *plufieurs penfées dans le Cœur de l'Homme, cependant le Confeil de l'Eternel fera permanent.*   Mais la difficulté eft de favoir, comment Dieu peut exercer fur les Hommes, qui font des Agens libres, un Empire fi abfolu, fans détruire la liberté de leur choix, & par conféquent fans détruire la nature du vice & de la vertu, fans renverfer les fondemens, fur lefquels eft établie la Juftice des peines & des récompenfes.

Pour réfoudre donc cette difficulté, & pour l'écarter entièrement ; il faut diftinguer en l'Homme deux Rélations différentes : On peut le confidérer comme une *Créature raifonnable* & un Agent libre, ou comme *l'inftrument* dont la Providence fe fert pour exécuter fes deffeins.   Cela étant, il y aura en Dieu, deux différentes manières de le gouverner ; L'une aura pour objet l'Homme, confideré en lui - même, & dans fon état *naturel* ; L'autre fe rapportera à l'Homme, entant que capable de faire du bien ou du mal à fes femblables, & d'influër fur le bonheur ou fur le malheur du Genre - Humain : Cette diftinction met une grande différence, tant dans la manière dont Dieu gouverne les Hommes, que dans les Actes particulières de fa Providence à leur égard.

L'Homme confideré en lui - même, & par rapport à fa Nature, eft une *Créature raifonnable*, & un Agent libre.   La manière la plus convenable de le gouverner eft donc de lui donner des *Loix*, pour être la règle de fes actions, en y joignant une *Sanction* de récompenfes & de peines ; telle, qu'elle pût le porter à l'obéiffance, & en lui accordant des *fecours* intérieurs ; tels, qu'ils puiffent fervir de contre-

Morales.

De quelle manière.

Y 2

poids

(a) Prov. XX. 24.   (b) Prov. XVI. 9.   (c) Jérém. X. 23.   (d) Prov. XXI. 1. (e) Prov. XIX. 21.

poids à la foibleſſe & à la corruption de la Nature Humaine ; Et cela une fois fait , il convient à Dieu de laiſſer l'Homme à ſon propre choix , & de le *récompenſer* enſuite , ou de le *punir* , ſelon qu'il l'aura *mérité*.

Mais quand nous conſidérons l'Homme , dans l'Etat de *Societé* , le cas eſt tout différent ; Car lors que le bien ou le mal qu'il peut faire s'étend au delà de lui - même , & qu'il a d'autres Hommes pour objet ; la Providence de Dieu ſe trouve alors intereſſée , ſoit à l'empêcher ou à le permettre , & en ordonner , de la manière qui conviendra le mieux à ſes fins , comme auſſi ſuivant le mérite ou le *démérite* de ceux qu'elle ſe propoſe de favoriſer ou de punir. Dieu ne rend perſonne bon ou mauvais , vertueux ou vicieux , par une force irréſiſtible. Mais par une influence ſecrete ſur l'Eſprit de l'Homme , il peut l'obliger à faire le bien , auquel ſon inclination ne le porteroit pas , & l'empêcher de commettre le mal , qu'il auroit fait ſans cela. Dans pluſieurs rencontres , il peut forcer l'Homme , conſideré ſimplement comme un inſtrument de ſa Providence , à agir d'une manière contraire à ſes propres deſſeins. Et voila ce qui montre la différence qu'il y a entre l'œconomie de la Grace , & celle de la Providence. La prémière ſe raporte au vice & à la vertu. Son but eſt de rendre les Hommes gens de bien , de corriger leurs diſpoſitions criminelles , & de les changer , ſans emploier , pour cet effet , d'autres moyens que ceux qui ſont compatibles avec cette liberté de choix , dont l'Homme eſt doué ; Au lieu que la ſeconde n'a en vuë que le bonheur ou le malheur temporel des Hommes ; de recompenſer ou de punir de ſimples particuliers , ou des Nations entières ; Pour leſquelles choſes , Dieu peut emploier tels inſtrumens qu'il lui plait , & uſer du pouvoir néceſſaire pour l'exécution des Sages Décrets de ſa Miſéricorde ou de ſa Juſtice envers les Hommes.

C'eſt ce dont nous avons une preuve ſenſible , & en même tems un exemple bien remarquable en la perſonne du Roi d'*Aſſyrie*. Il marchoit contre *Jéruſalem* , à la tête d'une Armée nombreuſe , dans l'intention de détruire cette Ville ; mais Dieu n'avoit d'autre vuë , que celle de le faire ſervir d'*inſtrument* de ſa Providence , pour la correction d'un Peuple , dont elle vouloit châtier les déſobéïſſances ; (a) *Malheur à* Aſſur , *la Verge de ma colère , quoique le bâton , qui eſt en leur main , ſoit mon indignation ; Je l'envoierai contre la Nation hypocrite , & je le depêcherai contre le Peuple de ma fureur , afin*

qu'il

—————

(a) Eſaïe X. 5. &c.

qu'il faſſe, ſur lui, *un grand butin & un grand pillage, & qu'il le rende foulé comme la bouë des ruës* : Voilà juſqu'où s'étendoit la commiſſion que Dieu donna à ce Prince, c. d. voilà juſqu'où Dieu ſouffrit qu'allaſſent ſa fureur & ſa rage. Mais c'étoit à quoi l'*Aſſyrien* penſoit le moins ; *mais il ne l'eſtimera pas ainſi, & ſon cœur ne le penſera pas ainſi. Il ne ſe propoſera que de détruire & d'exterminer beaucoup de Nations* : Mais à cet égard Dieu confondit ſes projets ; *Et il arrivera que quand le Seigneur aura achevé toute ſon œuvre ſur la Montagne de* Sion, *& dans* Jéruſalem, *je ferai venir à compte le fruit de la grandeur du cœur du Roi d'Aſſur, & la gloire de la fierté de ſes regards.* ...... Car *la coignée ſe glorifiera - t -* elle, *contre celui qui en coupe ? La Verge ſe remuëra - t - elle contre celui qui la leve ? Ou le bâton s'élevera - t il comme s'il n'étoit pas du bois ?* Ce ſeul Paſſage nous découvre la méthode, que ſuit la Providence, dans la direction des Actions humaines : Nous y voions, que Dieu ſe ſert ſouvent d'inſtrumens mauvais, pour accomplir de bons deſſeins ; qu'il châtie les péchés d'un particulier ou d'un Peuple, par l'orgueil, & par la cruauté d'un autre : mais qu'il punit à ſon tour cet orgueil & cette cruauté, en confondant les deſſeins de ceux qui agiſſent par de tels principes ; Que, dans la même Action, Dieu a ſouvent des vuës bien différentes de celles des hommes ; Qu'il peut faire ſervir le mal, qu'ils commettent, aux vuës de Sageſſe & de bonté qu'il s'eſt propo-ſées, & confondre leurs mauvaiſes pratiques, tandis que le bien, qu'il a voulu procurer par leur moien, ne manquera pas d'arriver.

Une autre branche de la Providence de Dieu ; C'eſt qu'il ordonne & dirige tous les Evènemens, qui ſont une ſuite des affaires humai-nes, tels que peuvent être une longue vie, & une mort prématurée, la ſanté & les maladies, l'honneur & l'infamie, les richeſſes & la pau-vreté, l'abondance & la famine, la paix & la guerre, auſſi bien que ces grandes & ſurprenantes Révolutions, qui arrivent ſouvent dans les Roiaumes & les Empires. Dirigeant les Evéne-mens.

Tous ceux qui croient une Providence, reconnoiſſent que tous les avantages & toutes les douceurs, dont nous jouïſſons ici - bas, nous les tenons immédiatement de la main de Dieu, qui nous les diſpenſe ; Il n'y a donc de difficulté ſur cette matière, que par rapport aux ca-lamitez de la vie.

Mais pour nous former quelque idée de la manière, dont la Pro-vidence de Dieu agit dans cette rencontre, (a) ſuppoſons pour un mo- Particu-lieis comme ef-fectues.

Y 3

(a) *Sherloc*, de la Providence Divine.

moment, qu'il y eût fur la Terre un Prince , qui connut parfaitement le mérite & les inclinations de tous fes fujets , & qui eût fur eux une autorité invifible , & tellement infenfible , que , fans leur donner d'ordres pofitifs , fans les inftruire le moins du Monde de fes intentions, & fans faire aucune violence à leurs inclinations , il pût les déterminer à faire à tels ou à tels , qu'il voudroit punir , le *mal* , qu'ils avoient déja deffein de faire , & à faire à tels ou à tels , qu'il voudroit recompenfer , le *bien* , qu'ils étoient difpofés à faire. Au cas qu'un tel Prince prit foin, qu'aucun de fes Sujets ne fouffrit pas , de la méchanceté d'autrui , plus qu'il ne l'auroit mérité , & que ne l'exigent les Règles du Gouvernement ; Où eft l'Homme qui voulût lui imputer tout ce qui fe commettroit d'injufte dans fes Etats , uniquement parce qu'il auroit réglé les chofes avec tant de fageffe , & de telle façon , que quelques fcélerats devinffent , fans le favoir , les exécuteurs de fa vengeance fur d'autres fcélerats , & fiffent tout à la fois , contre eux les fonctions de Juges, de Commiffaires , & de Bourreaux ? Châcun ne regarderoit-il pas au contraire cette forme de Gouvernement , comme la meilleure & la plus parfaite qu'il y eût dans le Monde ? Il eft vrai , que les Princes de la Terre ne font pas capables de gouverner de la forte. Ils n'ont pas une connoiffance fuffifante des fautes de leurs fujets, & ils ne peuvent difpofer ni de leurs volontés ni de leurs inclinations , mais voilà précifément comment Dieu gouverne : Il fe fert du Miniftère des Hommes , pour exécuter fes fages deffeins , & pour punir les Tranfgreffeurs de fes Loix.

Il y a dans le Monde affés de méchans , qui ont mérité correction , & il n'y manque pas non plus de gens , toûjours prêts à fe jetter fur leurs fréres , dès que la barriére , qui les arrêtoit , fe trouve levée. Suppofé donc qu'un homme ait , par les fautes , dont il s'eft rendu coupable envers la Providence , mérité de perdre fon honneur , fon bien , ou fa vie ; ou que fans l'avoir mérité de cette maniére , Dieu trouve à propos de l'expofer au mépris , de le plonger dans la pauvreté , ou de l'enlever de ce Monde , & cela pour d'autres raifons dignes de fon infinie Sageffe ; Le Calomniateur , L'Oppreffeur , le Meurtrier , n'ont toûjours que trop de difpofition à exécuter de femblables Décrets. Dieu n'a qu'à mettre ceux qu'il déftine à la fouffrance , à la portée de ces autres qu'il déftine à être les exécuteurs de fa volonté ; & leur malice fera le refte. C'eft-là la méthode conftante , que Dieu fuit , quand il envoye des calamités aux particuliers. Tout ce qu'il fait en cela , fe réduit à lever l'obftacle , qui arrêtoit les

méchans

méchans , & à leur laisser suivre les mouvemens de leurs Passions :
Et s'il les tient la plus - part du tems comme enchainés , sans jamais
leur lâcher tout à fait la bride , que pour exécuter les ordres de sa
Justice , rien ne sauroit faire plus d'honneur à sa Providence , ni contribuër d'avantage à rassurer les gens de bien , contre tout ce qu'ils
pourroient avoir à craindre de la méchanceté des pécheurs.

Nous avons suffisamment éxaminé ci - dessus , (a) de quelle utili- Publics.
té peuvent être à Dieu les Anges , tant bons que mauvais , & quels
services ils sont capables de lui rendre dans le Gouvernement du Monde ; s'ils ont les qualités nécessaires pour être les instrumens des bénédictions ou des calamités publiques ; & s'ils sont souvent chargés
de pareilles commissions.   C'étoit ordinairement par le ministère de
ces Esprits Célestes , ou par les passions déréglées des Princes , que
les terribles , mais justes Jugemens du Seigneur , soit la guerre , soit
la famine , ou une peste meurtrière , tomboient autrefois , sur un Païs
criminel.   Dieu ne faisoit que donner la Commission , & les Anges
l'éxécutoient aussi tôt , dans toute son étenduë.   Aussi nous sont-ils
réprésentés , dans une des visions du Prophéte *Ezéchiel* , comme employés , & occupés à la destruction de *Jérusalem* ; (b) *Faites appro-*
cher ceux qui ont commission contre la Ville , & châcun , avec son
instrument de destruction dans sa main ; & voici six Hommes vin-
rent du chemin de la porte d'enhaut , qui regarde vers le Septentrion ,
& châcun avoit dans sa main son instrument de dissipation , l'un d'en-
tr'eux vêtu de Lin avoit un cornet d'Ecrivain , sur ses reins . . . . . .
Et l'Eternel lui dit , passe par le milieu de la Ville , par le milieu de
Jérusalem , *& mets une marque sur les fronts de ceux qui gémissent ,*
& qui soupirent , à cause de toutes les abominations , qui se commet-
tent au milieu d'Elle ; Et il dit aux autres . . . Passés par la Ville
après lui , & frappés ; que vôtre œil n'épargne personne , *& n'ayés*
point de compassion , Tués tout , les Vieillards , les jeunes gens , les
Vierges , les petits Enfans , & les Femmes , mais n'approchés de pas
un de ceux , sur lesquels sera la marque.

Il est donc , ce semble , très-conforme à la Majesté & à la pu- Révoluti-
reté de Dieu , de croire que les calamités , qui arrivent à une Nation ons.
à cause de ses iniquités , sont , ou les tristes effets de l'humeur farou-
che & indomtable des particuliers , qui la composent , ou qu'elles
lui sont infligées par le Ministère des Anges.   Mais il y a d'autres Evénemens , où la main de Dieu se fait remarquer d'une manière plus
sensi-

(a) Voïés page 58 & suiv.   (b) Ezéchiel IX. 1. 2. &c.

fenfible. Je veux parler de ces changemens furprenans, de ces Révolutions publiques, que l'on voit fi fouvent arriver dans les Etats.
[a] Car la Providence de Dieu paroit y avoir plus de part qu'aux autres, pour nous faire d'autant mieux remarquer & comprendre l'influence, qu'elle a fur les affaires d'ici-bas ; Influence à laquelle on ne
penferoit peut-être plus, fi quelques exemples frappans, quelques
preuves bien remarquables de la manière, dont elle intervient dans
ce qui fe paffe parmi les Hommes, ne reveilloient de tems en tems,
avec beaucoup de vivacité & de force, le fentiment qu'ils en devroient
avoir. Quoique nous fachions, que *nous avons en Dieu la vie, le
mouvement & l'être* ; que nous fommes, chaque moment, foutenus
par fa Puiffance ; & que toutes nos actions font conduites par fa Sageffe infaillible & par fa Bonté ; cependant cette connoiffance ne fait
fur nos cœurs qu'une impreffion foible & legère. Le *concours* de Dieu
dans des cas de cette nature eft fi fecret, & fi difficile à diftinguer
de l'opération des Caufes *Naturelles & Morales*, que nous n'avons
que trop de panchant à nous arrêter aux unes, fans remonter, en aucune façon, jufqu'à l'autre ; & de rapporter tout ce qui nous arrive,
quand il nous regarde perfonnellement, à la Puiffance des principes,
qui font les plus à notre portée.

Il y a plus, lors qu'il eft queftion d'Evènemens plus confiderables,
& qui intéreffent d'avantage le Public ; quand ils fe paffent de façon,
qu'ils paroiffent être les effets de la Prudence & de l'habileté humaine ; Nous fommes affés difpofés à mettre à quartier les reflexions,
qu'ils devroient faire naitre chés nous, & à ne pas élever nos penfées,
jufqu'à cette main *invifible*, qui gouverne l'immenfe machine du Monde, qui en dirige tous les refforts, & qui en régle tous les mouvemens. Mais la grande Scène du Gouvernement vient elle tout d'un coup
à changer, fans que les caufes, qui nous paroiffent y avoir contribué,
aient aucune proportion avec l'effet, qui nous étonne ; Alors nous en
cherchons d'autres, dont la force ait plus d'étenduë ; Nous nous ap-
percevons d'une Providence Divine, qui prend part aux chofes humaines, & nous en adorons les voies. Puis donc que nous fommes
fi portés à ne pas faire attention à la part que Dieu prend aux grandes affaires d'ici-bas, & que quand elles vont *leur train*, & avec ordre,
nous oublions facilement, qu'une Providence les gouverne ; Dieu veut
bien, pour nous en faire fouvenir, nous donner, de tems en tems,
fur ce fujet, des avertiffemens, qui nous furprennent ; mettre, devant
nos

(a) Sermons d'*Atterbury*, Vol. I.

nos yeux, quelque Révolution ſurprenante dans un Etat, tout comme une Comète ſuſpenduë dans les airs élevera plûtôt, par ſa figure extraordinaire, & par ſon mouvement irrégulier, nos penſées juſques à l'Auteur de la Nature, & imprimera dans nos cœurs des ſentimens de crainte plus profonds, que ne feroit la contemplation de *toute lArmée Céleſte*, ſe mouvant continuellement autour de nous dans l'ordre le plus beau.

Ces changemens imprévus, qui arrivent dans les Etats, & que la main de Dieu même a conduits & dirigés juſques à la fin, ont auſſi pour but de confondre la folle *Politique* des Hommes, & de nous découvrir la vanité & le vuide de cette Sageſſe prétenduë profonde & conſommée, qui plait ſi fort aux faux ſages de ce Monde, de laquelle ils ſe piquent, & de la poſſeſſion de laquelle ils s'applaudiſſent & ſe glorifient.

(a) Les grands Génies, les perſonnes, qui, pour avoir été longtems au Timon des affaires, ont été inſtruites par l'éxpérience, qui rencontrent ſouvent juſte dans leurs conjectures, & qui réüſſiſſent dans la pluſpart de leurs projets, ont enfin un ſecret panchant à s'en attribuër tout l'honneur, & à s'en orgueillir, diſant fiérement, dans le fond de leurs cœurs, pour me ſervir des belles expreſſions d'un Prophéte; (b) *Je l'ai fait par la force de ma main, & par ma Sageſſe: Car je ſuis entendu: J'ai ôté les bornes des peuples, & j'ai pillé ce qu'ils avoient de plus précieux: Comme puiſſant, j'ai fait deſcendre ceux qui étoient aſſis, & ma main a trouvé comme un Nid les richeſſes des peuples; Ainſi qu'on raſſemble les œufs délaiſſés, Ainſi ai-je raſſemblé toute la Terre, & il n'y a perſonne, qui ait remué l'aile, qui ait ouvert le bec ou qui ait grommelé.* C'eſt ainſi que ces perſonnes adorent le Plan, qui leur a procuré tous ces heureux ſuccès, & qu'elles le regardent comme ſûr & infaillible pour l'avenir; dans le tems cependant, qu'il a ce *terrible* défaut, c'eſt que Dieu, qu'on en exclut n'y entre pour rien. Auſſi, ſoit en dévoilant leurs artifices, & en rompant tout d'un coup toutes leurs meſures, ſoit en changeant ſubitement la face des choſes, & en faiſant paroitre une nouvelle Scène, que toute leur habileté ne pouvoit prévoir, ni toute leur Prudence prévenir, leur donne-t-il ſouvent des preuves convaincantes de la folie d'une pareille conduite, & cela afin *que (c) le Sage apprenne à ne pas ſe glorifier dans ſa Sageſſe,*

Z &

(a) Sermons d'*Atterbury*, Vol. I. [b] Eſaïe X. 13. 14. (c) Jérémie IX. 23. 24.

*& que le fort ne fe glorifie point en fa force, ... Mais que ce-
lui qui fe glorifie, fe glorifie en ce qu'il a de l'intelligence, & qu'il
me connoit : que je fuis l'Eternel, qui exerce la bénignité, le Jugement, & la Juftice fur la Terre, car je prens plaifir, en ces chofes
là, dit l'Eternel.* Sans ces Révolutions furprenantes, qui confondent
les *deffeins des prétendus Sages*, & qui mettent en défaut les *fpéculations des Politiques* les plus habiles, & les plus experimentés, le
Créateur fe verroit exclus du gouvernement du Monde, dans l'opinion de plufieurs de fes Créatures, qui en attribuëroient tout l'honneur à tels ou à tels, foibles & fubordonnés inftruments, dont Dieu
s'eft fervi pour l'éxécution de fes deffeins; & de vils Infectes, placés fur les Rouës d'un Etat, s'imagineroient follement d'en être les
prémiers mobiles, fe croyant capables d'arrêter ou d'accélerer, à leur
gré, tous leurs mouvemens.

Voila quelques-uns des Actes & des Offices de la Providence,
par lefquels Dieu nous fait connoitre, qu'il eft (a) *le Souverain,
qui domine fur les Roiaumes des hommes.* Il s'agit à préfent de produire quelques unes des Preuves, qui établiffent l'éxiftence d'une telle
Providence, qui voit, connoit, conferve, gouverne, dirige toutes
chofes, & qui Co-opère avec toutes les caufes & dans tous les Evénemens.

S E C T I O N I.

Les Preuves de la Providence.

Dieu, qui
a fait le
Monde le
gouverne.

DIeu n'agit jamais fans quelque vuë, & fes vuës portent toujours
les Caractères de fes Attributs. (b) Ce n'eft donc pas affés,
fi l'on veut rendre compte des raifons qui le porterent à créer le
Monde, de fuppofer, qu'il le fit uniquement pour donner, dans
une production de cette nature, un glorieux effai de fa Puiffance,
de fa Sageffe & de fa bonté, mais fans avoir la moindre intention
d'en prendre à l'avenir aucun foin : Car quelle qu'ait été la gloire
de fa Sageffe & de fa Puiffance, dans la Création de l'Univers; puifque les Créatures, qui le compofent, ne pouvoient abfolument point

fe

[a] Daniel IV. 17. (b) Théologie de *Fiddes*, Vol. 1.

fe conferver dans leur ordre primitif, fans qu'il en prit foin; les Irrégularités où elles feroient néceffairement tombées , *dans la fuite* .
mifes fur fon compte, auroient autant dérogé à fa Sageffe, que l'ouvrage en lui-même auroit *d'abord* fervi à la manifefter. Il eft donc
prefque impoffible de s'imaginer , dans quelle vuë Dieu auroit pû créer
le Monde, à moins qu'il ne fe fût propofé d'en confier le gouvernement à quelqu'un , & fi le Monde devoit avoir un Directeur, qui
eft-ce qui étoit plus capable de fe charger de cette fonction, que la
Puiffance & la Sageffe mêmes, qui l'avoient créé ? (a) Il n'y a que
la Sageffe *créatrice*, qui entende parfaitement l'effence de toutes chofes, qui connoiffe tous les refforts du mouvement, qui puiffe redref-
fer les écarts de la Nature, fufpendre ou diriger les influences des
Caufes Phyfiques, gouverner les cœurs, infpirer la Sageffe & la Prudence, changer les deffeins des hommes, & mettre un frein à leurs
paffions ou leur lâcher la bride. Il n'y a qu'une Intelligence infinie,
qui puiffe prendre foin de tout l'Univers, donner à châque Créature
ce qui lui convient, tirer le bien du mal , & l'ordre de la confufion. En un mot, le Gouvernement du Monde requiert une Sageffe
& une Puiffance telles, qu'on ne peut les trouver nulle part ailleurs,
que dans celui, qui l'a créé. Si donc le Monde eft gouverné par
quelqu'un , il doit l'être par fon Auteur.

En effet, fi nous faifons attention à la Nature de Dieu & à fes
Attributs, nous nous appercevrons aifément, non feulement qu'il a
les qualités requifes pour prendre foin du Monde, mais encore qu'il
y eft obligé. Car fans Providence. que feroit fa Majefté ? (b) Placée fur un Trône haut élevé, & dans un Palais raionnant de Gloire ,
Spectatrice oifive de tout ce qui fe pafferoit ici - bas, elle verroit, fans
y prendre le moindre interêt, les Hommes, les plus Nobles de toutes les Créatures fublunaires, exciter continuëllement dans le Monde
mille troubles & mille défordres; & cette partie de l'Univers, qu'ils
habitent, abandonnée à tous leurs caprices. Or y a-t il, fur la Terre, un Roi, qui ne crût fa Majefté avilie par une telle inaction? A
moins donc que la Souveraineté de Dieu ne fe montre, en règlant les
évènemens , & en dominant fur les Créatures , elle ne fera plus qu'u-
ne Majeftueufe Indolence, qui, les mains dans fon fein , & endor-
mie fur un Trône Augufte & redoutable, ne feroit jamais rien , qui
méritât la moindre attention ; & tous ces glorieux Attributs , dont on

1. Ce qui fe prouve par la Na-ture de Dieu,

Z 2

le

(a) *Sherlock* de la Providence Divine. (b) *Martin* de la Religion
Naturelle.

le fuppofe revêtu, feroient tout autant de zeros en chiffre, & de mots vuides de fens.   Car à quoi ferviroit une Sageffe, qui n'auroit rien à concerter ni à diriger ? Une Puiffance, fans l'intervention de laquelle tout ne laifferoit pas de fe faire ? Que feroit une Bonté, qui ne prendroit aucun Interêt aux affaires du Monde ? Une Débonnaireté, qui laifferoit le Genre-Humain en proie à fes malheurs ? Quelle Juftice, que celle qui ne feroit aucune attention aux crimes des Hommes ! Et quelle Véracité enfin, qui n'auroit ni menaces ni promeffes à accomplir !

(a) Le but, la perfection même de tous ces Attributs, confifte à les exercer.   Le but de la Bonté, c'eft de faire du bien : Comment donc feroit-il poffible de fuppofer, qu'une *Puiffance* infinie, dont le but eft d'agir, fe trouvât préfente, où il y auroit une infinité de chofes à faire, & qu'elle ne fit rien ? Qu'une *Sageffe* fans bornes, dont le but eft de former des Projets, & de mettre tout dans l'ordre, fe trouvât préfente, où il y auroit une infinité de projets à former, & de chofes à arranger, & que cependant elle ne mit ordre à rien ? Ou qu'une *Bonté* immenfe, fe trouvât préfente, où il y auroit quantité de bien à faire, & qu'elle n'en fit pourtant abfolument aucun ? Ne feroit-ce par-là fe mocquer ouvertemeut de notre Créateur, & transformer tous fes Divins Attributs en tout autant d'*Idoles* infenfibles, *qui ont des yeux, mais ne voient point, des mains, mais n'agiffent point*, & un pouvoir très grand & très étendu, mais tout-à-fait vain & de nul ufage ?

Son amour & fa tendreffe.

(b) Nous voions, que Dieu a mis dans la plus part de fes Créatures, un inftinct, qui les porte naturellement à prendre foin de leurs petits, & qu'il nous fait remarquer, comme un défaut d'intelligence dans l'*Autruche*, (c) *qu'elle abandonne fes œufs à terre, & les fait échauffer fur la pouffière ; Elle oublie que le pied peut les écrafer, ou les bêtes des champs les fouler ; Elle fe montre cruelle envers fes petits comme s'ils n'étoient pas à elle.*   Pourrions-nous donc nous mettre dans l'efprit, qu'un Etre infiniment fage, portât l'indolence, jufqu'à prendre auffi peu de foin du Monde, que l'*Autruche* en prend de fes œufs ? Nous feroit-il poffible de penfer que, pendant que châque Créature a de la tendreffe pour fes petits ; qu'un Pére, à moins qu'il n'ait tout-à-fait dépouillé les fentimens de l'humanité & de la Nature, & qu'il ne foit *pire qu'un infidèle*, s'applique jour & nuit à confer-

(a) Vie Chrètienne de *Scot*, Vol. I.   (b) *Sherlock* de la Providence.
(c) Job XXXIX. 17. 18. 19. 20,

conferver & à nourrir ceux à qui il a donné la naiſſance ; pourrions-
nous, dis-je, penſer qu'il n'y eut en Dieu ni compaſſion ni tendreſſe,
qui le portât à pourvoir à l'entretien de cette nombreuſe Famille, qui
remplit l'Univers, & qui n'attend que de lui ſa conſervation & ſa ſub-
ſiſtance ? La deſcription, que nous fait l'Ecriture Sainte, de l'amour
& de l'affection de Dieu pour ſes Créatures, prouve clairement le contraire : (a) *La femme peut - elle oublier ſon Enfant, qu'elle allaite ;
enſorte qu'elle n'ait point pitié du fruit de ſon ventre ? Mais quand
les femmes les auroient oubliés, encore ne t'oublierai - je pas, moi ; Voici
je t'ai gravé ſur les paumes de mes mains,* pour t'avoir toujours devant mes yeux, & dans mon ſouvenir.   Seroit - il donc naturel à une
Mére d'avoir de la tendreſſe pour ſon Enfant ? [b] Seroit - ce un ſujet de ſatisfaction pour une Nourrice, de remplir de lait ſon Nourriçon,
& de le voir proſpérer ſous ſes ſoins ? Le Soleil paroitroit-il ſe plaire à éclairer le Monde ?   La ſource murmureroit - elle juſqu'à - ce qu'elle
fut délivrée de ſes Eaux courantes, qui peuvent rafraichir la Terre ?
Et la Nature Divine n'aimeroit - elle point voir les effets de ſes ſoins &
de ſa tendreſſe s'étendre par tout l'Univers ? *Sa Miſéricorde eſt ſur
toutes ſes œuvres,* & Dieu ne ſe glorifie pas moins du titre de *Pére
de l'Orphelin, de Libérateur du Pauvre & du Néceſſiteux, d'Azyle
de celui, qui n'a perſonne, pour lui aider,* que de ſa Suprème Majeſté.

On tire une autre Preuve de la Providence Divine, de la Nature
de l'Homme, de quelque côté que nous le conſidérions, & ſous quelque Relation que nous l'enviſagions.   Si nous le regardons comme *fait
pour la Societé*, nous trouvons, que la corruption de la Nature Humaine eſt telle, qu'il y a des Eſprits ſi emportés, & d'autres ſi deſeſ-
perément malins, que, ſi Dieu ne s'étoit reſervé le pouvoir d'intervenir dans les affaires du Monde, la violence des uns, & la malignité des autres, rendroient extrêmement malheureuſes les perſonnes douces & paiſibles.   Les vuës cruelles ou ambitieuſes d'un Grand, ſuffi-
roient pour jetter des Roiaumes entiers dans la confuſion : Sur tout,
plus les gens de bien ſe conduiroient innocemment, plus auſſi ſe ver-
roient - ils expoſés aux rapines & aux inſultes des Méchans.   (c) Et
ſi même aujourd'hui qu'une ſage & bonne Providence gouverne le
Monde, on y remarque pourtant tant de déſordres & d'injuſtices, quelle
affreuſe ſcène de miſères n'y verroit - on pas, ſi une Puiſſance ſupé-

2. Par la
Nature de
l'homme
comme ca-
pable de
vivre en
Societé.

Z 3   rieure

(a) Eſaïe XLIX. 15 16.   (b) *Stillingfleet*, Origines Sacræ.   (c)
Théologie de *Fiddes*, Vol. I.

rieure ne prévenoit les desseins des méchans , ou ne les dirigeoit vers
un but différent de leurs intentions ? Il faut l'avouer, les Hommes
sont maintenant si destitués de compassion , & si animés les uns contre
les autres, que, si la Providence abandonnoit le Monde à lui - même ,
les liens de la Societé seroient bien - tôt dissous , & dans peu la Terre
deviendroit le vaste Théatre d'une Tragédie sanglante , dont la fraude
& la violence seroient les principaux Acteurs.

Si donc le Monde, malgré les vices des Hommes , se conserve
dans un si bel ordre, & qu'à tout prendre, le séjour en soit passa-
ble pour le tems que nous devons rester ici-bas ; si les Méchans ne
viennent pas toujours à bout de leurs desseins , & si les gens de bien
ne sont pas toujours la proie de l'oppresseur ; on en est entièrement
redevables à cette Sagesse Divine, qui *confond les projets* des uns , *ensorte qu'ils ne sont pas en état de les exécuter* ; & à cette Bonté Divine, qui prend les autres sous sa protection , & *qui accroit la force
à ceux qui n'ont point de force* : (a) Car l'*Eternel garde ceux qui
l'aiment , mais il exterminera tous les Méchans.*

Comme
simple par-
ticulier. Si nous considerons l'Homme en lui même , & comme simple
particulier ; nous nous appercevrons également de la nécessité d'une
Providence, pour le conduire & le diriger. Les divers accidens de
la vie , de l'Enfance sur tout, l'exposent à des dangers si grands
& si fréquens, qu'à parler humainement, il ne paroit presque pas
possible, qu'il les évitât tous, si une Providence *particulière*, quelque invisibles qu'en puissent être les Actes , n'accouroit de tems en
tems à son aide pour l'en délivrer. Le Psalmiste trouve un bel exemple de cette vérité, dans une espèce de gens, dont toute la vie n'est
autre chose, qu'un Cercle continuël de délivrances operées par la Providence ; (b) *Ceux qui déscendent sur la Mer dans des Navires,
faisant commerce parmi les grandes Eaux , qui voyent les œuvres de
l'Eternel & ses merveilles , dans les lieux profonds : (ar il commande & fait comparoitre le vent de tempête, qui élève les vagues*
de la Mer,) *ils montent aux Cieux , ils déscendent aux Abîmes ,
leur Ame se fond d'Angoisse , ils branlent & chancellent comme un
homme yvre , & toute la Sagesse leur manque ; alors ils crient vers
l'Eternel dans leur détresse , & il les tire hors de leurs Angoisses, il
arrête la tempête, la changeant en calme, & les ondes sont calmes..
& il les conduit au port qu'ils désiroient.* Mais il n'est pas nécessaire de recourir à un genre de vie si périlleux, **pour** trouver des traces

(a) Pс. CXLV. 20. (b) Pс. CVII. 23. 24. &c.

ces d'une Providence. Il y a très-peu d'hommes fur la Terre, (fi tant eft même, qu'il y en ait aucun,) qui, par leur propre expérience, ne foient obligés de reconnoitre l'éxiftence d'une Sageffe toute Puiffante, qui préfide fur tous les événemens. On n'a pour cet effet qu'à faire attention à toutes les circonftances des délivrances qu'on a éprouvées, dans de certaines conjonctures délicates & critiques. Il eft donc fort probable, que *David*, cet Homme *felon le Cœur de Dieu*, qui avoit lui-même été plufieurs fois délivré d'une manière miraculeufe, fondoit, fur le fouvenir qu'il en confervoit, auffi bien que fur la maniére dont la chofe s'étoit paffée, les éjaculations fuivantes touchant la Providence; *Tu es mon efpérance, ô Eternel; Tu es ma confiance dès ma jeuneffe.* (a) *C'eft par toi que j'ai été foutenu dès la matrice C'eft par toi, que je puis demeurer en fûreté;* (b) *Il tient nôtre Ame en vie, & il ne permet pas que nôtre pied foit ébranlé.* (c) *Il nous défendra fous fes plumes, & nous ferons en fûreté fous fes ailes; fa Fidélité & fa Vérité feront notre rondelle & nôtre bouclier.*

De plus, fi nous envifageons l'homme du côté de la Réligion, c. d., comme une Créature capable d'adorer Dieu & de l'honnorer, quelque raifon qu'ait pû avoir fon Créateur de le rendre capable de Réligion; cependant, fans la perfuafion d'une Providence, cette capacité ne lui feroit d'aucun, ou du moins de très-peu d'ufage; Car, comme s'exprime fort élegamment l'Orateur *Romain*. (d) „ Si les Dieux n'étendoient pas leurs foins & leur infpection jufqu'aux affaires „ de la vie Humaine, quelle pieté, quelle Sainteté, quelle Réligion „ y auroit-il dans le Monde ? Si les Dieux ne veulent, ou ne peuvent pas s'intereffer, pour nous fécourir dans nos befoins; s'ils ne „ prennent point garde à nos actions, & qu'ils n'y faffent aucune „ attention; quel profit nous reviendroit-il de les honnorer, de leur „ ériger des Temples & de leur addreffer des Priéres ? D'où il s'enfuivra, par une conféquence légitime, que, fi nous banniffons du „ Monde toute Réligion, il ne reftera parmi les Hommes que troubles, que confufion, que défordres; Toute confiance, Toute Societé n'auront plus de lieu fur cette Terre. „

Il eft certain, que la plus part des Actes du culte Religieux fe rapportent à Dieu, non feulement comme à une *Caufe univerfelle;* mais encore, & plus particuliérement, comme à nôtre Patron, à notre

Comme capable de Religion.

(a) Pf. XXII. 11. (b) Pf LXVI. 9. (c) Pf. XCI. 4. (d) *Cicero de Natura Deorum.* L. I.

nôtre Protecteur, & à nôtre Conſervateur. A moins donc que d'être perſuadés, que Dieu prend un ſoin particulier & immédiat de toutes ſes Créatures, & qu'il dirige tous les Evénemens, qui les regardent ; nous ne pouvons point rendre de raiſon de pluſieurs devoirs de la Réligion : (a) Craindre Dieu, & redouter ſa Juſtice, ſe confier en lui, & ſe repoſer ſur lui, dans tous les états de la vie, ſe ſoumettre patiemment à ſa volonté, dans toutes ſortes d'afflictions, le prier de ſubvenir à nos beſoins, & de nous ſecourir dans nos ſouffrances, l'aimer enfin & le louër, pour les biens temporels & ſpirituëls dont nous jouïſſons, ne ſeront plus des Actes de gens *raiſonnables*, ſi nous ne croyons en même tems, que Dieu diſpoſe de tout, & qu'il prend un ſoin particulier de nous. Car s'il peut nous arriver quelque bien ou quelque mal, ſans l'ordre ou ſans la permiſſion de Dieu, nous n'avons aucune raiſon de l'aimer, ni de le bénir, pour châque bien que nous recevons, puiſque nous ne ſavons pas s'il eſt venu de lui ou non ; ni de ſupporter nos maux avec ſoumiſſion & avec patience, puiſque nous ignorons, ſi nos ſouffrances ſont, ou ne ſont pas un effet de ſa volonté. Et il nous eſt inutile de l'invoquer, lors que nous nous trouvons dans quelque néceſſité preſſante, ſi, confiné dans une région ſupérieure, il ne jette pas même ſes regards ſur nous. Voilà les conſéquences, que la ſeule Raiſon doit nous dicter, ſi nous ne reconnoiſſons pas une Providence, qui veille ſur tout ce qui ſe paſſe ici-bas, & qui dirige tous les Evènemens à leurs fins propres & reſpectives.

3. Par la continuation de toutes choſes.

De ce que toutes choſes ſe maintiennent dans le bel ordre, dans lequel elles furent d'abord créées, nous en devons conclurre, qu'il y a une Providence. [b] C'eſt, ſans contredit, un plaiſir bien ſatisfaiſant pour l'Ame, que d'examiner la Nature & de la ſuivre, dans tout ce qu'elle nous offre de curieux, de merveilleux & de ſurprenant ; d'obſerver, avec quel art, & quelle adreſſe, certaines Créatures ſe trouvent formées ; comment les différentes parties du Tout ſont ſi bien aſſorties l'une à l'autre, qu'il en reſulte un Monde régulier & uniforme ; d'appercevoir dans toutes les Créatures, tant de proportion entre leurs différentes conſtitutions, & les uſages auxquels elles ſont deſtinées ; & de remarquer entr'elles autant de liaiſon & de dépendance, qu'il y en a entre les Rouës d'une Pendule. Or ſi la beauté, l'utilité, la ſage diſpoſition, & l'admirable ſtructure des Ouvrages de la Nature prouvent, que le Monde a été fait, d'abord par un Etre Sage

&

(a) *Sherlock*, de la Providence. (b) *Sherlock*, ibidem.

& Puiſſant : le maintien & la conſervation de toutes choſes . les mouvemens réguliers des Corps Celeſtes, & l'uniformité, qu'on remarque,
dans les productions de la Nature , prouvent que le Monde eſt ſoute-
nu, conduit, & gouverné par la même Sageſſe Toute Puiſſante.

Pour ne rien ajouter à ce que nous avons déja dit, de la grande
régularité des Corps Céleſtes ; (a) les ſimples Elémens, dont le Monde eſt compoſé, ſont, comme nous le voions , tous revêtus de qualités différentes , & toutes contraires les unes aux autres ; & toutesfois
ce.te contrarieté eſt diſpoſée de telle façon , leur antipathie naturelle
eſt ſi heureuſement temperée & reprimée , que le feu n'envahit pas
l'Air, & que l'Eau n'empiete pas ſur la Terre ; mais que châcun ſe
tient dans les bornes, qui lui ſont preſcrites ; & quoique , dans pluſieurs endroits, l'Eau ſoit plus haute que la Terre , cependant contre
ſa propre Nature, qui eſt de *s'étendre au long & au large*, elle la con-
temple , pour ainſi dire, de deſſus ſes bords : Mais elle ne *l'inonde*
pas ; étant arrêtée par ce Décret, qui dit à *ſes vagues orgueilleuſes ,*
vous viendrés juſques ici , mais vous n'irés pas plus loin.

(b) Nous voions que la matière , de quelque eſpèce qu'elle ſoit,
pour entrer dans la compoſition d'une Plante, ou d'un animal , ſe
menuiſe & ſe ſubdiviſe en un nombre infini de petites parties, tout
à fait différentes les unes des autres, par leur figure , leur grandeur, &
leur mouvement ; & que c'eſt là ſeulement ce qui les rend propres à
des déterminations différentes, à ſe croiſer, à ſe choquer , & à ſe
mêler les unes parmi les autres.   Comment nous ſeroit-il poſſible de
penſer, que, ſans la Puiſſance, & ſans la préſence d'un Etre infiniment
ſage , ces particules de matière puiſſent ſi bien prendre châcune la
place, qui lui eſt fixée, ſe conſerver ſi bien dans leur rang , & agir
ſi conſtamment de la même façon, que , dans la production de tous
les *individus* , qui en ſont tous les jours compoſés, il n'y en a pas une
ſeule d'entr'elles, qui s'écarte de ſa route, du moins juſqu'à arréter ou
à troubler le cours naturel de la génération ? (c) Quand donc nous
refléchiſſons ſur la durée de ce Monde , qui, malgré l'étonnante varieté & le nombre infini de ſes parties, ſubſiſte depuis près de ſix mille
Ans, *toujours un , & toujours le même*, ſans diminuer en beauté , ſans
s'uſer dans ſes parties , ſans ſe laſſer ou ſe troubler dans ſes mouvemens :
Quand nous conſidérons, que, quoique toutes les Plantes & tous les
Animaux qu'il contient, aient paſſé par une ſuite infinie de générations

A a   &

(a) Diſcours de *Scot*, Vol. 2.   (b) La Vie Chrètienne Vol. I.   (c)
Scot , ibidem.

& de corruptions ; que quoique leurs individus aient été corrompus une infinité de fois, leur ſtructure miſe en piéces, & toutes leurs parties diviſées & diſperſées, on les a pourtant toujours vû renaitre, & ſe ranger de nouveau dans les mémes eſpèces ; Quand, dis-je, nous conſiderons ce qu'il y a de ſurprenant & d'extraordinaire en cela ; nous ne ſaurions nous empécher d'en conclure, qu'il y a une Providence ſage & infaillible, (a) *grande en conſeil, abondante en moiens, & puiſſante en œuvres*, qui conduit les mouvemens des Cieux, & (b) *qui ſoutient les piliers de la Terre* ; qui conſerve la face de la Nature, dans le même état, & qui, de ſes Riches Tréſors, tire les *biens, dont il raſſaſie toute Créature vivante.*

4. Par les Miracles.

Les Evènemens ſurprenans & merveilleux, qui arrivent quelquesfois dans le Monde, ſont encore une Preuve démonſtrative d'une Providence, qui le gouverne & qui le dirige. La matière & le mouvement ſont de nature à ne pouvoir ſervir aux deſſeins de leur Créateur, ſans ſon aſſiſtance ; Auſſi les aſſiſte-t-il conſtamment, ſuivant les règles, qu'il s'eſt lui-même preſcriptes. Mais, dans des occaſions grandes & importantes, il ſuſpend ou change à ſon gré, le cours ordinaire des choſes. (c) Selon le cours naturel & ordinaire, il guérit les maladies, envoie la pluie ou la ſéchereſſe ; autrement nos Prières ſeroient inutiles. Il nourrit les affamés, *qui crient à lui*, &, quand il trouve à propos, il punit les Méchans, par la peſte ou par la famine. Mais d'autres fois il change de méthode, pour ſignaler ſa Miſéricorde ou ſes Jugemens ; Comme lorſque JESUS-CHRIST nourrit, dans le deſert, tant de milliers de perſonnes ; & que, par une diſpenſation particulière & miraculeuſe, Dieu fît pleuvoir ſur *Sodome* & ſur *Gomorrhe*, du feu & du ſouffre. Les *Miracles* ſont les œuvres admirables de Dieu, quand, intervenant d'une manière extraordinaire, il change la méthode, qu'il s'étoit preſcrite à lui-même, & qu'il ſuſpend ou altère le cours ordinaire des choſes. [d] Or il faut rejetter hardiment & ſans façon tout témoignage humain, & regarder les Regîtres de châque ſiécle, comme les ouvrages de la fraude & de l'impoſture ; ou il faut avouër, qu'il s'eſt fait, dans le Monde, pluſieurs Miracles différens : Et quand de tant de Miracles ſi bien atteſtés, il ne s'en trouveroit *qu'un ſeul* qui fût véritable, ce ſeul Miracle ſeroit une preuve ſuffiſante d'une Providence, qui dirige tout. Car il n'eſt pas concevable, qu'une cauſe naturelle, qui, n'aiant point de volonté,

n'eſt

(a) Jérém. XXXII. 19. (b) Pſ. LXXV. 4. (c) *Jenkins*, Chriſtianiſme raiſonnable Vol. 2. (d) *Scot*, Vie Chrétienne, Vol. 1.

n'eſt pas capable de ſe mouvoir ni de ſe déterminer elle - même, pût, ou arrêter ſon propre mouvement, & le reprendre comme auparavant, ou ſe détourner de ſon cours ordinaire, & y revenir, ce qui eſt le cas des Miracles, ſi elle n'étoit ſous les ordres d'un *Etre* ſupérieur, qui la guide, & qui en diſpoſe à ſa volonté.

Il y a d'autres Evènemens extraordinaires, tels que les ſignes, les Comètes, & certains Phénomènes, qui ſe font remarquer dans les Airs, (pour ne rien dire des Famines, des Peſtes, & des Tremblemens de Terre,) qui nous portent auſſi à reconnoitre cette grande Vérité : En d'autres cas, donnons tant que nous voudrons aux cauſes ſecondes ; il ſemble du moins, qu'en ceux - ci, le Seigneur (a) *découvre le bras de ſa Sainteté devant les yeux de toutes les Nations, & qu'il arbore de loin un étendart, afin que tous les bouts de la Terre, voient & craignent, & n'agiſſent plus méchamment.* (b) L'Auteur du II. Livre des *Maccabées* nous dit, (c) qu'avant le ſaccagement de *Jéruſalem* par *Antiochus*, *ont vit en l'Air, pendant l'eſpace d'environ* 40. *jours, des compagnies de gens de cheval, rangées comme en bataille, qui ſe battoient, & qui couroient les unes contre les autres, qui agitoient leurs boucliers, tiroient leurs Epées, & jettoient des dards; & leurs ornemens étoient tout brillans d'or.* Non - ſeulement *Joſephe*, mais auſſi *Tacite*, ſon contemporain, nous apprennent, [& notre Sauveur avoit prédit quelque choſe de ſemblable, environ quarante ans auparavant,] (d) „que l'on vit en l'air des troupes de „ gens de guerre, tous avec des armes brillantes, & qu'une épée de feu, ou une Comète, qui avoit la figure d'une épée, „ ſe tint ſur la Ville „ pendant un An, & qu'elle fut vûë & conſiderée avec attention, par „ tous les habitans de la Ville. Ajoutons à cela un exemple de plus fraiche date. Deux Auteurs graves, (e) nous aſſûrent, que, quelque

5.Prodiges

A a 2

tems

(a) Eſaïe LII. 10. (b) Théologie d'*Edwards*, Vol. I. (c) II. Machabée V. 2. 3. (d) *Tacitus* Hiſt. Lib. 5, & *Joſephus de bello Judaico.*

(e) *Scheretzius & Lavater de Spectris.* *Lucain* raconte les Prodiges, qui arivérent, avant les Guerres Civiles, entre *Céſar & Pompée*, & il nous dit, que le Théatre entier du Monde en étoit rempli.

Et les Dieux irrités, de prodiges divers,   ——— *Superique minaces*
Remplirent l'Océan, le Continent, les   *Prodigiis terras implerunt, Æthera,*
   Airs.   *Pontum.*
  - - - - . *Pharſ. Lib. I.*   Pharſ. Lib. I.

Ovide, dans une autre occaſion, ne paſſe pas, ſous ſilence, cette eſpèce de prodiges.   D'Artems avant que les *Turcs* vinſſent pour la prémière fois, mettre le Siége devant *Vienne.* „ On vit entr'autre ſpectacles, des Armées en „ l'Air, autour de la Ville, & qu'on entendit, auſſi dans les Nuës, „ des bruits extraordinaires.

Or ſi, comme s'exprime un de nos Illuſtres Compatriotes, (a) des gens ſages ajoutent foi, non d'une *manière ſuperſtitieuſe*, mais *avec diſcretion*, à ce qu'on leur dit de ſignes remarquables, arrivés dans le Ciel & ſur la Terre, & croient qu'il ne les faut pas négliger : Si, comme l'avouë (b) un Ecrivain, qui n'étoit certainement pas grand partiſan d'une Providence, toutes les grandes révolutions, & les émotions, qui ſont, de tems à autre, arrivées dans des Villes ou dans des Etats, ont été marquées par avance par des Signes & des prodiges du Ciel ; Et ſi, comme ſe l'imaginent pluſieurs perſonnes ſenſées, (c) les Comètes ſont des préſages & des avant-coûreurs d'évènemens remarquables, & que le but du Ciel en cela ſoit, d'avertir les Hommes, des Jugemens & des calamités qui doivent leur arriver ; il s'enſuit, que ces prodiges ſont des déclarations manifeſtes du ſoin que Dieu prend de gouverner l'Univers, puiſqu'ils nous le repréſentent, non ſeulement comme agiſſant au deſſus des forces de la Nature, mais encore comme préſageant l'avenir ; (d) Car ſi une fois nous pouvons être aſſurés, que les biens & les maux qu'il nous dénonce par avance, ſont arrivés ; nous devons alors les regarder comme des effets de ſa Providence.

6. Et des E-
vénemens
ordinaires.

Et ce n'eſt pas ſeulement dans ces événemens ſurprenans, mais même dans les événemens les plus ordinaires, que l'on peut clairement appercevoir les traces d'une Providence. Car tout ce qui porte les marques d'une Sageſſe profonde, & d'une prudence conſommée ; tout ce qui eſt d'une grande conſéquence, pour le Gouvernement du Monde, & qui s'accomplit pourtant, ſans que les hommes l'aient

D'Armes & de boucliers la rumeur effraiante,　　[éclatante,	*Arma ferunt inter nigras crepitantia nubes.*
Le Cornet belliqueux, la Trompette Dans les Airs obſcurcis de nuages épais,	*Terribileſque tubas auditaque Cornua Cælo,*
Préſagérent, dit-on, le plus noir des forfaits. *Met. L. XV.*	*Præmonuiſſe nefas.* Met. L. XV.

(a) Actes de l'Empire par le Chevalier *Walter Raleig.* [b] *Machiavel.* Diſp. de Republ. L. II. (c) Traité des Comètes par *Edwards.* (d) Sermons de *Bull,* Vol. 2.

l'aient prévû, ni qu'ils y aient travaillé en aucune façon; tout ce qui se fait, non seulement *au delà*, des vûës, mais encore *contre* l'intention de ceux, *que nous voyons* agir; doit avec raison être attribué à une Sagesse invisible. (a) Lors donc que des choses grandes & admirables se font par l'invisible concours de plusieurs événemens casuëls & fortuïts; Lors que les *Politiques* les plus habiles sont trompés dans leur attente, que leurs desseins sont dissipés, leurs mesures rompuës, & leurs menées renversées, sans qu'il paroisse qu'aucune sagesse, ou qu'aucune force extérieure se soit opposée à eux : Lorsque *le Cœur des Princes est tourné comme des Ruisseaux d'Eau*, & qu'un changement si peu attendu, sert visiblement à quelques grandes & sages vûës de la Providence : Lors qu'enfin, des gens d'interêt & de parti contraires, sans s'être accordés, ni consultés entr'eux, conspirent *tout d'un coup* à la même chose, se proposant de venir par-là à bout de leurs fins opposées; dans ce cas, & dans plusieurs autres semblables, il est aisé de remarquer *le doigt de Dieu*.

Quand la punition des méchans, porte avec elle les marques, & les caractères de leurs péchés; Quand ceux, qui, dans une débauche, ont tué leurs voisins, ou leurs Parens, tombent, après s'être échappés des mains de la Justice, dans un semblable malheur, & perdent la vie dans une querelle, causée par le vin; Quand un injuste oppresseur est à son tour opprimé par un autre; & que ceux, qui ont pillé la Veuve & l'Orphelin, laissent, en leurs Veuves & en leurs Orphelins, une riche proye pour d'autres voleurs; Quand des péchés secrets & cachés, sur tout des meurtres barbares, viennent à être découverts, par quelque accident extraordinaire, & que le pécheur reçoit la juste punition de son crime; Quand des conspirations méchantes & dangereuses, se trouvent confonduës, justement dans le tems qu'elles étoient sur le point d'éclorre; Quand, pour éviter un malheur, qu'on prévoit, on se hazarde à commettre **un crime**, & que, par ce moyen, on attire sur sa Tête le malheur, qu'on se proposoit d'éviter; Qui ne reconnoitroit, dans ces Exemples, & d'autres semblables, des preuves sensibles d'une Justice secrette & Divine, qui préside sur cet Univers ? Et, pour n'en pas dire d'avantage sur ce sujet, quoi que nous puissions penser de ces prétenduës irrégularités, que nous remarquons ici-bas, des afflictions des gens de bien & de la prospérité des méchans; cependant, si nous faisons bien attention à la chose, & que nous la considerions mûrement, nous

A a 3

ferons

(a) *Sherlock* sur le Jugement.

ferons forcés d'avouër, que ce n'eſt pas une des moindres preuves d'une Providence, que le Monde ſoit maintenu dans un ordre, auſſi bon que celui où nous le voyons; que les gens de bien ne ſouffrent pas plus qu'ils ne font, vû qu'il y a tant de méchans, qui ſont toujours prêts à les opprimer; que l'ambition ait ſes bornes, & que le Torrent le plus dangereux ſoit retenu dans ſon Lit; que par là la Juſtice ſoit adminiſtrée également, & ſans partialité, & que les Liens de la Societé ne ſoient, ni rompus ni diſſous, malgré la corruption générale des Hommes, malgré la fureur. & la violence de leurs convoitiſes & de leurs paſſions.

7. Par le conſentement Univerſel.

Puis donc que, de quelque côté que nous nous tournions, ſoit que nous élevions nos yeux vers Dieu, & ſes attributs, ou que nous les fixions ſur nous-mêmes & ſur les circonſtances, dans leſquelles nous nous trouvons; ſoit que nous faſſions attention aux déclarations de l'Ecriture Sainte, ou à ce que la Raiſon nous apprend; au cours conſtant de la Nature, ou à ſes interruptions miraculeuſes; aux événemens communs & ordinaires, ou à ceux qui ont quelque choſe d'extraordinaire & de ſurprenant; nous nous ſentons vivement preſſés par les preuves, qui établiſſent la réalité d'une Providence; nous avons toute la raiſon poſſible de conclure, que c'eſt là un principe, ſur lequel tous les Hommes ſont d'accord, & que (a) jamais il n'y eut de Nation ſi barbare, chés laquelle, (ſi du moins on a fait les recherches convenables, pour en connoitre les idées & les pratiques,) on n'ait trouvé la croyance établie d'un Monde gouverné par quelque Etre excellent. (b) Les Priéres & les invocations de tous les peuples, leurs offrandes, & leurs ſacrifices, leurs vœux & leurs ſupplications, étoient autant de confeſſions directes d'une providence. Auſſi déclaroient-ils publiquement, (c) que, des mêmes yeux, dont ils contemploient Dieu dans ſes ouvrages, ils ne pouvoient s'empécher de le voir *dans ces mêmes ouvrages*, dirigeant châque choſe, diſpoſant de châque choſe, & environnant châque choſe, par l'immenſité de ſa Sàgeſſe & de ſa Puiſſançe.

(a) Nulla gens uſquam eſt adeò contra leges moreſque projecta, ut non aliquos Deos credat, *Seneca.* (b) Nec in hunc furorem omnes mortales confenſiſſent alloquendi ſurda numina, & inefficaces Deos. Idem. (c) Religion Naturelle : par *Martin.*

S E C-

SECTION II.

Les Attributs de la Providence.

QUoi qu'il foit aifé de s'appercevoir & de remarquer, que Dieu gouverne le Monde; on a pourtant fait, de tout tems, diver- fes *objeƈions*, contre cette vérité. Nous les rangerons fous certaines claffes, & pour cet effet, nous parlerons d'abord des différens cara- tères, ou des Attributs effentiels de la Providence Divine, auxquels ces objeƈions femblent donner quelque atteinte; après quoi, nous tâ- cherons d'y répondre conféquemment & de les réfoudre.

Nous difons donc, qu'une des prémiéres *perfeƈions*, que nous concevons en Dieu, confideré comme un Etre, qui a les qualités re- quifes, pour être le Gouverneur du Monde, c'eft la *Puiffance*, & une Puiffance abfoluë & irréfiftible. Car fi l'on pouvoit fuppofer une Puiffance fupérieure à la fienne, quelle qu'elle fût, il ne feroit plus vrai que Dieu [a] *peut faire tout ce qu'il lui plait, dans le Ciel & fur la Terre, dans les Mers, & dans tous les Abîmes*, & on ne pour- roit plus *affirmer* de lui, avec Juftice, (b) que *perfonne ne peut ar- rêter fa main ni lui dire, Que fais-tu? Il eft grand en Sageffe, & Puiffant en force. Qui eft-ce qui s'eft oppofé à lui, & s'en eft bien trouvé ?* Un pouvoir defpotique & abfolu, parmi les hommes, eft, à la vérité, fujet à de grands inconvéniens, par ce que quelques-uns de ceux, qui s'en font crû revétus, ont gouverné d'une manière ar- bitraire & tyrannique. Mais fi l'on prend cette expreffion, de *pou- voir defpotique & abfolu*, dans toute fon étenduë, il n'y en a point fur la Terre. N'y a-t-il pas une infinité de chofes, que le Mo- narque le plus *abfolu* eft obligé de regarder comme fort au deffus de fes forces ? (c) Un Gouvernement abfolu, parmi les hommes, ne mar- que, en celui qui en eft en poffeffion, qu'une Liberté irréfiftible de faire tout ce qu'il voudra, *pourvû qu'il le puiffe*; une volonté, qui n'eft génée par aucun *empêchement* humain, qui peut vouloir tout ce qu'il lui plait, & exécuter tout ce qu'elle veut, entant qu'il n'excéde pas fon *Pouvoir*; Mais qui ne peut pas faire tout ce qu'elle voudroit.

Cette

1. Le pou- voir abfo- lu de la Providen- ce.

______

(a) Pf. CXXXV. 6.   (b) Job IX. 4.   (c) *Sherlock*, de la Pro- vidence Divine.

Cette impuiſſance des hommes, eſt préciſément la raiſon, pour laquelle, dans l'exercice d'une pareille autorité, ils ſont ſi ſouvent tentés, de faire ce qu'ils ne devroient pas. Leurs Paſſions, qui, quand elles ne ſont pas ſoumiſes au joug de la Raiſon, ſont les foibleſſes de la Nature humaine, les portent à eſpérer, à deſirer ou à craindre, ce qu'ils ne peuvent accomplir ni éviter, ſans faire tort à autrui. C'eſt pourquoi, faiſant moins d'attention aux moiens, pourvû qu'ils parviennent à leurs fins, ils ravagent des Païs entiers, & répandent un déluge de ſang innocent, pour ſatisfaire leur ambition, pour contenter leur méchanceté, ou pour aſſouvir leur vengeance. Au lieu que les perfections de Dieu, quelque idée que nous en aions, ne ſont qu'un ſeul Etre abſolument parfait; & ainſi, ſa *Puiſſance abſoluë*, ne ſauroit être ſéparée de ſa *Juſtice abſoluë*. Dieu ne ſauroit avoir beſoin de quoi que ce ſoit. Celui qui ſeul eſt le Maitre & le proprietaire de tout l'Univers, dont la Puiſſance & la Sageſſe peuvent, ſans faire la moindre injuſtice, effectuer tout le bon plaiſir de ſa volonté, ne ſauroit jamais être tenté de faire tort à ſes Créatures.

On ne ſauroit non plus ſuppoſer en Dieu, aucune de ces mauvaiſes Paſſions, qui troublent la Paix du Genre-humain, & qui portent les hommes à s'inquieter les uns les autres, dans la poſſeſſion de leurs avantages; d'où il reſulte, que ſa Puiſſance, qui ſuit toujours, dans ſes Actes, les règles invariables d'une ſageſſe tranquille, jointe à une Juſtice infaillible, ne ſauroit être capable de faire du mal; qu'elle le met à couvert d'en recevoir aucun; & que, par conſéquent, elle le place fort au deſſus de la tentation de faire jamais du tort à qui que ce ſoit. C'eſt à la Puiſſance, qui ſent ſa foibleſſe, & qui ſe voit en danger, à être cruëlle, inſolente & méchante; celle qui n'a rien à craindre, & qui eſt au deſſus des atteintes de l'envie & de la malice, eſt un adverſaire généreux, qui n'inſulte jamais à ſes ennemis proſternés, mais qui les regarde tous comme des objets de pitié, & non d'animoſité & de vengeance.

Or ſi le peu de pouvoir, que les hommes ont ici-bas, eſt capable de leur inſpirer une grandeur d'Ame, qui les met au deſſus des affronts & des injures; ſi une telle diſpoſition eſt ſi naturelle à la Puiſſance, que châcun attend de la perſonne qui en eſt revêtuë, une generoſité proportionné à l'élévation de ſon rang, & à l'autorité dont elle eſt en poſſeſſion; que ne pouvons nous pas eſperer de la Puiſſance parfaite & abſoluë d'un Dieu, qui ne peut en aucune façon être tenté de nous faire du mal; & qui au contraire eſt le

plus

plus fortement porté à nous faire du bien, puisque c'est fans contredit un plus grand acte de puiffance, de faire du bien, que de faire
du mal; & un Acte de fa nature plus beau & plus glorieux? Nous
avons raifon, il eft vrai, de craindre fa Juftice, parce que fa Juftice
punira nos tranfgreffions.   Mais nous n'avons pas plus de fujet de
redouter fa Puiffance abfoluë, que nous n'en avons de trembler en
penfant à fa Bonté abfoluë.   Au contraire, un pouvoir abfolu, qui
ne fera lui-même aucune injuftice, & qui eft affés grand pour re-
dreffer les injuftices des autres, eft feul capable de nous raffurer contre les torts qu'on pourroit nous faire, de nous foulager dans nos
difgraces, & de répandre dans nos cœurs, lorfque certaines chofes
font arrivées, par les ordres de la Providence, une fatisfaction douce & inaltérable.

Une perfection, qu'on peut encore concevoir en Dieu, comme
revêtu des qualités requifes pour le Gouvernement du Monde c'eft la
Sageffe.   La Sageffe, en effet, femble être, par rapport aux Actes de
l'Ame, ce que l'œil eft par rapport aux mouvemens du corps.   L'u-
ne & l'autre choififfent le but, dirigent les moyens, & prévoyent
les obftacles, qui peuvent fe trouver (a) fur leur chemin.   Dieu fe
propofe toujours la meilleure fin, & il prend toujours les moyens
les plus fages pour y arriver, c'eft de quoi nous devons être perfuadés.   Mais, parce que fa Sageffe & fa connoiffance font infinies,
que fes Jugemens font impénétrables, & que *fes voyes font impoffibles à trouver*, il ne fera pas hors de propos, pour nous confirmer d'autant mieux dans cet acquiefcement parfait, dans cette foû-
miffion conftante, que nous devons aux ordres de la Providence,
de donner quelques raifons de cette *incompréhenfibilité*.

Il eft à remarquer, que dans un entretien que Dieu eut avec
Job, pour juftifier les voies de fa Providence, il ne s'arrête pas à lui
développer les raifons fecretes, qu'il avoit d'en ufer de cette manière à fon égard.   Il fe contente feulement de lui propofer quelques
queftions *abftrufes*, de la nature de celles-ci.   [b] *En quel endroit
fe tient la Lumière, & où eft le lieu des ténèbres. . . . . Es-tu entré dans les Tréfors de la Neige? As-tu vû les Magazins de la grêle. . . . . La Pluie a-t-elle un Pére? Ou qui eft-ce qui produit
les goutes de la rofée? Du ventre de qui fort la glace, & qui eft-
ce qui engendre la blanche gelée?*   Dans ces belles paroles, Dieu vouloit faire comprendre à *Job*, que, puifqu'il ne connoiffoit pas les Ou-

2. Sageffe
incompré-
henfible.

B b

vrages

(a) Rom. XI. 33.   (b) *Job* XXXVIII.

vrages de la Nature les plus communs, & les plus ordinaires, il n'é-
toit guères capable d'entendre les voies de la Providence. En effet,
fi nous faifons attention à l'étenduë de nos connoiffances, ou plûtôt
de notre ignorance, nous verrons bientôt combien nous fommes incapables de juger des fecrets refforts de la Providence. Nous ne connoiffons point les hommes; un voile impénétrable nous cache le fond
de leurs cœurs, leurs intentions nous font entièrement inconnuës; ce
que nous voions de leur conduite, dans le particulier, eft très-peu
de chofe. Il ne nous eft pas poffible de percer jufques dans leurs Ca-
binets, & dans leurs retraites les plus fecretes; & nous ne pouvons,
par conféquent, rien conjecturer de raifonnable, fur ce qu'ils ont mérité de la part de Dieu. Nous ignorons les *fins* de la Providence, &
les deffeins qu'elle s'eft propofé à elle-même. Nous ne pouvons donc,
par conféquent, non plus juger de la Sageffe des Evénemens, qui fe
trouvent entre ces deffeins & leur exécution, ni de leur liaifon avec
le Plan dont ils font partie, que de la jufteffe du dénoument d'une
piéce de Théatre, par la feule vuë d'une Scène ou de deux. Qui
plus eft, nous ignorons l'état d'un autre Monde, qui a un rapport
manifefte avec celui-ci. Il ne nous eft donc pas poffible de rien prononcer fur la Providence, jufqu'à-ce que nous voions, quel fera le
refultat de tout, dans une *autre vie;* & de quelle manière une fen-
tence irrévocable fixera le fort d'un châcun. *Nous devons vivre dans
un autre Monde.* C'eft-là une réponfe générale à toutes les difficultés, que nous pouvons nous imaginer; & une raifon, qui doit
nous ôter toute efpérance de comprendre, dans *cette vie,* le but que
la Providence fe propofe, dans tous les Evénemens particuliers. Mais
quoique les Raifons, que Dieu peut avoir d'agir de telle ou de telle
manière, foient bien au deffus de nos recherches, y a t-il rien cependant de plus propre à raffurer une Créature, que de favoir,
qu'elle eft fous les foins & la direction d'une Sageffe infinie, qui n'a-
git jamais que très à propos? Une Sageffe infinie eft, il eft vrai, in-
compréhenfible à une Intelligence bornée. Ses manières d'agir, peuvent nous paroitre pleines d'embarras & de difficultés. Nous y trouvons des Myftères à châque pas, & des Evénemens, qui nous furprennent. Et la chofe ne fauroit être autrement, tant que le Monde
fera gouverné par une Sageffe infinie, fort au deffus par-là même de
nos conceptions les plus juftes & les plus fublimes. Mais où eft l'homme fage, qui n'aimât mieux être gouverné par une Sageffe fi parfaite
& fi excellente, qu'elle ne pût jamais fe tromper, quoi qu'Elle fur-

pafsât

pafsât infiniment la portée de fon intelligence ; que de fe favoir conduit par un Etre, qui ne feroit pas plus, ou du moins pas beaucoup plus fage, que lui - même ; par un Etre, dont il pourroit fonder tous les deffeins, & des démarches duquel il pourroit toujours trouver la raifon ? Il eft certain, que plus la Sageffe eft confommée & fublime, moins nous la comprenons. Mais plus auffi fommes nous sûrs & tranquilles fous fes foins, & fous fa conduite. Ce feroit une folie, de nous croire des Créatures moins parfaites & moins heureufes, parce que nous ignorons comment Dieu nous a faits, de quelle manière il nous a formés dans le fein de nos Méres, & comment il a mis en nous le fouffle de vie. Et ne feroit-il pas auffi abfurde de s'imaginer, que le Monde fut moins fagement gouverné, parce que nous ne pouvons pas en découvrir la manière ? Quoique nous ne fachions pas comment Dieu nous a faits, nous trouvons cependant que nous fommes faits avec fageffe ; auffi nous trouverons - nous très - heureux, fi nous fuivons notre divin guide, & fi nous nous attachons à lui, quand même nous ne pouvons pas comprendre les raifons de tous les Evênemens *médiats*, dont la Providence fe fert, ni des différens pas qu'elle fait pour arriver à fes fins.

Un Troifième Attribut, que doit poffeder un Etre, qui eft chargé du Gouvernement & de la conduite du Monde ; c'eft une *Juftice* exacte & infaillible, fans laquelle les droits & les biens des Hommes n'auroient point de fondement affûré ; les peines & les récompenfes feroient difpenfées fans jugememt & à la volée. Auffi l'Ecriture Sainte a - t - elle grand foin de nous affûrer, (a) que l'*Eternel Jufte* aime la *Juftice*, & que *fa face regarde l'homme droit* ; que *la Mifericorde & la Vérité marchent devant lui*, (b) & que *la Juftice & le Jugement font la bafe de fon Thrône* ; & en effet, (c) *Celui qui Juge toute la Terre ne fera - t - il point la Juftice* ?

Il faut pourtant remarquer, que, quoique l'idée générale de la Juftice, foit la même, tant par rapport à Dieu, que par rapport à l'homme, il y a cependant une différence manifefte dans les Actes, & dans l'exercice de cette Vertu. (d) Perfonne ne peut, avec juftice, prendre ce qui appartient à autrui, quand il n'a aucun droit de s'en emparer, quelque bonnes & quelque fages que foient les vuës, qu'il puiffe fe propofer en cela. Mais Dieu, confideré comme feul Seigneur & Proprietaire du Monde, peut, quand il lui plait, donner ou ôter à

3. Juftice.

Comment elle s'exerce.

B b 2

un

(a) Pf. XI. 7. (b) Pf. XCVII. 2. (c) Gen. XVIII. 25. (d) *Sherlock* de la Providence Divine.

un homme les richeffes, les honneurs, & les autres avantages, qu'il
poffléde, fans que pour cela on puiffe l'accufer d'aucune injuftice;
Car, & ce qu'il donne, & ce qu'il ôte, lui appartient; Et (a) *ne
peut-il pas faire ce qu'il lui plait, de ce qui eft à lui ?*

On trouveroit extrèmement rude, tout Gouvernement-humain,
où l'on puniroit un Homme vertueux & innocent; où on le dépouil-
leroit de fes biens, & de fes honneurs; où on l'expoferoit au mépris
public; où, après l'avoir jetté dans un cachot obfcur & mal fain, on
lui ôteroit enfin la vie, par les fupplices les plus cruëls. Mais la fouveraine Autorité de Dieu s'étend jufques là, lors que, fans faire réellement aucun tort à fes Créatures, il peut, par ce moien, procurer
l'avancement de fa Gloire, & l'exécution des fages vuës de fa Providence. Sa *Sageffe* exige, à la vérité, qu'il ait des raifons très-bonnes
& très-fages, pour en ufer de cette manière : & fa *Bonté* requiert,
que ceux, qu'il veut expofer à de femblables épreuves, foient d'un
côté, puiffamment affiftés dans leurs fouffrances, & que, de l'autre,
ils en foient amplement dédommagés. Mais quand une fois il y a
pourvû ; fa Domination Souveraine le met en droit de fe fervir de fes
Créatures, comme il le trouve à propos. Car (b) *Si nous recevons
de Dieu les biens, pourquoi n'en recevrions nous pas les maux ?*

On pourroit regarder, comme un infracteur des Loix Humaines,
tout Juge qui différeroit l'élargiffement d'un innocent, ou la punition
d'un fcélerat. Mais Dieu, confideré comme Juge Suprême & abfolu du Monde, n'eft pas affujetti, comme les Officiers d'une Juftice
fubalterne, aux règles, ni aux formalités du Barreau. La feule règle qu'il fuit, c'eft fa volonté, c'eft fa fouveraine Sageffe. Il eft, à
la vérité, requis d'un Juge impartial comme lui, que les Gens de bien
foient recompenfés, & que les Méchans foient punis. Mais le tems
de ces retributions n'eft point fixé pour lui, la chofe eft laiffée à
fon bon plaifir ; feulement attend-on de lui, que toutes les fois qu'il
récompenfe ou qu'il punit, l'homme de bien n'ait aucun fujet de fe
plaindre du retard de fa récompenfe, ni le méchant aucune raifon de
fe glorifier de ce que fon châtiment a été differé ; parce que tous ces
délais feront fuffifamment compenfés, par la grandeur de l'une & de
l'autre.

La Juftice de la Providence ne confifte donc pas à retrancher
du Monde tous les méchans, ni à recompenfer les gens de bien
d'une félicité temporelle. Cela, vú l'état préfent des chofes, ne lau-
roit

(a) Matth. XX. 15. (b) Job II. 10.

roit avoir lieu, fans des miracles continuëls, & fans que la Puiſſance de Dieu y intervint d'une manière viſible. Mais le propre de la
Providence eſt de gouverner les méchans, & de proteger les Bons ;
de reprimer & de maitriſer les convoitiſes & les paſſions des *uns*,
de les faire ſervir d'inſtrumens pour l'éxécution de ſa volonté, & quelques fois d'éxemples notoires de ſa Juſtice ; & de châtier les mépriſes
des *autres*, d'éxercer leurs vertus, *afin qu'ils ſoient trouvés recevables au jour du Seigneur.* Pourvû que cela ſe faſſe, la conduite de
la Providence eſt pleinement Juſtifiée, malgré l'irrégularité apparente
de certains événemens, dont nous ſommes les témoins, & qui ne
ſont pas tout à fait conformes aux Loix de la Juſtice Humaine.

4. Sainteté

Une autre Qualité requiſe dans la Providence de Dieu, pour le
Gouvernement du monde, c'eſt la *Sainteté*, entant qu'elle eſt op-
poſée à toute ſouillure & à toute iniquité. Auſſi l'Écriture Sainte
nous déclare-t-elle, que (a) *l'Eternel eſt* non ſeulement *juſte dans
toutes ſes voyes,* mais encore *Saint dans toutes ſes œuvres ;* qu'il
(b) *n'eſt pas un Dieu, qui prenne plaiſir à la méchanceté, & que
le méchant ne s'éjournera point chés lui ; Car il a en haine tous les
ouvriers d'iniquité ; il fera périr ceux qui parlent fauſſement. L'E-
ternel a en abomination l'homme ſanguinaire & le trompeur.* Pour
mettre la Sainteté de Dieu dans tout ſon jour, voyons ce qu'elle demande de lui, en qualité de Gouverneur du Monde, & ce qu'elle
n'en exige pas.

En quoi el-
le conſiſte.
1. à preſ-
crire de
ſaintes
Loix.

La Sainteté (c) requiert de Dieu, conſideré comme Gouverneur
du Monde , qu'il preſcrive à ſes Créatures une règle de conduite,
telle, qu'elle ſoit conforme à cette perfection, & qu'elle puiſſe contribuër & tendre à l'établiſſement & aux progrès de la Vertu. Que
Dieu ait preſcrit une telle règle, c'eſt ce qui eſt évident par ce flam-
beau qu'il a allumé dans nos Ames. Cette règle ſe découvre aiſément tant par la voye de la Raiſon, que par celle de la Reflexion.
Nous n'avons qu'à la conſulter, quand nous voulons ſavoir s'il eſt à
propos & raiſonnable de faire ceci ou cela, & ſi ce que nous avons
fait eſt conforme aux mouvemens de nôtre conſcience, & convenable
à l'éxcellence de nôtre Nature. C'eſt en ce ſens, qu'un Apôtre diſoit, du Monde Payen, que (d) *les Gentils, qui n'ont point la
Loi, font naturellement les choſes, qui ſont de la loi, n'ayant point
la loi, ils ſont loi à eux mêmes...... Leur conſcience leur rendant*

B b 3

témoi-

(a) Pſ. CXLV. 17.   (b) Pſ. V. 4. &c.   (c) Théologie de *Fiddes*
Vol. I.   (d) Rom. II. 14. 15.

témoignage, & leurs penſées s'accuſant, ou auſſi s'excuſant mutuël-
lement.

Mais la Loi naturelle n'eſt pas la ſeule règle, que nous devions conſulter. Dieu nous a donné une Révélation de ſa volonté, & il nous y a preſcrit des règles de Sainteté, qui méritent tout l'Eloge qu'en fait le Pſalmiſte; (a) *La Loi de l'Eternel eſt parfaite conver-*
tiſſant l'Ame; le Témoignage de l'Eternel eſt aſſuré, donnant la ſa-
geſſe au ſimple; Les Statuts de l'Eternel ſont droits, réjouiſſant le
cœur; le Commandement de l'Eternel eſt pur, faiſant que les yeux
voyent; la Crainte de l'Eternel eſt pure & permanente à perpétuité;
les Jugemens de l'Eternel ſont véritables & Juſtes; De ſorte, que, ſi l'on à quelque ſujet de ſe plaindre des Loix de Dieu, ce n'eſt certainement d'aucune défectuoſité qu'il y ait en elles, par rapport à la pureté; mais de ce qu'elles ſont trop Saintes, trop juſtes, pour l'état de corruption, dans lequel le Monde ſe trouve plongé; de ce qu'elles bridant trop nos appetits, & qu'elles demandent de nous des choſes, qu'il n'eſt pas au pouvoir de la Nature humaine d'effectuër.

La Sainteté de Dieu, conſideré comme Gouverneur du Monde, requiert encore de lui, que, par des marques ſenſibles de ſon appro-bation, & de ſon indignation, il anime les Hommes à pratiquer la vertu, & les détourne du vice. Or que Dieu ait abondamment pour-vû à cela, c'eſt ce que nous démontrent ſuffiſamment, non ſeulement les promeſſes & les menaces d'une autre vie; mais même ce qui ſe paſſe ſous nos yeux dans celle ci. (b) Si nous en croyons, ſur ce ſujet, les Saintes Ecritures, il faut que nous reconnoiſſions, que nôtre mortalité, la mort, & toutes ces infirmités, qui détruiſent par degrés nôtre nature, & qui hâtent ſa décadence; toutes ces dou-leurs, ces maladies, ces langueurs, qui ne ſont, ni les ſuites de nos propres péchés, ni un héritage que nous aions reçû de nos Pé-res, doivent être regardés comme les effets de la Tranſgreſſion *d'A-*
dam, qui nous ont été tranſmis, comme des monumens perpétuels de la haine de Dieu contre le péché. Un examen attentif de la vie Humaine nous apprendra, que les miſères & les calamités auxquel-les elle eſt ſujette, ſont, ſi-non toutes, du moins la plus part, cau-ſées par le péché; Car qu'eſt ce qui pourroit troubler nôtre repos & nôtre tranquilité, ſi tous les Hommes étoient juſtes, honnétes & charitables, s'ils s'aimoient les uns les autres, comme ils s'aiment eux-mêmes? La Vertu parfaite eſt une choſe, non ſeulement innocente,

&

2. A dé-
courager
le vice.

<hr>

(a) Pſ. XIX. 8. (b) *Sherlock* de la Providence Divine.

& qui ne fait point de mal, mais encore pleine de charité & très-bien faifante. Dieu donc, en difpofant les chofes de cette vie de fa-çon, que le péché & la Mifère, la Vertu & la Félicité, font infé-parables & ne fe quittent jamais, le péché produifant infailliblement la Mifère, & le bonheur étant la fuite certaine de la Vertu; Dieu, dis je, nous a donné en cela une preuve fenfible & convaincante, de l'horreur qu'il a pour l'iniquité, & de l'intention, dans laquelle il eft, d'encourager la droiture & la Sainteté. La Contemplation du Monde, développera à nos yeux des marques encore plus terribles de l'indignation de Dieu contre le péché. Ces Guerres, ces Péftes, ces Famines, cette Mortalité, ces Tremblemens, qui dévorent les Villes les plus peuplées, qui détruifent des Nations entières, qui ébranlent les fondemens de la Terre, & qui *s'écouënt les Piliers du Monde ha-bitable*, font des effets marqués de l'indignation de Dieu, contre des péchés Nationaux; & nous pouvons, par conféquent, fuppofer, que de tels châtimens font immédiatement des coups de fa main. (a) *Fils de l'Homme, lors qu'un Païs aura péché contre moi, en commet-tant prévarication, & que j'aurai étendu ma main contre lui, & que je lui aurai rompu le bâton du pain, & envoyé la famine, & retranché du milieu de lui, tant les Hommes que les Bêtes; & que ces trois Hommes, Noë, Daniel & Job y feroient.... Je fuis vi-vant, dit le Seigneur l'Eternel, ils ne délivreront, ni fils ni filles; eux feulement feront délivrés, par leur juftice, & le païs ne fera que défolation.*

C'eft ainfi, que, fuivant les bonnes & falutaires Loix, que Dieu a établies; les Mifères, auxquelles la Nature Humaine eft expofée; la liaifon, qu'il y a entre le péché & la fouffrance, entre la vertu & le bonheur; & le grand nombre de peines févères, & de calamités accablantes, qui ont été infligées à un Peuple méchant, pendant que les Juftes étoient préfervés, d'une manière remarquable, de la défo-lation générale; font de puiffans motifs à la vertu, & des raifons pref-fantes pour détourner les Hommes du vice. Dans tout cela, la Pro-vidence de Dieu a fuffifamment fait connoitre, jufqu'à quel point elle s'intereffe à l'avancement de la Sainteté. Il faut donc bien fe gar-der de conclure, qu'on puiffe la charger d'une imputation auffi in-jufte que le feroit celle, de regarder le péché comme une chofe per-mife.

L'Att

(a) Ezech. XIV. 13. &c.

3. Mais non pas en l'em-pêchant ou en le défendant.

L'Acte *interne* du péché n'eſt autre choſe, que le mauvais choix, que la volonté fait d'un objet, qui lui eſt préſenté. Et ſi Dieu ne doit pas permettre que nous *choiſiſſions* mal, il ne doit pas non plus per-mettre que nous *choiſiſſions* ; Il faut donc, par conféquent, qu'il en-chaine notre volonté, & qu'il maitriſe notre Ame, au point de l'in-cliner au bien, & au bien ſeulement ; ce qui ne feroit pas la vraie manière de conduire des Agens libres, puiſque par là on détruiroit en eux, ce qui les rend capables de vertu ou de vice.

Si donc les Hommes, conſiderés comme des Agens doués de rai-ſon & de liberté, doivent, pour être conduits d'une manière confor-me à leur nature, être laiſſés à leur propre choix, ce qui ſeul les rend dignes de recompenſe ou de châtiment, il s'enſuit, que ce n'eſt pas une objection, qu'on puiſſe raiſonnablement faire contre la Sain-teté de Dieu, de ce qu'il leur permet de choiſir mal, & que par un pouvoir ſouverain & irréſiſtible, il n'empêche pas toujours l'Acte *in-terne* du péché ; ſur-tout après avoir donné au Genre-Humain, en ſa grace, pour reprimer ſes paſſions & ſes convoitiſes, tous les ſecours, & emploié tous les moiens, qui ne ſont point incompatibles avec la liberté de ſes actions. Cela eſt ſi vrai, que les Méchans mêmes, s'ils veulent avouër ce qui ſe paſſe dans leur intérieur, ces combats, qu'ils éprouvent, avant que de ſuccomber aux tentations du péché, les Mé-chans même, dis-je, ſont obligés de reconnoitre, qu'en certains cas, ſur-tout dans les commencemens d'une vie criminelle, une modeſtie naturelle dans les *uns* ; dans d'*autres*, des mouvemens de pitié & de compaſſion ; dans d'autres enfin, une généroſité, une Grandeur d'A-me naturelle, repriment ſouvent leurs excès : Que d'abord, la ſimple penſée d'une mauvaiſe action les fait rougir ; la Réflexion leur fait en-ſuite ſentir les remontrances de la Conſcience ; qu'ils tremblent à la penſée d'un Jugement à venir, ou de quelque punition dans cette vie, s'ils ſont ſurpris ou découverts, & que jamais ils ne peuvent pécher tranquillement, & avec ſécurité, juſques à ce qu'à force de péchez, ils ſoient venus à bout d'éfacer de leurs Eſprits l'idée d'un Dieu, & d'une vie avenir, & de s'en moquer. Tel eſt le ſoin que Dieu a pris de rendre aux hommes le péché incommode, & la vertu aima-ble. Et ſi, après tout cela, ils veulent être méchans, ils le peuvent comme Agens libres ; mais la Sainteté de Dieu n'en eſt du tout point ternie, parce que la Providence, en laiſſant à des Agents libres la li-berté de faire un choix, ne ſe rend coupable d'aucune irrégularité.

L'Acte *externe* du péché peut être ou un mal *Phyſique*, ou un mal

mal *Politique* ; mais quant au mal *Moral* , il eft dans la volonté & dans le choix. Si donc il n'eft pas injurieux à la Sainteté de Dieu, de permettre que les Hommes conçoivent l'iniquité dans leur Ame, on ne fauroit, avec juftice, l'accufer de fe démentir lui · même, parce qu'il leur laiffe exécuter leurs mauvais deffeins. (a) Pour les arrêter, il faudroit néceffairement que Dieu leur ôtât, ou la vie, ou les forces ; ce qui feroit un renverfement perpétuël de l'ordre , qu'il a lui-même établi dans la Nature; au lieu que la *Tolerance* , qu'il a pour eux, peut apporter au Monde plus d'avantage & de profit, que de perte & de préjudice. Ce peut être là un excelient moyen, pour rendre le péché infame & odieux, & pour expofer les pécheurs eux mêmes à la honte & au châtiment; ce qui eft capable d'arrêter ceux qui feroient tentés de fuivre leur exemple , de les détourner du vice , & de leur faire fentir leurs offenfes; outre un grand nombre d'autres vuës fages, que Dieu peut fe propofer, tant pour le bien du Genre-humain, que pour l'avancement de fa propre gloire, & que la permiffion du péché le met en état de remplir ; De forte que la Sainteté de Dieu, ne l'oblige point de prévenir la confommation du péché ; quoique , fi l'on fait attention à la grande dépravation du Genre-humain , & à tant de trahifons publiques, découvertes à tems, à tant de complots, formés contre le bien ou la vie des particuliers , & reftés fans exécution ; on a raifon de croire , qu'il empêche cent fois plus de défordres & de violences, qu'il n'en laiffe commettre.

Je ne parlerai plus que d'un feul Attribut de la Providence , en tant que chargée du Gouvenement du Monde , c'eft fa *Bonté.* Cette perfection eft moins un fujet , fur lequel nous puiffions nous exercer l'Efprit , qu'un Objet propre à nous toucher le cœur , à occuper conftamment notre méditation , & à nous infpirer de faintes penfées. Cette Bonté, nous la voions, nous en éprouvons, nous en favourons tous les jours les effets ; nous lui fommes entiérement redevables, de ce que nous fommes , de notre confervation , des agrémens dont nous jouïffons ; & nous ne faurions jamais faire attention aux biens que nous tenons de fa main, que nous ne nous fentions puiffamment follicités *à louër l'Eternel , pour fa Bonté , & à publier les merveilles qu'il fait pour les fils des Hommes* : (b) Mais pour nous former une jufte idée de la Nature de cette Bonté de Dieu, dans le Gouvernement du Monde , & de la manière dont elle s'exerce, il faut remar

5. Bonté

C c   quer

(a) *Sherlock* de la Providence Divine. (b) *Sherlock* , ibidem.

quer, qu'à la prémière production de toutes chofes, ce divin Attribut fe montra fous une face très belle & très glorieufe ; car le Monde, fraichement forti du Néant, & l'Homme, des mains de fon Créateur, étoient auffi parfaits que l'étoit l'idée de leur nature dans l'Intelligence Divine, & auffi heureux, que pouvoient le permettre leurs facultés. Mais l'homme ne perfévera pas dans l'état, où Dieu l'avoit placé. Il pécha, & fon péché introduifit, dans le Monde, la misère & la mort ; ce qui changea la face des chofes, & altera confidérablement la con- duite, que Dieu avoit tenuë jufqu'alors. Le Monde, avant cette mal- heureufe Epoque, n'étoit que bonheur & tranquillité. Rien ne pou- voit en ternir la beauté, ni en troubler l'harmonie. Mais le péché n'y fut pas plûtôt entré, que la Juftice de Dieu intervint, comme elle devoit intervenir, après le péché de l'Homme, favoir, pour pref- crire des bornes à la bénignité, & pour empêcher qu'elle ne fe dé- ploiât, avec autant d'étenduë qu'auparavant. (a) La *Juftice* deman- de, que le Pécheur foit puni. Mais la *Bonté* eft difpofée à épar- gner, & la *Sageffe* détermine le tems & la manière du châtiment ou du Pardon. Un Pécheur *incorrigible* eft l'objet de la Juftice rigide & fevère ; Mais celui, qui donne encore quelque efpérance d'*amende- ment*, eft l'objet de la Bonté auffi bien que de la Juftice. Comme Pécheur, il mérite correction & châtiment ; mais s'il eft capable de fe corriger, c'eft un objet de patience & de difcipline. De là vient, que l'état préfent du Genre-humain ici-bas, eft un état d'examen & d'épreuve, dont le but eft de ramener les Pécheurs dans le bon che- min, par les divers moiens que la Providence & la Grace emploient pour cet effet ; & qu'il nous eft défendu d'attendre d'autres marques de la Bonté Divine, que celles qui peuvent être afforties à notre état dans le Monde.

Nous n'y jouïrons certainement jamais d'une félicité entière & par- faite, qui feroit incompatible avec la difcipline de cette vie, où les misères & les afflictions deviennent néceffaires, pour fevrer les gens de bien de l'amour du Monde, pour reprimer & pour retenir les méchans. Mais la Bonté de Dieu veut que notre état préfent foit fupportable, & qu'il ait fes plaifirs auffi bien que fes amertumes. Car fi cette vie n'étoit autre chofe qu'une fuite continuelle de difgraces & de calamités, on n'y auroit jamais occafion d'exercer plufieurs Vertus Mo- rales & Chrétiennes, aucun encouragement à la Foi, à l'Efpérance, & à la Confiance en Dieu ; les préceptes du renoncement à foi-même,

&

____

(a) *Sherlock*, ibidem.

& du mépris du Monde feroient fuperflus. Il requiert même , cet état, qu'il y ait dans le Monde plus de bien que de mal, plus de bonheur que de mifère ; que les Méchans ne foient pas punis au de là de la proportion de leurs fautes, & que [a] *la verge du Méchant ne repofe point trop fouvent fur le partage du Jufte , de peur que le Jufte ne mette fa main à l'iniquité* : Il requiert, que Dieu ufe de patience , & de longue attente envers les Pécheurs ; & que non feulement il leur donne le tems de fe répentir, mais encore qu'il les y invite , qu'il les y encourage , par tous les moiens poffibles , & par toutes les voies imaginables de douceur & de débonnaireté ; Car l'Efpérance eft auffi efficace que la crainte ; l'amour & la douceur peuvent amollir & porter à la docilité, & à l'obéïffance, certains tempéramens, que la févérité ne fauroit plier : Il requiert enfin , que Dieu mette, entre les bons & les méchans, quelque différence fenfible ; Car puifque, dans un état d'épreuve , le deffein de la Providence eft de porter les Hommes à la Vertu, & de les détourner du vice, il faut que les gens de bien foient vifiblement diftingués des Pécheurs, afin que ceux, qui remarquent cette diftinction, puiffent dire , (b) *Certainement il y a une récompenfe pour le Jufte ; Certainement il y a un Dieu, qui juge la Terre.*

Voilà tout ce que l'on peut raifonnablement attendre de la Bonté Divine, entant qu'Elle a pour objet un état de difcipline , tel que celui , qu'il faut confidérer dans le Gouvernement du Monde. Or que Dieu en ufe effectivement de cette manière , c'eft ce que nous aurons occafion de faire voir, quand nous viendrons à refoudre les Objections , qui peuvent regarder cet Attribut.

(a) Pf. CXXV. 3.   (b) Pf. LVIII. 12.

C c 2   S E C-

SECTION III.

Objections que l'on fait contre la Providence.

1. Objection. Il est au dessus de la Puissance de Dieu de gouverner toutes choses.

ON attaque la Providence de Dieu du côté de sa *Puissance*, dont on prétend borner l'étenduë. Il y a, dit-on, dans le Monde, une multitude prodigieuse d'Etres différens ; tant de varieté dans nos penfées, & dans nos mouvemens ; un si grand nombre d'Evénemens de très-petite importance, qu'à peine peut-on s'imaginer, que Dieu faffe attention à tout cela, du moins tout à la fois, fans la plus grande difficulté, & fans diftraction. Voici comment [a] l'Orateur *Romain* nous repréfente le fentiment des *Epicuriens*, fur cette matière ; „ S'il y a dans le Monde, un Dieu, qui le conduife „ & qui le gouverne ; Si ce Dieu dirige le cours des Corps Céleftes ; „ S'il prend foin du changement des tems & des faifons ; Si, malgré „ la viciffitude continuelle des chofes d'ici-bas, il les conferve dans „ l'ordre ; & fi, les yeux fixés fur la Terre, & fur la Mer, il pour- „ voit à la vie, & au bien-être du Genre-humain, ce Dieu a cer- „ tainement bien des affaires fur les bras, & fes occupations ne font „ rien moins que faciles & agréables.

Refutée.

(b) Mais c'eft-là mefurer Dieu par nous-mêmes, & juger de fes opérations par les bornes de notre capacité. *Nous ne faurions concevoir comment Dieu peut gouverner tout ce qu'il y a dans le Monde.* Mais les Brutes ne conçoivent pas non plus, comment l'homme conftruit des Vaiffeaux, & fe rend maître de l'indomptable Océan ; comment il forme & gouverne des Roiaumes ou des Républiques ; comment il mefure le cours des Aftres ; comment il fait des Obfervations fur les Corps Céleftes ; & comment il peut difcourir de la Religion & des chofes Divines. Il eft pourtant certain qu'il fait tout cela. Et on ne fauroit douter, que le Dieu *Suprême*, ne furpaffe en intelligence, le plus grand & le plus Sage des Humains, beaucoup &

infini-

(a) Si in ipfo Mundo Deus ineft aliquis, qui regat, qui gubernet, qui curfus aftrorum, mutationes temporum, rerum viciffitudines ordinefque confervet, Terras & Maria contemplans, hominum commoda vitafque tueatur ; Næ ille eft implicatus moleftis negotiis & operofis *Cicero de Nat. Deor. Lib. I.* (b) Sermons de *Bull.* Vol. II.

infiniment plus , que celui - ci ne furpaſſe à cet égard les Bêtes Brutes les plus ſtupides.

Nous ne pouvons pas concevoir comment Dieu peut , tout à la fois , faire attention à tous & un châcun des Etres , qui ſont ici - bas. Mais ſi nous levons les yeux vers ce grand Luminaire Célelte , je veux dire le Soleil , nous pourrons nous appercevoir , comment , dans le même inſtant , il répand ſa Lumière & ſa chaleur , ſur toutes les différentes parties & contrées de cette vaſte Terre , s'inſinuant au travers de la plus petite crevaſſe , de l'endroit le plus reculé & le plus ſecret. Comment donc pourrions - nous voir une *Lumière* créée , répandre en tous lieux ſon influence d'une manière admirable , ſans admettre , dans le grand Créateur & Pére des Lumières , une efficace plus grande & beaucoup plus étenduë ? Mais peut - être que la diſtance du Ciel à la Terre eſt trop grande , pour que ſes regards puiſſent parvenir juſqu'à nous.   Mais nous n'avons qu'à ouvrir les yeux , pour nous appercevoir , que , dans un moment , nous pouvons lancer notre vuë juſqu'au Ciel.   Sera - ce donc une choſe incroiable pour nous , que celui , qui nous a donné la faculté de porter nos regards de la Terre au Ciel , regarde lui - même (a) *du Ciel en bas* , avec dix mille fois plus de facilité , *pour contempler tous les fils des Hommes , & pour conſidérer , depuis le lieu de ſa demeure , tous ceux qui habitent ſur la face de la Terre* ?

Parce qu'à cauſe de la foibleſſe de nos facultés , nous nous trouvons incommodés de la multitude des affaires , *Nous ne pouvons pas concevoir , comment Dieu peut conduire & diriger toutes choſes à la fois.*   Mais le Seigneur , [b] *le Dieu d'Eternité , l'Eternel , qui a créé les bornes de la Terre , ne ſe laſſe point & ne ſe travaille point.* (c) Il agit avec la même facilité qu'il exiſte.   Il connoit tout , d'une ſeule penſée *Toute - ſachante* ; & il fait tout , par un ſeul Acte *Tout- Puiſſant.*   Il peut donc pourvoir aux beſoins de toutes ſes Créatures , auſſi bien qu'à ceux d'un ſeul Homme , & gouverner toutes les Subſtances , qui ſont dans le Monde , avec autant de facilité , que s'il n'avoit qu'un ſeul Etre à ſoigner.   (d) Car ſi nous , qui ſommes bornés , pouvons ménager *une ſeule* affaire que nous entendons parfaitement , pourquoi Dieu , par la même raiſon , ne pourroit - il pas les conduire *toutes* ? Il les entend certainement *toutes* , beaucoup mieux que nous n'en entendons *une ſeule.* —Suppoſé donc , qu'il y ait , dans le

C c 3   Monde,

(a) Pſ. XXXIII. 13. (b) Eſaïe XL 28. (c) Chriſtianiſme Raiſonnable de *Jenkins.* (d) Vie Chrêtienne de *Scot.* Vol. I.

Monde, une nombre infini de chofes ; cependant, puifque la connoif-fance & la Puiffance de Dieu font infinies, ces facultés feront tou-jours proportionnées à leur objet, *Un Infini* étant précifément à un autre *Infini*, ce qu'*un*, eft à *un*.

On fait, contre la Providence, une autre objection, qui prend tout le contre-pié de celle que nous venons de refuter. On pré-tend qu'il eft au deffous de la Majefté de Dieu, de fe mêler des pe-tites chofes, qui arrivent, dans ce Monde ; & *Ciceron* (a) introduit un Epicurien parlant de la forte, „Dieu dit-il méprife les bagatelles ; „ fes foins ne s'étendent pas jufqu'aux champs & aux Vignes de châ-„ que Païfan, & il ne fe met point en peine du mal, que peuvent „ leur faire la Nielle ou la Grêle, ce font-là des Minuties qui ne „ méritent pas fon attention.

(b) Mais c'eft-là une penfée très-déraifonnable, qui vient de ce qu'on n'a pas de la Divinité une connoiffance droite, & de ce qu'on ne fe fait pas des idées juftes de fa Nature tranfcendante, qui n'eft pas, comme la nôtre, finie & bornée, mais infinie & immenfe, s'étendant auffi loin que tout l'Univers, voyant par conféquent & di-rigeant jufqu'aux chofes les plus viles & de la plus petite impor-tance.

Nous avons fuffifamment confideré ci-deffus, jufqu'à quel point Dieu intervient, & s'intereffe dans la direction de tous les événe-mens, même de ceux qui dépendent des caufes naturelles. Ce que nous avons préfentement à remarquer de plus, c'eft que, puifque le Monde eft fon Domaine, & que ce Domaine eft d'une fi vafte éten-duë, l'Intelligence la plus fublime ne pourroit certainement s'occuper à rien de plus glorieux, qu'à le diriger & à le gouverner. Pou-vons-nous, en effet, nous former de Dieu une idée plus grande, & plus digne de lui, que de nous le repréfenter au *Timon* de cet Univers *flottant*, réglant tous fes mouvemens, qu'il dirige, d'une main fûre & infaillible, à leurs fins refpectives?

Bien loin donc, que ce foit déroger en aucune façon à la Ma-jefté de Dieu, que de lui attribuër l'adminiftration des affaires de ce Monde, qu'au contraire, fi nous confiderons qu'il eft lui-même Pè-re de cette nombreufe famille d'Etres de toute efpèce, nous trouve-rons, qu'il eft tout-à-fait convenable à fa Bonté, de s'intereffer pour

fes

(a) Minora Dii negligunt, nec agellos fingulorum nec viticulas profe-quuntur, nec fi rubigo aut grando quidpiam nocet, id Jovi animadverten-dum fuit, *de Natura Deor*.   (b) Theologie d'*Edwards*. Vol. I.

ſes Productions, & d'en prendre ſoin.   Car pourquoi ſeroit-il indi‐
gne de lui, d'avoir ſoin d'une choſe, qu'il n'a pas été au deſſous de
lui de créer ? De toutes les Créatures, que nous voyons, les plus
petites & les plus chétives ſont toûjours celles   dont la Structure eſt
la plus délicate, & dans la compoſition deſquelles il paroit le plus
d'élégance.   Le Moucheron, (c'eſt un exemple que *Pline* (a) ſe
fait un plaiſir de propoſer) le Moucheron a le gout, la vuë, l'o‐
dorat, des muſcles, des jointures, des Nerfs, d'une fabrique beau‐
coup plus fine que ceux d'un plus grand Animal. Puis donc que
Dieu a bien voulu prendre tant de peine, (ſi tant eſt qu'il y ait
quelque choſe de pénible pour lui,) que de former cet Inſecte ;
ce ſeroit en lui une eſpèce de caprice de ne pas le regarder, après
l'avoir créé, comme un objet digne de ſes ſoins. C'eſt pourquoi nôtre
Sauveur, pour nous prémunir contre une idée auſſi fauſſe que celle
là, nous aſſûre, que (b) *les oiſeaux de l'air*, & *les Lis des champs*,
(c) *les paſſereaux* dans les hayes, & les *cheveux* ſur nos Têtes,
c. d. les choſes les plus viles, & les moins dignes de nôtre atten‐
tion, ſont ſous le ſoin & ſous l'inſpection de la Providence de Dieu,

„ Mais ſi Dieu ſe mêle de ſemblables minucies, ſes ſoins devroient,
„ ce ſemble, certainement s'étendre à des objets plus conſidérables ;
„ & cependant nous ne voyons pas, qu'il prenne aucune connoiſſance
„ des affaires humaines ; Car ſi cela étoit, pourquoi les recompenſes
„ & les peines ſeroient-elles ſi longtems différées, & ſi mal placées,
„ Une telle diſpenſation eſt incompatible avec la Sageſſe d'un gouver‐
„ nement , puis qu'elle ne ſert qu'à encourager les hommes au vice,
„ & à les dégouter de la Vertu.   (d) Car *quand la Sentence contre*
„ *les mauvaiſes œuvres ne s'exécute pas incontinent* ; quand les Juſtes
„ ſont abbatus, & que les méchans fleuriſſent en toute liberté, *le cœur*
„ *des hommes eſt pleinement diſpoſé en eux à faire le mal.* „

II

3.Objec‐
tion. Ren‐
voi des re‐
compen‐
ſes & des
chatimens

(a) *Pline*, en conſidérant le corps d'un Moucheron, qui , de ſon propre
aveu, n'eſt pas un des Inſectes les moins dignes de notre attention , ſe fait
pluſieurs queſtions, qui marquent la ſurpriſe & l'admiration, dans laquelle il
étoit, que la Nature eut trouvé à placer tant de ſens , dans une ſi petite
Créature. *Ubi viſum prætendit ? Ubi guſtatum applicavit ? Ubi odoratum in‐*
ſeruit ? Ubi verò truculentam illam , & pro portione maximam vocem ingene‐
ravit ? Quà ſubtilitate pennas adnexuit ? Prælongavit pedum crura ? Diſpoſuit
jejunam caveam , uti Alvum ? Avidam ſanguinis, & potiſſimum humani , ſitim
accendit &c. Hiſtor. Nat. Lib. XI. Cap. 2.   (b) Matth. VI 26. 28.
(c) Chap. X. 29. (d) Eccleſ. VIII. 11.

Réfutée.   Il eſt vrai, que la promte exécution des peines & des recompenſes contribuë beaucoup, dans uu Gouvernement Civil, à maintenir la ſureté publique, & à recommander la pratique de toute ſorte de vertus; Mais dans le gouvernement du Monde, il n'eſt pas ſi néceſſaire que la choſe ſe paſſe de la ſorte. La raiſon en eſt; que Dieu a formé la Nature humaine de façon, que la méchanceté eſt elle-même ſon propre ſupplice, & que la Vertu eſt, en quelque manière, ſa propre recompenſe; que le méchant eſt néceſſairement miſérable; & que, quoi qu'il arrive, l'homme de bien ne le ſauroit jamais être entiérement.

Ouï, je dis que le méchant eſt néceſſairement miſérable; parce que tout ce qui peut plonger les hommes dans la Miſère ici bas, eſt la ſuite naturelle & néceſſaire de quelque péché. (a) Si les chagrins & les angoiſſes de l'Ame ſont une miſère; des paſſions furieuſes & déréglées, la honte & l'infamie, la crainte & la frayeur, la colère & la rage, la malignité, la vengeance, l'inquiétude, le trouble, les remords, rendront un homme miſérable; mais ce ſont là les ſuites naturelles du péché, & les effets, qu'il produit néceſſairement dans ceux qui s'y livrent. La honte vient du ſentiment que l'on a de ſon crime; car il n'y a rien de véritablement infame, * que ce qui eſt méchant. Les gens vertueux peuvent, auſſi bien que le reſte des hommes, être effrayés de certains événemens; mais c'eſt le péché, qui cauſe ces alarmes & ces terreurs ſi inſupportables à la Nature humaine, parce qu'elle ſe ſent criminelle. Une triſteſſe accablante, & les inquiétudes intérieures, viennent de ce qu'on ſe défie des ſoins de la Providence. Quant aux paſſions, telles que la colère, la malignité, la vengeance, elles doivent leur origine principalement à l'orgueil, à l'avarice, à l'Injuſtice & à d'autres vices *intereſſés*, qui rendent l'homme ardent à entaſſer les torts, les uns ſur les autres, & impatient à les endurer. S'agit-il de circonſtances extérieures? La douleur & les maladies, le mépris & la Pauvreté, une mort prématurée ou infame, ſont des miſères, & même des miſères fort ſenſibles. Mais ce ſont encore là les ſuites naturelles du péché; car l'Impureté, la Gourmandiſe, & l'Yvrognerie ruïneront notre ſanté, & nous affligeront de Maladies fort douloureuſes. Elles abrégeront nos jours, conſumeront nos biens, & nous couvriront d'opprobre & d'ignominie. Voulés-vous vous aſſurer, par vos propres yeux, de la vérité de ce

que

(a) *Sherlock*, ſur le Jugement. * *Le Crime fait la honte & non pas l'Echaffaut.*

que je viens de dire? Parcourés les Prifons & les Hôpitaux. Voiés ces triftes & hideux fpectacles de la Pauvreté & de la pourriture; informés vous de la caufe de leur mifère, combien n'y trouverés-vous pas de Martyrs de l'intempérance, de l'impureté, ou de quelqu'autre vice deftrutif & funefte à l'Humanité? Recherchés-vous les caufes de la décadence de plufieurs familles Nobles & autres fois floriffantes? Voulés-vous favoir, comment tant de belles Seigneuries, & de riches Terres ont fi fouvent changé de Maitre, & ce qui rend la poffeffion des richeffes fi incertaine, & de fi courte durée? Promenez vos yeux par les ruës, & voyés combien de pauvres & de miférables, la pareffe, la fainéantife & la mauvaife foi y ont envoyés. Jugés, après cela, combien nous ne nous croirions pas en droit de murmurer & de criailler contre la Juftice de la Providence, fi les Hommes fouffroient, pour l'amour de la Vertu, la moitié de ce qu'ils fouffrent au fervice de leurs convoitifes.

Si d'un côté le vice a fes peines, la Vertu de l'autre, a auffi fes recompenfes. Elle nous procure la paix de l'ame & *le contentement de l'Efprit*; Elle maitrife nos paffions & nos inclinations, en forte qu'elles ne nous caufent ni trouble ni douleur. Elle eft le meilleur moien que nous puiffions emploier pour conferver notre fanté, pour augmenter notre bien, pour nous procurer des Amis, pour fléchir nos ennemis, pour affermir notre reputation & notre crédit, pour échapper à l'injuftice des Hommes, & pour paffer par ce Monde, avec auffi peu d'incommodité & de traverfes, qu'il foit poffible de le faire. En un mot je foutien que, quoique la Vertu toute feule, & par elle-même, ne fuffife pas pour rendre l'homme parfaitement heureux dans ce Monde, (auffi ne peut-on rien fe promettre de tel,) elle eft cependant la feule chofe, qui puiffe le rendre auffi heureux, qu'il foit poffible de l'être *ici-bas*; tant en le garantiffant de plufieurs maux, dont les autres Hommes font menacés & atteints, qu'en le mettant en état de fupporter patiemment ceux, qu'il ne fauroit prévenir. Puis donc que la Sageffe de Dieu a difpofé les chofes de façon, que la Vertu eft, en bonne partie, fa propre recompenfe, & le vice fon propre châtiment, il n'eft nullement néceffaire, qu'elle intervienne d'une manière vifible dans le gouvernement du Monde. Les chofes n'ont qu'à fuivre leurs cours, & les Hommes trouveront dans les effets néceffaires de la Vertu ou du vice, une recompenfe certaine, ou un châtiment affûré.

Mais fuppofé, que ces peines & ces récompenfes, que Dieu a,

pour

pour ainſi dire , entrelacées dans la Nature des choſes, ne ſoient pas auſſi certaines , qu'on le prétend ; la conſidération de l'état où nous nous trouvons dans ce Monde, qui eſt un état d'*épreuve*, & d'*exercice* & non de *récompenſe* ou de *peine*, ſuffit pour juſtifier le délai & la longue attente, dont Dieu uſe dans cette rencontre. Car (a) ſi Dieu étoit ſans ceſſe occupé à couronner les Juſtes , & à trainer les Méchans au ſupplice , un tel procédé gèneroit notre liberté, & ne nous laiſſeroit aucun lieu d'exercer notre foi, & d'en prouver la ſincérité ; car alors , les récompenſes & les peines nous ſeroient tellement préſentes , elles nous frapperoient d'une manière ſi *ſenſible* ; les impreſſions qu'elles feroient ſur nous reviendroient ſi ſouvent , elles ſolliciteroient *ſi vivement & ſi puiſſamment* nos eſpérances ; qu'il ne ſeroit pas en notre pouvoir de ne pas croire en Dieu, & que nous ſerions preſque dans l'impoſſibilité de ne pas lui obéïr. Si nous étions ainſi forcés de croire & d'obéïr, il n'y auroit non plus d'excellence dans notre vertu & dans notre pieté, qu'il n'y a de charité dans un *Uſurier*, qui prête ſon argent ſur une aſſûrance de vingt pour cent; ou de fidelité, dans un *Traitre*, qui, à la vûë des tourmens, nomme & découvre ſes complices. C'eſt donc pour l'amour de nous, que *Dieu* (b) *retarde l'exécution de ſa promeſſe , ſi t nt eſt qu'il y ait du retardement, comme quelques-uns le croient*, & nous devrions regarder un pareil retardement, dans la diſpenſation des peines & des récompenſes , comme un privilège , auſſi bien que comme une grace pour nous ; puiſque par-là, nous ſommes en état de ſervir Dieu, non par néceſſité & par force , mais librement & par choix , & que notre foi & notre obéïſſance deviennent des Vertus & des qualités excellentes , qui nous appartiennent en quelque façon ; parce que nous croions & que nous obéïſſons ſans contrainte , & même malgré quelques legères tentations , que nous aurions à ne le pas faire.

On a toujours aſſés de preuves & d'éxemples de l'amour que Dieu a pour la vertu, & de ſon averſion pour le vice. Il n'a jamais manqué dans des occaſions convenables, de recompenſer les gens de bien & de punir les méchans; ce qui ſuffit pour juſtifier la conduite de ſa Providence. Mais puiſque le mélange des bons parmi les méchans dans cette vie, eſt tel, que les uns & les autres habitent dans le même Païs, ſe trouvent dans le même voiſinage, & ſont quelquefois membres de la même famille, [c] Dieu ne pourroit punir tous les

méchans,

______

(a) *Scot*, Vie Chrètienne Vol. I. (b) II. Pierre III. 9. (c) *Sherlock*, du Jugement.

méchans, fans envelopper quelques gens de bien dans leurs calamités ; ni recompenfer tous les gens de bien, fans rendre quelques méchans participans de leurs avantages. Les gens de bien ne fauroient,
à moins qu'ils ne changeaffent de Naturel, voir les exécutions terribles & continuëlles, que la Juftice Divine feroit des pécheurs, & la
Mifère affreufe à laquelle elle les auroit reduits, fans fentir leurs com-
paffions s'émouvoir, & leur tranquilité fe troubler ; ce qui diminuëroit
beaucoup de leur félicité.   Plufieurs d'entr'eux peuvent avoir des parens mal honnêtes gens, des Péres ou des Méres, des Fréres ou des
Enfans, dont, à moins qu'ils n'euffent tout à fait dépouïllé toute
affection naturelle, ils ne pourroient voir le trifte fort, fans *douleur*
& *fans attendriffement*.   Dieu donc, par une pure compaffion pour
le Genre-Humain, diffère le tems d'une rigide retribution, jufqu'à-ce
qu'il ait une occafion favorable de féparer exactement les Juftes d'a-
vec les méchans ; ce que l'état de mélange, dans lequel nous nous
trouvons ici-bas, ne fauroit permettre.   (a) *Laiffés les croître tous*
deux enfemble jufqu'à la moiffon.   Mais au tems de la Moiffon je
dirai aux Moiffonneurs ; cueillés prémiérement l'yvroie, & la liés en
faifceaux pour la brûler ; mais raffemblés le froment dans mon Gre-
nier.

4. Objec-
tion: biens
& maux
inégale-
ment par-
tagés.

  „ Si la Providence n'eft pas obligée de manifefter fi promtement
„ fa Juftice, en recompenfant les Juftes, & en puniffant les méchans,
„ du moins dit-on devroit elle mettre entr'eux, en attendant, quel-
„ que diftinction *vifible* ; Au lieu que les biens & les maux de cette
„ vie, font diftribués avec fi peu d'attention & de foin, que cháque
„ jour femble vérifier cette remarque du *Sage* ; [b] *Tout arrive éga-*
„ *lement à tous, un même accident arrive au Jufte & au Méchant,*
„ *au bon, au net & au fouillé, & à celui qui facrifie, & à celui qui*
„ *ne facrifie point.   Le pécheur eft comme l'homme de bien ; celui qui*
„ *jure, comme celui qui craint de jurer.*   Ouï, il feroit bon que les
„ portions fuffent égales ; mais nous voions fouvent certaines gens re-
„ gorger de biens, nager dans l'abondance, être environnés d'honneurs
„ & de *pompe*, & avoir à leur commandement tous les plaifirs de la
„ vie, pendant que d'autres, fans qu'on voie la caufe d'une pareille dif-
„ tinction, font expofés à toutes les difgraces, & à toutes les misères
„ d'une condition pauvre & méprifable.

  Mais fi on examine à fonds l'objection que nous venons de pro-Refutée.
pofer, on ne la trouvera fondée, que fur ce que Dieu a trouvé à pro-

D d 2

pos

(a) Matth. XIII. 30.   (b) Ecclef. IX. 2.

pos d'établir, parmi les Hommes, certaines diftinctinctions de rangs & de conditions; les uns font élevés, pendant que d'autres rampent dans la baffeffe; les uns font riches, pendant que d'autres fouffrent les rigueurs de la pauvreté; Ce qui, loin d'être un raifonnement, qui porte fur la Bonté de la Providence, en eft au contraire une belle demonftration. (a) Car de combien d'agrémens & de commodités, dans la vie Civile, ne fommes-nous pas redevables à l'invention & à la perfection des Arts & des Sciences, ou à d'autres effets de l'induftrie Humaine ? Combien de maux ne prévient-on pas dans le Monde, par l'obligation où fe trouvent ceux qui veulent fe procurer le néceffaire, l'utile, ou même l'agréable, de *penfer à leurs propres affaires & de travailler de leurs mains aux chofes, qui font bonnes ?* L'inégalité des conditions, parmi les hommes, (b) rend les uns plus foigneux à pourvoir à leurs propres befoins, & à ceux de leurs familles; remplit les autres d'émulation, & les porte à relever leur condition, & à augmenter leurs biens.   Elle donne de la vie & de l'activité à ce Monde, & en fait un Théatre, où l'on ne voit qu'action & occupation, où châcun travaille à conferver ce qu'il a, & à faire de nouvelles acquifitions, pour furpaffer fes egaux, & pour égaler ceux qui font au deffus de lui; Et quoi qu'il puiffe s'y commettre, & qu'il s'y commette en effet, beaucoup d'injuftices, cela vient, non de l'inégalité de nos conditions, mais de la corruption de notre Nature.   Il eft certain, que notre état ne nous force aucunement par lui-même, à faire ufage de voies obliques pour l'améliorer, & que, tandis que nous nous trouvons à quelque diftance d'une difette & d'une pauvreté extrême, les plus opulens n'ont pas de l'avantage fur nous, par rapport aux vrais plaifirs de la vie.   La différence qu'il y a entre le riche & le pauvre, dans le manger & dans le boire, eft très peu de chofe, pourvû qu'on ait dequoi contenter la Nature; car l'appetit rend tout délicieux; [c] *Le dormir du Laboureur eft doux, foit qu'il mange peu ou beaucoup; Mais l'abondance du riche ne lui permettra pas de dormir;* & quoique le travail pénible du pauvre, foit un objet, avec lequel on ait de la peine à fe familiarifer; il eft cependant beaucoup plus fupportable, que la Goutte, la Pierre, & cette multitude de maladies aiguës, ou de langueurs, qui accompagnent fi ordinairement la molleffe & le Luxe des Riches.

Puis donc que la diftribution inégale des Biens & des Maux de
cette

(a) Théolologie de *Fiddles* Vol. I.   (b) *Sherlock*, de la Providence
(c) Ecclef V. 12.

cette vie , eſt d'une ſi grande utilité , & qu'elle n'a que peu ou
même point d'inconvéniens ; (a) Dieu, qui voit ces Biens & ces
Maux , avec des yeux incomparablement meilleurs que les nôtres ,
fait très - bien que ce ne ſont-là que des bagatelles , en comparaiſon
de ces Biens infinis , dont nous jouïrons dans un autre Monde , ou
de ces Maux ſans nombre , qui feront un jour le partage des Méchans :
Ce n'eſt donc pas ſans raiſon ,   qu'il regarde comme au deſſous de ſon
infinie Sageſſe , une ſcrupuleuſe exactitude à proportionner ces biens
ou ces maux *paſſagers* , au mérite ou au démérite de Créatures *immortelles*.   Il eſt vrai , que nous nous en formons d'autres idées ; mais c'eſt
que nous les regardons à travers le *Microſcope* de notre imagination.
Mais pourquoi Dieu participeroit-il aux erreurs du Vulgaire ? Il ſait
très bien , que les *meilleurs* de ces biens , ſont trop peu de choſe , pour
couronner nos Vertus , & que les *pires* de ces maux , ſont trop legers ,
pour être la punition de nos vices.   Il ne faut donc pas être ſurpris
ni étonné , que celui qui *envoie ſa pluie ſur les Juſtes & ſur les Injuſtes* , ne mette , dans la diſpenſation de ſes graces les plus communes , aucune différence ſenſible , entre ces deux ordres de perſonnes.

„ Mais , dit-on , qu'il n'ait point d'égard aux *choſes mêmes* , du
„ moins en devroit-il avoir quelqu'un pour les *perſonnes* ; & quoiqu'on
„ ne puiſſe pas s'attendre , dans cette vie , à une exacte égalité , par
„ rapport au Partage des biens & des maux , on a pourtant de la
„ peine à concilier cette diſproportion ſi palpable , dans la manière
„ dont Dieu diſpenſe ſes graces ; cette oppreſſion , ſous laquelle les
„ Juſtes gémiſſent ſi ſouvent , & cette exaltation des Méchans , qui
„ n'eſt que trop ordinaire , de la concilier , dis-je , avec les idées que
„ nous avons de ſa Nature & de ſes Attributs ; enſorte que ſi nous faiſons attention à la manière dont les choſes ſont gouvernées , nous
„ n'aurons pas tort de nous plaindre , & ce ne ſera pas ſans ſujet que
„ nous dirons avec *Job* , (b) *Pourquoi les Méchans vivent - ils &*
„ *vieilliſſent , & même , pourquoi ſont - ils les plus puiſſans ? Leur*
„ *race ſe maintient en leur préſence avec eux. . . . . . Leurs Maiſons*
„ jouïſſent de *la Paix , loin de la fraieur ; la Verge de Dieu n'eſt*
„ *point ſur eux , ... Ils paſſent leurs jours dans la joie , & en un*
„ *moment ils deſcendent au ſépulchre* ; c. d. leur ſortie de ce Monde eſt
„ prompte & facile ; au lieu que moi , [auroit pû dire ce Saint Perſonnage , & il y a toute apparence , que c'étoit là ſa penſée ,] moi ,
„ à qui Dieu même a rendu le glorieux témoignage [c] *qu'il n'y a-*

„ *voit*

D d 3

5. Objection : les Miſeres des Bons & la proſpérité des Méchans.

(a) *Scot* , Vie Chrétienne , Vol. I.   [b] Job XXI. 7.   (c) Chap.
I. 8.

„ *voit point fur la Terre d'Homme comme moi , qui fût droit & in-*
„ *tègre , qui craignit Dieu , & qui évitât le mal* ; Je me vois tout
„ d'un coup dépouillé de toute ma Gloire ; (a) *Je fuis devenu à*
„ *charge moi-même ,* (b) *mes foupirs viennent avant que je mange,*
„ *& mes rugiffemens fe répandent comme des Eaux , & je fouhaite*
„ *ardemment la mort , & elle ne vient point.*

Réfutée.   L'Etat triomphant des Méchans , & l'éxtrême Mifère des
gens de bien , a par tout , & de tout tems , été le fujet d'une
objection très-commune contre la Providence.   Pour la réfoudre pleinement , il feroit à-propos de confiderer, (c) que l'on a toujours
pitié des miférables , & qu'au contraire on eft tenté de porter *envie*
à ceux qui profpèrent : Ces paffions, la pitié & l'envie, corrompent
naturellement nos Jugemens , & nous portent à penfer plus ou moins
avantageufement des uns & des autres, qu'ils ne le méritent.   Car
difpofés , comme nous le fommes , à aimer ceux, pour qui nôtre
pitié s'intereffe , nous avons du panchant à les eftimer, par cela feul
que nous les aimons ; Mais il n'en eft pas de même de ceux à qui
nous portons envie; le panchant que nous avons à les haïr, nous difpofe à mal penfer de leur caractère.   De là vient, que les miférables paffent dans nôtre Efprit, pour de très-honnétes gens; & que
nôtre cenfure s'attachant volontiers à la conduite de ceux qui profpèrent, nous n'en portons que trop fouvent un jugemens défavan-
tageux; au lieu que fi nous pouvions pénétrer jufques dans les re-
plis de leur cœur , nous y trouverions peut-être des raifons , qui
nous feroient changer de fentiment à leur égard.   Car, comme il y
a plufieurs hypocrites cachés , qui , fous de beaux dehors de pieté ,
s'abandonnent fecréttement à des abominations, qui méritent de la
part de Dieu une punition rigoureufe ; il y a auffi nombre de gens
de bien , dont la pieté, modefte & fans affectation , fait peu de figure aux yeux du Monde, mais s'attire pourtant la faveur de celui,
qui *la voit en fecret , & qui la recompenfe ouvertement.* Jufqu'à-ce
donc que nous puiffions, d'un côté, pénétrer dans le cœur de l'homme , & de l'autre , nous défaire abfolument de toute partialité, il
eft clair que nous fommes incapables de difcerner les gens de bien
d'avec les méchans, & par conféquent de juger, fi la conduite, que
Dieu tient à l'égard des uns & des autres, eft conforme aux règles
de la Juftice , ou non.

Ce que nous favons, fans prendre beaucoup de peine, pour nous
en

(a) Job Chap. VII. 20.   (b) III. 21. 24.   (c) *Scot* ibid.

en affurer, (a) c'eft qu'un homme de bien, qui meurt de faim, eft *ordinairement* beaucoup plus heureux dans cette vie, que le pécheur le plus gay & le plus floriffant, dont la gloire & la Grandeur exté‑rieures ne font le plus fouvent, que la couverture *affectée* d'un inté‑rieur tragique, d'un cœur tourmenté par l'envie & par l'orgueil, par des efpérances fans fin, par des défirs infatiables, & par d'affreufes reflexions, qui troublent & empoifonnent tous fes plaifirs; pendant que l'homme de bien, fous un extérieur fimple & modefte, a le cœur grand & heureux, l'Efprit content, & l'ame fatisfaite. Sa Conf‑cience, calme & tranquile, affaifonne tous fes plaifirs, & lui fait trou‑ver plus de goût dans fon petit ordinaire, que les méchans, quel‑que riches qu'ils foient, n'en peuvent trouver aux Tables les plus dé‑licates & les mieux fervies.

Nous avons donc une fauffe idée du bonheur, fi nous ne le faifons confifter, que dans les chofes extérieures; & nous ne fommes pas en droit de prononcer rien de pofitif, fur l'état d'aucun homme, fi nous n'en connoiffons parfaitement toutes les circonftances & les fui‑tes, Nous voyons, par exemple, un homme de bien gémir fous le poids de fes chagrins, & de fes difgraces, pendant que le méchant fe montre à nous, couronné de plaifirs & de profpérités. Ces deux états, confiderés s'éparément, & indépendamment des circonftances qui les accompagnent, ou des fuites qu'ils doivent avoir, nous dif‑pofent à conclure, que l'un eft une condition heureufe, & l'autre une fituation trifte & miférable. Mais fi nous voyons en même tems, les fuites de l'adverfité de l'un, & celles de la profpérité de l'autre, nous en jugerions vraifemblablement d'une manière bien oppofée. L'Adverfité de l'homme de bien nous paroitroit une bénédiction, & la profpérité du Méchant un effet de la malédiction du Tres-Haut. Car j'ofe foutenir, que l'un retire, de fes afflictions, un avantage plus réel & plus folide, que l'autre de toute fa profpérité. Il eft vrai, que le prémier eft, pour le préfent, dans la fouffrance; mais quelle en eft la fuite ? Il fe peut que fon Ame foit guérie par ce moien de quelque maladie, dix fois pire que l'affliction extérieure, dans laquelle il fe trouve; de l'avarice ou de l'impatience, de l'envie ou du mécontent‑ement, de l'orgueil ou de la vanité. Ses biens fouffrent de la *dimi‑nution*; mais fes Vertus s'*augmentent* & fe *perfectionnent*. Son corps eft affoibli, mais fon Efprit en devient plus fain & plus fort; & ce qu'il a perdu du côte de la fanté ou des richeffes, des plaifirs ou des

hon-

(a) *Scot*, ibidem.

honneurs, il le recouvre, & infiniment au delà, en Sageſſe & en Bonté, en tranquillité & en contentement d'Eſprit. Le ſecond, ſavoir le Méchant, triomphe & ſe réjouït pour le préſent; mais quelle en eſt la ſuite ? Enflé, bouffi de ſa proſpérité, il n'en devient que plus fier & plus inſolent. Ses richeſſes augmentent ſes deſirs, & enflamment ſes convoitiſes; & ſes avantages font de lui un Tyran, qui, l'ame pleine de ſoucis inquiets, & la conſcience de turpitude, groſſit ainſi malheureuſement ſon compte, auprès de Dieu, & *s'amaſſe des tréſors de colère p.ur le jour de la colère*; (a) *Il m'a donc été avantageux d'être affligé*, diſoit David, *car avant que je le fuſſe, j'allois à travers champs*; *Mais maintenant j'obſerve ta parole*; Au contraire [b] *quand les Méchans s'élevent comme l'herbe*, ſuivant la remarque du même Prophéte, *& que tous les ouvriers d'iniquité fleuriſſent*, (c) *ils ſeront enfin déracinés*.

(d) Entr'autres ſages réfléxions que fait *Seneque*, dans un excellent Traité, qu'il a compoſé, dans la vuë de réſoudre & d'écarter les difficultés, qu'on fait contre la Providence, ſur ce qu'elle afflige les gens de bien, & qu'elle laiſſe proſperer les méchans, on trouve ce paſſage, que nous ne devons pas omettre : „ Quand vous „ voyés, dit-il, des perſonnes juſtes, dignes de l'amour & de la pro„ tection des Dieux, gémir dans le ſein de la douleur, ſuer à for„ ce de travaux, lutter ſans-ceſſe contre la mauvaiſe fortune; & qu'au „ contraire, vous voyés des méchans & des ſcélérats paſſer leurs jours „ dans l'aiſe, & vivre dans l'abondance, rappellés à votre Eſprit la „ conduite que nous tenons nous-mêmes dans notre domeſtique; nous „ voulons que nos enfans ſoient ſobres & modeſtes, au lieu que nous „ lâchons la bride à nos Eſclaves, dont nous ne faiſons pas grand „ cas; enſorte que la ſévérité eſt pour nos Enfans, & l'indulgence „ pour nos Eſclaves : Portés donc de Dieu le même jugement; l'inte„ rêt qu'il prend à un homme de bien, ne lui permet pas de le laiſ„ ſer vivre dans les délices, il l'éprouve par le travail, & il l'endur„ cit aux fatigues, le préparant ainſi pour lui-même.

Nous voyons que, ſur cette matiére, le Philoſophe s'eſt heureuſement rencontré du ſentiment d'un Apótre, (e) *Le Seigneur châtie celui qu'il aime & il frappe de ſes verges, tout enfant qu'il reconnoit pour ſien*; *ſi vous endurés le Châtiment, Dieu en uſe avec vous, comme avec des enfans*; *Car quel eſt l'enfant que le Pére ne châtie point*;

(a) Pſ. CXIX. 67. (b) Pſ. XCII. 8. (c) Pſ XXXVII. 38. (d) *Martin*, ſur la Religion Naturelle & Revelée. (e) Heb. XII. 6. &c.

point ? Mais si vous êtes sans discipline, de la quelle tous sont participans, vous êtes des enfans supposés & non pas légitimes.

Nous ne saurions donc connoitre, par la manière dont la Providence dispense les biens & les maux de cette vie, qui sont ceux que Dieu aime, & quels sont les objets de sa haine. Souvent les gens de bien sont affligés, en punition de leurs fautes, ou pour exercer leurs Vertus, & nous prenons ces afflictions, pour des marques de *haine*. Souvent au contraire, les Méchans nous paroissent favorisés du Ciel ; ils vivent dans l'aise & dans l'abondance, ils sont avancés en crédit & en honneur, & nous regardons leur état comme une preuve de l'*amour* de Dieu ; dans le tems que, ce que Dieu pense des uns & des autres, est tout le contraire de ce que nous en pensons nous-mêmes. Ces contrarietés durent pendant quelque tems, & nous ne savons qu'en croire, jusqu'à-ce que, portant un peu plus loin nos regards, nous fassions attention aux différentes Catastrophes, qui les accompagnent. (a) Les souffrances de *Job* étoient pour ses Amis, qui l'étoient venus voir, un sujet de reflexions bien embarassant, & elles auroient pú, jusqu'à présent être une *Enigme*, pour nous, si l'Ecrivain Sacré n'eut pas achevé son Histoire. Mais aujourd'hui, que nous n'ignorons pas les raisons que Dieu eut pour affliger son Serviteur, ni la grande prospérité, dont l'épreuve à laquelle il le mit, fut compensée & suivie, nous ne nous contentons pas seulement d'absoudre la bonne Providence de Dieu, nous lui applaudissons encore, d'avoir fourni à notre imitation un si excellent modèle. Quelques *Scènes* de la vie d'un heureux scélerat peuvent paroitre surprenantes, & inexplicables, mais que le spectateur attende patiemment la fin de la piéce, & alors il ne manquera pas de s'écrier, (b) *Oh ! Comment sont-ils consumez dans un instant ; ils périssent, & viennent soudainement à une terrible fin !* Dieu fait rarement connoitre, dans cette vie, les raisons qu'il a d'en user de telle ou de telle manière envers les hommes. Mais quand il le fait, c'est seulement pour nous donner, (& c'est ce qui doit imposer silence à toutes les objections) une assurance plus parfaite, qu'un jour viendra, (c) *auquel son juste jugement sera revélé, lorsqu'il rendra à châcun selon ses œuvres, savoir, la vie éternelle à ceux qui persevereront à bien faire, cherchant l'honneur, la gloire & l'immortalité ; Mais il y aura indignation, & colère sur ceux, qui, rebelles à la vérité,*

E e

obéissent

(a) *Sherlock*, de la Providence. (b) Psaum. XXXVII. (c) Rom
II. 5. &c.

*obéïſſent à l'injuſtice ; tribulation & angoiſſe ſur toute Ame d'homme,
qui fait le mal.*

6. Objec-
tion la
multitude
des Miſè-
res de la
vie.

    Mais, dira-t-on, ſi le Monde eſt gouverné par une Providence
„ juſte & bonne , pourquoi permet elle que ſes ſujets ſoient expoſés à
„ tant de diſgraces , & à de ſi grandes calamités ? Ne ſemble-t-il pas qu'el-
„ le devroit prendre ſoin, que le ſéjour des hommes ici-bas, fut auſſi com-
„ mode, qu'il ſeroit poſſible ? Cependant ſi nous conſidérons le Monde ; les
„ miſères auxquelles la vie humaine eſt ſujette, ſoit qu'elle viennent
„ de Cauſes *Phyſiques* , ou de Cauſes *Morales* , ſont en ſi grand nom-
„ bre , ſi grandes & ſi univerſelles, qu'elles en contrebalancent & qu'elles
„ en ſurpaſſent même de beaucoup , les avantages & les plaiſirs ; enſorte
„ que tout homme, qui penſe librement , doit néceſſairement en ve-
„ nir à la Concluſion du ſage ; (a) *C'eſt pourquoi j'eſtime plus les morts ,*
„ *qui ſont déja morts, que les vivans , qui ſont encore vivans ; même*
„ *j'eſtime celui , qui n'a pas encore été , plus heureux que les uns &*
„ *les autres* ; *Car il n'a pas vû le mal , qui ſe fait ſous le Soleil.*

    Voilà , ce me ſemble , une Satyre bien vive de la vie humaine,
& il faut avouër , que ſi tout ce que cette objection renferme étoit
univerſellement vrai, on auroit bien de la peine à ſauver la bonté de
la Providence , du reproche ſanglant qu'on pouroit lui faire, de ſe
montrer cruëlle dans le gouvernement du Monde ; Mais tâchons d'a-
bord, de bien établir l'état de la Queſtion , après quoi nous verrons,
quel eſt le ſens des paroles du *Sage.*

Refutée
1. quant
aux effets
extraordi-
naires.

    Une partie de cette objection contre la Providence , eſt tirée de
quelques irrégularités, qu'on remarque ordinairement , dans le cours
des choſes Naturelles. (b) C'eſt ainſi que les eſpérances d'un Printems fertile ſont ſouvent fruſtrées par quelques Nielles , par des Vents ,
qui ſoufflent à contre tems, ou par une inondation ſoudaine cauſée
par une Rivière. Souvent nous voions des Païs entiers couverts &
inondez par la Mer , de grandes & belles Villes enſevelies ſous leurs
ruïnes , par la violence d'un tremblement de Terre : Que de naufrages &
de Malheurs cauſés ſur l'Océan, par les Ouragans & par les Tempêtes ! Qu
de maux ſur Terre , par la fureur des Vents ! Que d'accidens triſtes & fu-
neſtes , par le Tonnerre & par les Eclairs ! Pluſieurs Contrées ont été
déſolées & ruïnées par des eruptions ſubites d'un feu ſouterrain. Les
ravages de la Peſte ont reduit bien des Roiaumes à la dernière ex-
trémité , & ainſi du reſte. Mais pour répondre à cela , il faut remarquer ;

    (a) Eccleſ. IV. 2. 3. (b) Eſſais ſur la Religion Naturelle & Re-
velée.

quer ; (a) Que comme il y a , dans le Monde, différentes efpèces de Corps, foumis à des Loix différentes, & doués de Vertus & de qualités qui le font auffi, les uns aiant plus de force que les autres, il faut de toute néceffité, à moins que les Loix uniformes de la Création ne foient à tout moment alterées ou fufpenduës , qu'ils s'entre-choquent quelques-fois, & que, de leur choc réciproque, réfultent plufieurs irrégularités, effets naturels de ces différens compofés.

Mais (b) ces irrégularités font en fi petit nombre , & quand nous confidérons tout le cours de la Nature, que nous faifons attention à tout le Syftème du Monde, elles font fi peu importantes , qu'elles ne dérogent non plus au foin de la Providence de Dieu . que les *paillet-tes*, ou les défauts , qui fe rencontrent dans les Pierres de l'Edifice le plus noble & le mieux conftruit, ne dérogent à l'Art & à l'habileté de l'Architecte, qui en a eu la direction.

Il faut de plus remarquer ; que les différentes irrégularités dont on vient de parler, ne font pas tellement préjudiciables au Genre-humain, que les avantages, qui en refultent, ne foient bien fouvent plus confidérables , que le dommage, qu'elles ont caufé. Si le travail du Laboureur eft fujet à des cafualités, il en deviendra plus diligent, ce qui fera pour lui d'un grand revenu. Si la Nielle lui enlève une partie de fa recolte, il vendra mieux ce qu'elle lui aura laiffé. Si de fertiles Prairies font pour un tems ravagées, par les défordres d'une inondation, le mal eft compenfé par le limon & par la graiffe, que l'eau laiffe après elle, quand elle a repris fon cours ordinaire. Si certains Païs fe trouvent expofés aux irruptions de la Mer, leurs Habitans inftruits par leurs malheurs, ont recours à la Navigation, & deviennent par ce moien les plus riches Négocians du Monde. Si les Tremblemens de Terre, & les Vents impétueux renverfent quelques-fois des Maifons, d'un autre côté, en dégageant les racines des Arbres, ils contribuënt à les rendre fertiles , & en ouvrant les entrailles de la Terre, ils découvrent fouvent de nouveaux tréfors. Les vents violens caufent fouvent du dommage, mais ils fervent toujours à agiter l'air, & à lui donner une température convenable.

(c) Le Tonnerre & les Eclairs peuvent faire , par-ci par-là . quelque mal ; Mais ce mal n'eft rien en comparaifon de l'avantage qu'ils nous procurent, en confumant ces vapeurs & ces exhalaifons dangereufes, qui feroient fatales à notre vie. Les éruptions de foul-

E e 2

phre

(a) *Clarke*, Recherche de l'origine du mal. (b) Effais fur la Religion Naturelle & Revelée. (c) *Clarcke*, ibidem.

phre enflammé peuvent paroitre terribles ; mais leurs cendres enrichif-
fent les lieux, qui en font couverts : Je dis plus, la Pefte même,
quelque grand que foit le ravage, qu'elle paroit faire dans le Genre-
humain, eft généralement fuivie de Saifons faines ; car en meuriffant,
ce qu'il y a de mal difpofé & de corrompu dans la nature, & en
le tirant dehors par une feule iffuë commune, elle ne laiffe aucune
matière *tabifique* ou humeur maligne, qui puiffe entretenir dans la
fuite, d'autres maladies.

C'eft ainfi que Dieu a pourvu aux affaires du Monde avec tant
de bonté, que ces Jugemens même que la méchanceté des hommes
l'oblige à faire tomber fur eux, euffent toujours quelques fuites bien-
faifantes. C'eft pourquoi nous trouvons que le Pfalmifte nous excite
à louër Dieu & à le glorifier, par la confidération même de ces accidens qui paroiffent fi funeftes : (a) *C'eft le Seigneur*, dit-il, *qui
commande aux Eaux : C'eft le Dieu de Gloire qui fait gronder le
tonnerre. C'eft l'Eternel qui fait entendre fa voix fur les groffes
Eaux. La voix du Seigneur eft pleine de force : La voix du Seigneur eft majeftueufe* : &c Il fait toutes ces belles reflexions & plufieurs autres d'une égale beauté, après avoir commencé fon Pfaume
par cette exhortation : *Vous enfans des Puiffans donnez, rendez,
au Seigneur la gloire & la force* : &c.

2. Quant
aux maux
communs. L'autre partie de l'objection eft prife des mifères, dont la vie
humaine eft ordinairement accompagnée. (b) Cependant fi nous exa-
minons la chofe de près, nous trouverons, que la plufpart du tems,
les hommes font vifiblement les Auteurs de ces mêmes maux, dont
ils fe plaignent. Combien n'y en a-t-il pas, p. ex. qui fe plaignent
de la Pauvreté, & qui cependant s'y font plongés, par leur fainéantife, ou par leur prodigalité ? Combien encore qui fe plaignent du
mépris que l'on a pour eux, & qui cependant ne doivent s'en prendre qu'à leur mauvaife conduite ? Combien qui fe plaignent qu'ils ont
des Ennemis, & qui fe les font attirés, par leur orgueil, & par
leurs chicanes ? Combien qui fe plaignent, que leurs amis les abandonnent, & qui n'en doivent chercher la caufe que dans leur propre ingratitude ? Enfin, & pour n'en pas dire davantage, Combien
qui fe plaignent de douleurs & de maladies, qu'ils fe font eux mêmes attirées, par leur intempérance, & par leur impudicité ? (c)
Pourquoi donc *fe dépiteroit l'homme vivant*, l'homme, dis je, *à caufe*
de

(a) Pf. [illegible]. 3. &c.   (b) Sermons de *South*, Vol. I.   (c) La-

de fes péchés, ou de la punition de fes péchés ? fur tout de ces fortes de punitions, qui font les effets néceffaires & les fuites naturelles
de fes péchés. Et n'y a-t-il pas de l'injuftice à mettre fur le compte de la Providence de Dieu, ces mifères que les hommes s'attirent
par leur propre faute ? (a) Qu'un Dieu gouverne le Monde, ou
qu'il n'en prenne aucun foin, toujours l'Intempérance, la Luxure, &
la Débauche feront les Peftes de la fanté ; la Paréffe, la Prodigalité,
& les Paffions, qui coutent à fatisfaire, attireront la Pauvreté ; *l'Orgueil*, l'Ambition, & la Vengeance, Sources intariffables de querel-
les, cauferont des Guerres, & attireront, fur le Genre-Humain, toutes les Calamités, qui en font les fuites. Il ne faut pas attribuër ces
maux à la Providence, parce que la Providence ne les amène pas.
Les hommes s'adonnent eux mémes à la méchanceté, & la méchanceté les rend miférables. Nous aurions autant de droit d'imputer à
la Providence de Dieu toute la méchanceté des hommes, que nous
en avons de la regarder comme la caufe immédiate de toutes les
mifères, que leur méchanceté leur attire. Il eft certain que nous
devrions bénir Dieu, d'avoir rendu fi défagréables les voyes du vice,
& difpofé les chofes de façon, que le péché eft fuivi de près par
la peine. Mais c'eft à l'homme *folie*, & grande impiété tout enfemble (b) de *pervertir* lui-méme *fes propres voyes*, & puis, quand
le Châtiment naturel l'a atteint, *de fe dépiter contre l'Eternel.*

Il fe peut, à la vérité, que nous foyons atteints de certaines
Calamités, que nous ne nous ferons pas attirées, & qui nous feront
furvenuës par le mandement du Très-Haut, ou par une direction
particulière de fa Providence. Mais il faut remarquer, que toutes
les fois que cela arrive, Dieu pourvoit abondamment à ce que les
gens de bien ne foient point accablés fous le Poids de ces Calamités.

(c) La grandeur d'ame, la force d'efprit, le pouvoir de la Raifon, des fages réfléxions fur la Nature des chofes, la croyance ferme d'une Providence infiniment bonne, qui prend foin de nous, &
qui difpofe toutes chofes pour notre bien, enfin, l'Efpérance certaine d'une vie immortelle après celle ci, rendront légéres, & ailées à
fupporter toutes les afflictions, que Dieu jugera à propos de nous
envoyer. Et fi, par de tels fecours, Dieu nous met en état de foutenir nos épreuves, & même de vivre contens fous leurs poids,

E e 3

Comme

(a) *Sherlock* de la Providence. (b) Prov. XIX. 3. (c) *Sherlock*,
ibidem.

(a) *Comme triftes, & cependant nous réjouiffant toujours; comme pauvres, & cependant enrichiffant plufieurs; Comme n'ayant rien & cependant poffedant toutes chofes,* Nous pouvons fouffrir, mais nous ne faurions être miférables; & ce n'eft pas une objection bien formidable à faire contre la Providence, que celle, qu'on tireroit des fouffrances que la mifère n'accompagne pas. Ce qui rend l'homme miférable, ce n'eft donc pas tant les fouffrances extérieures, qui font tout ce que l'on peut imputer à la Providence, que les défordres de fon Efprit, ou les déréglemens de fon cœur. Un amour. exceffif pour le Monde, un fort panchant à l'orgueil ou à la haine, à l'ambition ou à la vengeance, font trouver toute condition incommode, & toute affliction infupportable. La pauvreté & l'infamie, la perte des biens & des honneurs, la difgrace des Princes, & les clameurs dù Peuple; ce font-là des chofes, qu'un homme fage & vertueux peut fupporter & méprifer tout à la fois, mais qui font bien dures & bien facheufes pour un efprit fier & ambitieux; fur tout quand les reproches, qu'il fe fait à lui-même, aiguifent la pointe de fes fouffrances, & lui font regarder tout ce qui lui arrive de défagréable & de trifte, comme une márque de la vengeance Divine, & comme un terrible avancoureur de ces mifères épouvantables, qui lui font refervées, dans une autre vie.

Voici donc ce qu'il y a à dire au fujet des mifères, & des afflictions de la vie humaine. Ou bien elles font l'effet naturel de la difpofition des chofes, que Dieu ne pourroit prévenir, fans y intervenir d'une manière miraculeufe, & leur arrivée eft toujours accompagnée ou fuivie de quelques avantages; ou bien elles font les fuites néceffaires de nos péchés, & nous en aurions été atteints, foit que Dieu s'intereffât, foit qu'il ne s'intereffât point au Gouvernement de ce Monde; ou bien enfin, elles font de tendres févérités de la Providence, qui nous châtie pour notre profit, & qui nous met fuffifamment en état de les fupporter, pourvù que nous ne nous trahiffions pas nous-mêmes, par notre négligence à nous prévaloir des fecours, qui nous font fournis à cet effet.

D'un autre côté, les agrémens & les Commodités de la vie font fans nombre. Nous ne manquons d'aucun fens utile & agréable, ni d'aucun objet pour contenter ces fens; & ce qui mérite d'être remarqué, c'eft que les objets les plus utiles, les plus néceffaires, & les plus agréables, font auffi les plus communs, & tels que nous y participons

(a) II. Corinth. VI. 13.

t icipons tous avec affés d'égalité. Il y a plus; nous ne manquons pas d'objet s d'une nature plus relevée; mais châcun n'en fent pas la douceur & le prix; il faut s'en rapporter la deffus à l'éxpérience & au témoignage d'autrui. Demandés donc aux fages & aux contemplatifs, ce que c'eft que le plaifir de la Sageffe & de la Science; à l'homme officieux, ou d'un bon naturel, quel plaifir il trouve à rendre de bons offices? à l'homme Jufte, ce que c'eft que le feftin d'une bonne confcience? à l'homme Pieux & dévot, ce qui lui revient du fentiment d'aimer Dieu & d'en être aimé, de quelle joye il eft inondé, quels raviffemens & quels tranfports il éprouve, quand il s'entretient par la priére avec fon Pére Célefte, & que *ravi* avec, S. *Paul*, *dans le troifiéme iel, il eft*, par un délicieux avant gout de félicité, *déja juftifié, déia glorifié, & déja affis dans les lieux Céleftes, dans l' Affemblée des prémiers-nés*? Interrogés, dis je, toutes ces Perfonnes-la, & elles vous apprendront, qu'il y a des plaifirs réels, dont on peut jouïr même dès cette vie, qui en contrebalancent les peines, & qui deviennent tous les jours plus délicieux & plus vifs, à mefure que le gout en eft rehauffé & perfectionné, par l'efpérance certaine d'une bienheureufe Immortalité.

Il eft vrai, & nous devons en convenir, que le Monde peut quelques fois fe corrompre, au point de porter tout homme fage à défirer d'en fortir, & l'Ecclefiafte pofe un cas, qui lui fit tirer la conclufion, que nous avons rapportée ci-deffus. *Je me mis à regarder, dit-il, toutes les injuftices, qui fe font fous le Soleil: Et voila les larmes de ceux à qui ont fait tort, & ils n'ont point de confolation......... C'eft pourquoi j'eftime plus les Morts, qui font déja morts, que les vivans, qui font encore vivans.* (a) Quand un Roiaume ou une Nation a dégéneré, jufqu'à perdre tout fentiment de bonté, d'équité, ou de droit des gens; Quand ceux, qui ont l'autorité en main, n'ont ni compaffion pour leurs inférieurs, ni égards pour la Juftice. Quand les promeffes & les Sermens font comptés pour rien, & que l'amour du gain marche devant l'amitié & la bonne foi: Quand on ne peut plus fe fier ni fe repofer fur qui que ce foit; Mais que par tout, on tend des pièges, on dreffe des embûches pour furprendre l'innocence, ou pour tirer parti de la foibleffe des autres. Quand l'Epée, ou, ce qui eft auffi funefte, quand la langue d'un châcun *eft pointée contre fon frére*, enforte que perfonne n'eft sûr de fa vie, ni de fon honneur, mais qu'une langue calomniatrice

(*v*) *Sherlock*, de la Providence.

niatrice peut ternir l'un, & une langue parjure nous enlever l'autre;
Quand, en un mot, nous ne pouvons plus vivre dans le Monde, fans
y voir, fans y entendre, & fans y effuier dix mille infamies, il eft
tems alors de fe tourner vers Dieu, & de lui adreffer la requête du
bon Vieillard *Simeon*; *Seigneur*! ***Tu laiffes maintenant aller ton Serviteur en paix***. Un état auffi malheureux & auffi trifte que celui-
là, doit néceffairement, rendre toute perfonne fenfée, auffi contente
& auffi joieufe de fortir du *Monde*, que l'eft un Pilote de rentrer
dans fon port, après une violente Tempête.

  Mais ce renverfement de l'ordre n'eft pas une chofe ordinaire.
Le Monde n'eft pas encore, graces à Dieu, devenu fi mauvais,
qu'avec quelque précaution, & beaucoup d'innocence, un peu de
bien, & bonne provifion de fanté, on ne puiffe y paffer avec plaifir. (a) Auffi le but du Sage n'eft-il pas de nous infpirer du mépris pour la vie, par la confiération des troubles & des difgraces,
dont elle eft quelque fois accompagnée; mais feulement d'en déta-
cher notre cœur, & de nous engager à placer la félicité dans la pratique de la vertu, dans l'efpérance & dans l'attente d'un Etat meilleur: [b] Voici, dit-il, le but de tout le difcours que l'on vient
d'ouïr, *Crain Dieu & garde fes Commandemens*; *car c'eft-là tout* le
devoir *de l'homme*; & non feulement fon devoir, mais auffi fon bonheur, *parce que Dieu amènera toute œuvre en jugement, touchant
tout ce qui eft caché foit bien, foit mal*.

  Je ne parlerai plus que d'une feule objeċtion, qui femble atta-
quer la bonté de la Providence, & lui porter quelque atteinte; la
voici. Elle eft prife de la Condition déplorable, dans laquelle nous
voyons croupir la plus grande partie des hommes, comme fi Dieu
les eût tout à fait abandonnés. (c) „Car dit-on, fi le monde étoit con-
„duit & gouverné, par les foins d'une Providence pleine de Bonté
„& de miléricorde, feroit-il poffible de s'imaginer comment elle laiffe-
„roit une partie du Genre humain, auffi confidérable, que l'eft le
„Monde *Infidèle*, fi parfaitement d'eftituée de la connoiffance du
„vray Dieu, & des moyens de parvenir au Salut Eternel. (d) Cette Objeċtion eft furtout dans la bouche de certaines gens, qui, fans
aucun fondement dans l'Ecriture, affirment hardiment, que les Payens
qui font dans l'ignorance, fouffriront la même condamnation, dont
Jéfus Chrift menace les Incrédules volontaires, & les mauvais Chré-
                      tiens.

  (a) *Sherlock*, ibid. (b) Eccl. XII. 15. 16. (c) Vie Chrèt'enne de
Scot. vol. I. (d) *Sherlock.* ibid.

tiens. Mais pour mettre dans tout fon jour le cas du Monde *Infi-dèle*, nous devons pofer pour principe, que la caufe méritoire ou *efficiente* du falut des hommes ne fauroit fe trouver ailleurs qu'en Jé-fus - Chrift, qui, par fon obéïffance, & par l'oblation de fa perfonne, a racheté les gens de bien, & les a rendus capables de parvenir au *bonheur* Eternel. Suppofé donc, que le Roi *d'Angleterre* eut envoié en *Turquie* une fomme d'argent confidérable, pour racheter tous les Efc'aves *Anglois*, qui s'y trouveroient, & que ceux d'entr'eux, qui auroient apris cette agréable nouvelle, fe prévaluffent de la grace qui leur feroit offerte, avec tout l'empreffement & toute la reconnoif-fance poffible, pendant que d'autres qui n'en auroient point ouï par-ler demeureroient dans le filence; ne paroitroit-il pas fort dur, que ces derniers, pour n'avoir pas profité d'un bienfait, dont ils n'au-roient jamais ouï parler, & qu'ils auroient pourtant indubitablement accepté avec la même gratitude, que les autres, s'ils en euffent eû la même connoiffance, fuffent exclus de tout le bénéfice de cet acte de Bonté & de grace, & laiffés dans un Efclavage perpétuël? Le cas eft le même, entre le Gouverneur de l'Univers, & ces Nations, qui font *affifes dans les ténèbres*, & la comparaifon eft trop claire pour avoir befoin qu'on en faffe l'aplication. Nous lifons dans le Livre des Actes, que *Corneille*, quoique Payen, fe procura, par fes aumô-nes, par fes priéres, & par la maniére dont il régloit fa famille, au fujet de la Religion, la grace & la faveur de Dieu, au point que cela fut caufe de l'envoi de *St. Pierre*, vers ce Centenier, pour l'inf-truire plus amplement; & la vérité que nous examinons préfentement, fe préfenta alors avec tant de force, & d'une maniére fi convaincan-te, que *St. Pierre* lui-même, quoi qu'Apôtre de la Circoncifion, ne pût s'empécher d'en faire une profeffion ouverte. (a) *En vérité*, dit-il, *je vois que Dieu n'a point d'égard à l'apparence des perfonnes, mais qu'en toute nation, celui qui crain Dieu, & qui s'adonne à la juftice, lui eft agréable*; ces paroles emportent clairement, qu'en tou-te Nation, il pourroit fe trouver quelques perfonnes craignant Dieu, & s'acquitant des devoirs de la Juftice, lefquelles, par ce moien, *fe-roient certainement agréables* à cet Etre Suprême.

St. Paul avoit une connoiffance hiftorique de la vie, de la Doc-trine & des fouffrances de Jéfus Chrift, & il étoit un violent per-fécuteur des Difciples du Meffie. Cependant, comme lui-même en rend témoignage, il obtint mifericorde, parce qu'il (b) *le faifoit*

F f

par

(a) Act. X. 34. 35. &c. (b) I. Tim. I. 13.

par ignorance , étant *dans l'infidélité.* (a) Comment donc exclurions-nous de toute miséricorde, ceux qui n'ont jamais entendu parler de Jéfus , & qui cependant l'auroient embraffé comme leur Sauveur , & auroient fouffert pour lui , aufli promtement , & avec autant de plaifir que les autres, s'il leur eût été annoncé? Il eft vrai , qu'ils ne font pas indroduits dans l'Eglife par le Batême ; mais aufli on doit confidérer, que comme l'Eglife *Judaïque* étoit un type de l'Eglife Chrétienne, quoi qu'elle fût plus refferrée, tant pout l'étenduë que pour les Conditions qu'il faloit remplir, pour être admis à fa Communion ; de - même le *Batême* a, fous l'Evangile, la même fignification & la même nécefficé, que la *Circoncifion* avoit fous la Loi. Et comme, fous l'Ancienne difpenfation , on trouve plufieurs exemples , de perfonnes, qui n'avoient pas reçu le figne de la Circoncifion , comme *Job* , *Melchifedek* , *Lot* , & d'autres encore, du falut des quelles nous ne faurions douter en aucune façon ; aufli n'avons-nous point de raifon pour limiter la miféricorde infinie de Dieu; & l'Ecriture fainte ne nous autorife nulle part à confiner cette miféricorde, dans les moiens établis & ordinaires, furtout après que St. Paul a décidé la queftion, en affurant pofitivement , que (b) *Dieu donnera la gloire , l'honneur & la paix à tout homme , qui fait le bien , au Juif prémiérement , puis auffi au Gentil; car il n'a point d'égard à l'apparence des perfonnes.*

Quoi qu'il en foit ; le Monde Infidèle n'eft pas fi abandonné de Dieu, ni fi deftitué de moyens de falut, que nous pourrions nous l'imaginer. (c) Les Payens ont pour guide la Loi naturelle, qui , dans les principaux points de leur devoir, eft fi claire, & fi intelligible, que tout homme, qui la confulte fincèrement, faura toujours ce qu'Elle exige de lui. Mais fi pouvant la comprendre ils ne le veulent pas , & fi la comprenant ils la transgreffent volontairement, c'eft leur faute , & ils méritent d'en être punis. Il eft vrai qu'ils n'ont pas les avantages que nous avons pour devenir meilleurs , & pour s'avancer vers la perfection. Mais aufli ils ont cet adouciffement & ce privilège,

ge ,

(a) Cette Doctrine de la poffibilité du Salut pour les *Gentils* , a toujours eu fes Partifans. Entre les Anciens Péres, *Juftin Martyr* , *Clement d'Alexandrie* , *Epiphane* , St. *Chryfoftome* &c. l'ont affirmé des Payens, qui vivoient avant J. C. *François de la Victoire* pofe comme un Dogme de *Thomas d'Aquin* , que les *Indiens* qui n'ont jamais entendu parler de J. C. ne font pas coupables du péché d'Infidélité. Et parmi les Reformés , Zwingle , dans fon explication de la Foi Chrètienne, place *Ariftide Socrates* , les *Scipions* & les *Catons* dans le nombre des bienheureux. *Effais de la Religion naturelle & Revélée.* (b) Rom. 11. 10. 11. (c) Vie Chrètienne de *Scot.* Vol. 1.

ge , qu'un moindre degré de bien fera accepté de leur part , & que ceux d'entr'eux, qui auront mal fait, *feront battus de moins de coups*, ce qui rend les chofes, à peu près *égales*; & quoique leur Condition préfente n'offre rien à l'efprit que de trifte, Dieu peut abondamment compenfer tout *ce'a*, dans le monde à venir. Entre *ci* & le jour du jugement, il a affés de tems & de moiens en main, pour fournir à leurs ames tous ces fecours *fpirituëls*, que, pour des rai'ons, qui ne font bien connuës que de lui feul, il a jufqu'ici retenus. Nous, qui avons déja eu notre *épreuve*, & en faveur de qui Dieu a fait ce qu'il pouvoit faire de plus propre à nous rendre faints & heureux, n'avons, il eft vray, aucune raifon d'attendre qu'il en faffe davantage. Mais ce n'eft point être trop hardi que de conjecturer, que Dieu peut étendre *l'épreuve* des Payens au delà de cette vie , & découvrir, dans le Monde à venir, la *lumiére* de l'Evangile , tout au moins à tous ceux d'entr'eux , qui auront fait *ici bas*, quelques progrès un peu confidérables dans la vertu, pendant qu'ils n'étoient encore guidés que par la Lumiére de la nature. Puis donc que la Providence peut encore , & , comme nous avons fujet de le croire, voudra bien enfin, leur être infiniment douce; nonobftant la mifère de leur Condition préfente, gardons nous bien d'y chercher matiére d'Objection, contre la vérité que nous venons d'établir; attendons patiemment la fin de toutes chofes; alors tout fera difpofé de façon, que *toute bouche fera fermée, & que toutes les nations du monde verront le falut de notre Dieu.*

Voila quelques unes des principales objections, qu'on peut faire Contre la Providence, & la maniére dont on peut les réfoudre : Si après ce qu'on vient de dire, ils nous refte encore quelques doutes, ou s'il s'élève jamais dans nos ames, quelques nouveaux fcrupules fur cette matiére, il fera généralement utile, finon pour nous fatisfaire pleinement, du moins pour adoucir, ou, pour calmer notre curiofité, de penfer toujours à l'immence diftance, qu'il y a entre Dieu & nous, & de nous dire à nous-mêmes; "Celui, dont je vai examiner la conduite, eft cet Etre *Infini* & *Eternel*, mon Créateur eft celui de tout "l'Univers, auprès du quel (a) *les Nations font comme une goute*, "*qui tombe d'un feau, & comme la menue poufliére, qui, s'at-* "*tache à une balance.* Comment donc comprendrois-je fes voies ? "Ses voies, qui font autant au deffus de moi, *que les Cieux font é-*

levés

F f 2

(a) Efaïe XL. 15.

„ levés par deſſus la Terre ; ou comment pourrois-je découvrir les
„ raiſons de ſa conduite? [a] Sa ſageſſe peut ſe propoſer pluſieurs
„ vuës, que je ne ſaurois diſcerner, & ſes vuës peuvent-être ménagées
„ avec une délicateſſe infinie, dans le tems, que je crois n'y voir que
„ déſordre & que Confuſion : Mes lumiéres ſont trop bornées pour
„ ſonder les ſecrets de Dieu; *une telle connoiſſance eſt trop vaſte &*
„ *trop excellente pour moi* ; Il me convient donc mieux de m'écrier avec
„ l'Apôtre, (b) O *Profondeur* ! Et puiſque je n'ai point de *ſonde* ca-
„ pable d'atteindre à la profondeur de cet *Abîme*, je me contente de
„ l'admirer & d'en être étonné, très ſatisfait de ſavoir, que quelque
„ embrouillées, & difficiles, que les choſes puiſſent me paroître ,
„ *le Juge de toute la Terre ne ſauroit s'empêcher de faire droit* ; & que
„ celui qui punit l'injuſtice dans les autres, ne s'en rendra jamais cou-
„ pable lui-même. Examinons maintenant les conſéquences, qui découlent naturellement du Dogme, que nous venons d'établir, & in-
diquons quelques - uns des principaux devoirs, qui réſultent de la
conſidération d'une Providence Divine.

S E C T I O N   I V.

Nos Devoirs envers la Providence.

ɔ En avoir
un ſenti-
ment con-
venable.

LE Prophéte *Eſaïe* nous a laiſſé une deſcription bien vive de certains mondains & profanes, qui, dans les mouvemens d'une joie
inſenſée, s'occupoient à remplir les vuides du tems, d'une ſuite continuëlle de plaiſirs. (c) *Le Violon, la Muſette, le Tambour, la
Flûte & le Vin, ſont dans leurs repas ; Mais ils ne font point attention à l'œuvre de l'Eternel, & ils ne conſidèrent point l'ouvrage
de ſes mains.* Il faut croire, qu'en général les hommes ne ſont pas
ſi imprudens, ni ſi ennemis de la reflexion, la plûpart d'entr'eux
retiennent l'idée & la croiance d'une Providence, mais le malheur eſt,
qu'ils ſont portés à imputer la plûpart des Evènemens à des cauſes
immédiates & viſibles. Ils négligent par ce moien de faire attention,
dans ce qui leur arrive, à la main de Dieu, à qui, par conſéquent,
ils enlèvent la gloire de ſes diſpenſations, & ils ſe privent eux - mêmes

(a) Théologie d'*Edwards*, Vol. I.   (b) Rom. XI. 33. &c.   (c)
Eſaïe V. 12.

mes de l'avantage, qu'une pareille reflexion modefte leur eut procuré. (a) Voulons - nous donc reconnoitre une Providence, d'une manière qui réponde au véritable but de la Religion ? Ne nous contentons pas de croire en général, que Dieu gouverne le Monde ; mais quelque foit notre état ; dans quelque condition, que nous foions placés ; quelque bien, ou quelque mal qui nous arrive, recevons tout comme venant de la main de Dieu, par fon ordre, & par fa deftination. Sommes - nous pauvres ? Souvenons - nous que la volonté de Dieu eft, que nous foions tels, & que c'eft le pofte qu'il nous a marqué. Sommes - nous riches ? Confidérons que c'eft la bénédiction de Dieu, qui nous enrichit. Nos biens nous font - ils enlevés, par l'injuftice ou par la violence ? Reconnoiffons avec *Job*, que l'*Eternel les avoit donnés, & que l'Eternel nous les a ôtés.* Nous arrive - t - il quelque malheur, ou quelque difgrace ? Suivons l'exemple de *David*, & difons, à cháque accident, avec lui, [b] *Je me fuis tû, ó Eternel, & je n'ai point ouvert la bouche ; parce que c'eft toi qui l'as fait.*

Nos cœurs ainfi remplis & pénétrez d'un fentiment convenable de la Providence Divine, appliquons nous enfuite, à difpofer notre ame, dans tout ce qui pourra nous arriver, à une foumiffion humble & tranquille à la volonté du Tout - Puiffant, afin de fupporter, comme il convient de le faire, les fouffrances qu'il nous envoie, & de conferver un efprit content, dans l'état, dans lequel il nous a placés. Mais il s'agit de favoir de quelle manière nous devons fupporter les afflictions. C'étoit une idée bien vaine & bien chimérique, que celle ds *Stoïciens*, qui vouloient que la douleur ne fût qu'une chofe *imaginaire* ; & c'étoit pure oftentation à eux, de prétendre, que, même dans le Taureau de *Phalaris*, leur *Sage* pouvoit être heureux : La folie de cette penfée fe démontre par le fentiment : La douleur fera toujours une impreffion incommode & défagréable, fur l'Efprit du Monde le plus diftrait ; de forte que la Soumiffion, que nous devons avoir à cet égard, pour la volonté de Dieu, ne fauroit exiger de nous, que nous ne fentions pas nos fouffrances, que nous n'en foions pas affligés, que nous n'en gémiffions point, & que nous ne fouhaittions pas d'en étre délivrés ; Mais feulement que nous ne blâmions ni ne cenfurions la conduite de la Providence ; que nous ne la regardions pas comme févère & impitoiable dans fes difpenfations ; mais que nous interprétions favorablement la manière, dont elle nous traite, & que,

F f 3

par

(a) *Sherlock*, de la Providence. (b) Pf. XXXIX. 10.

par des penfées humbles , & avec des yeux abbatus , nous élevions nos cœurs vers le Ciel , nous attendant patiemment à Dieu , *jufqu'à ce qu'il ait pitié de nous.* (a) Les afflictions feront toujours des afflictions ; nous aurons beau faire , nous n'en changerons point la nature , & quoique nous devions les endurer , par obéïffance à la volonté de notre Grand Créateur ; il faut cependant les endurer comme les afflictions peuvent étre endurées , & comme la nature humaine le permettra , avec douleur , avec chagrin , & avec repugnance , avec foupirs , avec gémiffemens , & avec plaintes , avec des defirs ardens , & des Priéres ferventes , implorant l'affiftance des hommes , & le fecours de Dieu , qui nous en peut délivrer. Dieu qui a gravé dans notre Nature , une grande averfion pour les fouffrances , nous permet tout cela ; & notre Sauveur , qui eft le meilleur modèle que nous puiffions imiter , s'eft exprimé , dans fon agonie , d'une manière affés propre à nous faire comprendre , qu'il n'y a rien de condamnable dans ces fentimens ; [b] *Mon Pére , s'il eft poffible que cette Coupe paffe arrière de moi.* Mais faifant attention à la main qui la lui préfentoit , il ajoute , *toutes fois non point ce que je veux , mais ce que tu veux.* Pour nous difpofer à imiter fon exemple , rempliffons nos Ames d'une ferme perfuafion de la Sageffe , & de la Bonté de Dieu , dans tout ce qu'il nous envoie. Ne le confidérons pas comme agiffant d'une manière defpotique & arbitraire , mais en Pére commun de toutes les Créatures , qui a pour elles des égards tendres & pleins de Miféricorde , *qui ne châtie ni n'afflige volontiers les fils des hommes ;* (c) *Mais qui nous corrige pour notre profit , & pour nous rendre participans de fa Sainteté ,* & qui proportionne toujours la févérité de fa difcipline aux néceffités de notre Ame.

Dans le genre de vie où nous nous trouvons.

Une preuve que nous devons donner de notre foumiffion à la Providence , c'eft de demeurer dans l'état , où elle a trouvé à propos de nous placer. (d) Nous ne pouvons non plus choifir notre genre de vie , que le lieu & le tems de notre naiffance , la qualité de nos Péres & de nos Méres , la manière de notre Education , la figure que nous ferons dans le Monde , les fuccès que nous y aurons, les Amis ou les Ennemis , que nous y trouverons , & les Révolutions , que nous y verrons arriver , foit à notre fortune *particulière* , foit aux affaires *Publiques.* Quelles donc que foient les circonftances , dans lefquelles nous nous rencontrons , pourvû que nous n'y aions rien contribué

(a) *Sherlock* , ibidem. (b) Matth. XXVI. 39.   (c) Heb. XII. 10.
(d) *Sherlock* , ibidem.

tribué, n'en aions point de honte, comme s'il y avoit quelque chofe de flétriffant pour nous. C'eft Dieu qui nous a fixé cette place; c'eft fa volonté, que nous y vivions. Nous pouvons, il eft vrai, tâcher de rendre notre condition meilleure, & emploier pour cet effet, des moiens honnêtes & légitimes; il femble même, que, quand certaines perfonnes s'élèvent, pour ainfi dire, de la bouë à des poftes éminens, la Providence veut par-là nous donner de l'émulation, & nous montrer, à quoi la vertu peut afpirer, lors qu'elle a l'induftrie pour compagne. Mais fi nos efforts font fans fuccès, & que nos deffeins viennent à échouër, il faut nous armer de patience, & attendre autant de tems qu'il plaira à Dieu, contens de refter où nous fommes, fans porter envie à la fortune des autres, ni ufer d'aucune voie oblique pour nous élever, jufqu'à-ce que la main d'où dépend notre avancement, trouve-à-propos d'agir en notre faveur.

Quoique notre foumiffion à la Providence ne nous interdife pas les efforts honnêtes, que nous pourrions faire pour améliorer notre fort, elle nous rend pourtant tranquilles & fatisfaits dans la baffeffe, & patiens dans les traverfes; Elle nous fait voir, dans autrui, les meilleurs fuccès, la plus éclatante profpérité, fans envie, & même avec joie: par tout, & en toutes chofes, elle nous apprend [a] *tant à être raffafiés qu'à avoir faim, tant à être dans l'abondance que dans la difette.*

Dès qu'une fois nous avons formé la ferme réfolution, d'acquiefcer toujours au bon plaifir de Dieu, quoi qu'il puiffe nous arriver; nous devons encore mettre toute notre confiance en fa Providence, la regardant comme la meilleure & l'unique fureté, que nous aions, contre la difette & les dangers, auxquels nous pourrions être expofés dans la fuite. (b) Suppofé que notre fort fût en nos mains, & tout à fait à notre difpofition, il ne faut pas douter, que nous ne fiffions de notre mieux, pour affurer notre tranquillité & notre bonheur. Mais quand, après que l'expérience nous auroit convaincu de notre ignorance, & de notre foibleffe à divers égards, que nous aurions vû nos deffeins les plus importans échouër fouvent, faute de prévoiance, de pouvoir, ou d'habilité, pour parer aux accidens, & prévenir les traverfes, auxquelles les affaires humaines font fujette; nous jetterions alors les yeux tout au tour de nous: Si nous connoiffions quelqu'un qui eut plus de fageffe & de puiffance que nous; de la fincère amitié duquel nous n'euffions point lieu de douter, & qui nous voulût du bien, uniquement

quement

3. Nous confier & nous repofer fur elle dans toutes nos affaires.

(1) Phil IV. 12. (b) Sermons de *Tillotfon*, Vol. 2.

quement parce qu'il auroit de l'affection pour nous, nous aurions recours à fes confeils, & nous implorerions fon fecours : Si avec cela, nous pouvions l'engager à fe charger de nos interéts, nous les lui confierions avec joie, par la confiance que nous aurions en fa Sageffe, & à caufe de la bien-veuillance, qu'il auroit pour nous.

Dieu eft précifément cet Ami dont nous venons de tracer le portrait; il nous aime autant que nous nous aimons nous-mêmes; il defire autant que nous-mêmes notre bonheur; & il connoit infiniment mieux que nous, quels moiens peuvent y contribuër, & l'affurer le plus efficacement. Tout homme donc, qui auroit cette croiance de la Divinité, regarderoit fans doute, comme le prémier & le plus indifpenfable de fes devoirs, de s'adreffer à elle, & de la fupplier, avec toute l'ardeur & tout l'empreffement imaginable, de le prendre, lui & fes interéts, à fa charge & fous fa direction. Et fi Dieu nous a prévenus en cela ; Si, fans que nous l'aions defiré, il s'eft engagé à prendre foin de nous, réjouïffons-nous-en, comme du plus grand bonheur, qui eut pû nous arriver. Car qu'auroit à craindre celui, qui a pour fon *Protecteur*, un Dieu d'une Puiffance infinie ? De quoi pourroit s'inquieter, celui qui a pour fon *Pourvoieur* un Dieu d'une bonté fans bornes ?

Contre la
difette. La confidération du foin particulier que Dieu prend de pourvoir à nos befoins, engagea notre Sauveur à donner à fes Difciples un avis, que les mondains regarderont peut être comme un Paradoxe; (a) *Ne foyés point en fo cis pour votre vie, de ce que vous mangerés ou que vous boirés; ni pour votre corps, de quoi vous ferés vêtus, la vie n'eft-elle pás plus que la nourriture ?* N'eft-il pas plus difficile de faire une Créature vivante, que de trouver les moyens de la nourrir; *& le corps n'eft-il pas plus que le vêtement ?* N'y a-t-il pas plus de difficulté à créer le corps d'un homme, qu'à le pourvoir d'un habit ? *Voyés les oifeaux du Ciel, confiderés les lis des champs,* fi Dieu leur fournit *la nourriture & le vêtement, ne le fera-t-il pas beaucoup plutôt pour vous, gens de peu de foi.*

Contre la
Crainte. C'eft la confidération du foin que la Providence de Dieu prend de nous protéger, qui fait que le Prophéte Royal s'exprime avec tant de courage, (b) *l'Eternel eft ma Lumière & ma délivrance, de qui aurai-je peur ? l'Eternel eft la force de ma vie, de qui aurai je frayeur ?* Et que dans un autre endroit, il porte encore plus loin l'intrepidité; (c) *nous ne craindrons point, quand la Terre fe remuë-*
roit

(a) Matth. VI. 25. &c. (b) Pf. XXVII. 1. (c) Pf. XLVI. 3. &c.

roit, & que les Montagnes ſe renverſeroient dans la Mer; quand ſes eaux viendroient à bruire & à ſe troubler, & que les Montagnes ſeroient ébranlées par l'élévation de ſes vagues ...... L'Eternel des Armées eſt avec nous, le Dieu de Jacob *nous eſt une haute retraite.* Ce n'eſt pas, qu'aucun de ces paſſages nous autoriſe, à nous jetter tout à fait en pareſſeux, entre les bras de la Providence, ſans nous mettre d'avantage en peine de notre conſervation; en uſer de la forte, ce feroit *tenter Dieu,* & non pas *ſe confier en lui.* Ils doivent donc ſignifier, qu'après avoir fait tout notre poſſible, & nous être conduits en perſonnes *ſoigneuſes* & *prudentes,* nous pouvons nous repoſer ſur Dieu pour le reſte, & vivre tranquiles & aſſurés, ſous ſes ſoins, & ſous ſa protection; ſans que rien de ce qui doit arriver ſoit capable de troubler notre paix, ſans que des ſoucis ſuperflux, ou des peines inutiles nous cauſent aucune inquiétude, ni que, par des craintes chimériques, nous nous donnions à nous-mêmes de vaines alarmes. Toutes craintes ſont vaines, quand le *Très-Haut eſt notre bouclier,* que nous le ſavons, & que notre ennemis, quel qu'il ſoit, ne peut nous faire aucun mal, ſans la permiſſion de notre puiſſant *Protecteur.*

(b) Il eſt certain, que la crainte vient de ce qu'on ſent ſa foibleſſe, & qu'on ſe connoit incapable de réſiſter, & de livrer aucun combat au mal que l'on voit approcher de ſoi. Eſt-on en état, par ſoi-même, ou par le ſecours d'autrui, de ſurmonter le danger? la crainte ceſſe auſſi tôt.

Souvenons-nous donc, qu'il n'y a point d'homme ſi puiſſant, quelque grand & terrible qu'il ſoit, que nous ne puiſſions combattre & terraſſer; non par nos propres forces, il eſt vrai; mais par l'aide de Dieu, qui combat, pour nous. Qu'aurions-nous donc à craindre? Notre Protecteur, notre Aide, notre Défenſeur n'eſt-il pas en état de nous garder de nos Ennemis, & de nous garantir de leur rage? Si les Souverains, pour me ſervir de la comparaiſon de S. *Au-* „ *guſtin,* croient être en ſûreté, & n'avoir rien à craindre de la part „ des *hommes* mortels, quand ils ſe voyent environnés de leurs gar- „ des, aurons nous peur des hommes, tandis que nous ſommes gar- „ dés & défendus par le Dieu *Immortel?* La Protection de *l'Eternel* „ *des armées,* ne vaut-elle pas infiniment mieux, qu'une Compagnie de gens d'armes? Notre Ennemi peut, il eſt vrai, être fort & puiſſant, avoir des Alliés redoutables, & de grands avantages ſur nous.

G g

Mais

(a) Théologie d'*Edwards,* Vol. I.

Mais l'exhortation du pieux Roi *Ezéchias*, à ses Capitaines vient ici
très-à-propos; (a) *Fortifiés vous & vous renforcés, ne craignés point,
& ne soyés point effraiés à cause du Roi des* Assyriens, *& de toute
la multitude, qui* est *avec lui; car un plus puissant que* tout ce qui
est *avec lui* est *avec nous; Le bras de la chair est avec lui; mais
l'Eternel notre Dieu* est *avec nous, pour nous aider, & pour conduire nos batailles.*

4. La Prière
& la Re-
connoiſ-
ſance.

     Après s'être ainsi confirmé dans les sentimens d'une parfaite sou-
mission à la Providence, & d'une confiance entiére en sa sagesse &
en sa bonté, il y a encore deux devoirs, que nous sommes obligés
de remplir, presque à tous momens, je veux parler de la *Prière
& des Actions de graces.* Par la *Prière*, nous demandons à Dieu sa
faveur & les biens dont nous avons besoin, & par les *Actions de graces*, nous lui témoignons la gratitude la plus profonde, une recon-
noissance vive, sincére, & religieuse, pour tout ce que nous recevons
de sa main. En effet, si une fois nous sommes pleinement convaincus, que tout ce que nous sommes, & tout ce que nous possédons,
tout ce que nous craignons, & tout ce que nous esperons, vient
de Dieu comme de sa *source*; Si nous sommes persuadés, que celui, qui dispose ainsi de notre sort, est en lui-même infiniment *bon
& miséricordieux, lent à la colère & abondant en gratuité, plein de
vérité & de compassion*; qu'il s'interresse pour nous, & qu'il nous
aime comme *sa Race*; qu'il nous protége comme ses *Créatures*, &
qu'il pourvoit à nos besoins; parce qu'il s'est chargé de notre entretien; que nous pouvons lui communiquer nos nécessités, & nos secrets, & que nous pouvons verser, dans son sein paternel, nos griefs,
nos chagrins, & nos amertumes; dans une pleine assurance, de trouver auprès de lui, de la consolation, & du soulagement; si, dis je,
nous faisons attention à tout cela, pourrons-nous nous empécher de
regarder comme un *privilège* inestimable, (aussi bien que comme
un *devoir* dont rien ne nous peut dispenser) la liberté que nous
avons de lui exposer nos besoins, & d'implorer sa faveur & sa bénédiction, sur nos entreprises; sa grace & son sécours sur nos interéts, tant *spirituels*, que *temporels*; sa Protection, contre les maux,
que nous souhaitons déviter; son assistance, & son concours, pour
les biens, que nous desirons d'obtenir. Pourrions-nous jamais refléchir sur le nombre, & sur l'étenduë de ses bienfaits; (b) sur le don,
qu'il nous a fait de la vie, & du mouvement, de la santé & de la
vigueur.

(a) Chron. XXXII. 7. 8.   (b) Sermons de *Scot.*

vigueur, du fentiment & de la perception, de la raifon & de l'entendement ; ni penfer que nous nous mouvons fur fa Terre, & que nous refpirons fon air, que nous bûvons de fes eaux; que nous fommes nourris de fes greniers, & vêtus de fa garderobe, outre une infinité d'autres avantages d'un prix ineftimable qui s'étendent à la meilleure partie de nous-mêmes, & qui partent de la même Bonté, toujours infinie & inépuifable, fans fentir notre cœur *brûler au dedans de nous*, & fe dilater, par le vif fentiment de tant de faveurs? fans être prets à nous écrier, avec le Prophéte *l avid*, dans les mouvemens d'une dévotion fervente, (a) *O Combien me font precieufe les confidérations de tes faits*, les confidérations de ta tendreffe & de ta miféricorde; O Dieu ! *Combien grande en eft la fomme: fi j'en veux faire le compte, elles font en plus grand nombre que le fable.*

La pratique univerfelle & conftante, de tout autant de Nations, qu'il s'en eft trouvé, qui ont crû l'exiftence d'un Dieu, confirme abondamment, ce que la fimple refléxion fur nous-mêmes nous avoit déja apris. Auffi quelques Anciens Philofophes fe font-ils fentis fort embaraffés à concilier les devoirs de la Prière & de la reconnoiffance, avec les idées, qu'ils avoient de la *néceffité*, & du *Deftin*. En effet, fi la Providence n'eft autre chofe, qu'une *Enchainure néceffaire de caufes*, ou *de Décrets fixes & immuables*, nous ne fommes pas fort encouragés à offrir nos prières & nos actions de graces à Dieu, qui, dans cette fuppofition, ne peut non plus nous aider, qu'il ne peut changer la *deftinée* & qui, par conféquent, ne mérite aucun remercîment de notre part, quelque bien qui nous foit arrivé. (b) Mais fi Dieu gouverne le Monde, avec autant de liberté, qu'un homme fage & vertueux gouverne fa famille, ou un Prince fes Etats; nous avons autant de raifon de le prier & de le louër, pour les avantages, que nous recevons tous les jours, que nous en avons de préfenter nos requêtes, ou de rendre nos actions de graces à un Pére, ou à un Prince. Je dis plus : s'il y a ici quelque différence, elle eft en faveur de la Divinité, qui eft la véritable *fource* & l'origine de *Tout*, pendant que ces derniers ne font que les *conduits*, ou les Canaux, qui nous font parvenir *quelque peu* de fes bénédictions.

Il eft vrai, que Dieu n'a que faire que nous lui remettions en mémoire nos befoins, & qu'il ne fauroit être captivé par nos louan-ges.

Pour quel-
les Raifons

(a) Pf. CXXXIX. 17 18. (b) *Sherlock*, le la Providence.

ges. Un homme de bien méprise les applaudiſſemens Populaires; à plus forte raiſon, en ſeroit-il ainſi d'un Dieu, *ſuffiſant à ſoi-même*, ſi nos offrandes à cet égard n'étoient pas pour nous, une ſource abondante *d'avantages* très conſiderables, autant qu'un témoignage authentique de notre *reſpect* pour lui. La raiſon, pour laquelle il attend l'hommage de nos priéres, c'eſt afin que ſa Puiſſance & ſa Providence ſoient univerſellement reconnuës par le Genre-Humain; que nous vivions dans une dépendance continuëlle à ſon égard, étant convaincus intérieurement, que tout ce que nous recevons, eſt un don de ſa libéralité; que nous aions une reſſource aſſurée, dans nos malheurs, & un ami puiſſant & fidéle, à qui nous puiſſions nous ouvrir, & à l'aſſiſtance du quel nous puiſſions avoir recours, toutes les fois que nous nous trouverons dans le beſoin, & dans la détreſſe; afin que la crainte de nous approcher d'un Dieu infiniment pur, lorſque nous nous ſentirons ſouillés, nous engage & nous oblige à rompre entiérement avec le péché; & afin que, comme nous ne pouvons jamais eſperer de ſuccès ſans la priére, nous ne ſoyons jamais aſſés hardis, pour former aucune entrepriſe, en faveur de la quelle nous noſions pas prier Dieu, & que cette conſidération, tienne en bride nos deſirs & nos appetits. Il attend auſſi le tribut de nos loüanges, (a) non ſeulement comme une eſpèce de rente, que nous lui paions, pour le grand nombre de précieux avantages, dont nous jouïſſons ſous ſa protection; mais auſſi comme un *exercice* utile autanr qu'agréable pour nous; puiſque nous y trouvons des ſecours efficaces, pour faire des progrès dans la pratique de tous les autres devoirs qui nous ſont impoſés; que notre gout s'y forme, & devient capable de ſavourer tous les biens, & toutes les graces, que nous recevons de Dieu; que nous y apprenons le meilleur & le plus parfait uſage, que nous devons faire de tout ce que nous poſſédons; qu'il met Dieu, pour ainſi dire, dans l'obligation de nous continuër ſes faveurs, & qu'il eſt un excellent moyen pour affermir notre foi, & pour donner à notre dépendance, à l'égard de Dieu, & à notre confiance en lui, un fondement ſolide & inébranlable pour l'avenir.

Ce ſont-là quelques unes des raiſons, pour les quelles Dieu a inſtitué les Priéres & les Actions de graces, non ſeulement, comme étant proprement un aveu du ſoin, que ſa Bonté prend de veiller ſur le Monde; mais encore, comme une choſe néceſſaire, tant à

aſſurer

affûrer & avancer notre propre bonheur ; qu'à nous inſtruire du ſage & légitime uſage, que nous devons faire des biens que nous recevons de ſa main. Une qualité ſeulement eſt requiſe, pour rendre tous les ſervices de cette Nature agréables à celui à qui nous les préſentons, & pour l'engager à les accepter ; c'eſt *une conſcience exemte de reproches, devant Dieu & devant les hommes*, & je ne vois point de moien plus efficace, pour l'obtenir, qu'un ſentiment vif & conſtant d'une Divine Providence, toujours préſente avec nous, dont les yeux, ſans-ceſſe ouverts ſur notre conduite, obſervent toutes nos démarches, & qui dirige toutes nos voyes, puniſſant nos forfaits, & couronnant de biens notre obéïſſance à ſes Loix.

FIN DE LA SECONDE PARTIE.

PRIVILEGE.

NOUS L'ADVOYER ET CONSEIL DE LA VILLE ET REPUBLIQUE DE BERNE, Savoir faifons par ces Préfentes ; Que le Spectable, Docte & Savant, JEAN FRANÇOIS BOISOT, Miniftre du St. Evangile, Nous ayant duëment & refpectueufement fait repréfenter, qu'il auroit entrepris de traduire en François, la THEOLOGIE ANGLOISE DE Mr. STACKHOUSE, dont il donne actuellement au Public la Première Partie ; NOUS requerants très - humblement, que, pour lui donner le moyen de continuer à imprimer & debiter ledit Ouvrage, il NOUS plût de lui accorder NOS LETTRES DE PRIVILEGE à ce néceffaires. NOUS SUR CE vû l'utilité qui reviendra au Public de l'Impreffion & debit dudit Livre, & voulants favorablement traiter le fufdit Expofant, Avons bien voulu lui octroyer le Préfent Privilège Exclufif, par lequel, Nous faifons deffenfes à Tous Imprimeurs, Libraires, & autres Vendeurs de Livres, d'Imprimer, faire Imprimer, Vendre, faire vendre, debiter, ni contrefaire l'Impreffion dudit Livre, dans les Terres de Notre Domination, fans la permiffion expreffe de l'Expofant, pendant l'efpace de VINGT ANNE'ES, à peine de confifcation des Exemplaires contrefaits, & d'une Amende de Cent Li. vres Bernoifes, contre Chacun des Contrevenans ; En vertu des Préfentes Lettres de Privilège, munies du Sceau accoutumé de Notre Ville, & données ce 23. Janvier 1742.

Le même PRIVILEGE a été accordé, pour le terme de VINGT ANNE'ES, par les LOUABLES CANTONS de ZURICH, BALE, SCHAFFOUSEN, APPENZEL, par la Republique de GENEVE, & par la Ville de NEUFCHATEL.

TABLE DES CHAPITTRES

ET DES SECTIONS CONTENUES DANS CETTE SECONDE PARTIE.